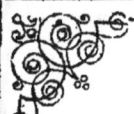

LES ORIGINES

DU

THÉATRE

ANTIQUE

ET DU THÉATRE MODERNE

OU

HISTOIRE DU GENIE DRAMATIQUE

Depuis le Ier jusqu'au XVIe siècle

PAR

M. CHARLES MAGNIN

MEMBRE DE L'INSTITUT.

AGRIONIES — CHŒURS TRAGIQUES
DANSES COMIQUES
GLADIATEURS — JEUX SÉCULAIRES
MYSTÈRES ET INITIATIONS
MIMES
PANTOMIMES OBSCÈNES ET SANGUINAIRES
Apparition du Christianisme

PARIS

AUGUSTE EUDES, LIBRAIRE

3, PLACE DE LA SORBONNE, 3

LES ORIGINES

DU THÉATRE

Paris.—Imprimerie Jules Bonaventure, 55, quai des Grands-Augustins.

LES ORIGINES

DU

THÉATRE

ANTIQUE

ET DU THÉATRE MODERNE

OU

HISTOIRE DU GÉNIE DRAMATIQUE

Depuis le Ier jusqu'au XVIe siècle

PAR

M. CHARLES MAGNIN

MEMBRE DE L'INSTITUT.

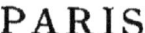

PARIS

AUGUSTE EUDES, LIBRAIRE.

3, PLACE DE LA SORBONNE, 3

—

1868

A MONSIEUR FAURIEL,

PROFESSEUR A LA FACULTÉ DES LETTRES DE PARIS,

AUTEUR DE L'HISTOIRE DE LA GAULE MÉRIDIONALE, ETC.

HOMMAGE.

ERRATA.

—

Pag. xxxi , lig. 25, *licta*, lisez *lecta.*

—— 2, —— 24, diverses classes , *lis.* divers genres.

—— 11, —— 1, puisqu'il , *lis.* puis qu'il.

—— 16, —— 15, Shah-Nameh , *lis.* Schah-Nameh.

—— 19, titre courant, Épopte, *lis.* Épopée.

—— 23, lig. 14, ὑπὸ φόρμιγγ , *lis.* ὑπὸ φορμίγγων.

—— 26, —— 2 , du moins les , *lis.* ce qui le ferait croire, c'est que les.

—— 40, note 1, Stantl. , *lis.* Stanl.

—— 50, lig. 2, satirique , *lis.* satyrique ; note 6 , satirique , *lisez* satyrique ; *ibid.* , satires , *lis.* satyres.

—— 53, —— 9, 13 et 20, charriots , *lis.* chariots.

—— 54, —— 20 , satirique , *lis.* satyrique.

—— 64, —— 29, que doit , *lis.* qu'a dû.

—— 74, —— 15, que de violer , *lis.* qu'il ne l'est de violer.

—— 75, —— 24. La plus ancienne mention des mystères est celle des , *lis.* les plus anciens mystères dont il soit fait mention sont ceux des.

—— 76, —— 4, leur institution qu'après les temps homériques. Hérodote parle comme il suit des mystères de Samothrace ; *lis.* l'institution des mystères de Samothrace qu'après les temps homériques. Hérodote en parle comme il suit.

—— 130, —— 6, avance , *lis.* prétend.

—— 133, note 2, *Æconom.*, lisez *OEconom.*,

—— 163, note 7, *Bætic.*, *lis.* *Bœotic.*

—— 168, note 2, Cook , etc. , doit être joint à la note 1.

—— 178, lig. 18, cubestérères , *lis.* cubistétères ; note 1, v. 150—132 , *lis.* 150—152.

—— 180, —— 1 et 2, fréquemment , *lis.* souvent ; lig. 7, les voyageurs , *lis.* les personnes.

—— 187, note 1, v. 1885—1092 , *lis.* 1885—1892.

—— 189, lig. 6, qui décorent , *lis.* qui ornent ; lig. 10, M. Latronne, *lis.* M. Letronne.

—— 210, note 6, πέντε κριταί , *lis.* πέντε κριταί.

—— 224, lig. 29, théâtre , *lis.* drame ; lig. 32, effacez lectisterne.

Pag. 245, note 4, le cas du veuvage, *lisez* le cas de veuvage.
—— 263, lig. 11, suffisant, *lis.* suffisante.
—— 289, supprimez la note 1.
—— 312, lig. 22, satyriques, *lis.* satiriques.
—— 326, lig. 21, satyrique, *lis.* satirique.
—— 345, note 1, après le mot graver, ajoutez : voy. *Le maschere sceniche.*
—— 362, lig. 16, la voix seule, *lis.* les voix seules.
—— 367, note 7, Serv., *lis.* Varr., ap. Serv.
—— 372, lig. 3, acteurs pendant, *lis.* saturæ pendant.
—— 384, note 1, les *Sept chefs* d'Eschyle, *lis.* les *Suppliantes* d'Euripide.
—— 409, lig. 2, nasques, *lis.* masques.
—— 425, note 4, *Epigr.* 16, ajoutez : et 99.
—— 435, note 1, ajoutez : — Cf. Juvenal., *Sat.* VI, v. 246—267.
—— 446, note 3, Plin., *Hist. nat.*, cap. 6, *lis.* Flor., lib. 1, cap. 18, *sub. fin.*
—— 465, note 6, Fab. 8, v. 78, *lis.* Fab. 8, v. 7.
—— 480, note 6, cap. 33, *lis.* 23.
—— 511, note 4, Cf. F. C. L. Sickler, ajoutez : *De monumentis aliquot Græcis e sepulcro Cumæo erutis, 1812, in-4°*, et.

AVERTISSEMENT.

CE premier volume ne contient que des prolégomènes, c'est-à-dire une *introduction* et quelques chapitres de l'histoire du théâtre pendant l'*époque romaine*. J'essaie ici sur l'antiquité la méthode d'investigation que, dans les trois volumes qui suivront bientôt et qui compléteront cet ouvrage, je dois appliquer aux temps modernes.

L'ensemble des recherches que je livre au lecteur a déjà subi l'épreuve d'un premier degré de publicité. Cette histoire des origines théâtrales a été le sujet d'un Cours à la Faculté des Lettres, en 1834 et 1835. Le temps qui s'est écoulé depuis lors a été employé à rendre ce travail moins incomplet. Les idées, les faits, les monuments qui le composent ont été soumis à une révision sévère. Rien ou presque rien des leçons orales n'a été conservé. Les personnes qui ont bien voulu suivre mon Cours et qui liront ce livre, ne retrouveront que les faits principaux et les grandes divisions que j'ai posées dès l'abord, et qui ont paru propres à jeter de la clarté sur le sujet. Le reste a disparu pour faire place à une exposition que j'ai tâché de rendre plus nette et plus concise. Je crois cependant devoir reproduire ici, par exception, le discours d'ouverture, où j'exposai le but que je m'étais proposé et le plan que je comptais suivre. Cette citation me servira de préface. Après queques mots d'exorde, je disais donc

« Vous croyez peut-être que, réunissant les nombreux documents déjà publiés sur les confréries de la Passion et les associations analogues qui ont couvert l'Europe, du XIIIe au XVIe siècle, je me contenterai de vous introduire dans le péristyle du théâtre européen, et de tracer l'histoire des prédécesseurs immédiats de Gil Vicente, de Bibiena, de Lope de Rueda, de Hardi, de Hans Sachs et de Marlow? Non, Messieurs, l'époque des confréries dramatiques ne sera qu'un accessoire, un épisode, une partie, la dernière et, j'ose le prédire, la moins curieuse du cercle historique que je compte parcourir avec vous. Avant, bien avant les confréries de la Passion, avant ces pieuses associations laïques ou mi-partie de laïques, d'autres associations avaient accompli une œuvre de même nature. Un autre système avait fourni sa course et satisfait les imaginations populaires, toujours avides des plaisirs scéniques et des émotions du drame. Les Mystères, les Moralités, les soties, représentés par les soins des corporations de métiers ou aux frais des compagnies de judicature, sur nos places publiques et dans les salles de nos Maisons de ville, sont une des formes les plus récentes de l'art théâtral, et par conséquent, ne sauraient être considérés comme l'origine directe et véritable du théâtre tel que nous le voyons.

» On croit trop généralement que le génie dramatique, après sept ou huit cents ans de sommeil, s'est réveillé au XIIIe ou XIVe siècle, un certain jour, ici plus tôt, là plus tard. Chaque nation cherche puérilement à s'attribuer la priorité de ce prétendu réveil. Chaque historien s'épuise en efforts pour fixer l'heure où cette révolution dans les facultés humaines s'est opérée. Ce n'est pas une semblable entreprise que je vais renouveler. N'attendez pas de moi un plaidoyer en faveur de telle ou telle date plus ou moins douteuse. Je ne crois ni au réveil ni au sommeil des facultés humaines ; je crois à leur continuité, à leurs transformations, surtout à leur perfectibilité et à leurs progrès. J'espère établir par des preuves irréfragables, c'est-à-dire par des monuments et par des textes, que la faculté dramatique n'a jamais cessé d'exister et de se produire. Non, Messieurs, pendant tout ce long intervalle de décomposition et de recomposition sociale, qu'il faut bien appeler le moyen âge, jusqu'à ce qu'on le connaisse assez bien pour lui donner un nom moins vague, pendant tout ce long espace, le génie dramatique n'a pas manqué à l'humanité : la seule, la grande difficulté pour le critique est de savoir le discerner sous les nouvelles apparences qu'il revêt, et sous la couche épaisse de barbarie qui le recouvre et le déguise.

» Ce n'est donc pas seulement à l'époque des Mystères, des Moralités, des soties, aux XIIIe, XIVe et XVe siècles, qu'il convient de reporter les origines du théâtre européen. Il nous faut prendre cette histoire de plus haut, et remonter à l'ouverture de l'ère chrétienne, ce point de départ de tous les arts, de toutes les idées, de toute la civilisation moderne ; il nous faut surtout, après l'extinction totale du théâtre païen, aux Ve et VIe siècles, étudier les formes inusitées sous lesquelles s'est montré, je ne dirai pas le drame, mais le nouveau génie dramatique.

» En un mot, Messieurs, l'histoire des diverses métamorphoses que l'imagination mimique a subies en Europe, depuis la décomposition et la chute du théâtre ancien , jusqu'à l'établissement des spectacles réguliers , tels que nous les voyons aujourd'hui, prêts peut-être à se métamorphoser de nouveau , voilà l'objet et la matière de ce Cours.

» Mais, dira-t-on peut-être, y a-t-il eu réellement un théâtre du ve au xiie siècle? On conçoit que dans cet âge de fer, il y ait eu aux jours de trêve des jeux corporels, des tournois, des danses, des jongleries muettes ; mais parmi ces populations réunies seulement par la conquête et par l'autorité de l'Église, y a-t-il eu des drames écrits, des représentations accompagnées de paroles ? Oui, il y a eu du ve au xiie siècle, des drames écrits, tant en Orient et en langue grecque, qu'en Occident et en langue latine et romane. Et de ces drames, non seulement je suis en mesure de vous présenter les paroles, mais si cela ne sortait pas de nos études, je pourrais vous en apporter la musique, notée dans le système antérieur à celui de Guy d'Arezzo ; notation dont, grâce à de récentes recherches, la lecture et la transcription seraient possibles.

» Sans doute, si vous demandez à ces siècles reculés des spectacles exactement semblables à ceux que vous avez sous les yeux ou qui reproduisent de tout point ceux de Rome et d'Athènes ; si vous prenez le mot théâtre dans le sens strict et spécial qu'il a parmi nous ; si vous cherchez

pendant le moyen âge des représentations dramatiques régulières, fixes, quotidiennes, des
loges grillées, des baignoires, un lustre et le
trou du souffleur, si vous espérez trouver à Au-
tessiodurum, à Lundinium, à Tarvisium, l'O-
péra, le Théâtre-Français, ou même nos théâtres des boulevards, vous serez complètement
déçus. Sans doute, dans l'acception étroite et
rigoureuse que ce mot a parmi nous, le *théâtre*
au moyen âge n'existait pas. Aussi n'est-ce pas,
Messieurs, l'histoire du théâtre, mais celle de
ses origines, ou plutôt c'est l'histoire du développement de l'imagination dramatique depuis
l'ère chrétienne jusqu'au xvi⁰ siècle, que je me
propose de dérouler devant vous.

» Ce n'est pas par hasard que je viens de prononcer les mots Opéra, Théâtre-Français, théâtres des boulevards. Ces trois sortes de spectacles, parmi lesquels tous les genres de représentations scéniques peuvent plus ou moins facilement se classer, ont eu des origines distinctes,
quoique voisines, et qu'il faut étudier séparément. Chacun de ces théâtres nous offre la dernière forme et l'expression la plus complète de
trois espèces de drames, qui ont coexisté au
moyen âge et qu'on peut retrouver même dans
l'antiquité grecque et romaine, quoique l'érudition ait eu jusqu'ici le tort de ne pas les distinguer assez nettement.

» L'Opéra, c'est-à-dire le génie dramatique dans toute sa plénitude et sa puissance, soutenu de toute la pompe du spectacle, de tous les arts accessoires, de tout ce qui peut agir sur l'imagination, l'Opéra qui ne vit que de merveilleux, de fictions, de féeries, de traditions mythologiques et fabuleuses; l'Opéra qui ne marche qu'accompagné des séductions de la musique et de la danse, a succédé dans les pays où il est indigène, c'est-à-dire, en Italie, aux représentations les plus pieuses. Il est la continuation immédiate de ces drames que les confréries demi-ecclésiastiques, et demi-laïques n'ont cessé d'exécuter, du XIIIe au XVIe siècle, sur les places de Rome, de Naples, de Tolède et des autres villes de l'Europe, représentations qui succédaient elles-mêmes à d'autres bien plus solennelles et plus graves, véritables drames liturgiques, approuvés par la papauté et par les conciles, admis dans les diurnaux et dans les rituels, joués et chantés aux processions et dans les cathédrales, parties nécessaires et intégrantes de la solennisation des saints offices.

» Le Théâtre-Français, c'est-à-dire la véritable scène tragique et comique, a également une origine sacerdotale. Cependant il en a aussi une autre, dont il faut bien tenir compte, et dont encore aujourd'hui on aperçoit les traces. Les affiches de la Comédie-Française portent impri-

més ; chaque jour, ces mots qui n'ont plus, il
est vrai, depuis longtemps, qu'un sens traditionnel et nominal : *Les Comédiens ordinaires du
Roi donneront ce soir*...... Les comédiens ordinaires du Roi, Messieurs !... C'est qu'en effet ces
comédiens que le public regarde, et avec raison,
comme siens, ce n'est que par concession, et
après avoir été longtemps les comédiens exclu-
sifs de la royauté, qu'ils sont devenus peu à peu
les nôtres ; les rois eurent longtemps des comédiens et des poëtes attitrés, comme quelques-
uns ont encore des musiciens et des maîtres de
chapelle. Molière qui composa pour les divertissements de Vaux et pour le surintendant Fou-
quet sa comédie des *Fâcheux*, pour les fêtes
de Versailles *la Princesse d'Élide* et *George
Dandin*, pour celles du Louvre et des Tuileries
Psyché et *le Mariage forcé*, pour celles de
Chambord *Monsieur de Pourceaugnac* et *le
Bourgeois gentilhomme*, pour celles de Saint-
Germain *les Amants magnifiques* et *la Comtesse
d'Escarbagnas* : Molière qui associa sa plume
tantôt à celle de Corneille, tantôt à celle de
Benserade, pour tracer des ballets et des divertissements où pût danser Louis XIV ; Corneille
qui fut un moment le poëte du cardinal de Ri-
chelieu, avant que le *Cid* l'eût fait le poëte de
la France ; Racine qui écrivit pour les récréa-
tions des royales pensionnaires de madame de

Maintenon *Esther* et *Athalie* ; Shakspeare qui fut le poëte favori d'Élisabeth et de Jacques Ier ; Machiavel qui assaisonna sa *Mandragore* pour l'épicuréisme papal de Léon X ; Racine, Corneille, Molière, Shakspeare, Machiavel, ces premiers dramatistes de leurs nations, sont à la fois les derniers, ou à peu près les derniers poëtes qui aient travaillé à divertir, à titre d'office, les princes et les souverains. Ces noms glorieux, l'honneur de leur siècle et de leur pays, viennent clore d'une manière bien inattendue, cette longue liste de bardes, de jongleurs, de ménestrels, de compositeurs de ballets, d'ordonnateurs de fêtes, de bouffons royaux, dont nous devrons tracer l'histoire à la fois mélancolique et grotesque, à commencer par les porteurs de marottes rasés et chauves, et à finir par l'immortel auteur de la cérémonie du *Malade imaginaire* et du *Bourgeois gentilhomme*.

» Enfin le peuple, non moins que le sacerdoce et la royauté, s'est montré de tous temps avide de plaisirs scéniques. Quand il n'a pu avoir des comédiens à lui, le peuple s'est fait son propre comédien et son bouffon. L'Église a eu beau condescendre aux inclinations mimiques de la multitude et s'efforcer de satisfaire les bizarres fantaisies de la foule par des représentations sérieuses et quelquefois bouffonnes ; elle a eu beau donner aux laïques une part et un rôle dans les

cérémonies sacrées, admettre les noëls et les
cantiques en langue vulgaire dans l'enceinte de
ses temples, il resta toujours en dehors de l'É-
glise un surcroît de sève et de passion mimique
non satisfait, qui exigea, nonobstant toutes dé-
fenses, le maintien dans les carrefours des farceurs et des baladins. Ce que nous appelons *théâtres des boulevards* n'est que la forme tout nouvellement immobilisée de ces tréteaux naguère
ambulants. Quelques-uns de mes auditeurs peuvent se souvenir d'avoir vu jouer les farces de
Nicolet sur les théâtres encore à demi-nomades
des foires Saint-Germain et Saint-Laurent. Ce
n'est qu'en 1769 que l'*Ambigu* fondé par Audi-
not, s'établit sur cette espèce de foire perpétuelle
que nous appelons *les boulevards* (1).

» On trouve donc en observant avec attention
l'état actuel ou peu antérieur de nos spectacles,
que pour être complète, l'étude des origines
théâtrales doit s'étendre à trois familles de drames
distinctes, quoique se touchant et se confondant
par quelques points :

» 1°. Le drame merveilleux, féerique, surna-
turel, qui, pendant toute la durée du moyen
âge, fut essentiellement ecclésiastique, religieux,
sacerdotal ;

(1) Nicolet avait loué une salle sur les boulevards dès 1760, ce
qui ne l'empêcha pas de jouer aux foires jusqu'en 1789.

» 2°. Le drame aristocratique et royal qui dès les premiers temps de la conquête, porta aux jours de gala les pompes et la joie dans les donjons des baronies et les cours plénières de la royauté;

» 3°. Le drame populaire et roturier qui n'a jamais manqué d'égayer dans les carrefours, à ciel découvert, la tristesse des serfs et les courts loisirs des manants; théâtre indestructible qui revit de nos jours dans les parades en plein vent de Debureau; théâtre qui serait peu digne de nous occuper, s'il ne se trouvait être précisément l'anneau qui unit la scène ancienne à la moderne, et si l'érudition ne pouvait trouver à ces *joculatores*, à ces *delusores*, à ces *goliardi* de nos jours et du moyen âge, les plus honorables ancêtres dans l'antiquité grecque, latine, osque, étrusque, sicilienne, asiatique, depuis Ésope, le sage bossu phrygien, jusqu'à Maccus, le Calabrois jovial et contrefait, héros des farces atellanes, devenu depuis, dans les rues de Naples, le très-sémillant seigneur Polichinelle.

» Ainsi pour suivre dans tous ses développements l'histoire du théâtre moderne, nous devons ranger les jeux scéniques en trois classes et, comme je disais tout à l'heure, en trois familles, dont nous étudierons séparément les origines :

» 1°. Le théâtre religieux, merveilleux, théocratique, le grand théâtre qui a eu pour scène au moyen âge les nefs de Sainte-Sophie, de Sainte-Marie-Majeure, les cathédrales de Strasbourg, de Rouen, de Rheims, de Cambray, les monastères de Corbie, de Saint-Martial, de Gandersheim, de Saint-Alban;

» 2°. Le théâtre seigneurial et royal, qui brilla aux palais des ducs de Provence, de Normandie, de Bretagne et d'Aquitaine, aux donjons des comtes de Champagne, aux châteaux des sires de Coucy, aux fêtes des rois de France et d'Angleterre, à la cour de l'Empereur, aux galas des rois de Sicile et d'Aragon;

» 3°: Le théâtre populaire et forain, qu'on vit constamment à de certains jours s'agiter et s'ébattre, à grand renfort de bruit et de gaieté, dans les places de Florence, sur les quais et les canaux de Venise, dans les carrefours de Londres et de Paris.

» Ces trois sortes de drames, ecclésiastique, aristocratique et populaire, se retrouvent, comme nous le verrons, dans l'antiquité grecque et romaine. C'est pour ne les y avoir pas suffisamment distinguées, et pour nous être trop exclusivement bornés à l'examen du théâtre officiel et national, que nous nous trouvons généralement peu préparés à l'intelligence de nos propres origines théâtrales. Je sais fort bien, Messieurs, que les habiles professeurs chargés de vous ini-

tier aux chefs-d'œuvre des littératures anciennes,
ne vous ont pas laissé ignorer qu'à côté du théâtre
public et solennel des Accius et des Sophocle,
des Aristophane et des Térence, il y eut à Athènes et à Rome des théâtres privés, des ballets à
huis clos, de petites pièces domestiques sans cothurnes et sans masques, complément ordinaire
de tous les festins splendides. Muratori, Montfaucon, Flœgel, Boulanger, Bœttiger, ont recueilli
une foule de documents sur les *stolidi* et les *mo-
riones*, nains idiots, commensaux contrefaits des
riches, joujoux hideux des gynécées, ancêtres et
précurseurs de nos *fous de Cour*. Quant au théâtre populaire, les peintures et les bronzes d'Herculanum, les mosaïques, les bas-reliefs, les
pierres gravées, les monuments de toute espèce
attestent assez que la populace antique, outre
les grandes boucheries de l'amphithéâtre et les
grands jeux scéniques, n'a pas manqué, plus
que la nôtre, de toutes les variétés de saltimbanques, de faiseurs de tours, de grimaciers, de
funambules, d'animaux savants et d'improvisateurs en plein air. Nous reconnaîtrons dans la
chaussure, dans les vêtements, dans la coiffure
et dans les gambades de leurs *sanniones* et de
leurs *mimi*, le modèle du *zanni*, ou bouffon moderne par excellence, l'aïeul de notre arlequin.

» Mais ce petit théâtre, soit populaire, soit
aristocratique, dans lequel vint se perdre et dis-

paraître le grand théâtre ancien ; ce théâtre de carrefour et de boudoir, dont nous lisons de curieuses relations contemporaines dans le *Symposion* et *l'Anabasis* de Xénophon, dans *l'Ane d'or* d'Apulée, dans les Dialogues de Lucien, surtout dans *le Banquet* d'Athénée, et dont on peut, en cherchant bien, recueillir çà et là quelques précieux échantillons ; ce petit théâtre, dis-je, n'est que d'un intérêt bien faible, et d'une importance tout à fait secondaire pour les professeurs appelés à vous faire connaître les inépuisables trésors du théâtre grec et romain. Pour moi, au contraire, cette source tarissante, ce gravier mêlé de terre, cette vase dramatique, pour ainsi dire, dans laquelle apparaissent les premiers germes, et comme les molécules du théâtre moderne, sont d'une importance extrême, d'un prix sans égal.

» Au fond de presque toutes les origines il y a deux éléments ; un élément nouveau et spontané, et un élément traditionnel. Dans les origines du théâtre moderne, le principe actif et novateur appartient au christianisme et à l'Église. Quant à l'élément traditionnel, il nous faut le déterrer, et le chercher sous la poussière du théâtre antique.

» En effet, ce ne fut qu'aux XVIᵉ et XVIIᵉ siècles que notre théâtre commença à se rattacher au théâtre officiel et littéraire de l'antiquité. Jus-

que-là le drame moderne n'avait confiné au
drame ancien que par le côté trivial et populaire.
Le moyen âge n'a pas connu le grand théâtre
antique : à peine les barbares ont-ils entrevu la
dernière ombre de ces admirables solennités, et
entendu le dernier écho de la dernière comédie
grecque ou latine. En Grèce, dès le temps de
Démosthène, le théâtre officiel était en décadence.
Quand les villes n'eurent plus ni liberté nationale, ni richesses publiques, elles durent cesser
d'avoir des théâtres publics et nationaux. Mais
comme les fortunes particulières se défendirent
et subsistèrent plus longtemps que les richesses
nationales, les théâtres privés se prolongèrent
plus avant dans les temps modernes que les
théâtres nationaux. Et comme, esclave ou libre,
conquis ou conquérant, il y eut toujours un peuple avide de plaisirs scéniques, le théâtre populaire et compital ne disparut à aucune époque.
Les jeux du paganisme se lièrent ainsi sans interruption ni lacune aux jeux des chrétiens et
des barbares. De là tant de folies païennes chris-
tianisées ; de là les plantations d'arbres ou de *mais*,
la coupe des rameaux, le roi de la fève, les
étrennes et les mille et une contrefaçons des Saturnales ; de là les jeux scéniques aux funérailles, et une foule de jongleries et de mome-
ries qui procèdent directement de l'élément traditionnel.

» Quant à l'élément actif et spontané, c'est encore faute d'avoir fait une attention suffisante à tout ce qu'il y eut de profondément théocratique dans l'origine et le développement du drame antique, que quelques personnes s'étonneront peut-être de nous voir trouver la source la plus vive, la plus abondante et la plus poétique du théâtre moderne dans les couvents, aux IXe et Xe siècles, et dans les antiphonaires des XIe et XIIe siècles. L'étonnement redouble quand on songe combien la discipline catholique depuis les constitutions des apôtres et les plus anciens conciles jusqu'à ce jour, s'est montrée ardente à combattre et à condamner les jeux scéniques. Il n'y a là pourtant qu'une apparence de contradiction. Les choses se sont passées au moyen âge, absolument de la même manière que dans l'antiquité. En Grèce, pendant l'époque hiératique, c'est-à-dire, depuis les premiers temps jusqu'à Solon, les fêtes religieuses furent accompagnées de danses figurées et d'actions dramatiques. Une des particularités les moins contestées des anciens mystères, c'est que l'hiérophante cherchait à agir sur l'imagination des initiés par des tableaux et des représentations figuratives. Quand le sacerdoce du polythéisme eut laissé sortir de ses mains le monopole des arts, Thespis sur des tréteaux assez semblables à ceux de nos *confréries*, et enfin Eschyle, sur une scène plus élevée, dotèrent la Grèce d'un théâtre national., quoique toujours en partie hiératique.

» Au reste l'influence du clergé sur le drame, et généralement sur la poésie et les arts, n'est pas un fait particulier aux populations grecques et italiques. Cette influence est une loi sociale, absolue, universelle, une conséquence de l'état hiératique par lequel passe toute société. Durant l'époque sacerdotale, le clergé ne se contente pas de dominer les intelligences; il cherche à subjuguer les imaginations et à s'emparer à la fois de toutes les facultés humaines. Le génie plastique, le génie musical, le génie mimique, sont pour lui autant d'instruments de séduction et de puissance. Chez les nations où le sacerdoce a maintenu le plus constamment son empire, chez les peuples de race sémitique et chez les nations mahométanes, par exemple, l'imagination dramatique enchaînée presque entièrement par les rites, est à peine sortie de l'enceinte des temples. Nous trouvons les jeux dramatiques plus développés, mais toujours originairement hiératiques, dans ce que l'on peut entrevoir de l'ancienne civilisation des empires du Mexique et du Pérou. Il n'y a pas jusqu'aux sauvages de l'intérieur et des côtes de l'Afrique, jusqu'aux nouveaux Zélandais et aux Kamtchadales, peuples placés aujourd'hui sur l'échelle sociale à peu près au niveau des sauvages pélasgiens, étrusques et latins, ou des hordes franques, saxonnes et normandes, chez qui les prêtres et les sorciers ne s'efforcent de dominer les imaginations par des cérémonies commémoratives, des travestissements bizarres et de petits drames dont les voyageurs nous ont rapporté des relations vraiment curieuses.

» Si l'Église chrétienne attaqua pendant les six premiers siècles, avec tant d'énergie, les jeux du cirque et du théâtre, c'était surtout en tant que païens et comme souillés d'idolâtrie et de cruauté. L'Église s'est élevée de toute l'éloquence de ses Saints Pères contre les immolations du cirque et les obscénités de l'orchestre, qui révoltaient jusqu'aux païens non corrompus, et contre lesquelles Julien argumentait si rudement à Antioche. Plus tard, quand le christianisme fut dominant, et qu'avec l'aide des barbares en Occident et celle des Sarrasins en Orient, il eut anéanti les jeux scéniques, l'Église continua d'anathématiser les facéties des baladins qui continuaient l'idolâtrie dans les carrefours, et propageaient le paganisme dans les châteaux. Mais en même temps, l'Église faisait de son côté appel à l'imagination dramatique ; elle instituait des cérémonies figuratives, multipliait les processions et les translations de reliques et instituait enfin ces offices qui sont de véritables drames ; celui du *Præsepe* ou de la crèche à Noël ; celui de l'*Étoile* et des trois rois à l'Épiphanie ;

celui du Sépulcre et des trois Maries à Pâques, où les trois saintes femmes étaient représentées par trois chanoines, la tête voilée de leur aumusse, *ad similitudinem mulierum*, comme dit le Rituel ; celui de l'Ascension où l'on voyait quelquefois sur le jubé, quelquefois sur la galerie extérieure, au-dessus du portail, un prêtre représenter l'ascension du Christ ; toutes cérémonies vraiment mimiques, qui ont fait longtemps, comme nous le verrons, l'admiration des fidèles, et dont l'orthodoxie a été reconnue par une bulle d'Innocent III.

» En un mot, Messieurs, nous verrons au moyen âge les grands seigneurs et les princes accueillir les jeux scéniques comme un objet de luxe et de parade, le peuple s'y livrer avec un emportement de plaisir effréné ; mais nous verrons le clergé seul s'emparer, dès l'origine, de l'instinct dramatique, le cultiver dans une vue déterminée, le développer avec suite et calcul, et l'élever enfin à la hauteur d'un art.

» Puis donc que le théâtre moderne a reçu, comme celui de l'antiquité, ses premiers développements du sacerdoce, il est nécessaire de subordonner dans nos recherches, l'histoire du drame aristocratique et populaire à celle du drame ecclésiastique. En conséquence, nous prendrons pour principales divisions de notre travail, les phases diverses de progrès ou de décadence que le drame hiératique a successivement parcourues.

» Ces phases sont au nombre de trois : 1° l'é-
poque de la coexistence du polythéisme et du
christianisme, époque singulière de dualité pour
l'art et la poésie ; 2° l'époque de l'unité catholique et du plus grand pouvoir sacerdotal ; 3° l'é-
poque de la participation des laïques aux arts
exercés jusque-là par le clergé seul.

» La première de ces périodes s'étend du 1er au
vie siècle ; je l'appellerai l'époque romaine. Nous
étudierons deux choses dans cette période : d'une
part, la décomposition graduelle du théâtre païen,
condamné d'abord presque au mutisme par la politique impériale, qui n'eut de faveurs que pour
les pantomimes, puis attaqué par la philosophie
stoïcienne, battu en brèche par le christianisme,
ruiné par sa propre corruption et enfin détruit
par les barbares. Au milieu de cette décadence,
nous recueillerons avec soin les derniers monuments du génie scénique ; nous examinerons,
entre autres productions de cette époque, le
Querolus, suite ou contre-partie de l'*Aulularia*
de Plaute, écrit au ive siècle ; les fragments d'une
Médée en centons de Virgile citée par Tertullien ;
quelques scènes d'une *Clytemnestre* grecque,
tragédie scolastique du ve ou vie siècle ; un prologue encore inédit d'une pièce barbare où figurent un histrion du vie siècle et le vieux poëte Térence, etc., etc. ; d'une autre part, nous verrons

le génie naissant du christianisme s'essayer au drame, soit dans des compositions littéraires et érudites telles que le *Moïse* d'Ezéchiel le tragique au IIᵉ siècle, et le Χριστὸς πάσχων attribué à saint Grégoire de Nazianze au IVᵉ siècle; soit dans les dialogues des Liturgies apostoliques, où le prêtre, le diacre et le peuple prennent successivement la parole; soit surtout dans l'établissement de quelques usages presque scéniques, comme les chants alternatifs pendant les repas communs ou agapes, les danses pratiquées à de certaines processions et autour des tombeaux des martyrs; soit enfin dans une foule d'autres coutumes que je vous indiquerai avec soin et où l'exaltation religieuse éclatait d'une manière toute mimique et quelquefois encore toute païenne.

» La seconde période s'étend du VIᵉ au XIIᵉ siècle, et coïncide avec le plus complet développement du génie sacerdotal. Je l'appelle l'époque hiératique. Dès le commencement de cette période nous verrons se glisser les jeux scéniques et même l'usage des masques dans certains monastères de femmes : aux VIII et IX siècles, nous verrons les obsèques des abbés et des abbesses se terminer par de petits drames funèbres, sortes d'églogues dont les religieux et les religieuses se partageaient les rôles, poèmes bizarres que le temps n'a pas tous détruits. Au Xᵉ siècle, je vous montrerai les vies des saints et les légendes des

martyrs et des ermites, chantées dans les carrefours et, qui plus est, divisées en scènes et représentées dans les couvents. Je vous traduirai
six pièces de ce genre composées par la célèbre
Hroswitha, religieuse à Gandersheim, morte
avant la fin du xe siècle. Enfin aux xie et xiie siècles, nous verrons le drame ecclésiastique attein-
dre avec l'Église à son apogée et se déployer
dans les cathédrales, aux jours de grandes fêtes,
soutenu de la majesté naissante de la peinture,
de la sculpture et de la musique, également parfait dans les représentations sérieuses que l'on
pourrait appeler tragiques, et, chose surpre-
nante, dans les représentations comiques et grotesques, et jusque dans les danses les plus vives,
sorte de sarabandes et de *galops*, commencés dans
le chœur, continués dans la nef et terminés dans
les parvis ou les cimetières, danses bizarres des
vivants sur les tombes, qui ont donné aux peintres
de l'époque suivante l'idée de la fameuse *Danse
macabre*, danse des hommes et des femmes, dans
laquelle la Mort grimaçante prend de sa main
de squelette et fait sauter au son de sa rote les
personnages de tous les états, depuis les reines et
les archevêques jusqu'aux courtisanes et aux
mendiants.

» La troisième période, ou l'époque des confréries, nous montrera l'art dramatique échap-
pant en partie, comme les autres arts, des mains

affaiblies du sacerdoce, pour passer au XIIIᵉ siècle, dans celles des communautés laïques, pleines de cette ferveur pieuse et de cet enthousiasme de liberté, qui amenèrent trois siècles après l'entier affranchissement de la pensée et la complète sécularisation des arts ; nouvelle période dans laquelle nous n'entrerons pas, et qui constitue proprement l'ère moderne.

« Dès l'ouverture de la troisième période, nous verrons le drame ecclésiastique obligé de renoncer à la langue latine et de la remplacer par les idiomes vulgaires. Devenu peu à peu trop étendu pour conserver sa place dans les offices, le drame liturgique fut représenté les jours de fêtes, après le sermon. La bibliothèque royale possède un précieux manuscrit des premières années du XVᵉ siècle, qui ne contient pas moins de quarante drames ou *Miracles* tous en l'honneur de la Vierge, la plupart précédés ou suivis du sermon en prose qui leur servait de prologue ou d'épilogue. Déjà dans ce recueil, dont la composition remonte au XIVᵉ siècle, plusieurs légendes laïques et chevaleresques, telle que celle de *Robert-le-Diable* (1), dénotent l'affaiblissement graduel et la prochaine décadence du véritable drame hiératique. Enfin l'étendue toujours croissante

(1) Ce Miracle a été publié par M. Ed. Frère; Rouen 1836, 1 vol. in-8°.

que prirent les Mystères en langue vulgaire,
obligea le clergé de laisser transporter la scène
du jubé dans le parvis, et la multiplicité des personnages rendit bientôt nécessaire la coopération
des confréries qui éloignèrent de plus en plus ces
représentations du lieu et des idées qui leur avaient
donné naissance. Je vous ferai connaître tel de
ces drames prodigieux, où ne figurent pas moins
de cent, de deux cents et même de six cents acteurs. Il fallait alors réunir presque la moitié des
habitants d'une ville pour amuser ou édifier l'autre. Ainsi le drame chrétien sortit peu à peu de
l'église, et bientôt après des mains du clergé.

» Je dois ici, Messieurs, vous donner une
explication nécessaire et prévenir une équivoque
qui entraînerait des inconvénients de plus d'un
genre. Je me suis servi et me servirai encore des
mots *parfait* et *perfection*, appliqués à l'art et au
drame ecclésiastiques des xie et xiie siècles : ces
mots ne doivent pas se prendre dans un sens absolu, et n'ont dans ma pensée qu'une acception
relative. Tout système artistique ou littéraire a
son point de perfection relatif, quelque imparfait
qu'il soit d'ailleurs. Je ne prétends pas, Messieurs, vous faire illusion sur la valeur esthétique des monuments que nous allons étudier :
tous ou presque tous sont barbares par le langage. Il doit donc être bien entendu que je ne
propose aucun de ces monuments à votre admi-

ration ; à plus forte raison, que je ne vous en recommande aucun comme pouvant vous servir de modèle. A l'époque où le génie dramatique chrétien atteignit son plus complet développement hiératique, du IXe au XIIe siècle, la langue dans toute les contrées de l'Europe était entièrement corrompue. Le latin n'était plus qu'un patois où l'on ne reconnaissait ni étymologie ni syntaxe : les langues nouvelles n'en étaient qu'au bégaiement, et n'atteignirent que vers le XIIIe siècle aux grâces de l'enfance. Ainsi n'attendons rien ou presque rien, sous le rapport de la diction, des monuments que nous allons exhumer.

» Mais alors, me direz-vous, pourquoi les tirer laborieusement des livres et des manuscrits où ils sommeillent? Pourquoi entreprendre des fouilles ingrates, d'où l'on est sûr à l'avance de ne voir sortir aucun chef-d'œuvre ? Pourquoi, Messieurs?... je vais vous le dire : La critique, quelque arides que soient les landes qu'elle défriche, n'est jamais stérile. Sous l'œuvre la plus grossière, il y a toujours l'homme et la société ; or l'homme et la société, même lorsqu'ils sont momentanément bouleversés par ces mélanges de races, d'idées et de langages qui labourent, pour le féconder, le sol intellectuel, n'en offrent pas moins une étude d'un intérêt immense. Il est trop vrai qu'il vient toujours un moment fatal où les littératures et les langues forcées et comme dé-

mantelées par le progrès des idées et par l'action
des mœurs nouvelles, cèdent et se disjoignent,
pour ainsi dire, comme nos maisons et nos vêtements, comme nos institutions et nos lois : tout
ce que crée l'homme est sujet à dépérir. L'époque
de cette dislocation des nationalités et des langues,
est proprement ce qu'on appelle la barbarie ; mais
nos facultés, que nous n'avons pas créées, ne se
dissolvent pas pour s'agrandir comme nos sociétés et nos idiomes. La raison, la sensibilité,
l'imagination humaines croissent et se fortifient
au moment même où nos langues succombent
et se décomposent. Il est curieux alors de voir
l'esprit humain, plus fort que ses moyens d'expression, lutter contre la langue qu'il a brisée,
achever de la ruiner par ses efforts et s'échapper
en traits de flamme à travers les lézardes et les
solécismes du discours. Tel est le triste et singulier spectacle que nous offrent les écrivains et
surtout les poëtes, aux époques de barbarie. Cette
étude serait encore historiquement et psycologi-
quement d'un vif intérêt, même quand il n'en
résulterait pas une utilité immédiate dans l'ordre
poétique et littéraire ; mais cette utilité existe. Si
l'étude des monuments dramatiques du moyen
âge ne nous fournit directement aucun chef-
d'œuvre à admirer, du moins nos recherches
jetteront-elles un jour utile et tout nouveau sur
des chefs-d'œuvre plus récents, dont elles seront

le plus lumineux commentaire. Les grands dramatistes chrétiens des XVIe et XVIIe siècles, Shakspeare, Lope de Vega, Calderon, ne peuvent être bien compris qu'autant que vous aurez vécu assez longtemps dans l'intimité de leurs prédécesseurs, et que vous serez suffisamment familiarisés avec leurs idées, leurs croyances et leur poétique. Dante, Lope de Vega, Calderon, Shakspeare, ont résumé dans des langues parfaites, et ont élevé à une ravissante beauté de forme les confuses et vagues conceptions du moyen âge. Les études que nous allons faire sont un préambule indispensable pour arriver à la complète intelligence de ces grands poëtes catholiques. Vous me pardonnerez donc la rudesse et la longueur du chemin, en considération du but où il nous conduit.

» D'ailleurs, si je proclame sans hésiter la barbarie des idiomes au moyen âge, je ne fais pas aussi bon marché de l'imagination de cette époque, ni même de sa poésie, en prenant ce mot dans le sens le plus général. Il importe à la grande thèse de la perfectibilité humaine, de montrer comment au moyen âge, malgré la décadence du langage, l'imagination et la poésie n'ont pas cessé d'être en progrès; il importe de montrer comment le génie poétique, pour suppléer au moyen d'expression qui lui manquait, s'est appliqué à s'en créer d'autres; comment, à

défaut de la langue, il a eu recours à la peinture,
à la musique, à la sculpture ; comment surtout
il a magnifiquement traduit ses pensées dans cette
langue qui précède toutes les autres et qui leur
survit, dans la langue monumentale. En effet,
quand cet âge si profondément ironique et enthousiaste n'a pu exprimer ses soupirs par des
paroles, il les a fait moduler par l'orgue ; quand
les mots ont manqué à ses pensées tantôt célestes
et tantôt mondaines, il les a sculptées dans la
pierre ou fait étinceler sur les vitraux.

» Rechercher tous ces équivalents, restituer
cet harmonieux ensemble d'une poésie qui n'est
plus, c'est accomplir une œuvre philosophique ;
car c'est rétablir un des anneaux brisés de la perfectibilité humaine, et démontrer son existence
là où seulement on peut encore raisonnablement
la contester, dans le domaine de l'imagination
et des beaux arts.

» Ce sera déjà un commencement de réhabili-
tation pour le moyen âge que de mettre hors de
contestation l'existence du génie dramatique pendant sa durée.

» Quant aux courtes excursions que je projette
dans le domaine des arts, ce ne seront pas des
hors-d'œuvre. Je ne remplirais qu'une faible partie de ma tâche, si je vous présentais ces textes
arides et incorrects, dépouillés de l'accompagne-

ment dont l'imagination contemporaine les avait
entourés et où elle avait déposé plus particulièrement sa poésie. Je serais infidèle à la vérité, si je
voulais vous donner l'idée de ces splendides *opéras* du moyen âge en vous montrant les seuls
pauvres *libretti* qui nous en restent. Je dois, pour
ne pas calomnier l'art de ce temps peu connu,
rendre leur pompe à ces drames et faire en sorte
de leur restituer toute la richesse de leur mise
en scène.

» Lors donc que nous lirons ensemble les comédies de Hroswitha, de cette nonne de la Basse-
Saxe au x⁰ siècle, de la *Voix forte* de Gandersheim,
comme elle s'appelle si poétiquement elle-même,
lorsque je vous traduirai ce qui peut se traduire
de ces simples et rudes légendes tout empreintes
de christianisme, de science et de barbarie, vous
me pardonnerez de compléter l'effet de ces compositions bizarres, en relevant, autant qu'il sera
en moi, les ruines de ce vieux monastère saxon ;
vous me permettrez de vous introduire sous les
voûtes et les arceaux du grand parloir, de vous
montrer ces décorations de pierres et toute cette
architecture demi-romaine et demi-franque,
grêle, sombre et solennelle, comme l'œuvre
même de la poétesse. Quand nous lirons les
dialogues funéraires récités sur les tombes des
grands abbés et des grandes abbesses du ix⁰ siècle, vous me pardonnerez de tâcher de vous

faire oublier les solécismes et les barbarismes de ces étranges églogues, en vous transportant par la pensée dans le vaste préau de ces cloîtres et en vous détaillant les cérémonies qui donnaient tant de majesté à ces illustres obsèques. Quand aux XIe et XIIe siècles, je vous expliquerai les textes si brefs et si sèchement liturgiques du drame sacerdotal, il faudra bien pour vous donner une idée de sa pompe et de son influence sur les masses, que je vous découvre la magnificence du cérémonial au milieu duquel il se déployait. Il faudra bien que je vous fasse connaître la structure et l'ordonnance des théâtres, c'est-à-dire des églises d'alors. Je vous montrerai la scène placée pour l'ordinaire sur le jubé, espèce de *pulpitum* en vue de tous ; le clergé dans le chœur, les grands seigneurs et les nobles dames rangés dans les galeries supérieures de la nef, appuyés sur des balustres garnis de drap d'or et de velours ; en bas, au milieu, les hommes d'armes et les écuyers debout, tandis que le peuple et les manants se pressent dans les bas côtés, les hommes à droite et les femmes à gauche. Enfin quand nous serons arrivés aux *jeux-partis* et aux *Entremets* représentés dans les châteaux aux XIIe et XIIIe siècles, je devrai reconstruire pour vous ces anciens manoirs, rétablir l'azur et l'or sur leurs murailles, le jeu des couleurs dans leurs vitraux, déployer les tapisseries, éclairer la salle de gala ; je devrai

vous montrer la galerie intérieure et circulaire
qu'on voit encore aux ruines du château de Coucy,
et d'où les regards des dames pouvaient se promener sur la fête. Je n'oublierai ni le costume
du maître, ni les joyaux de la châtelaine, ni les
habits des comédiens ; en un mot, je tâcherai de
suppléer tout ce qui manque à la lettre morte,
et ne négligerai aucun des riches entourages qui
embellissaient ces représentations chevaleresques
et galantes. Ainsi seulement je croirai avoir été
fidèle à la poésie et à l'histoire. »

Tel était le programme que je présentais
au jeune et bienveillant auditoire de la Sorbonne et que je n'hésite pas à reproduire
ici tout entier. Ce dessein est grand ; aurai-
je la force de l'accomplir ? L'épreuve que
j'ai faite et les encouragements que j'ai
reçus m'enhardissent à l'espérer. Je commence donc cette publication avec con-
fiance, rassuré surtout par l'intérêt que le
sujet inspire et par le nombre des documents que j'ai rassemblés. Je me répète aussi
souvent, pour soutenir mon courage, cette
fortifiante pensée du poëte :

.... *Cui licta potenter erit res ,*
Nec facundia deseret hunc nec lucidus ordo....

Ce sont là de bien belles promesses, trop belles sans doute! Pour ma part, je me contenterais, de grand cœur, d'être assuré de la moitié!

INTRODUCTION

ou

ÉTUDES

SUR

LES ORIGINES DU THÉATRE ANTIQUE.

———

CHAPITRE PREMIER.

I. Nature du génie dramatique. — Instinct d'imitation. — Sens
musical.—Définition du drame. **II.** Mélange du drame et de
l'épopée. **III.** Mélange du drame et de la forme lyrique,
IV. Choristique. — Monodies. — Chants amœbées. — Chœurs.
V. Des chœurs cycliques naît en Grèce la tragédie. — Des
chœurs phalliques et de la sicinnis le drame satirique. — Du
cordace la comédie. **VI.** Orchestique. — Danses muettes.
VII. Drame instrumental. — Le drame en Grèce retombe et
se pert dans la forme lyrique d'où il est sorti.

On sait à présent quel but je me propose : je vais tâcher de découvrir en quels lieux et sous quelles formes s'est
manifesté le génie dramatique pendant le moyen âge,
cette longue nuit durant laquelle on l'a trop légèrement
déclaré mort ou endormi (1) ; je vais renouer par une
chaîne non interrompue de témoignages et de monuments,
les dernières productions du drame antique aux premiers
essais du drame moderne : je m'efforce de jeter un pont

(1) « On ne trouve aucun drame au moyen âge dans toute l'Eu
rope. » Guill. de Schlegel , *Cours de littérature dramatique* , t. 1 ,
p. 42.

sur cet abîme de quinze siècles. Mais avant d'élever les premières assises de l'édifice, je dois assurer sa base et ses fondements. Il me faut d'abord définir avec précision les mots poésie, drame, génie dramatique.

I.

NATURE DU GÉNIE DRAMATIQUE. — INSTINCT D'IMITATION. — SENS MUSICAL. — DÉFINITION DU DRAME.

C'est une division généralement reçue que celle de la poésie en trois principaux genres, épique, lyrique et dramatique (1). Cette division répond à trois formes, ou, si l'on me permet cette expression, à trois différents costumes que la poésie revêt et emploie à sa guise, le récit, le chant, l'action. Bien que cette classification soit claire, évidente, aisément saisissable, on peut pourtant se demander si elle est la meilleure possible, c'est-à-dire, la plus propre à nous faire bien connaître la nature de l'objet total par l'examen de ses parties. Je ne le crois pas.

J'ai toujours pensé que le devoir d'une critique forte et élevée eût été d'établir la distinction des genres sur des caractères vraiment essentiels et scientifiques. On aurait dû, suivant moi, chercher à déterminer quelles modifications intimes l'exercice ou la jouissance de la poésie fait éprouver à l'âme humaine ; on aurait dû, à l'exemple de l'illustre Jussieu, grouper les impressions poétiques en *familles naturelles*, et constituer ainsi les diverses classes de poésie, tragique, comique, élégiaque, etc.., non d'après les différences artificielles de la forme, mais d'après la nature des cordes

(1) Guill. de Schlegel, *Cours de littérature dramatique*, t. 1, p. 65. — M. Victor Hugo, *Préface de Cromwell*, p. III et suiv.

intérieures que chacun d'eux fait vibrer dans le cerveau du poëte et dans l'âme des auditeurs. Il y a plus qu'un chapitre, il y a tout un traité d'esthétique à faire sur cette donnée. Ce grand travail je ne l'entreprends pas ici ; je l'indique seulement et je le réserve. Je ne me pose aujourd'hui pour le besoin de mon sujet, que la question suivante :

Sous les trois costumes dont je viens de parler, c'est-à-dire, sous la robe épique, lyrique ou dramatique, n'y a-t-il qu'une seule et même poésie? L'épopée, l'ode, le drame émanent-ils d'une même source psychologique, d'une même faculté humaine? ou bien au contraire, y a-t-il un génie épique, un génie lyrique, un génie dramatique séparés et distincts?

Cette question si grave a été jusqu'ici très-peu étudiée. Deux ou trois écrivains à peine ont dirigé, dans le dernier siècle, leurs méditations sur ce point. Le système pseudo-aristotélique de l'abbé Dubos, adopté par le Batteux, et la *Poétique* soi-disant novatrice de Marmontel convergeaient, chose étonnante, dans un but commun, celui de reporter les arts et la poésie à un seul principe, à l'instinct d'imitation. Un mot spirituel d'Horace, *Ut pictura poesis* (1), détourné de son sens primitif, était le pivot ou plutôt la béquille qui soutenait cette incomplète et boiteuse théorie.

Eh quoi, dira-t-on, la poésie n'est-elle pas une? Assurément je la crois telle ; mais les canaux par où elle s'épand et jaillit sont multiples. Je ne reproche pas à Dubos, à le Batteux et à Marmontel d'avoir proclamé l'unité de la

_____

(1) Horat. *Epist. ad Pisones*, v. 361...

poésie ; je leur reproche d'avoir prétendu qu'elle est uniquement imitative.

Au reste, les paraphrases dogmatiques de la pensée
d'Horace n'ont pas manqué même aux anciens : « La poésie est une peinture parlante, et la peinture une poésie
muette (1) » était un axiome déjà vieux du temps de Plutarque. Et toutefois, pour venir de l'antiquité, cette double antithèse n'en a pas plus de justesse. En effet, la poésie
n'est pas condamnée comme la peinture, à ne représenter
qu'une scène immobile et qu'un moment donné dans
chaque scène ; elle peut suivre une action dans tous ses
progrès et dans tous ses développements ; c'est plutôt un
miroir qu'un tableau : c'est plus encore ; car la poésie ne
reflète pas seulement des surfaces, fussent des surfaces
mouvantes, comme fait la Chambre noire ; elle tourne
autour des objets à la façon de la statuaire et les reproduit
sous toutes leurs faces (2). Ainsi l'assimilation de la poésie
à la peinture est inexacte, même à ne considérer que les
moyens d'imitation. Mais elle devient, selon moi, ra-
dicalement fausse, si l'on veut la prendre, comme les
critiques matérialistes que j'ai cités, pour base d'un système
qui fait de l'instinct imitatif le principe unique de toute
poésie. Comment, je vous prie, l'instinct d'imitation pour-
rait-il revendiquer la moindre part dans les élans d'enthousiasme religieux, d'ardeur guerrière, d'ivresse amou-

(1) Plutarch., *De audiendis poetis*, cap. 3, p. 17, F.— Id. *De
glor. Athen.*, p. 346, F.

(2) Pindare a exprimé énergiquement cette supériorité de la poésie : « Je dédaigne, dit-il, l'art du statuaire qui travaille lentement
des simulacres oisifs pour les fixer sur une base immobile, etc. »
Néméennes, ode V, v. 1-3.

reuse, de joies ou de douleurs patriotiques, qui constituent une des principales branches de la poésie, la poésie lyrique ?

Placez un homme en face d'une grande scène de la nature ou devant une grande catastrophe humaine ; conduisez-le aux bords de l'Océan, au pied des Alpes ou du Vésuve, dans la plaine d'Austerlitz ou de Waterloo, sous le dôme de Saint-Pierre de Rome ou près de la chartreuse du Grand Saint-Bernard, il recevra inévitablement une émotion profonde, soit d'admiration ; soit de terreur, soit de joie, soit de tristesse ; il éprouvera le sentiment du beau, peut-être celui du sublime : puis, quand la perception aura cessé, son émotion passera des sens dans l'imagination, c'est-à-dire, dans ce foyer qui reçoit, conserve et agrandit toutes les images et tous les sons.

Cette faculté qui répète comme un écho et renforce les sensations, ce pouvoir de prolonger la vibration de la pensée au delà de la cause qui l'a produite, créent par leur action, un état de l'âme tout spécial, que j'ai décrit ailleurs (1) et que j'appelle *l'état poétique*. Tout homme témoin récent d'un grand spectacle, éprouve ce passage de l'impression souvent douloureuse de la réalité à l'état de réminiscence poétique toujours agréable. Plus l'âme humaine sera disposée à la poésie et plus elle cherchera à entretenir et à conserver cette sorte de surexcitation qui lui procure sans fatigue et sans péril les plaisirs de l'activité. Si l'homme que nous avons supposé a plus que l'imagination commune et passive, s'il est artiste, il voudra non-seulement jouir en lui-même de cette extase, mais

(1). *Revue des Deux Mondes*, décemb. 1833, p. 573 et suiv.

en perpétuer la cause et l'élever à la vie de l'art. Statuaire
ou peintre, il taillera dans la pierre, où tracera sur la
toile, les images que ses sens d'abord et son imagination
ensuite ont reçues ; il voudra rendre visibles à tous les
yeux ces formes qui n'existent plus que dans les cases
mystérieuses de son cerveau. Musicien, il voudra faire
redire tout haut à sa harpe ou à un vaste orchestre ; les
airs que murmure tout bas la lyre qu'il porte cachée dans
son sein ; il voudra rendre perceptibles à l'oreille de tous,
les concerts que son imagination entend incessamment
dans le silence de son cœur. Enfin, s'il est poëte, il pourra
user à la fois, mais avec moins de puissance que le peintre
et le musicien, de ce double mode d'expression, soit pittoresque, soit musical ; il pourra peindre dans ses vers les
objets qui l'ont ému ; c'est le procédé épique et dramatique : ou bien, exprimer non les objets eux - mêmes,
mais les émotions qu'il a ressenties en leur présence ; c'est
le procédé lyrique. Dans ce dernier cas, le poëte ne travaille pas à faire passer dans le monde extérieur les images
que son imagination conserve ; ce sont au contraire les
images mises en réserve dans l'imagination qui viennent,
sur l'injonction du poëte, faire vibrer et résonner en lui
la lyre intérieure qui n'attend que leur souffle pour s'émou-
voir : je ne vois là nul acte d'imitation, rien qui ressem-
ble le moins du monde au procédé plastique ou pittoresque.

La poésie, selon moi, émane donc d'une seule grande
faculté qui est l'imagination, c'est-à-dire la puissance
de recevoir, de rappeler, de combiner, d'agrandir des
impressions reçues. Mais quand l'imagination devient le
génie poétique et se fait créatrice, elle se subdivise en

deux facultés nouvelles. La première qui a l'œil pour organe principal, sait reproduire, en les épurant, les formes
dont elle a conservé l'empreinte, de manière à faire naître
dans les autres l'impression qu'elle-même a gardée ; c'est ce
que j'appelle le *sens pittoresque* ; l'autre, moins répandue au
dehors, s'aide plus de l'oreille que de l'œil ; elle sait traduire
en sons clairs et distincts l'harmonie incessante qui bour-
donne sourdement au dedans de nous ; elle sait régler le
mouvement de ses *strette* sur les rhythmes variés que chaque
passion imprime, selon sa nature et sa force, aux battements du cœur et à la pulsation des artères ; elle ne peint
pas les objets ; elle ne nous montre, par exemple, ni
l'Océan ; ni les lacs brumeux de l'Écosse, ni l'azur du ciel
de Naples, mais elle sait mettre notre âme dans la situation harmonique où la vue de ces objets nous plonge, de
manière à nous forcer de nous rappeler leurs images :
c'est ce que j'appelle le *sens musical*.

Ces deux sources du génie poétique coulent simultané-
ment et entrent chacune pour une part dans toute œuvre de
poésie., mais à des doses fort inégales. Tel genre reçoit
plus de l'affluent pittoresque, tel autre plus de l'affluent
musical. La dernière querelle du romantisme et du classi-
cisme et, en général, tous les dissentiments, tous les con-
flits en fait d'art et de goût, n'ont guère d'autre cause que
la prédominance alternative de ces deux modes d'expression dont l'un répond à quelque chose de plus matériel,
de plus arrêté, de plus positif ; l'autre à quelque chose de
plus vague, de plus indéfini, de plus mystique : il y a
entre l'expression musicale et l'expression pittoresque, la
différence de l'œil à l'oreille, du son à la forme.

Au reste, quoiqu'aucun genre de poésie ne soit com-

plétement exempt de cette dualité d'influence et d'origine, et que toute la différence ne soit que dans les proportions du mélange, cependant on peut dire que l'ode
et le drame sont les deux produits extrêmes de ces deux
éléments opposés. L'ode dans ses vibrations les plus
ravissantes, est presque toute musicale ; le drame dans
ses silhouettes ou ses reliefs les plus fortement caractérisés,
est presque uniquement pittoresque.

L'épopée, qui de toutes les sortes de poésie est la plus
compréhensive et la plus concrète, reçoit à des doses
presque égales ces deux affluents poétiques ; de même
qu'elle réunit les trois formes, le récit, le chant et le
dialogue.

Je n'ignore pas assurément que le poëte dramatique a
mission de découvrir et de mettre à nu les sentiments les
plus cachés du cœur humain ; mais ce ne sont pas, comme
dans les épanchéments lyriques, ses propres émotions que
le poëte exprime ; ce sont les passions de personnages fictifs qu'il tâche de deviner ; c'est de la poésie personnelle,
mais au second degré ; ce sont des révélations intimes,
mais par substitution. J'accepte donc pour le drame le mot
d'Horace *Ut pictura poesis*. Ici, en effet, l'imitation domine ; l'homme copie l'homme par tous les moyens qui
sont en son pouvoir ; le poëte contrefait son modèle par
la voix, par le geste, par l'habit, par le langage, par
les élans simulés du cœur et les aveux qui semblent s'é-
chapper de l'âme.

Cet instinct mimique, source du drame, est de tous les
lieux, de tous les temps, de toutes les civilisations. Les
voyageurs ont signalé de petites actions dramatiques au

Mexique (1), au Pérou (2), chez les sauvages de l'intérieur de l'Afrique (3), chez les insulaires de la mer du Sud (4). Niebuhr (5), les savants de la grande expédition d'Égypte (6), ceux qui ont accompagné Champollion le jeune (7), M. Belzoni (8) et plus récemment encore, MM. Michaud et Poujoulat, ont trouvé non-seulement des conteurs, des almées ou danseuses (9), des faiseurs de tours, des psylles (10) et des joueurs de marionnettes (11), mais de véritables petits drames dans les cafés du Caire (12) et dans les hameaux du Delta (13).

Les enfants de tous les pays se plaisent dans leurs jeux, à sortir d'eux-mêmes, à imiter les grandes personnes ; à jouer les rôles de père, de général, de roi : ces

(1) Thom. Gage, *Relations des Indes occidentales*, 3e part., ch. 17, p. 163-172.

(2) Garcilasso de la Vega, *Comment. Reales*, lib. II, cap. 23.

(3) Clapperton, *Second Voy. dans l'intérieur de l'Afrique*, t. 1, p. 103-108.

(4) Sidney Parkinson, *Voy. autour du monde*, t. 1, p. 126 et suiv. — Cook, *Second Voy.* t. 2, p. 402 et suiv.

(5) Niebuhr, *Voy. en Arabie*, t. 1, p. 151.

(6) *Mém.* de M. Jomard sur le Caire. *Description de l'Égypte*, t. 18. 2e partie; *État moderne*, p. 442.

(7) *Lettres* de M. Ch. Lenormant, *Globe*, t. 6, p. 883, et surtout son *Journal* manuscrit qu'il a bien voulu me communiquer.

(8) Belzoni, *Voy. en Égypte et en Nubie*, t. 1, p. 27-31.

(9) Les almées sont des danseuses improvisatrices. Le mot *almée* en arabe signifie *savante*.

(10) Charlatans qui prétendent avoir tout pouvoir sur les serpents. Voy. M. Michaud, *Corresp. d'Orient*, t. 5, p. 30-31.

(11) Niebuhr, *Voy. en Arabie*, t. 1, p. 151-153.

(12) M. Michaud, *Corresp. d'Orient*, t. 5, p. 248-252 et 255-257.

(13) Le même, t. 5, p. 306-308.

peintures imparfaites de la société et des passions humaines
les intéressent souvent plus vivement que leurs jeux favoris, la course en plein air et les exercices corporels.
Aristote a signalé cette disposition de l'enfance ; ce grand
observateur déclare l'homme le plus imitateur de tous les
animaux (1). Il a aussi remarqué l'existence du principe
harmonieux, qui est en nous le pendant de l'instinct
d'imitation (2) ; seulement, il a bien moins insisté qu'il
ne le devait, suivant moi, sur les conséquences de cet
instinct musical. Au reste, pour n'être pas injuste envers
cet immense génie, il ne faut pas oublier que nous ne possédons qu'une ébauche incomplète de sa *Poétique*.

Dans la belle préface de son *Cromwell*, M. Victor Hugo
a avancé que les trois genres de poésie qu'il admet d'ailleurs, comme tout le monde, l'épique, le lyrique et le
dramatique, ont formé trois périodes dans l'histoire de la
poésie humaine. Il pense que le genre humain dans sa
jeunesse a chanté ses premières et fraîches émotions, qu'il
a ensuite raconté les actions de son héroïque virilité, et
qu'enfin, éclairé par le christianisme qui lui révéla sa
double nature céleste et terrestre, sublime et grotesque,
il a, dans sa vieillesse, dramatisé la lutte du bien et du
mal, du beau et du laid, sous la forme shakspearienne
ou romantique, la seule qui soit vraiment le drame (3).
D'autres critiques ont interverti ces époques et pensé
que l'homme a commencé par le récit, témoin la Genèse qui est, en effet, bien plus narrative que lyri-

(1) Aristot., *De Poet.*, cap. IV, § 2.
(2) Id. *ibid.*, § .
(3) M. Victor Hugo, *Cromwell*, p. III-XXV.

que (1), puisqu'il a chanté, c'est-à-dire, trouvé les rapports qui existent entre les sons; le rhythme et les mouvements de l'âme humaine; et qu'enfin de l'union de ces deux genres il s'en est formé un troisième qui est le drame. Je crois ces divisions par époques plus ingénieuses que vraies. Toutes les facultés de l'homme sont du même âge; l'instinct mimique ou pittoresque n'est ni plus ni moins ancien que l'instinct musical ou lyrique; les essais poétiques tentés sous ces trois formes sont contemporains. Et qu'on ne dise pas que la mise en scène du drame le plus simple a besoin de plus d'appareil que la récitation d'un poème ou le chant d'une ode. Dans l'enfance de l'art, comme dans celle des individus, l'instinct mimique est facile à satisfaire; il ne faut à l'enfant qu'un bâton pour se faire un cheval (2); qu'une plume rouge ou bleue au Péruvien pour le transformer en cacique où en dieu. Je crois donc que ces distinctions d'âge et d'époques qui tendent à échelonner chronologiquement les trois genres de poésie sont tout à fait illusoires; elles ont de plus cela de dangereux, qu'elles peuvent faire croire qu'il y a des temps où le drame n'existe pas encore et d'autres où il n'existe plus, double supposition également inexacte; en effet, on peut toujours et partout, suivant moi, trouver le drame plus ou moins développé, plus ou moins pur d'autres éléments, non-seulement parce que l'instinct mimique est universel, mais encore parce qu'il y a dans le cœur humain deux autres sentiments qui rendent les émotions du drame nécessaires à toutes les réunions d'hommes; la curiosité et la sympathie.

(1) *Globe*, t. 6, p. 155-158.
(2) Horat., lib. II, *Satir.* 3, v. 248.

La division de la poésie en trois genres est fort commode
en théorie ; elle est même d'une application très facile tant
qu'on ne sort pas des temps où les genres épique, lyrique et
dramatique sont bien tranchés comme aujourd'hui ; mais un
des inconvénients les plus graves de cette division, c'est de
n'être applicable qu'aux époques de littératures classiques
et régulières, telles que les siècles de Périclès, d'Auguste
et de Louis XIV. Quand on a la fantaisie d'étudier les
temps d'anarchie poétique, c'est-à-dire, le commencement
et la fin de toutes les littératures, cette division, au lieu
d'être un aide et un guide, devient un embarras et une cause
d'erreurs. C'est le propre des origines en tous genres de présenter tous les éléments en masse et confondus. Dans ces époques concrètes, toutes les facultés poétiques confinent et se
touchent ; toutes les sortes de poésie se mêlent. Il est dans ce
cahos fort difficile d'abstraire entièrement un genre et de
l'isoler des genres voisins. Nous éprouverons cette difficulté
dans la recherche du drame au moyen âge. Notre tâche,
et si nous réussissons, notre mérite sera de reconnaître
et de dégager l'élément dramatique caché et comme perdu
dans les genres environnants. Aussi, pour nous préparer
à ce travail de découverte, nous importe-t-il d'établir dès
à présent que le mélange des genres est la loi des littératures qui commencent et qui finissent, et que dans de
telles circonstances, le génie dramatique ne se montre
guère sans être à demi-revêtu de la parure épique ou ly-
ri qu.

   A quels signes alors reconnaîtrons-nous le drame ? Nous
venons de voir que le génie dramatique découle principalement de l'instinct d'imitation ; c'est un indice, mais qui seul
ne serait pas suffisant. Trouverons-nous dans la forme

dialoguée le signe distinctif du drame ? Non ; car un monologue peut être un admirable drame, témoin la *Magicienne* de Théocrite sur laquelle je reviendrai. D'ailleurs,
beaucoup d'ouvrages dialogués ne sont pas des drames.
Sans parler des Dialogues de Platon et de Lucien, Théo-
phylacte ouvre son histoire de Phocas et de Maurice par un
dialogue remarquable entre la philosophie et l'histoire (1) ;
un chroniqueur polonais, Kadlubek, a écrit en dialogues
au xiiᵉ et xiiiᵉ siècles, l'histoire des rois de Pologne (2).
Plusieurs marbres et pierres gravées antiques offrent pour
légendes de courts dialogues (3). Toutes ces choses relèvent bien quelque peu du génie dramatique, mais ne sont
pas le drame. Ce ne sont pas les monuments que je vous pro-
mets et que je recherche. Qu'est-ce donc que le drame ?
J'appelle ainsi tout ouvrage où le poëte, mettant de côté
sa personnalité, parle et agit ou fait agir et parler des acteurs au nom de personnages fictifs, dans le but d'exciter
la curiosité et la sympathie d'un auditoire. Toutes les fois
que je rencontrerai ces caractères réunis, quels que soient
le lieu, les acteurs et l'assemblée, je me croirai sûr d'avoir
rencontré, sinon une pièce de théâtre, du moins un produit du génie dramatique, un drame.

(1) Theophylact. Simoc., inter Byzant. scriptt., t. 1, p. 1,
seqq.

(2) Vincent Kadlubko vel Kadlubek, *Res gestæ principum et
regum Poloniæ*, Varsoviæ, 1824.

(3) Voy. un article de M. de Villoison dans le *Magasin Encyclop.*, 7ᵉ année, t. 2, p. 451.

II.

MÉLANGE DU DRAME ET DE L'ÉPOPÉE.

En Grèce, avant que la poésie dramatique eût atteint un développement distinct et régulier, avant Thespis et la 61ᵉ olympiade, les poésies d'Homère étaient chantées par des rhapsodes ou arnodes qui luttaient d'habileté dans les concours publics et qui recevaient pour prix un agneau (1). L'existence de ces récitations ou représentations des poèmes homériques antérieurement à Pisistrate est prouvée par plusieurs témoignages, notamment par un passage d'Hérodote où cet historien raconte que Clisthène, tyran de Sicyone, étant en guerre avec Argos, abolit les concours de chant entre rhapsodes, parce que dans les poèmes d'Homère les Argiens étaient célébrés par-dessus tous les autres Grecs (2). Pindare cite les Homérides comme une espèce de chanteurs assujettis de son temps à de certaines formules particulières (3). L'épopée, dans ce premier âge, confinait par le chant avec la poésie lyrique et avec le drame par des inflexions de voix et par des gestes qui lui donnaient un caractère semi-dramatique. Aussi Platon range-t-il les rhapsodes parmi les ministres ou serviteurs des poëtes, à côté des choreutes et des comédiens (4).

Quand le théâtre se fut établi dans les principales villes de la Grèce, les rhapsodes continuèrent leurs récitations et s'efforcèrent de lutter contre l'attrait et les ressources supé-

---

(1) Eustath., p. 6, l. 26.
(2) Herodot., lib. V, cap. 67, p. 404.
(3) Pind., *Nem.*, od. II, v. 1-3.
(4) Plat., *De republ.*, lib. II, p. 373, B.

rieures de la poésie scénique. Démétrius de Phalère, vers la
116e olympiade, les autorisa à monter sur la scène (1).
Là on les vit représenter à la manière des comédiens
(ὑποκρίνεσθαι), non-seulement les poésies d'Homère, mais
encore celles d'Hésiode, d'Archiloque, de Mimnerme et de
Phocylide (2). Lysanias nous apprend que Mnasion le rhapsode représenta même quelquefois dans les assemblées publiques les iambes de Simonide (3). Jason rapporte que le
comédien Hégésias déclama ou plutôt représenta, sur le
grand théâtre d'Alexandrie, des morceaux d'Hérodote, et
Hermophante des fragments d'Homère (4).

Tous les écrivains qui, depuis Démétrius de Phalère,
parlent des rhapsodes, les désignent par le nom de *comédiens*, ὑποκριταί (5), et le verbe ὑποκρίνεσθαι, *représenter*, a remplacé, comme on l'a vu, le simple mot
ἀείδειν, *chanter*. Timée, dans son *Lexique sur Platon*, définit les Homérides *ceux qui représentaient les poésies d'Homère* οἱ τὰ Ὁμήρου ὑποκρινόμενοι (6), expressions qui prouvent que les rhapsodes employaient non-seulement les
artifices de la déclamation, mais plusieurs accessoires matériels propres à captiver l'attention, comme le dit expressément Eustathe (7).

On trouve aujourd'hui dans l'Orient, où se sont conservées
tant de coutumes antiques, la récitation épique accompa-

(1) Athen., lib. XIV, p. 620, B.
(2) Chamœleon, ap. Athen., *ibid.*
(3) Athen.; *ibid.*, C.
(4) Id. *ibid.*, D.
(5) Diod. Sic., lib. XIV, § 109. — Lib. XV, 7.
(6) Timæus soph. *Lexic.* voc. ὁμηρίδαι.
(7) Eustath., p. 6, l. 5-7.

gnée du ton , du geste et même du costume convenable au
personnage et à la situation. M. Sheridan , dans le journal
de sa mission à la cour de Perse , de 1807 à 1811 ; raconte qu'à un grand dîner où il assistait à Schiraz , on vit
paraître, selon l'usage , diverses sortes de danseurs et de
musiciens. Un des jongleurs qui avait fait avec sa bouche
une sorte de jet d'eau fort ridicule , revint, un peu après
dans la salle, le visage blanchi , pour représenter le diable
conformément aux croyances persanes qui font le diable
blanc. Ce comédien récita deux ou trois morceaux poétiques,
que M. Sheridan ne comprit pas ; mais Sir Hartford Jones
Brydges , qui a inséré le journal de M. Sheridan dans son
voyage (1) , nous apprend que ce jongleur représentait le
dev-i-sefid de Roustam et qu'il chantait des fragments de
l'ancienne épopée persane , le *Shah-Nameh.*

Sans doute , on ne représentait pas de la sorte tout un
poème ; on se bornait aux passages les plus saillants. Il en
fut de même au moyen âge pour les *chansons de gestes.* Je
puis citer dès à présent une Bible manuscrite écrite en vers
français à la fin du xiii⁰ siècle, dans laquelle les parties les
plus touchantes de l'Écriture sainte , telles que l'histoire
de Joseph et celle de Moïse sauvé des eaux , sont disposées
d'une manière quasi-dramatique et qui pourrait faire croire
que le lecteur passait de la récitation au chant et peut-être à
l'action. En effet , les endroits les plus pathétiques du récit
sont reportés au bas des pages avec la musique et on lit
à la marge des rubriques telles que celle-ci : *Judas can-*

----

(1) Sir H. Jones Brydges' mission to the court of Persia , London , 1834 , t. 1 , p. 124-127.

tando (1). Ce fait est loin, d'ailleurs, d'être singulier. Nous verrons dans les xiiie, xive et xve siècles un grand nombre d'ouvrages composés dans la forme épique, tels que le fabliau d'*Aucassin et de Nicolette* (2), au milieu desquels sont jetées des portions de dialogue accompagnées de la notation musicale, portions évidemment destinées à être chantées et peut-être à être jouées par un ou plusieurs personnages.

Cela nous conduit à chercher s'il y aurait eu en Grèce des fragments épiques chantés en commun par plusieurs rhapsodes. On serait tenté de se prononcer pour l'affirmative, quand on pense que par une rencontre peut-être fortuite, le mot ὁμηρεῖν signifiait, selon Hesychius (3), *chanter ensemble* (4). On pourrait peut-être alléguer encore à l'appui de cette opinion le passage suivant du Pseudo-Platon, qui d'ailleurs, présente plusieurs sens : « Hipparque, fils aîné de Pisistrate, entre autres preuves qu'il a données de sa sagesse, obligea les rhapsodes à réciter aux panathénées les poésies d'Homère, en se relayant et sans interruption (5). » Pour moi, je crois que le plus ordinairement un rhapsode unique récitait tous les rôles et marquait par différentes inflexions de voix le passage de l'un à l'autre.

Dans l'âge suivant, les chantres épiques virent s'élever à côté d'eux de simples conteurs d'histoires. Un passage du

(1) Ce manuscrit m'a été communiqué par M. le Roux de Lincy qui en a publié quelques fragments dans son *Livre des Légendes*, introd., p. 29.

(2) Voy. *Fabliaux*, *Contes*, etc., édit. de Barbazan, augm. par M. Méon, t. i, p. 380 et suiv.

(3) Hesych. *voc.* ὁμηρεῖν.

(4) ὁμᾶ ἡρμόσθαι καὶ συμφωνεῖν.

(5) Pseudo-Plat., *Hipparch.*, p. 228, B.

Plutus d'Aristophane nous apprend que de pauvres gens faisaient alors le métier de narrateurs publics et amusaient de leurs fables les oisifs d'Athènes dans les rues et sur les places (1), à peu près comme on voit aujourd'hui à Naples, au Caire, à Constantinople des conteurs ; soit dans les cafés ; soit en plein air, procurer des émotions presque scéniques à l'imagination si vive des habitants de ces contrées.

« Les cafés du Caire, dit M. Michaud, déployent peu de luxe dans leurs ornements ; les plus renommés ont des jets d'eau, des divans, des estrades couvertes de tapis. Des conteurs y débitent des histoires galantes ou héroïques qui charment surtout les nuits bruyantes du ramadan : quelquefois ce sont des chanteurs qui font entendre de longs poëmes, moitié en récitatif, moitié en chant, dans lesquels figurent des personnages qui font des choses bien incroyables, bien impossibles ; parfois il se joint à ces représentations merveilleuses quelques scènes dialoguées qui rappellent nos parades du boulevard et qui ont un peu l'air de la comédie (2). »

Bien que ces contes et ces poëmes soient ordinairement improvisés ; nous pouvons prendre une idée de ce mélange du récit épique et du drame dans les *Séances* de Hariri et de Hamadani que M. de Sacy a traduites (3).

Les sauvages de toutes les contrées se plaisent à écouter, pendant des jours et des nuits entières, des histoires chantées dramatiquement. Je n'en citerai qu'un exemple : « Au nord du fleuve Gabon, dit Bowdich, dans les soirées éclai-

(1) Aristoph., *Plut.*, v. 177.
(2) *Correspond. d'Orient*, t. 5, p. 251.
(3) *Chrestomathie arabe*, t. 3, 2ᵉ édit., p. 167-272.

rées par la lune, les nègres chantent d'un ton de récitatif, de longues histoires qu'ils accompagnent d'un instrument nommé *enchambie*. Une de ces histoires le plus en vogue, contient le récit des artifices par lesquels le soleil gagna de l'ascendant sur la lune qui avait été créée son égale par leur père commun (1). »

Nous trouvons encore aujourd'hui dans l'Inde un autre mode de représentation sémi-épique et sémi-dramatique, qui n'est pas sans analogie avec certains usages du moyen âge.

A l'époque du Ram-Lila (2) , ou fête de Rama, un grand nombre d'acteurs mettent silencieusement en action les principales scènes du Ramayana, l'une des grandes épopées indiennes, pendant qu'un chœur de Brahmanes ; placé dans une tribune, récite à haute voix les passages correspondants. On a publié récemment la description très-détaillée de la manière dont cette cérémonie fut exécutée en 1825 à Ramna-gor (3). En beaucoup de lieux, cette représentation du Ramayana est imparfaite et abrégée ; dans quelques endroits même on se contente de brûler en signe de joie le manne-quin gigantesque de Ravana; mais le Radja de Bénarès exé-cuta ce drame épique de la manière la plus solennelle et la plus complète. La traduction du Ramayana (4) , composée d'environ vingt-cinq mille vers , est lue presque en entier

(1) Bowdich ; *Voyage dans le pays d'Aschantie* , p. 517.

(2) Cette fête commence la nouvelle année aux Indes.

(3) *Benares illustrated* , by James Prinsep , Calcutta , 1830-1831, et Londres , 1831-1832 , in-f°, 3e serie.

(4) Le texte sanscrit du Ramayana ne serait pas compris des Indous ; on se sert de la traduction de Talsi Das , faite l'an 1574 de notre ère.

dans le cours de vingt ou trente jours , et tous les incidents susceptibles d'être mis sous les yeux des assistants sont figurés en même temps qu'ils sont lus ; seulement la multitude et l'impéritie des exécutants rendent souvent fort difficile de faire marcher d'un pas égal la représentation et la lecture. Le rôle de Sita , fiancée de Rama , et ceux de ses jeunes frères , sont confiés à des enfants richement vêtus dont le visage est peint en bleu et en jaune. Le singe Hanouman, Rama et les autres personnages masculins sont joués par des hommes masqués ; les Rakchasas , ou mauvais génies , ne sont , comme les géants , que des mannequins d'osier ayant d'énormes bras et d'effroyables visages. Les rochers , les oiseaux et les autres objets matériels ne sont guère moins bien imités que dans les théâtres européens. L'art même du machiniste est mis à contribution : au moment où Rama est supposé ressusciter la femme de Gotama , une trappe tout à fait semblable à celles de nos théâtres, permet à la défunte de sortir de terre à un signal convenu.

Nous verrons ainsi au moyen âge les principales histoires de l'ancien et du nouveau Testament figurées dans des représentations dépourvues de paroles, ou dont les paroles étaient prononcées par d'autres que les acteurs. Ces spectacles s'appelaient proprement *pageants* chez les Anglais, et étaient, chez eux comme chez nous, donnés en plein air et sur des échafauds , notamment aux mariages et aux entrées des rois.

III.

MÉLANGE DU DRAME ET DE LA FORME LYRIQUE. —
CHORODIES. — CAROLES.

Ce n'est pas seulement avec l'épopée, c'est encore avec la forme lyrique que le drame se confond et se mêle à son origine. Bien avant l'établissement des théâtres, l'instinct imitatif a trouvé chez tous les peuples à se produire et à se satisfaire en partie dans le mélange de la poésie, de la danse et de la musique, mélange qui a atteint en Grèce le plus haut degré de perfection et qui y est devenu un art sous le nom de *Choristique*.

C'est un besoin commun à tous les animaux que celui de se mouvoir ; c'en est un particulier à l'homme de se mouvoir d'après certaines lois de périodicité (1) dont le principe existe en nous dans le battement de nos artères, et hors de nous dans le vol des oiseaux, le galop du cheval, le flux et le reflux de la mer. Les Grecs ont nommé *rhythme* ou mesure (ῥυθμός) l'ordre et la proportion observés dans les mouvements du corps et de la voix. Ce même ordre ou cette proportion dans les rapports des sons, se nomme *harmonie* (2). Les Grecs ont exprimé l'union du rhythme et de l'harmonie par le mot *chorée* (χορεία) qui manque à notre langue, car le mot *danse* ne comprend pas, comme le mot χορεία, la double idée de la danse et de la musique (3) ; enfin, un peu plus

(1) Plat., *De legib.*, lib. II, p. 653, E, seqq.— 673, D.
(2) *Id. ibid.*, p. 665 A.
(3) *Id. ibid.*, p. 654, A.—Suid. *voc.* χορεία.

tard, les Grecs ont créé le mot *chorodie* (1) pour signifier plus expressément l'union de la musique et de la
danse.

Cette union s'est opérée, dans l'origine, au moyen de la
voix. Rien, en effet, n'est plus naturel que de joindre au
chant ou à la parole des mouvements cadencés ou rhythmiques. La chorée ou les chorodies furent donc d'abord
chez les Grecs, comme aujourd'hui chez les sauvages, et
comme chez nous au moyen âge, des chansons accompagnées de danses. Le Père Jean Antoine Cantova dit, en parlant
des naturels des îles Carolines : « Pendant la nuit, au clair
de lune, ils s'assemblent de temps en temps pour danser
devant la maison de leur tamole (chef). Leurs danses se
font au son de la voix, car ils n'ont pas d'instruments de
musique.... (2) » Ces danses accompagnées de chansons
s'appelaient *caroles* au XIII siècle (3). Nous avons laissé
perdre ce mot, que les Anglais ont gardé en restreignant
sa signification aux chants de Noël qui, comme on le
verra, étaient habituellement mêlés de danses.

Les premiers instruments employés par les Grecs pour
l'accompagnement des chorodies ont été les crembales ou
les crotales, sortes de castagnettes faites avec du bois ou
des coquilles, comme celles dont se servent pour le même
usage les insulaires de la mer du Sud (4). Athénée nous
a conservé ce vers d'Hermippe :

(1) Plat., *De legib.*, lib. VI, p. 764, E.
(2) *Lettres édifiantes*, t. XV, p. 314.
(3) Voy. Rutebeuf, *Complainte de Constantinople*, publiée par
M. A. Jubinal, strophe 9e. — Le mot *ballade*, qui vient de *baller*
(danser), a eu le même sens.
(4) Sidney Parkinson, *Voyage*, t. 1, p. 50.

« Ils crembalisent avec des lépas qu'ils ont arrachés des rochers (1). »

Plus tard, les crembales furent d'airain ; mais elles conservèrent le nom et la forme des coquilles. Aristophane, pour se moquer d'Euripide, fait dire à Eschyle dans les *Grenouilles* : « Hé quoi ! une lyre pour lui ! non ; où est la joueuse de coquilles ? Viens, viens, Muse d'Euripide, telle est la musique qui convient à tes vers (2). » Longtemps après, Juvénal, parlant d'une élégante orgie romaine, a dit :

> .... *Audiat ille*
> *Testarum strepitus*.......... (3)

Au temps d'Homère, les sons de la lyre se joignaient à l'accompagnement vocal ; toutes les danses décrites dans l'Odyssée s'exécutent aux accords de la lyre, ὑπὸ φόρμιγγ (4). L'accompagnement de la flûte vint le dernier et de l'Orient (5) : ce fut une révolution dans l'art, comme l'atteste le mythe de Marsyas (6). Plusieurs danses que nous trouvons dans Hésiode se font au son de la flûte, ὑπ' αὐλῷ (7). Le seul reproche fondé que l'on ait pu adresser à cette innovation, c'est qu'elle excluait dans l'accompagnateur l'usage de la voix, inconvénient que n'avait pas la lyre.

On appelait *hyporchèmes* (8) les paroles des choro-

(1) Athen., lib. XIV, p. 636, D.

(2) Aristoph., *Ran.*, v. 1339-1343 et Schol., *ibid.*

(3) Juven., *Sat.* XI, v. 170.

(4) Hom., *Odyss.*, c. VIII, v. 256, seqq.

(5) Il n'est parlé des flûtes que deux fois dans l'*Iliade* (c. X, v. 13, et c. XVIII, v. 495). Dans l'un et l'autre passage, le poëte fait allusion à un usage ionien.

(6) Hygin,, *Fab.* CLXV, p. 278, ed. Stuv.

(7) Hesiod., *Hercul. scut.*, v. 272, seqq.

(8) Athen., lib. XIV, p. 628, D. — Lucian., *De saltat.*, c. 16.

dies, c'est-à-dire, le texte des chansons que l'on dansait
au son des crembales, de la lyre ou de la flûte. La danse
hyporchématique était une représentation aussi fidèle qu'il
était possible des actions et des sentiments exprimés par
les paroles (1). Les hyporchèmes furent donc la première
forme du drame grec ou plutôt le germe du drame.

Il y eut en Grèce trois espèces d'hyporchèmes : 1° les
monodiés, ou chant à une voix ; 2° les chants amœbées,
ou à deux voix ; 3° les chœurs composés d'un plus ou
moins grand nombre de personnes qui chantaient et qui
dansaient ensemble. Cette dernière espèce de chorodies
constitue, à proprement parler, la *Choristique*.

MONODIES.

Plusieurs monuments antiques nous montrent des hommes et surtout des femmes qui chantent et qui dansent
seuls. Dicéarque nous a conservé les premiers vers d'une
monodie religieuse ; c'est un hymne en l'honneur de
Diane dansé par une femme seule, tandis qu'une autre
femme marque la mesure avec des crembales :

« Diane, j'ai résolu de chanter à ta gloire un hymne
qui te plaise, tandis que cette femme fera résonner dans
ses mains des crembales d'airain doré (2). »

Les monodies étaient lyriques, selon la définition que
nous avons donnée de ce mot, quand l'exécutant chantait ses propres émotions et ses sentiments personnels ;
elles étaient dramatiques, au contraire, quand il se présentait sous un nom d'emprunt, et exprimait les passions
supposées d'un personnage fictif. Le plus admirable exem-

(1) Athen., lib. 1, p. 15, D.
(2) Athen., lib. XIV, p. 636, D.

ple que nous ayons d'une monodie dramatique est la *Magicienne* de Théocrite (1), imitée et non pas égalée par Virgile. On peut citer encore la troisième idylle de Théocrite, intitulée le *Chevrier*.

Ce fut, sans doute, une chanson de ce genre, mais plus ancienne et antérieure au drame proprement dit, que la ballade de Stésichore citée par Aristoxène dans son traité de la musique (2) et intitulée *Calyce*, du nom de l'héroïne. Cette jeune fille, amoureuse du bel Évathle, avait supplié Vénus de le lui faire avoir pour mari ; méprisée par le jeune homme, elle se précipita du haut d'une roche près de Leucade, après avoir chanté ses peines. Une autre aventure également tragique (la mort de la jeune Harpalyce, dédaignée par Iphiclus) donna lieu à l'établissement d'un concours de poésie et de chant (3), assez semblable à celui qu'institua chez nous Clémence Isaure, avec cette différence que les jeunes filles seules pouvaient concourir au prix de l'ode fondé par Harpalyce.

CHANTS AMŒBÉES.

Le Boucoliasme, ancienne chanson à l'usage des bouviers de Sicile, composé suivant Épicharme, par le pasteur sicilien Diomus (4), et dansé au son de la flûte (5) dans les fêtes de la campagne, était probablement à deux voix ou amœbée, c'est-à-dire, disposé par strophes correspondantes et par reprises égales. Dans les premiers

(1) Racine a dit de cette idylle, qu'il n'avait rien vu de plus beau dans toute l'antiquité. Voy. Longepierre, *Trad. de Théocrite*.

(2) Athen., lib. XIV, p. 619, D.

(3) Id. *ibid*, p. 619, E.

(4) Id. *ibid.*, p. 619, A.

(5) Id. *ibid.*, p. 618, C.

temps, ces chansons étaient dansées par deux personnes ;
du moins les chants amœbées que nous trouvons de nos
jours chez les sauvages sont-ils toujours exécutés par deux
acteurs. Je prends un exemple entre mille. « Voici, dit
Bowdich, la traduction littérale d'une chanson aschante ;
les hommes sont assis d'un côté avec leurs instruments ;
les femmes sont placées en face. Un homme et une femme
chantent alternativement.

LA FEMME.

Mon mari m'aime trop ;
Il est bon pour moi ;
Mais je ne puis l'aimer :
Il faut que j'écoute mon amant.

LE MARI.

Ma femme ne me plaît point,
Je suis las d'elle ;
J'en choisirai une autre
Qui est fort jolie.

LA FEMME.

Mon amant me tente par ses douces paroles ;
Mais mon mari me traite toujours bien.
Ainsi donc je dois l'aimer
Et lui rester fidèle.

L'HOMME.

Jeune fille, vous êtes plus jolie que ma femme ;
Mais je ne puis vous donner ce nom.
Une femme ne veut plaire qu'à son mari ;
Quand je vous quitte, vous cherchez à plaire à d'autres (1).

M. Bowdich rapproche avec beaucoup de justesse cette

(1) Bowdich, *Voy. dans le pays d'Aschantia*, p. 475.

petite scène africaine de l'admirable dialogue amœbée
d'Horace et de Lydie *Donec gratus eram* (1), duo charmant
qui lui-même, d'après une conjecture très-vraisemblable
de l'abbé Galiani (2), n'est que la traduction d'une chanson grecque amœbée, de l'époque la plus poétique et la
plus naïve.

L'espèce de poésie qui sortit directement en Grèce des
anciens chants amœbées n'est pas précisément le drame ;
c'est plus probablement l'églogue. De ces cantilènes populaires semi-lyriques et semi-dramatiques naquirent,
dans l'âge de la poésie savante, les admirables idylles de
Théocrite, celles du moins qui sont dans le ton pastoral
et sous la forme amœbée, telles que les *Moissonneurs* et les
Βουκολιασταί (3).

IV.

CHORISTIQUE. — DANSES SÉRIEUSES.

Les Grecs, et Platon en particulier (4), ont partagé en
deux grandes classes toutes les sortes de danses et de chansons dansées en chœur : 1° Les danses sérieuses qui imitent
les corps les mieux faits par des mouvements gracieux ;
2° les danses comiques qui imitent les corps contrefaits
par des mouvements grotesques et ridicules.

Cette division de la choristique est si bien fondée sur la
nature, que nous la verrons se prolonger dans le drame.

(1) Horat., lib. III, od. 9.
(2) Horace, trad. par M. Campenon, t. 1, p. 286.
(3) Theocr., *Idyll.* V, VI, VIII.
(4) Plat., *De legib.*, lib. VII, p. 814, E, seq.

Des danses sérieuses est née la tragédie, des danses grotesques le drame satyrique et la comédie.

EMMÉLIES.

Platon subdivise les danses sérieuses en deux classes, les danses guerrières ou pyrrhiques, et les danses pacifiques ou Emmélies.

Sparte ne se plaisait pas seulement aux chœurs guerriers et aux danses pyrrhiques ou castoréennes pour lesquelles Thalétas et Alcman (1) avaient composé des airs et des paroles nommés pœans ; elle fut célèbre encore par ses Emmélies et ses Parthénies ou chœurs de jeunes filles. Pindare cite une danse hyporchématique qu'exécutait une troupe de vierges lacédémoniennes (2).

Quelques-unes de ces Emmélies se dansaient nu ; on les appelait alors Gymnopédies (3). M. Larcher a prouvé que cette nudité n'était pas complète (4).

La plupart des danses laconiennes étaient communes aux garçons et aux filles (5). Telle était la *Caryatis* que les Spartiates se vantaient d'avoir apprise de Castor et Pollux, et qui faisait partie du culte de Diane à Caryes en Laconie (6).

---

(1) Pind., *Pyth.* II, v. 127 et Schol. *ibid.*—Pausan., *Lacon.*, cap. XI, § 7.

(2) Athen., lib. XIV ; p. 631, C.—Cf. *De parthéniis*, Schneider *Pind. fragg.*, p. 17 seqq.

(3) Herodot., lib. VI, cap. 67. —Pausan., *Lacon.*, *ibid.*—Poll., lib. IV, cap 14, § 102. — Lucian., *De salt.*, cap. 12. — Hesych. et Suid *voc.* γυμνοπαιδεία.

(4) Trad. d'Hérod., t. 4, p. 418.

(5) Athen., lib. XIV, p. 631, C.

(6) Pausan., *Lacon.*, cap. X, § 8. — Poll., lib. IV, cap. 14, 104. — Lucian., *De salt.*, cap. 10.

Dans l'*Hormus*, les jeunes garçons et les jeunes filles formaient par leur entrelacement la figure d'un collier. Le jeune coryphée s'avançait avec la vigueur de son sexe et prenait des poses mâles et belliqueuses ; la jeune fille qui conduisait le chœur s'avançait ensuite, formant des pas gracieux et modestes : ainsi l'Hormus, dit Lucien, présentait comme un collier où brillaient surtout deux vertus, la force et la modestie (1).

Les danses argiennes et, en général, toutes les danses qu'Homère et Hésiode ont décrites, sont des Endymaties ou danses vêtues (2). De ce nombre était la danse crétoise que les Grecs attribuaient à Dédale, comme toutes les choses dont ils ignoraient l'origine. On peut en voir la description dans Homère, sur le bouclier d'Achille (3).

CHŒURS CYCLIQUES ET DITHYRAMBIQUES, ORIGINE DE LA TRAGÉDIE.

On attribue à Thésée, vainqueur du Minotaure, l'institution de plusieurs rites commémoratifs et, entre autres, de la danse appelée Gnossienne, à cause de ses tours et détours qui étaient, disait-on, une image du labyrinthe de Crète (4). Comme toutes les danses qui étaient consacrées à Apollon et à Diane, symboles du soleil et de la lune, ou, plus généralement, comme toutes les danses qui s'exécutaient autour d'un autel ou d'une victime, la Gnossienne était circulaire.

(1) Lucian., *De saltat.*, cap. 12.
(2) Plutarch., *De music.*, Mém. de l'Acad. des Inscript., t. X, p. 125, et *note* p. 310.
(3) Hom, *Il.*, c. XVIII, v. 739-756.
(4) Callim., *in Del.*, v. 312.

Ces chœurs cycliques remontaient à l'époque où les
Pelasges étaient de véritables sauvages. Dans ces premiers
temps, les Grecs, comme toutes les nations non civilisées,
sacrifiaient des victimes humaines à leurs dieux. Ce furent
surtout des fêtes sanguinaires que les Thargélies célébrées
en Grèce en l'honneur d'Apollon et de Diane (1). Les
habitants de l'Attique immolaient dans cette occasion deux
hommes (2), ou, selon d'autres, un pauvre homme et une
pauvre femme (3) nourris aux frais de la république (4). Ce
sacrifice avait pour but d'expier les crimes du peuple ;
une de ces victimes, que l'on appelait φαρμάκου'ς ou κάθαρ-
ματα, était offerte pour les hommes et l'autre pour les
femmes (5). Dans l'origine, le culte de Bacchus fut aussi
particulièrement homicide ; les hymnes attribués à Orphée donnent à ce dieu le nom d'ἄγριος, inhumain,
sauvage (6). Aussi les anciennes fêtes de Bacchus, les
Agrionies, ont-elles laissé de nombreux souvenirs de fu-
reurs meurtrières. Les emportements des Bacchantes de la
Béotie et de la Thrace sont surtout célèbres. Il est probable
même que, dans l'origine, après avoir déchiré les victimes, on mangeait leur chair ; nous verrons dans les
mystères de Bacchus, sous le nom d'Omophagie et de
Créonomie, cette pratique adoucie devenue simplement
commémorative (7). Dans cette première et abominable

(1) Suidas, voc. Θαργήλια.
(2) Harpocrat., voc. φαρμακός.
(3) Hesych., eâdem voc. — Schol. in Aristoph. Equit., v. 1133.
(4) Suid., voc. φαρμακός.
(5) Harpocrat., eâdem voc.
(6) Pseudo-Orph, Hymn. XXIX, v. 3.
(7) Eurip., Bacch., v. 139.

période , les danses circulaires des Grecs autour des victimes et , plus tard , autour des autels , ne peuvent se com-
parer qu'aux chants et aux danses furieuses des Iroquois
et des Brésiliens autour de leurs prisonniers (1).

Enfin les grands civilisateurs de la Grèce réformèrent et
adoucirent ces mœurs. On substitua l'immolation des
animaux à celle des hommes. Orphée (2) et Musée , que
Lucien appelle d'excellents danseurs (3) , changèrent ces
chœurs de cannibales en des rondes mystiques et symboliques (4). Le culte de toutes les divinités grecques s'hu-
manisa ; toutefois , celui de Bacchus , venu le dernier de
l'Orient , conserva toujours quelque chose de sa fureur et
de sa violence originelles. Le chant plein de délire qu'on
entonnait aux bacchanales, s'appelait dithyrambe (5) ,
d'un des surnoms de Bacchus (6). Il fallait être dans une
sorte d'ivresse pour composer ce chant ou pour l'exécuter.
Toujours les hymnes dithyrambiques étaient accompagnés de danses circulaires. Chaque ville grecque et même
chaque bourg ou tribu d'Athènes avait son poëte dithyrambique (7) qu'on appelait indifféremment διθυραμβοποιός
ou κυκλιδιδάσκαλος , *celui qui enseigne les chœurs cycli-*

----

(1) Voy. *Hist. de la province de Sancta-Cruz* , par Pero de Ma-
galhaes de Gandavo , trad. par M. H. Ternaux , ch. XII , p. 135
et suiv.

(2) Aristoph. , *Ran.* , v. 1064.

(3) Lucian. , *De saltat.* , cap. 15.

(4) Horat. , *Epist. ad Pisones* , 391. — Donat. , *Proleg. ad Terent.*

(5) Pind. , *Olymp.* XIII , v. 25-27. Schol. , *ibid.* — Schol. ad
Aristoph. *Nub.* , v. 332.

(6) Eurip. , *Bacch.* , v. 526.

(7) Schol. ad Aristoph. *Av.* , v. 1405.

ques (1). Hérodote (2) et quelques anciens commentateurs (3) attribuent la composition des premiers dithyrambes à Arion de Méthymnée, d'autres à Lasus d'Hermione (4). Ce qu'il y a de remarquable dans ces chœurs
bacchiques antérieurs à Thespis, et sur quoi je dois surtout insister, c'est qu'ils participaient à la fois des danses
sérieuses et des danses comiques. Tandis que des troupes
de bacchants, habillés en Satyres (5) et en Pans (6),
montés sur des ânes (7); à l'imitation de Silène (8), et
agitant des crotales ou des grelots d'airain (9), se livraient
à toute la licence des danses phalliques (10); d'autres choreutes dionysiaques, couverts de peaux de cerfs (11) et
de blanches toisons de brebis (12), le front ceint de lierre,

(1) Aristoph., *Av.*, v. 1403.

(2) Herodot., lib. 1, cap. 23.—Schol. ad Pind. *Olymp.* XIII,
v. 25-26.

(3) Schol. ad Aristoph. *Av.*, v. 1403. — Suidas, *voc.* Αριων.

(4) Ib. *ibid.*

(5) Poll., lib. IV, cap. 14, § 104.

(6) Plat., *De legib.*, lib. VII, p. 815; C.

(7) Bacchus avec le mulet se trouve sur plusieurs vases grecs
(Voy. le *Catal.* de la collection de M. Durand, n° 124, p. 44) et
sur les monnaies de Mende en Macédoine. Voy. M. Mionnet,
Descript. des Méd., t. 1, p. 477-478, et suppl., n° 500.

(8) Pseudo - Orph., *Hymn.* LIII. —Eurip., *Cycl.*, passim. —
Athen., lib. V, p. 200 E.

(9) Eurip., *ibid.*, v. 205.

(10) Aristot.; *Poet.*, cap. IV, § 14.

(11) Pseudo - Orph., *Hymn.* LI, v. 10.—Pseudo-Thespis in Poll.
lib. VII, cap. 12, § 45. — Aristoph., *Ran.*, v. 1246.

(12) Eurip., *Bacch.*, v. 112.

de branches d'if ou de chêne (1), les mains armées de
thyrses (2) et de torches (3), le cou et la ceinture entourés de
couleuvres (4), conservaient, au milieu de leur frénésie
sacrée et de la véhémence convulsive de leurs mouvements,
une sorte de grandeur imposante et poétique. Ces choreutes animés par le son des tambourins et des cymbales (5), offraient, il est vrai, l'image de la barbarie primitive, le souvenir de l'immolation des hommes et la
représentation de la nudité sauvage; mais leur aspect ne
présentait aucune image basse ou ridicule. Ce fut de cette
partie grave, violente et passionnée des chœurs dithyrambiques que sortit une poésie nouvelle et terrible, une poésie
dans laquelle le sang aussi doit couler et qui ne vit que par
la terreur et par la pitié, la tragédie.

Il est curieux de rechercher comment s'opéra le passage
du chœur dithyrambique au chœur tragique de Thespis,
et du chœur tragique de Thespis à la tragédie d'Eschyle.

Les premiers chœurs dionysiaques n'avaient pour sujet que les louanges de Bacchus. Le poëte ou Cyclodidas-
cale y joignit, dans quelques contrées, les louanges d'autres dieux et d'autres héros. Les Doriens et, en particulier,
les Sicyoniens, réclament la priorité dans cette innovation, et prétendent avoir institué les premiers les chœurs
héroïques, que l'on appela tragiques quand un bouc (τράγος)
en fut le prix. Aristote fait valoir avec complaisance cette

_____

(1) Pseudo-Orph., *Hymn.*, LIII, v. 6. — Eurip., *ibid.*, v. 703,
704.

(2) Eurip., *ibid.*, v. 24.

(3) Id., *ibid.*, v. 706.

(4) Id., *ibid*, v. 696.

(5) Id., *ibid.*, v. 124 et v. 156.

prétention dorienne (1). Suidas attribue à Épigène de Sicyone les modifications que subirent les chœurs bachiques. Il raconte que ce poëte ayant composé pour les Dionysiaques un chœur où il n'était pas dit un mot de la fête,
les dévots assistants s'écrièrent : « Mais il n'y a rien là pour
Bacchus ! (2) » ce qui passa en proverbe (3) et s'appliqua
aux gens qui parlent de tout excepté de leur sujet (4). Hérodote nous a transmis quelques particularités relatives
à ces digressions. « Les Sicyoniens, dit-il, avaient fondé des
chœurs tragiques pour perpétuer le souvenir des malheurs
d'Adraste ; ils avaient détourné ainsi sur le héros le culte
de Bacchus. Clisthène rendit au dieu les chœurs et réserva
pour Ménalippe le sacrifice et le reste des fêtes (5).

» Platon, ou l'auteur inconnu du dialogue intitulé
Minos, signale encore d'une manière plus expresse la
tragédie comme antérieure à Thespis : « Prenez garde,
dit-il (6), si vous êtes sage, d'irriter les poëtes ; le
bien ou le mal qu'ils disent décide ordinairement des
réputations. Minos eut l'imprudence de ne pas ménager
une ville comme la nôtre où se trouvaient en abondance
des poëtes de toute espèce et particulièrement des poëtes
tragiques ; car la tragédie ne doit pas, comme on le croit,

---

(1) Aristot., *De poet.*, cap. III, § 5.—Themist., *Orat.* XXVI,
p. 316.

(2) Suidas, *voc.* ἐδὲν πρὸς τὸν Διόνυσον.

(3) Zenob., *Proverb.* Cent. V, 40.

(4) On voit dans le passage de Suidas cité plus haut que plusieurs
auteurs rapportaient l'origine de ce proverbe à Thespis ; d'autres
même, comme Plutarque (*Quœst. sympos.* 1, 1, p. 615, A),
l'ont rapportée à Phrynichus et à Eschyle.

(5) Herodot., lib. V, cap. 67.

(6) Pseudo-Plat. in *Min.*, p. 520 E, seq.

la naissance à Thespis et à Phrynichus et il serait aisé de prouver qu'elle est beaucoup plus ancienne ; c'est de tous les ouvrages de poésie le plus propre à divertir et à charmer le peuple. La manière dont on peignit Minos dans ces drames , nous vengea des tributs qu'il nous avait imposés (1). »

Plusieurs critiques (2) , et surtout Bentley , ont pensé malgré l'autorité de ces deux passages , que la dénomination de chœurs tragiques et , à plus forte raison , celle de tragédie , n'est pas antérieure à Thespis , et qu'Hérodote et le pseudo-Platon ne se sont servis de ces expressions que par prolepse ou anticipation , sorte de figure de style qu'emploient assez fréquemment les écrivains grecs (3). En effet , les mots qui ont τράγος et ῳδὴ pour racines , ne paraissent nulle part avant la mention des marbres de Paros , c'est-à-dire avant la 61ᵉ olympiade (4). Mais que la dénomination de *chœurs tragiques* et de *tragédie* existât ou non avant Thespis , que ce soit ou non dans le bourg d'Icarie qu'on ait substitué le bouc à la génisse ou au taureau , prix ordinaire du dithyrambe (5) , peu importe. Ce qu'il est essentiel de constater , c'est qu'à

(1) Trad. de M. Cousin.

(2) Entre autres M. Larcher , note 171ᵉ du livr. V de la trad. d'Hérodote.

(3) Bentl. , *Dissert. Phalar.* ; p. 310-315.

(4) Les mots τραγῳδίαι et τραγῳδήμενος se trouvent l'un dans la préface des Lois de Zaleucus (Stob. , *Serm.* 42, p. 198, ed. Gaisford), l'autre dans la préface des Lois de Charondas (Stob. , *ibid.* , p. 222). Quoique supposés , ces morceaux ne laissent pas, surtout le premier , d'être d'une assez haute antiquité.

(5) Schol. ad Pind. *Olymp.* XIII , v. 25. — Apoll. , *Lexic. Homer,* , voc. ταῦρος.

Sicyone et dans quelques autres contrées de la Grèce, les poëtes cycliques prédécesseurs de Thespis avaient commencé à introduire quelque variété dans les sujets des chœurs dithyrambiques. Suidas rapporte que l'on comptait seize chorodidascales antérieurs à la 61ᵉ olympiade (1). J'ai déjà cité les plus célèbres, Lasus d'Hermione et Arion.

Quelle est donc la part d'innovation qui appartient à Thespis? Pollux et Diogène de Laërce vont nous l'apprendre. Avant Thespis, quand le chœur était fatigué, *le premier venu* (2) montait sur une table appelée ἐλεός, voisine de l'autel ou *Thymélé*. Le chanteur placé sur cette espèce de tribune, autour de laquelle s'exécutaient les chants et les danses dithyrambiques, intercalait dans les chœurs des monodies improvisées (3). Thespis, le premier, prépara et écrivit (4), dit-on, dans un mètre différent de celui des chœurs, ces morceaux accessoires qui devinrent bientôt l'œuvre principale. Thespis récitait lui-même, ou faisait réciter par un acteur qu'il instruisait, ces monodies qu'on appela dès lors *Épisodes* (5). Horace parle

----

(1) Suid., *voc.* Θέσπις.

(2) Pollux se sert de l'expression indéterminée τις. Lib. IV, cap. 19, § 123.

(3) Aristot., *De poet.*, cap. IV, 6 (14, Herm.).—On a conclu à tort de ce passage d'Aristote que du temps de Thespis les chœurs dithyrambiques étaient eux-mêmes improvisés. Il n'y avait d'improvisés, même du temps de Lasus d'Hermione et d'Arion, que les chants intercalés ou Épisodes. Les chœurs dionysiaques furent vraisemblablement eux-mêmes improvisés dans l'origine, mais à une époque qui échappe à toute investigation historique. Voy. Maxim. Tyr., *Dissert.* XXXVII.

(4) Donat., *Fragm. de comœdiâ et tragœdiâ.*

(5) Aristot., *De poet.*, cap. IV, 6 (20, Herm.).

des poèmes de Thespis comme subsistant encore de son
temps :

> ..... *Post Punica bella quietus quærere cœpit*
> *Quid Sophocles et Thespis, et Æschylus utile ferrent* (1).

La grande innovation de Thespis, celle qui a fait sa
gloire, c'est donc d'avoir substitué un acteur véritable
(ἵνα ὑποκριθῇ), à ce *premier venu*, qui remplissait avant lui
les intervalles de repos que prenait le chœur (2). Dans cette
substitution d'une monodie méditée aux fortuites inprovi-
sations dont parle Pollux, il y avait toute une révolution.
C'est à ce titre que les marbres de Paros n'ont pas dédaigné
de consacrer l'ère de Thespis (3) ; c'est aussi à titre de révolution dans l'art des chœurs que Solon, partisan déclaré
de la fixité des coutumes nationales, s'opposa de tout
son pouvoir, et heureusement sans succès, aux innovations du poëte d'Icarie (4).

Phrynichus qui vint ensuite dégagea encore plus puissamment la tragédie des liens de la choristique. Sans diminuer la durée des chœurs (5), il les associa plus direc-

_____

(1) Horat., lib. II, *Epist.* 1, v. 162-163. — Bentley a prouvé la
supposition des fragments qui portent le nom de Thespis. Voy. *Dis-*
sert. Phalar., p. 281 seqq.

(2) Diog. Laert., *Plat.*, lib. III, 56.

(3) *Marmor. Oxon.*, ep. 44, p. 27. — La date est effacée sur
la pierre ; Bentley l'a fixée à la 61e olympiade en prenant la
moyenne entre la date qui précède et celle qui suit. Voy. *Dis-*
sert. Phalar., p. 247.

(4) Diog. Laert., *Solon*, lib. 1, 59.—Plutarch.. *Solon*, cap. 19,
t. 1, p. 95.

(5) «Comœdia feré vetus, ut ipsa quoque olim tragœdia, simplex
fuit carmen. » Evanth., *De tragœd. et comœd.*— Arislot., *Probl.*
XIX, sect. 31.

tement aux sujets des Épisodes. Comme Thespis, il n'employa qu'un personnage ; mais on a conjecturé, avec beaucoup de vraisemblance, qu'il faisait reparaître plusieurs fois
dans la même pièce et sous différents costumes, cet acteur
unique (1). M. Kanngiesser avance même, en forçant peut-
être un peu un passage d'Aristophane (2), que Phrynichus mit en scène un second acteur dont le rôle resta
muet (3). Ce poëte, au rapport de Suidas, fut l'inventeur
d'un mètre très-propre à la saltation tragique, le tétra-
mètre (4), réformé plus tard par Eschyle (5). Suidas
loue encore Phrynichus d'avoir introduit des rôles de
femmes dans ses Épisodes (6), notamment dans *Les Phéniciennes*, *La Prise de Milet* et *Les Danaïdes* (7).

Enfin Eschyle vint et acheva de dégager la tragédie de
son enveloppe lyrique. A l'acteur unique et aux monodies
isolées de Thespis et de Phrynichus, il substitua des scènes
liées et des espèces de duos amœbées d'un effet admirable (8). Ces dialogues étaient exécutés par lui et par un
second acteur qu'il s'adjoignait, ou par deux acteurs dont

---

(1) Guil. Schneider, *De origin. tragœd. Græc.*, p. 70.
(2) Aristoph., *Ran.*, v. 937 seqq., et Schol., *ibid.*
(3) Petr. Kanngiesser, *Kom. Bühne*, p. 91, 92.
(4) Suidas, voc. Φρύνιχος.
(5) Aristot., *De poet.*, cap. IV, 6 (17, Herm.).
(6) La prétendue tragédie d'*Alceste* que l'ancienne édition des
Marbres attribue à Thespis, est une erreur de Selden corrigée par
Bentley (voy. *Dissert. Phalar.*, p. 250), erreur dans laquelle il
est surprenant que l'abbé Barthélemy ait persévéré. Voy. *Anach.*,
ch. 69, t. VI. p. 4, not. a.
(7) Suidas, *ibid.*
(8) Voyez entre autres les *Coéphores*, v. 487 et suiv.

l'un était subordonné à l'autre (1). Il employa même dans
la suite un troisième interlocuteur (2), à l'exemple de Sophocle qui le suivit de près dans la carrière (3). Lorsque Eschyle eût besoin , d'un quatrième personnage ,
comme dans l'*Agamemnon* (4) , il paraît que ce fut un
des membres du chœur , un des choreutes, qui remplissait cet office (5). Ce rôle d'ailleurs était ordinairement
muet :

   ..... *Nec quarta loqui persona laboret* (6).

Eschyle diminua beaucoup l'étendue des morceaux exécutés par le chœur (7). D'ailleurs, fidèle aux origines de la
tragédie , il fit égorger dans toutes ses pièces une victime
humaine ; mais il éloigna toujours l'immolation des
yeux des assistants (8). Enfin , pour élever la mise en scène
au niveau de sa diction grandiose , il créa tout le matériel
scénique (9) , habits , masques , cothurnes , décorations ,

(1) Aristot. , *De poet. lib.*, cap. IV , 16.

(2) AEschyl. , *Choeph.* , v. 892 seqq. — Id. , *Eumenid.* , v. 567
seqq. — Id. , *Agam.* , v. 952.

(3) Aristot. , *De poet.*, cap. IV , § 6. — Diog. Laert. , *Plat.* ,
lib. III , 56.

(4) Poll. , lib. IV , cap. 15, § 110. — Il n'y a que trois inter-
locuteurs en scène dans *Agamemnon*. Dans les *Coéphores* il y en
a quatre dont un muet. Voy. v. 664 seqq.

(5) Le texte de cet important passage de Pollux est malheureusement très-altéré.

(6) Horat. , *Epist. ad Pison.*, v. 192.

(7) Philostr. , *Vit. Apoll.*, lib. VII , cap. II , p. 244.

(8) Id. *ibid.*

(9) Id. , *Vit. Sophist.*, lib. 1 , cap. 9, p. 492.

théâtre même (1). Et, cependant, malgré cette impulsion
puissante qui accomplit la séparation définitive du drame et
de la choristique, après dix siècles de gloire, la tragédie
retomba et se perdit de nouveau, en Grèce, dans la forme
lyrique. Le mot tragédie même ne fut plus compris. Il
est curieux et triste de voir dans un vocabulaire métrique,
rédigé vers le temps d'Anne Comnène (2), τραγῳδία et ᾠδή
redevenues synonymes, ne plus signifier qu'un chant (3).
Le mot moderne τραγῳδῶ n'a pas, de nos jours, un autre
sens (4). Mais bien que morte en Grèce et retombée à
l'état de cantilène populaire, la tragédie créée par Eschyle
se releva vivante en Italie au commencement du xiv⁰ siècle, sous la plume érudite de Mussato. Enfin, en France
cette forme admirable, un peu modifiée par les mœurs
modernes, a eu sa renaissance, et grâce aux immortels
auteurs de *Rodogune*, de *Phèdre* et de *Mérope*, a retrouvé
encore deux siècles de splendeur et de gloire.

DANSES COMIQUES.

A présent que nous avons, comme dit Platon (5),
achevé ce qui concerne les chants et les danses propres
aux beaux corps et aux âmes bien faites, il nous reste à
examiner les danses et les chants qui ont pour but l'imitation des corps et des esprits contrefaits.

Quand on considère les premiers essais de l'art comique,

---

(1) *Vit. Æschyl.*, apud Stantl., p. 702. — Horat., *Epist. ad
Pison.*, v. 279.

(2) Boissonade, *Anecdot. Græc.*, t. IV, p. 366.

(3) Id., *ibid.*, p. 411.

(4) Coray, *Atacta*, t. II, p. 355.

(5) Plat., *De legib.*, lib. VII, p. 816, D.

on est conduit à faire une observation très-honorable pour l'espèce humaine. Le corps et l'esprit de l'homme sont des choses si belles en soi et si sérieuses malgré leurs imperfections, que le besoin du rire et l'imitation bouffonne n'ont pas osé d'abord se prendre à eux. Dans tous les pays du monde la parodie a respecté longtemps la figure humaine et ne s'est attaquée d'abord qu'aux animaux. Je crois donc devoir classer les danses comiques en deux sections : 1° les plus anciennes qui se sont proposé d'imiter les souples gambades ou les lourdes allures des bêtes ; 2° les plus récentes qui reproduisent les difformités ou les ridicules des hommes, surtout de ceux que leurs vices rapprochent le plus de la nature bestiale.

DANSES QUI IMITENT LES ANIMAUX. — LA SICINNIS. — ORIGINE DU DRAME SATYRIQUE.

Les Grecs dont la langue n'a jamais manqué à une idée ou à un fait, ont eu un mot pour désigner les danses qui avaient pour objet l'imitation des animaux : ils les appelaient μορφασμός (1). Outre ce nom générique, ils avaient autant de noms particuliers que de diverses danses de cette espèce. La *Grue* (2), par exemple, que presque tous les nomenclateurs ont confondue avec la ronde dédalienne ou la danse gnossienne, ne fut dans l'origine que l'imitation des évolutions de ces oiseaux qui volent par troupes nombreuses en suivant un chef. Il y eut une autre danse qu'on exécutait sur des échasses et qu'on

(1) Poll., lib. IV, cap. 14, § 103.—Athen., lib. XIV, p. 629, F.
(2) Poll., *ibid.*, § 101. — Plutarch., *in Thes.*, cap. 21, e Dicæarcho.

appelait les *Vautours* (1). Pollux cite, de plus, la *Chouette* (2) et le *Hibou* (3). Et comme nous verrons en France sous Philippe-le-Bel une procession dite du *Renard*, les Grecs eurent aussi une danse de ce nom (4), et une autre appelée le *Lion* (5). Aussi le poëte athénien Magnès put-il, sans étonner personne, intituler trois de ses comédies *Les Grenouilles*, *Les Oiseaux*, *Les Moucherons* (6), et Aristophane, à son exemple, put introduire des chœurs d'oiseaux, de grenouilles et de guêpes sur le théâtre de Bacchus.

La transition entre les anciennes danses qui imitaient les animaux et celles qui imitaient les hommes se fit en Grèce, au moyen des Satyres, des Pans, des Cyclopes et des Centaures (7). Quant à la danse de ces derniers, ce doit être celle dont parle Lucien ; on la dansait au milieu des pots et des tables ; et elle était si fatigante qu'on l'avait abandonnée aux gens de la campagne (8). Il est probable que le chant sur lequel on l'exécutait était celui qu'Athénée dit avoir été composé par Lasus d'Hermione (9).

(1) Poll., *ibid.*, § 104.

(2) Athen., *ibid.*, F.

(3) Poll., *ibid.*, § 103.

(4) Hesych., *voc.* ἀλώπηξ.

(5) Poll., *ibid.*, §. 104. — Athen., *ibid.*

(6) Aristoph., *Equit.*, v. 525, et Schol., *ibid.* — Suidas, *voc.* Μάγνης.

(7) Lucian., *De saltat.*, cap. 48.

(8) Id., *ibid.*, cap. 34.

(9) Ce morceau était tenu pour suspect du temps d'Athénée (*lib.* X, p. 455, C). — Pindare mentionne les Centaures et les Lapithes (*Pyth.*, od. II, v. 75-88), ce qui prouve que ce mythe

Nous voyons, d'ailleurs, chez tous les peuples sauvages les danses comiques n'être d'abord, comme en Grèce, que l'imitation des animaux. M. Milbert raconte que les nègres de l'Ile-de-France revêtent, aux jours de fêtes, le plumage de certains oiseaux dont ils s'efforcent de reproduire les mouvements habituels. S'agit-il de l'autruche? ils allongent le cou et se frappent les flancs de leurs coudes pour imiter l'allure de ce géant de la race emplumée. D'autres fois, pour contrefaire le paille-en-queue, ils se couvrent tout entiers de plumes blanches agglutinées avec du brai et de la graisse, à peu près comme Charles VI et plus tard Scarron se déguisèrent pour les mascarades qui leur furent si funestes. Dans ces petites pièces les spectateurs se mêlent à l'action, feignent de prendre l'acteur pour l'oiseau qu'il imite, courent à sa poursuite et, s'ils peuvent l'atteindre, lui arrachent à l'envi ses plumes (1).

Dans les petits drames auxquels Clapperton a assisté chez plusieurs princes de l'intérieur de l'Afrique, le boa, ce roi des reptiles, est représenté par un homme enfermé dans un grand sac et joue d'ordinaire le rôle principal (2).

Ce sont plus particulièrement les peuples chasseurs qui

était contemporain de Lasus d'Hermione. Il est aussi quatre fois question des Centaures dans Homère (*Iliad.*, c. II, v. 743. — *Ibid.*, c. XI, v. 832. — *Ibid.*, c. XII, v. 128. — *Odyss.*, c. XXI, v. 295-310). Même en admettant avec Payne Knight que ces quatre passages sont interpolés, ils ne seraient pas moins antérieurs à Pisistrate.

(1) Milbert, *Voy. pittor. à l'Ile-de-France*, t. 2, p. 183.
(2) Clapperton, *Second Voyage*, t. 1, p. 105 et suiv.

aiment à imiter les animaux. M. Lesseps raconte (1) que les Kamtschadales réussissent surtout à contrefaire les mouvements de l'ours. Non - seulement ils représentent très-bien la démarche lourde et stupide du mâle, mais ils excellent à exprimer la tendresse que la femelle porte à ses petits ; ils peignent à merveille l'agitation et la colère de ces animaux lorsqu'ils viennent à être troublés dans leurs retraites. « Je demandai, dit ce voyageur, aux Russes plus connaisseurs que moi, puisqu'ils sont dans leurs chasses continuellement aux prises avec ces animaux, si ces ballets étaient bien exécutés ; ils m'assurèrent tous qu'il était difficile de rencontrer dans le pays de plus habiles danseurs, et que les cris, la marche et toutes les attitudes de l'ours étaient imités à s'y méprendre. »

C'est chez tous les sauvages après les grandes chasses d'automne, qu'ont lieu ces réjouissances et ces exercices mimiques, comme nous le verrons chez les rois francs et germains.

On lit ce qui suit dans Thomas Gage : « Les Indiens de la Nouvelle-Espagne pratiquent souvent une danse qui est une représentation de la chasse des bêtes qu'au temps passé ils sacrifiaient à leurs fausses divinités et qu'ils offrent à présent au saint qui est leur patron... L'instrument dont ils se servent pour marquer la cadence est fait du tronc d'un arbre creusé, bien arrondi en dedans et fort doux et luisant au dehors : ce bois est trois ou quatre fois plus épais que celui de nos violes ; ils l'appellent *tépanabaz*. On le pose sur un trépied ou sur un banc au

---

(1) *Journal historique du voyage de M. Lesseps au Kamtschatka*, p. 101-104.

milieu des Indiens et le maître de la danse frappe dessus avec deux bâtons garnis de laine et couverts de cuir. »
Outre cette espèce de tambour, les Indiens aiment beaucoup le bruit des écailles de tortue et le son des flûtes.
« Lorsqu'ils commencent cette danse, ajoute Thomas Gage,
ils crient et s'appellent entre eux, les uns racontant une
chose, les autres une autre, et parlant comme dans une
comédie sur le sujet de l'animal qu'ils chassent. Ils sont
tous déguisés en bêtes; les uns ayant des peaux peintes en
forme de lions, de tigres ou de loups, les autres ayant des
bonnets faits comme la tête de ces animaux, ou bien
d'aigles et d'autres oiseaux de proie. Ils portent aussi à la
main des bâtons peints comme des dards, des épées et
des haches, avec quoi ils menacent de tuer la bête qu'ils
poursuivent. D'autres fois, c'est un homme qui fuit, comme
s'il était menacé dans un désert par des animaux sauvages;
l'homme qui fait ce rôle doit être fort agile et courir comme
un malheureux qui s'efforce de sauver sa vie, frappant çà
et là sur les bêtes qui le poursuivent et qui à la fin l'at-
teignent et feignent de le dévorer (1). »

· Le capitaine Cook décrivant les usages des sauvages de
l'Amérique septentrionale, mentionne avec étonnement
ce qu'il appelle leur *équipage monstrueux*. « Cet équipage,
dit-il, consiste en une grande variété de masques de bois
sculptés qui se posent sur le visage ou sur la partie supé-
rieure de la tête ou du front ; les uns représentent une tête
d'homme, et l'on y remarque des cheveux, de la barbe
et des sourcils; d'autres représentent des oiseaux et en

(1) *Nouvelle Relation contenant les voyages dans la Nouvelle-
Espagne*, 3ᵉ part., p. 168.

particulier des aigles et des *quebrantahessos*, et un grand nombre d'animaux terrestres ou marins, tels que des loups, des buffles, des marsouins, etc. En général, ces figures excédent la grandeur naturelle (1)..... Je vis un jour, ajoute ce voyageur, un sauvage revêtu d'une peau de loup dont la tête surmontait la sienne, et qui pour imiter cet animal poussait des sons avec un sifflet qu'il avait dans la bouche. »

Les habitants des îles Aléoutiennes, dans le grand océan boréal se livrent pendant des jours entiers, à des chants accompagnés de danses qui représentent leurs guerres, leurs chasses, la marche de leurs canots, et jusqu'à de petites actions dramatiques tirées de leur histoire ou de leurs fables (2). Voici, d'après Choris, un de leurs drames qui ne manque ni d'invention ni de poésie : Nous avons assisté, dit ce voyageur, à une de leurs pièces qui attira notre attention. 'Un Aléoute armé d'un arc faisait le chasseur ; un autre, l'oiseau. Le premier se réjouissait d'avoir trouvé un si beau volatile et témoignait sa satisfaction par ses gestes; cependant il ne voulait pas le tuer. Le second imitait les mouvements d'un oiseau effrayé qui cherche à fuir. L'Aléoute, après avoir long-temps hésité, bande son arc et tire ; l'oiseau chancelle tombe et meurt. L'adroit archer danse de joie; mais il se repent bientôt d'avoir ôté la vie à une créature si charmante ; il pleure sur la mort qu'il lui a donnée. Tout à coup l'oiseau se relève, se transforme en une jolie femme et devient la bien-aimée du chasseur compatis-

---

(1) Cook, *Troisième Voyage*, t. 3, p. 69.

(2) L. Choris, *Voyage pittoresque autour du monde* : îles Aléoutiennes, p. 9.

sant (1). Cette danse est mêlée de chants et accompagnée
du son du tambourin.

Il reste encore aujourd'hui des traces de cette primitive
imitation des animaux dans le théâtre moderne et notamment dans plusieurs personnages de la comédie italienne.
Divers cabinets d'antiquités, entre autres celui de la Bibliothèque royale, possèdent de petites statuettes de bronze,
représentant Maccus, un des acteurs des farces atellanes (2),
type évident de notre Polichinelle (5). C'est le même nez en
forme de bec, la même allure joviale et étourdie. Hé bien,
le nom de Maccus paraît avoir signifié dans la langue
étrusque un cochet, un jeune coq ; et les Napolitains, en

(1) L'idée de métamorphose n'est pas particulière à la Grèce.
On la retrouve chez tous les peuples au moment du passage de
l'état sauvage à celui de demi-civilisation. Les Islandais nouvellement convertis voyaient dans certains poissons, surtout dans les
phoques, des débris de l'armée de Pharaon. Dans les *Deutsche Sa-
gen,* une jeune fille maudite par sa mère est changée en corbeau, une
autre devient serpent, et il faut, pour lui rendre sa première forme,
qu'un jeune homme parfaitement chaste l'embrasse trois fois. Dans
les *Kinder-und Haus-Mœrchen.*, un fils du roi est changé en cra-
paud, et il ne recouvre la forme humaine que lorsqu'une jeune fille
l'admet dans son lit. Dans le *Hervarar Saga*, Gest pour échapper
à Heidrekr, se change en faucon. Dans le *Saga de Hrolfr*, la reine
Hvit transforme son beau-fils en ours. Dans l'*Edda*, Loki, pour
échapper aux dieux, se change en saumon, et les Walkyries peuvent quand elles veulent se métamorphoser en cygnes.

(2) Voy. Ficoroni, *Le Maschere sceniche*, ed. 2ᵃ, p. 49, pl. IX.—
Caylus, *Recueil d'antiquit.*, t. III, p. 275, pl. LXXVI.—Schoepf.
Alsat. illustr., t. 1, p. 501. Tab. X, 9.—M. le comte de Pourtalès
possède un très-joli masque de Maccus en verre coloré.

(3) Voy Gori, *Inscript. antiq.*, t. 2, p. 177.—Orelli, *Inscript.*,
t. 1, p. 459, nᵒ 2621.

conservant ce symbole de la fatuité bruyante, n'auraient
fait que traduire le nom de Maccus par son équivalent,
Pulcino, *Pulcinella*. Les Athéniens même paraissent avoir
connu ce type : Aristophane rappelant les anciennes danses
de Phrynichus, dit : « Il frappe ses talons comme un
coq (1). » Ainsi ce furent les ébats coquets du sensuel
roitelet des basses-cours qui ont fourni à la comédie ancienne et à la moderne une de leurs personnifications grotesques les plus plaisantes.

Il subsiste beaucoup de monuments grecs, pour ne rien
dire de l'art égyptien où l'on rencontre fréquemment,
comme on sait, une tête d'animal surmontant un corps
d'homme, il subsiste, dis-je, dans l'art grec et romain
beaucoup de monuments qui attestent ce penchant à l'imitation des animaux. La collection du comte de Caylus en renfermait plusieurs qu'on peut voir dans le cabinet des Antiques de la Bibliothèque royale, entre autres, un mime velu
représentant, selon ce savant archéologue, un Germain des
bords du Danube, petite statuette de bronze demi-homme
et demi-ours (2). Mais la plupart de ces monuments dont
la date est comparativement assez récente, sont plutôt des
satires plastiques ou pittoresques dans le genre des charges
de notre Granville, que des représentations naïves. J'aurai
occasion de parler ailleurs de ces caricatures qui n'ont pas
été moins familières aux peintres et aux statuaires de l'antiquité qu'à ceux de nos jours. Je ne mentionne ici l'*Asinus
togatus* du cardinal Albani, le consul en toge avec une

(1) Aristoph., *Vesp.*, v. 1490.

(2) Caylus, *Recueil d'antiq.*, t. III, p. 281. pl. LXXVI, 2.

tête d'ours ou plutôt de belette publié par Caylus (1), quelques terres cuites du cabinet Durand (2), et surtout la fameuse peinture cynocéphalique de Pompéi représentant Énée, Anchise et Ascagne (3), que pour empêcher qu'on ne confonde ces spirituelles espiégleries d'un art railleur et raffiné avec la primitive et naïve imitation des animaux que je viens de signaler, et qui loin d'avoir été une moquerie de l'homme, était, au contraire, un moyen détourné d'exciter le rire sans porter atteinte à la dignité de la figure humaine.

On pourrait croire que ces premiers essais d'imitations comiques, ne mettant en scène que des acteurs muets, le lion, l'autruche, le singe, l'ours, la grue, etc., ne consistaient qu'en simples gestes; mais l'examen des faits ne confirme pas cette opinion. Toutes les danses dont je viens de parler étaient accompagnées de discours; ce qui d'ailleurs, n'est pas plus surprenant que la parole donnée au loup, au renard ou à la fourmi par Ésope. Je dois même faire remarquer que l'apologue est le plus ancien genre de littérature dialoguée, et que l'antériorité de cette primitive espèce de dialogue semble provenir du même sentiment que je me suis plu à signaler, c'est-à-dire, du respect de l'homme pour son image. Au reste, la fable n'est pas l'unique espèce de drame qui soit sortie de l'imi-

---

(1) Caylus, *ibid.*, p. 280, pl. LXXVI, 1. Ce bronze est au cabinet des Antiques.

(2) Voy. surtout le n° 1692, p. 379, acquis par le cabinet des Antiques. Cette terre cuite représente un magistrat romain dont le corps est surmonté d'une tête de singe.

(3) Famin, *Peintures, Bronzes, etc., du Cabinet secret de Naples*, p. 77, pl. XXIV.

tation des bêtes. Un des trois principaux genres du théâtre
grec, le drame satirique, vient de cette source. Les sauts
des chèvres bondissant sur les rochers (νεβάδες), donnèrent lieu en Grèce à une danse demi-lascive et demi-plai-
sante (1) qui s'appela νεβαδισμός, et fut surtout usitée dans
les campagnes aux fêtes de Cérès et de Bacchus (2). De là les
Pans aux pieds de chèvre, les Satyres à la tête ou à la
barbe de bouc (3) et toutes les sortes de Bacchants demi-
hommes et demi-bêtes qui composaient les chœurs phalliques et dionysiaques et exécutaient des danses joyeuses
et pétulantes appelées de leurs noms, Pans, Nymphes,
Satyres (4), et d'une dénomination plus générale, *Sicinnis* (5). Lorsque Thespis et ses successeurs eurent changé
les chœurs dithyrambiques en chœurs tragiques, les Pans,
les Satyres et la Sicinnis furent quelque temps écartés des
grands jeux dionysiaques et abandonnés aux habitants des
campagnes ; mais ils ne tardèrent pas d'être réclamés par
les dévots fervents de Bacchus. Pratinas (6), contemporain

(1) Hesych. *voc.* Νιβάδες.

(2) Athen., lib. XIV, p. 629, D.—Meurs., *De saltat. veterum.*

(3) Voir deux Satyres ithyphalliques à tête de bouc et sautant
comme les chèvres, sur un *vase peint* du cabinet de M. Durand,
n° 142, p. 48.

(4) Plat., *De legib.*, lib. VII, p. 897, D.

(5) Du verbe σιίεσθαι. Voy. Athen., lib. XIV, p. 630, B. —
Welckler (*über das satyrische Drama*, p. 338) fait dériver le mot
sicinnis du phallus fait en bois de figuier, σύκινον αίδοΐον, que l'on
portait dans cette danse.

(6) Voy. Suid., *voc.* Πρατίνας. Ce poète composa trente-deux satires et dix-huit tragédies ; d'où l'on peut induire que le drame satirique n'était pas nécessairement précédé d'une ou de plusieurs tragédies du même auteur, et qu'on jouait quelquefois les satires
toutes seules.

d'Eschyle ; établit le premier l'usage de faire suivre les tragédies d'une plus petite pièce (1) dont les Silènes, les Pans et les Satyres composaient seuls le chœur et dont la *Sicinnis* demeura là danse attitrée, comme l'Emmélie était restée la danse des chœurs tragiques, et comme nous allons voir le Cordace demeurer celle de la comédie, après lui avoir donné naissance (2).

DANSES QUI IMITENT LES RIDICULES HUMAINS. — CORDACE. —
ORIGINE DE LA COMÉDIE.

De l'imitation des animaux on passa à l'imitation des hommes ; en choisissant ceux que leur profession ou leurs vices rapprochaient le plus de l'allure animale. Comme l'Emmélie était l'imitation des corps les mieux faits et les plus sains ; le Cordace ou danse comique fut l'imitation des corps les plus mal faits ou les plus déformés par les suites de la sensualité et des passions basses. L'esclavage étant de toutes les conditions celle qui rapproche le plus l'homme de la brute, et l'ivrognerie étant de tous les vices celui qui dénature le plus la figure humaine, l'imitation d'un esclave tombé dans l'ivresse dut être un des sujets le plus anciennement représenté par le Cordace. Une tête chauve, une face rubiconde, l'obésité d'une panse arrondie, des jambes vacillantes, toutes les suites ridicules de la gourmandise et des excès bachiques produisirent un type grotesque qui s'idéalisa dans

(1) Le *Cyclope* d'Euripide n'a que 709 vers.

(2) Athen., lib. XIV, p. 630, C.

le Silène et plus tard dans le parasite (1). La vieille femme adonnée au vin, avant d'être admise dans les pièces de Phrynichus (2), eut un rôle dans le Cordace ; et comme l'ivresse éteint toute pudeur, cette danse dut se montrer souvent grossièrement impudique La luxure, l'ivrognerie et le Cordace demeurèrent des idées, pour ainsi dire, inséparables (3).

On s'aperçut en exécutant cette danse que les chutes des danseurs excitaient par-dessus tout le rire des assistants, et on chercha les moyens de multiplier ces occasions de gaieté. De là le jeu de l'outre qui fit donner le nom d'*Ascolies* à certaines fêtes de Bacchus célébrées dans les bourgs de la Grèce. Le villageois qui se maintenait le plus longtemps sur l'outre frottée d'huile, recevait pour prix de son adresse, l'outre et le vin qu'elle contenait. On appela ἀσκολιασμός cette variété du Cordace à laquelle Aristophane fait allusion dans son *Plutus* (4) et que Virgile a décrite (5). On peut induire d'un passage d'Aristote, que les poésies sur le chant desquelles on dansait le Cordace étaient plus particulièrement composées de trochées, mètre

---

(1) Une des plus anciennes figures comiques fut le vieillard à tête chauve. Voy. Aristoph., *Nub.*, v. 540.

(2) Id. ; *ibid.*, v. 555.

(3) Demosth. . *Olynth.* II, p. 23, E.

(4) Aristoph., *Plut.*, v. 1129.

(5) Virg., *Georg.*, c. II, v. 380.—Cette danse est gravée sur un grand nombre de monuments. Voy. un bas-relief d'ivoire du musée Carpegna gravé par Buonarotti dans ses *Medaglioni antichi.* — Caylus, *Recueil d'antiq.*, t. 3, p. 278 ; —t. 4, p. 31.—Montfaucon, *Antiq. expliq.*, Suppl., t. 3, pl. 70, n° 1.

qui plus qu'aucun autre avait la titubance convenable à l'ivresse (1).

C'était surtout le jour de la fête des congés, ou des choès, le second des Anthestéries, que les vignerons et les jeunes villageois se livraient au jeu de l'outre et à toutes les licences du Cordace. Ce jour-là on donnait un prix à celui qui buvait le plus de vin nouveau. A ces ébats joyeux se mêlaient des railleries malignes ; les joues empourprées de lie, des acteurs agrestes montaient sur des charriots et de là lançaient des sarcasmes aux spectateurs, ou même dirigeaient des ïambes moqueurs (2) contre les citoyens les plus connus (3). La répétition fréquente de ces parades improvisées donna bientôt naissance à un art ; les charriots qui promenaient la raillerie dans les bourgs (καμηδοι) devinrent célèbres. Vers la 53ᵉ olympiade un prix fut adjugé dans le bourg d'Icarie à l'auteur de la plus amusante de ces parades que l'on appela dès lors comédie. Voici ce qu'on lit sur les marbres de Paros au sujet de cette origine : « Depuis que les habitants du bourg d'Icarie commencèrent à jouer sur des charriots les comédies inven-

___

(1) Aristot., *Rhét.*, lib. III, cap. 8.

(2) Id., *De poet.*, cap. V, 2.—Id., *Nicomach*, lib. VII, cap. 9.

(3) Les personnalités comiques se trouvent même chez les sauvages. On lit dans le *Second Voyage* du capitaine Cook (t. 2, p. 378) le récit d'un Heiva ou petit drame joué à Huaheine, dans lequel était représentée la fuite d'une jeune fille d'Otaïti ; la pauvre fugitive assistait à ce spectacle et répandit beaucoup de larmes. — On trouve aussi dans le *Voyage* de Burnes en Boukharie (t. 2, p. 329) l'indication d'une petite comédie d'autant plus remarquable que les personnages mis en scène (le roi de Boukharie et un solliciteur) semblent indiquer une satire politique.

tées par Susarion qui eut pour prix un panier de figues
et une amphore de vin , il s'est écoulé......(1). »

  Nous apprenons , d'ailleurs , par Aristote que les Athéniens n'ont pas suivi avec autant d'attention les commencements de la comédie que ceux de la tragédie. Ils ne l'admirent même qu'assez tard au nombre de leurs jeux publics (2) , et seulement , selon quelques critiques , vers la
77ᵉ olympiade , quand elle eut été perfectionnée en Sicile
par Épicharme. Alors seulement la comédie fit partie des
fêtes solennelles dont l'État payait en partie les frais et
pour lesquelles le premier archonte demandait un chœur
à chaque tribu. Ce n'est pas qu'entre Susarion et la 78ᵉ
olympiade il n'ait paru à Athènes plusieurs poëtes comiques ; entre autres Magnès , Chionides , Achée , Timocréon ;
mais leurs pièces n'étaient que des divertissements populaires qu'ils mêlaient de leur autorité privée au culte de
Bacchus. Avant l'introduction de la comédie à Athènes
comme institution publique et nationale , il n'y eut à côté
de la tragédie d'autres pièces joyeuses et comiques que le
drame satirique (3).

VI.

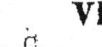

ORCHESTIQUE. — DANSES MUETTES.

Je dois , pour compléter ce qui concerne la Choristique
en Grèce , montrer le point extrême de la séparation de

---

  (1) *Marm. Oxon* , epoch. XL. — Bentley , *Dissert. Phalar.* , p.
263 seqq.

  (2) Aristot. , *De poet.* , cap. V , 3.

  (3) Quelquefois la tragédie elle-même se rapprochait du genre
comique. Voy. *Mém. de l'Acad. des Inscript.* , t. XV , p. 260.

tels progrès, qu'elle dédaigna l'association du chant et de la danse et du chant. Peu à peu la danse imitative fit de la poésie. Le geste perfectionné osa se passer du secours de la parole ; il y eut des danses muettes ; à coté de la Choristique il s'éleva un nouvel art, la danse pure, l'*Orchestique.*

Il semblerait que le simple geste ou la saltation sans paroles ait dû précéder les Chorodies, et que la danse accompagnée de chant comme plus compliquée, n'ait dû venir qu'ensuite. Il n'en fut pas ainsi. Nous verrons constamment dans la formation des arts, comme dans celle des sciences, l'esprit humain aller du plus complexe au plus simple. « Dans l'origine, dit Lucien, les mêmes personnes chantaient et dansaient en même temps ; mais comme on s'aperçut que l'agitation de la danse gênait la respiration, on jugea plus à propos de faire chanter les uns et danser les autres (1). » Ce partage de l'exécution mimique et du chant rappelle ce que nous avons vu de la récitation et de la représentation séparées à Bénarès. Nous verrons aussi bientôt que tel fut le principe de la pantomime à Rome.

La séparation de la danse et du chant s'opéra d'une manière toute naturelle dans les Chorodies qui s'exécutaient aux sons des crembales ou de la lyre : les uns dansaient, tandis que les autres accompagnaient et chantaient ; mais il ne put en être ainsi pour les danses guerrières et les chorodies bucoliques qui s'exécutaient au son des flûtes. Les aulètes ne purent se charger du chant comme faisaient les citharèdes et les joueurs de crembales. Alors il fallut ou

(1) Lucian., *De saltat.*, cap. 30.

que les danseurs continuassent de chanter, ou que l'on se passât de paroles. On prit souvent ce dernier parti, surtout pour les pyrrhiques.

C'est à Xénophon que nous devons les plus charmantes peintures de ces danses dénuées de chant. Je citerai ailleurs, d'après lui, le joli ballet de Bacchus et d'Ariane. Dans son *Expédition de Cyrus,* il décrit plusieurs autres danses muettes qui eurent lieu après un festin. La première, exécutée au son de la flûte par deux Thraces armés, commença par un pæan et finit par le cantique de Sitalcès ; sorte de chant de victoire ; mais le ballet lui-même, dans lequel un des deux acteurs feignait de se laisser tuer, s'exécutait sans paroles. Xénophon décrit ensuite une autre danse muette demi-bucolique et demi-militaire qu'il nomme καρπαία (la danse des récoltes). Dans ce petit drame un laboureur pose ses armes à terre, feint d'ensemencer son champ et de conduire sa charrue. Cependant il se retourne de temps à autre, comme un homme qui craint une surprise. Bientôt, en effet, s'avance un brigand. Dès que le laboureur l'aperçoit, il reprend ses armes et court à sa rencontre. Quelquefois (car le dénoûment était laissé au choix des danseurs) le brigand avait le dessus, garottait le laboureur et emmenait ses bœufs ; d'autres fois le laboureur avait l'avantage sur le klepte : il le liait à ses bœufs, lui attachait les mains derrière le dos et le faisait ainsi marcher devant lui (1). A cette danse d'origine macédonienne (2), Xénophon fait succéder plusieurs autres saltations armées, dont une est mê-

(1) Xenoph., *Anabas.,* lib. VI, cap. 1. (Schneid., V. 9.)
(2) Hesych., *voc.* καρπία.

lée d'un chant de guerre, et enfin une pyrrhique sans paroles exécutée par une jeune danseuse arcadienne (1). Nous savons, d'ailleurs, par Polybe, que les Arcadiens excellaient dans cette sorte de danse et l'exécutaient eux-mêmes sur leurs théâtres (2).

VII.

DRAME INSTRUMENTAL SANS DANSES NI PAROLES.

Et non-seulement il y eut des danses sans paroles, mais il y eut même une espèce de drame sans danses ni paroles et purement instrumental. Ce fut surtout l'aulétique qui tenta cette innovation (3). Admise dans plusieurs concours et notamment aux jeux pythiens, elle remplaça l'aulœdie (le chant accompagné de la flûte), abolie depuis la seconde pythiade (4), et reçut alors seule et pour elle-même, de nombreux applaudissements. Jusque-là, dans les concours, le chant avait été regardé comme la partie principale, et les joueurs de flûte avaient été subordonnés aux poëtes (5). Quand l'aulétique devint un art particulier, les

_____

(1) Il ne faut pas s'étonner de voir la pyrrhique dansée par une femme, et à la suite d'un repas. Quand la Grèce eut perdu son indépendance, la pyrrhique changea de caractère et perdit ce qu'elle avait de guerrier ; ce n'était plus, dit Athénée (lib. XIV, p. 631, A.) qu'une danse bachique dans laquelle les thyrses remplaçaient les javelots. Elle s'amollit de plus en plus, comme nous le voyons dans Apulée (lib. X, p. 734, ed. Oudend.). Elle finit enfin par ne plus offrir d'autres combats que ceux de Vénus. Voy. *Antholog. lat.*, epig. III, 184. *De pyrrichâ*, t. 1, p. 626.

(2) Polyb., lib. IV, cap. 20, t. 2, p. 53-55, ed. Schweigh.

(3) Plutarch., *De music.*, p. 1134-1141.

(4) 49ᵉ olympiade. — (Voy. Pausan., lib. X, 7, p. 814.)

(5) Plutarch., *De music.*, p. 1141, D.

j oueurs de flûte se crurent indépendants des poëtes. Ceux-ci
se vengèrent par les plus mordantes épigrammes. Athénée cite un fragment du poëte dithyrambique Mélanippide
où nous voyons Minerve rejeter et briser la flûte qu'elle ac-
cuse de défigurer ses traits (1). Alcibiade, aussi coquet que
la déesse, refusa de gâter ses lèvres par le contact de cet instrument (2). Les philosophes se joignirent aux poëtes. Platon ne permet aux hommes libres de jouer de la lyre ou de
la flûte que pour accompagner la danse ou le chant. L'emploi des instruments sans voix humaines est, selon lui,
une barbarie et un vrai métier de charlatan (3). Aristote,
traitant de la musique, dans le dernier livre de sa *Politique*, interdit surtout la flûte qui ne permet pas l'usage
de la voix (4). La rivalité des aulètes et des chanteurs
éclata encore plus vive sur les théâtres où l'aulétique char-
gée seule de l'accompagnement cherchait à empiéter sur
le chant. Téleste a dit dans son *Esculape* : « Le roi aux
longues oreilles (5) montra, le premier, l'usage de la flûte
phrygienne qui le dispute aux accents de la muse dorienne... (6). » Pratinas de Phlionte, poëte tragique, contemporain d'Eschyle, se plaint vivement dans un de ses
hyporchèmes, de ce que les choraules, qui presque tous,
comme le prouvent les didascalies (7), étaient Béotiens ou

(1) Athen., lib. XIV, p. 616, F.—Avant cette mésintelligence
des poëtes et des aulètes, la poésie avait consacré à l'invention de
la flûte un mythe laudatif. Voy. Pind., *Pyth.* XII.

(2) Plutarch., *Alcib.*, c. 2.

(3) Plat., *De legib.*, lib. II, p. 669, D, E.

(4) Aristot., *Polit.*, lib. VIII, cap. 6.

(5) J'adopte avec Lefèvre de Villebrune la correction proposée
par Adam, quoique fort douteuse.

(6) Athen., lib. XIV, p. 617, B.

(7) Spon, *Voy. en Grèce*, t. 2. — Corsini, *passim*.

Acarnaniens, avaient la préfention de ne pas régler leur jeu sur le chant des chœurs, mais d'assujettir le chant des chœurs au jeu des flûtes. « Quel est, dit-il, ce tumulte? quelles sont ces danses? quel trouble envahit l'orchestre bruyant de Bacchus? C'est à moi, c'est à moi d'invoquer Bromius. C'est à moi qu'il appartient d'élever la voix en courant avec les nymphes sur les montagnes et en chantant comme le cygne des airs brillants et variés. Muse, tu es la reine des chants! Que la flûte ne se fasse entendre qu'après toi : la flûte n'est que la servante des festins... Éloigne donc, ô Bacchus! cet homme qui veut présider le chœur; brûle ce roseau plein de salive, cet instrument bavard, qui rend les sons les plus discordants... O roi couronné de lierre, dont les triomphes sont accompagnés de dithyrambes, prête l'oreille à mes chants doriques (1)!... » C'est peut-être dans le sens de cette invective dithyrambique que les sculpteurs chargés de décorer les théâtres antiques, se plaisaient à introduire le sujet de Marsyas dans les bas-reliefs qu'ils plaçaient dans les orchestres (2).

Non-seulement l'aulétique eut l'ambition très-légitime de se développer comme un art indépendant ; elle crut pouvoir remplacer par la force et la variété de ses modulations, tout à la fois la musique et la danse, et créer à elle seule une sorte de drame purement instrumental.

(1) Athen., lib. XIV, p. 617, C, seqq.

(2) Voy. *Notice sur les ruines du théâtre antique d'Arles*, par M. Estrangin 1835, p. 89. — Quelques antiquaires, et entre autres M. Bœttiger, pensent que l'image du supplice de Marsyas était placée en face des agonothètes ou juges des jeux comme une allégorie qui devait leur rappeler les devoirs rigoureux de la justice. Voy. Bœttiger, *Dissert. sur le Mythe de Marsyas*; Magas. Encyclop., IVe ann., t. V, p. 299.

Le sujet qu'aux jeux pythiques on avait coutumé de proposer aux joueurs de flûte, était, comme on sait, le combat d'Apollon contre le serpent Python. Pollux nous fait connaître avec détail les cinq parties ou actes, comme on dirait aujourd'hui, dont se composait cette représentation musicale exécutée par les pythaules (1). Le premier air s'appelait le départ ou la reconnaissance des lieux; le second, l'exhortation ou la provocation au combat; le troisième le combat. On joignait ici aux flûtes, dit Pollux, un bruit de trompettes pour exprimer le grincement des dents du monstre percé de flèches. Le quatrième air peignait la victoire d'Apollon qui écrasait le serpent; enfin le cinquième était un air triomphal dans lequel le dieu, selon Pollux, devait sembler danser un chant de victoire (2).

Je dois faire remarquer, à ce propos, que les plus anciens jeux de la Grèce ont presque tous été institués pour célébrer la destruction de quelques monstres. Outre les jeux pythiques, on établit dans la 53ᵉ olympiade, les jeux néméens en mémoire de la victoire remportée par Hercule sur le lion de Némée. Les Délies furent instituées par Thésée, en souvenir de la défaite du Minotaure. Les premières guerres des hommes ont été contre les éléments, puis contre les animaux nuisibles. Les victoires remportées sur leurs semblables ne sont que d'une époque subséquente. J'aurai occasion de reproduire la même remarque au moyen âge, où la destruction vraie ou fausse de tant de

---

(1) Poll., lib. IV, cap. 10, § 84. — Schol. Pind., *Argum. in Pyth.*, p. 163. — Pausan., lib. X, cap. 7, p. 813.

(2) Strabon donne du *Nome pythique* une définition un peu différente de celle-ci. Voy. lib. IX, p. 421.

dragons, de papoires et de gargouilles , a donné naissance à une foule de fêtes dramatiques et religieuses. Il ne me sera pas non plus difficile de composer avec les traditions du Nord un *cycle d'animaux* antérieur aux cycles héroïques d'Arthus et de Charlemagne, et dont le roman du Renard formera le dernier anneau.

CONCLUSIONS.

Résumons-nous : des chants amœbées est sortie l'*églogue* que les anciens, dans de certains cas, classaient parmi les drames (1). Des chœurs dithyrambiques est née la *tragédie;* des danses imitant les animaux l'*apologue* et le *drame satirique*. Des danses imitant les passions basses et les suites de la sensualité est venue la *comédie*. Mais avant de s'être ainsi complètement dégagée de la forme épique et lyrique, et de s'être constitué une vie à part et distincte, le drame, ou plutôt l'élément dramatique, est demeuré longtemps, comme on l'a vu, associé à la choristique ou danse hyporchématique. On ne sera donc pas surpris de rencontrer au moyen âge, la même confusion des formes épique, lyrique et dramatique, et l'on trouvera naturel de me voir chercher le drame moderne à la même source d'où nous venons de voir sortir le drame antique, dans la *Choristique*.

(1) Diomèdes (lib. III . p. 479, ed. Putsch.) rapporte au genre dramatique les églogues où le poëte ne parle pas en son nom ; il cite pour exemple l'Églogue de Virgile : *Quò te , Mœri, pedes ?*

CHAPITRE SECOND.

DU GÉNIE DRAMATIQUE EN GRÈCE AVANT L'ÈRE VULGAIRE.

I. **Drame hiératique.**—Arts exercés par le sacerdoce. — Prométhée.—Vulgarisation des arts. — Mystères de Samothrace ; —
de Phrygie , — de Cérès à Éleusis, — de Bacchus.—Influence
des Mystères sur le Théâtre et du Théâtre sur les Mystères.
II. **Drame populaire.** Fêtes où le peuple remplit un rôle
actif : Éleusinies. — Fêtes de la moisson. — Thesmophories.
—Fêtes de Bacchus : Agrionies. — Dionysies.—Fêtes locales :
Panathénées.—Fêtes commémoratives : Oschophories, — Bou-
fonies. —Chansons des corps de métiers ; Théâtre public où le
peuple intervient en partie comme acteur ; en partie comme
spectateur ; Choragie.—Acteurs du second ordre ; Faiseurs de
tours , — Combats de coqs , — Joueurs de gobelets , — De marionnettes , —Confrérie dionysiaque , —Mimes improvisateurs,
—Mimographes. III. **Drame aristocratique.** Funérailles ; époque homérique : représentations de combats autour des bûchers. — Époque républicaine : Pleureuses aux convois des
riches. — Seconde époque des royautés grecques : Concours scéniques aux obsèques royales. — Banquets : Chanteurs et Citharèdes conviés aux festins de l'époque homérique. — Danseurs et Mimes aux grands repas du temps
des républiques : Ballet de Bacchus et d'Ariane. — Roi du
festin.—Pélories ; Esclaves servis par leurs Maîtres.—Repas
d'Hécate. —Représentations publiques dans les royaumes de
Sicile , d'Égypte, de Macédoine , etc. — Représentations privées à la cour des Hiéron, des Ptolémée, des Attale.—Mimes
de Sophron. — Les Syracusaines de Théocrite.

NÉCESSITÉ DE CES RECHERCHES.

Si , comme j'ai essayé de l'établir dans le précédent

chapitre, le génie mimique est spontané, universel (1) ;
si l'homme naît avec l'instinct de l'imitation, et s'il use
de la faculté du drame comme de toutes ses autres facultés naturelles, de la marche ou de la parole, par exemple, on m'objectera que pour étudier les origines du théâtre
moderne, il est superflu de nous enquérir des origines du
théâtre antique.

A cela je répondrai : il est bien vrai que l'instinct d'imitation et le génie dramatique sont universels et aussi naturels à l'homme que le génie épique ou lyrique ; il est
bien vrai que dans toutes les questions, soit historiques,
soit littéraires, il faut faire une large part à la spontanéité
humaine. Tout demander au passé serait tomber dans l'erreur de ceux qui croyent que les Basques, par exemple,
ne sauraient pas danser s'ils n'avaient reçu cet art des
Romains, des Celtes ou des Goths. Je reconnais et je proclame la grande *loi de la spontanéité*, d'où surgit dans les
arts l'élément original et dans la société le progrès ; mais
à côté de cette loi il en existe une autre, la *loi de tradition*.
Dans tout ce que crée l'homme il entre nécessairement
une portion du passé. Déterminer cette portion est quelquefois le moyen le plus sûr de dégager les éléments nou-

---

(1) J'avais eu l'intention de démontrer cette universalité du génie
dramatique dans un chapitre à part. J'aurais aisément prouvé
l'existence de cette faculté même chez les nations de race sémitique et chez les peuples mahométans où cet instinct est le plus
comprimé par les mœurs ; j'ai dû renoncer à ce développement qui
eût pris trop de place. Je regrette d'autant moins ce sacrifice,
qu'une partie de ce sujet sera incessamment traitée par M. Ferdi-
nand Denis dans un ouvrage qu'il prépare sur *La poésie des peuples
sauvages*..

veaux et inconnus. Tout dans l'histoire du genre humain
se lie et s'enchaîne. Le christianisme, il est vrai, a changé
les bases de l'art comme celles de la politique et de la morale ; mais le christianisme lui-même ne peut ni s'étudier,
ni se comprendre indépendamment du polythéisme. Il y
a eu succession, transformation, transaction même. Le
polythéisme s'est tellement prolongé dans le christianisme,
l'ancien courant, avant de se perdre et de se confondre
dans le nouveau fleuve, s'est si longtemps conservé distinct, qu'il est bien difficile de suivre et d'étudier l'idée
nouvelle sans tenir compte de cet antécédent dont elle char-
rie encore aujourd'hui l'écume. Ce n'est pas tout : il y a
encore une autre cause, je dirais volontiers une autre loi
qui me commande cette excursion rétrograde. Je veux parler de la *loi d'analogie.* On a reconnu que les phénomènes
littéraires se produisent constamment les mêmes dans des
conditions semblables et sous des latitudes de civilisation
correspondantes. Ces diverses époques de l'histoire poétique
qui répondent aux diverses phases de la civilisation, sont
comme en géologie *les couches de même formation,* selon
l'heureuse expression de M. Ampère (1). On voit quel précieux instrument d'investigation la découverte de cette loi
met entre nos mains. Au moyen d'une époque bien étudiée, on peut en éclaircir une autre qui l'est moins. Supposons, par exemple, que nous ne sussions rien de l'origine
du drame moderne ; supposons qu'il y eût absence de monuments, ce qui heureusement n'est pas, nous pourrions
en étudiant dans l'antiquité les origines du drame grec et
romain, conjecturer la marche que doit suivre chez nous

(1) *De l'histoire de la poésie.* Marseille, 1830, p. 33.

le génie dramatique, et deviner même, jusqu'à un certain point, quels furent le mode et la nature de son développement. Par bonheur, nous n'en sommes pas réduits à cette sorte de divination. Nous pourrons étudier directement l'histoire du drame au moyen âge ; mais pour nous orienter dans les ténèbres de cette époque, pour assurer notre marche dans ces steppes vierges et peu frayés, il est utile d'examiner avec soin et de parcourir les routes analogues et plus facilement explorables du monde grec et romain.

Voici la question que je veux adresser à l'antiquité :

Avant l'établissement du théâtre public en Grèce et en Italie, et ensuite parallèlement à ce théâtre, n'y a-t-il pas eu quelque autre mode de développement dramatique ? Athènes et Rome n'ont-elles pas possédé d'autres drames que ceux de Sophocle et d'Aristophane, de Plaute et d'Accius ? Je dois, comme on sait, pour empêcher qu'aucun filon du génie dramatique n'échappe à mes recherches, diviser l'examen que je compte faire des sources théâtrales au moyen âge en trois sections, la source hiératique, la source aristocratique et la source populaire. Pour m'assurer que ces divisions ne sont pas chimériques, je crois nécessaire, comme vérification préalable, de chercher si elles ne trouvent pas leurs analogues dans l'histoire de la poésie grecque et romaine. Je demande donc à l'antiquité si à côté de son glorieux théâtre officiel et national, qui a jusqu'ici et à si juste titre, absorbé toute l'attention de la critique, elle n'a pas possédé d'autres manifestations scéniques ; en un mot, si elle n'a pas eu, elle aussi, le drame hiératique, le drame aristocratique et le drame populaire.

I.

DU DRAME HIÉRATIQUE EN GRÈCE.

Bien qu'on en ait dit, l'œuvre de tout sacerdoce est l'amélioration de la destinée physique et morale des nations. Dans tous les pays du monde, les peuples, au sortir de l'état sauvage, passent par une phase de civilisation qu'il faut appeler sacerdotale, parce que pendant cette première période, les lois, les mœurs, les arts, tout le gouvernement intellectuel et social relèvent directement et exclusivement du sacerdoce.

Ce qui rend confuse et difficile l'étude de ces premières époques, c'est que si, d'une part, tout sacerdoce est naturellement civilisateur, si l'influence hiératique s'accroît en proportion des bienfaits que le clergé répand par la pratique des sciences et des arts; d'une autre part, le sacerdoce a un grand intérêt de corps à demeurer seul dépositaire des procédés artistiques, et, par suite, à retarder de tout son pouvoir la vulgarisation des connaissances qu'il possède. Il y a donc à étudier dans les époques hiératiques une double action sacerdotale et qui semble au premier aspect, contradictoire; d'abord un mouvement pédagogique et civilisateur, ensuite une résistance égoïste à la complète émancipation des masses. Et, ce qui n'est pas moins remarquable, la seconde période, celle de la vulgarisation et de la liberté des arts, sera d'autant plus brillante et plus féconde en merveilles, que l'époque religieuse aura été plus forte, plus puissante, plus longuement et plus habilement comprimante.

Voyons comment les choses se sont passées en Grèce.

PREMIÈRE ÉPOQUE SACERDOTALE. — PRÊTRES DEMI-DIEUX.
— ARTS HIÉRATIQUES.

Tout le monde convient que les arts et la civilisation de
la Grèce portent l'empreinte la plus profonde du génie religieux (1) ; et, en même temps, l'on s'étonne de ne pas trouver dans l'hellénisme les deux choses qui créent et qui main-
tiennent la puissance sacerdotale, à savoir l'unité de dogme
et une hiérarchie fortement constituée. En effet, on ne voit
pas qu'un même symbole ait jamais réuni les croyants de
la Hellade. Les poésies d'Homère et d'Hésiode, qui for-
ment, en quelque sorte, la Bible du polythéisme, sont
loin d'offrir un système de théologie compact et homogène.
Nous voyons bien en Grèce des prêtres et des prêtresses,
des devins et des oracles ; mais nous n'y trouvons pas
un corps sacerdotal pourvu de cette organisation qui a
rendu si puissants les prêtres de l'Égypte et de l'Inde. La
diète amphictyonique fut bien, il est vrai, une réunion
sacrée ; ce fut une sorte de centre religieux ; si l'on veut
même un synode ; mais un synode où dominaient les laïques et où l'on réglait plutôt des intérêts politiques que
des croyances religieuses.

Tout cela est vrai, mais n'implique pas contradiction. Si
l'on ne trouve point en Grèce les grands caractères des époques sacerdotales, c'est qu'on cherche l'ère hiératique où
elle n'est plus. La grande, la véritable époque sacerdotale
en Grèce, est au-delà des temps historiques. Il faudrait, pour

(1) La plupart des institutions civiles et politiques étaient fondées sur les oracles de Dodone ou de Delphes. Voy. Demosth., in
Mid., p. 611, B, seqq.

la voir en face, percer la nuit des siècles fabuleux. Ce sont
les demi-dieux, ceux qu'on a appelés les fils de la Terre et
du Ciel, les serviteurs de Rhée et de Saturne, les nourriciers de Jupiter, qui ont été les premiers prêtres de ces
divinités; en un mot, les Curètes, les Dactyles, les Cabires,
les Titans, les Telchines, les Cyclopes, ont été les plus anciens prêtres grecs; les membres du sacerdoce pendant la
première et grande époque hiératique.

Qu'on ne croie pas, toutefois, que je veuille ressusciter
le système d'Évhémère.

Il y a eu, comme on sait, dans l'antiquité deux
grands systèmes qui prétendaient avoir trouvé la clef des
fables populaires. L'un, qui fut celui de Pythagore et que
les Platoniciens adoptèrent, recourait pour l'interprétation des mythes, à des allégories morales et à des explica-
tions cosmogoniques. L'autre, qui fut celui des Épicuriens
et des Stoïciens, eut pour chef Évhémère. Dédaignant
les exégèses physico-mystiques, ce système donnait
à la mythologie grecque une source purement humaine
et historique; il expliquait toutes les légendes fabuleuses par l'apothéose. Les dieux n'étaient que des rois
déifiés : Jupiter était un ancien monarque de l'île de
Crète, dont on voyait encore le tombeau. Tous les scep-
tiques du paganisme acceptèrent cette explication. Diodore
de Sicile, entre autres, l'admit sans restriction; Cicéron
lui paraît favorable, ou du moins ne lui oppose qu'une
très-indulgente réfutation (1). Enfin, les fondateurs du
christianisme, les Pères de l'Église, qui trouvaient dans
cette hypothèse irréligieuse la négation formelle du poly-

_____

(1) Cicer., *De natur. Deor.*, lib. I, cap. 42 et lib. III, cap. 16.

théisme, ne manquèrent pas de la répandre et de l'accréditer.

Mais l'évhémérisme a trouvé de redoutables contradicteurs chez les modernes. D'habiles critiques, et Fréret à leur tête, ont fait remarquer qu'il était absurde de supposer l'existence en Grèce, de florissantes monarchies à une époque où cette contrée n'était habitée que par des sauvages semblables en tout à ceux de la Nouvelle-Hollande (1). L'évhémérisme est mort sous leurs puissantes attaques (2).

Le système qui reconnaît les prêtres de la première époque hiératique dans les demi-dieux, fils ou nourriciers des grands dieux, ou simples propagateurs de leur culte, quoique voisin de l'évhémérisme, n'offre pourtant pas les mêmes impossibilités. Aussi Fréret, le grand destructeur du système d'Évhémère, approuve-t-il cette explication d'une partie des fables grecques, explication qui dédouble le panthéon hellénique et retrouve dans les divinités inférieures toute l'antique caste sacerdotale.

Fréret distingue, d'après l'autorité d'Hérodote (3) et d'Eschyle (4), trois générations successives de dieux, c'est-à-dire, l'établissement en Grèce, de trois différents cultes (5) : 1° celui du Ciel et de la Terre (6) ; 2° celui de

(1) Un autre système reporte à des rois étrangers, égyptiens ou autres, l'origine des dieux de la Grèce : c'est une variété moderne de l'évhémérisme, que je n'ai pas mission d'examiner.

(2) Fréret, *Observ. sur l'ancienne histoire des premiers habitants de la Grèce*, Acad. des Inscript., t. XLVII, p. 1 et suiv.

(3) Herodot., lib. II, cap. 53 et 146.

(4) AEschyl., *Prometh. et Eumenid.*, passim.

(5) *Hist. de l'Acad. des Inscrip.*, t. XXIII, p. 25.

(6) Hesiod., *Theog.*, v. 45 seqq.

Cronos, leur fils ; 3°, celui de Jupiter et des dieux de l'o-
lympe homérique.

A ces trois générations divines correspond un nombre
égal de races sacerdotales dont les poëtes et les mythologues ont fait des génies ou demi-dieux, mais qui n'ont
été, en réalité, que les ministres ou les propagateurs des
divers cultes, et, ce qui surtout nous importe, les dépositaires des diverses vérités et des divers arts qui consti-
tuaient le dogme. Ainsi les Cyclopes, fils, comme les
Titans, de la Terre et du Ciel, donnent dans l'Argolide la
première idée de l'architecture (1). Les Cabires de Samothrace, fils ou prêtres de Vulcain, et les Dactyles idéens,
prêtres de Jupiter, forgent les premiers le fer (2). Les Telchines de Rhodes, fils de la Mer, c'est-à-dire prêtres de
Neptune, se prétendent maîtres des éléments ; ils tra-
vaillent les premiers l'airain : on leur doit le trident du dieu
des mers (3), la faulx de Saturne (4), et les premiers simulacres des dieux (5). Enfin, les Corybantes de Crète,
les Curètes phrygiens, pratiquent les premiers la musique
et les danses sacrées (6). Dès lors, en effet, les cérémonies et les rites ne manquaient pas au culte. Cette première
génération sacerdotale éleva des autels (7), construisit des

(1) Strab., lib. VIII, p. 373, A.
(2) *Marm. Oxon.*, epoch. XI.
(3) Eustath., p. 771, 55, seqq.
(4) Strab., lib. XIV, p. 654, A.
(5) Diodor., lib. V, §.55, t. 1, p. 374.
(6) Strab., *lib.* X, p. 468, C.
(7) Voy. la description de l'ancien autel de Jupiter à Olympie,
fait de la cendre des victimes. Pausan., *Eliac.*, cap. XIII, 5 ; Plutarch., *De orac. defect.*, p. 433, B.

temples (1) qui n'étaient d'abord que de bois (2) ; sculpta
des statues ; composa des chants, exécuta des chœurs de
danses ; c'était le temps des devins, des oracles, des
merveilles en tous genres ; témoin les trépieds mouvants
de Vulcain (3), les chênes prophétiques (4) et les colombes
parlantes de Dodone (5).

On ne s'attend pas, sans doute, à me voir chercher le
drame dans cette époque fabuleuse où tout est ténèbres.
Je ne puis cependant m'empêcher de faire remarquer
dès lors deux pratiques sacerdotales qui ont un caractère
profondément dramatique : 1° les réponses des oracles,
dans lesquelles le prêtre ou la prêtresse parlaient en inspirés,
au nom du dieu dont ils prenaient sans doute la voix, le geste
et le maintien ; 2° les évocations des mânes (6), qui avaient
lieu dans de certains temples des morts (νεκρομαντεῖα), où
le prêtre, environné de ténèbres, imitait la voix sépulcrale et peut-être la marche et le geste du spectre
évoqué. Ce spectacle qui depuis Eschyle jusqu'à Shakspeare, depuis l'apparition de l'ombre de Clytemnestre (7)
jusqu'à celle de Banquo ou du père d'Hamlet, a toujours

(1) *Marm. Oxon.*, epoch. IV et IX.

(2) L'incendie de plusieurs anciens temples le prouve.

(3) Hom., *Iliad.* XVIII, v. 373, seqq.

(4) Hom., *Odyss.*, XIV, v. 327. — AEsch., *Prometh.*, v. 828.
— Voy. sur les prêtres de Dodone, adorateurs des chênes comme
nos druides, un Mém. du présid. de Brosses, Acad. des Inscrip.,
t. XXXV, p. 89.

(5) Hérodote (lib. II, cap. 55) et Strabon (lib. VII. B, p. 329)
expliquent cette croyance populaire.

(6) Fréret, *Mém. sur les oracles rendus par les âmes des morts*,
Acad. des Inscript., t. XXIII, p. 174. — Eustath., p. 1667, l. 63.
— Plutarch., *Non posse suaviter vivi soc. Ep.*, p. 1104, D.

(7) AEschyl., *Eumenid.*, v. 94, seqq.

passé pour le plus tragique, était donné dans certains temples. Hérodote raconte comment Périandre, tyran de Corinthe, envoya consulter l'oracle des morts à Thesprotie, sur
les bords de l'Achéron, et comment l'ombre de sa femme
Mélisse, apparut deux fois à ses envoyés (1). C'est aussi,
dans nos livres saints, une belle tragédie de ce genre, que
la scène de Saül et de la pythonisse d'Endor et l'apparition
de l'ombre de Samuel (2).

SECONDE ÉPOQUE SACERDOTALE. — PROMÉTHÉE. — RÉSISTANCE DU SACERDOCE A LA VULGARISATION DES ARTS.

La seconde époque du sacerdoce est celle où commence
la propagation des sciences et des arts. Dans cette période,
les prêtres ne sont plus des demi-dieux : ce ne sont plus
que des hommes, mais choisis longtemps encore dans
certaines familles héréditairement dépositaires des traditions sacerdotales (3).

En Grèce, un mythe célèbre a consacré le moment pré-
cis où commença cette phase d'émancipation. Prométhée,
le dernier des prêtres demi-dieux, fut le grand divulgateur

(1) Herodot., lib. V, cap. 92. — Les Grecs appelaient *Mélisses*
des femmes inspirées attachées au service des temples (Pind., *Pyth.*,
IV, v. 106. — Aristoph., *Ran.*, v. 1273). C'est une similitude
peut-être notable que celle de ce mot et du nom de la femme de
Périandre.

(2) *Rois*, I, cap. 28. Ces évocations venues d'Égypte en Judée,
étaient sévèrement défendues par la loi mosaïque. Voy. *Deuteron.*
cap. XVIII, 11.

(3) Voy. Fréret, *Mém. sur les familles sacerdotales*, Acad.
des Inscript., *ibid.*, p. 51 et suiv.

des arts dans la Grèce (1). Après lui, Dédale, de la famille sacerdotale des Eumolpides, continua l'œuvre d'affranchissement, et perfectionna surtout la sculpture : c'est lui qui détacha les bras et les jambes des statues et qui indiqua la forme des yeux. « Grâce à lui, disent les anciens, les statues vivent et marchent. » C'est l'aurore de l'affranchissement de la statuaire. Nous trouverons au moyen âge l'époque correspondante à celle de Dédale et de l'école d'Égine vers le commencement du xii⁰ siècle.

Bientôt il s'établit des sociétés (θιασῶται) et, comme on disait au moyen âge, des confréries d'artistes, qui, sous la direction du sacerdoce, brodaient des étoffes, sculptaient le bois ou l'ivoire, doraient les statues (2), peignaient les murs et les colonnes des temples, ciselaient les vases sacrés (3), composaient des hymnes et dansaient en chœur autour des victimes. Longtemps ces écoles de sculpture, de peinture, de musique et de poésie demeurèrent soumises à la direction sacerdotale ; longtemps les statuaires et les peintres de l'école d'Égine et de Rhodes se renfermèrent dans la reproduction des types consacrés ; longtemps les musiciens et les poëtes respectèrent les anciens airs, ou, comme on disait, les anciens nomes. Mais, peu à peu, l'art augmentant ses franchises, entra dans sa troisième époque, dans la phase de complet affranchissement qui,

(1) Æschyl., *Prometh.*, v. 89-128. —Plat., *Protagor.*, p. 320, D, seqq.

(2) On dorait aussi les offrandes, et même les cornes et les sabots des victimes.

(3) Les vases sacrés portaient gravés l'image et quelquefois le nom du dieu auquel ils étaient consacrés. (Plaut.; *Rud.*, act. 2, sc. 5, v. 21.)

sous le ciel heureux de la Grèce, devait produire tant de
chefs-d'œuvre? Et cependant l'idée de la subordination de
l'art au culte était si profondément entrée dans les mœurs,
que cette liberté particulière à l'école d'Athènes et sans
laquelle Sophocle et Phidias ne pouvaient pas exister,
rencontra l'opposition des plus grands hommes. Solon
entrava de toutes ses forces les innovations de Thespis (1) ; Platon, qui usait si largement lui-même de la liberté d'enseignement, aurait voulu que la peinture, la
sculpture et la poésie fussent déclarées par les lois à jamais
immobiles : « Établissons comme une règle inviolable,
» dit-il, que quand l'autorité publique aura déterminé et
» consacré par une loi les chants et les danses qui convien-
» nent à la jeunesse, il ne sera pas plus permis de chanter
» ou de danser d'une autre manière que de violer une au-
» tre loi. Quiconque sera fidèle à cette règle, n'aura aucun
» châtiment à craindre ; mais si quelqu'un s'en écarte, les
» gardiens des lois, les prêtres et les prêtresses le puni-
» ront (2). » Aux yeux de ce philosophe, l'immutabilité de
l'art égyptien était la perfection idéale (3). Au reste, ce
qu'il souhaitait pour Athènes, quelques villes grecques l'a-
vaient établi dans leurs codes. Chez les Thébains, la loi en-
joignait aux sculpteurs et aux peintres, sous peine d'a-
mende, l'exacte observation des anciens types (4). A Sparte,
on sait que Terpandre ayant ajouté une corde à la lyre, les
éphores condamnèrent cette nouveauté et clouèrent à un

(1) Plutarch., *Solon*, cap. 29.
(2) Plat., *De legib.*, lib. VII, p. 800, A.
(3) Id. ; *idem*, p. 799 A.
(4) AElian., *Var. Hist.*, IV, 4.

mur l'instrument coupable (1). Plus tard ; du temps de Lysandre, Timothée le citharède ayant ajouté deux cordes à sa
lyre pour concourir aux jeux carnéens, un des éphores
vint, un couteau à la main, lui demander de quel côté il
préférait que l'on coupât les cordes illégales (2).

Ce fut pour mettre un obstacle à la vulgarisation im-
minente des arts, que le sacerdoce grec, à l'instar de celui
d'Égypte, résolut de n'enseigner ses dogmes que sous
la promesse du silence et après des épreuves qui leur ré-
pondissent de la discrétion des adeptes. L'institution
des mystères en Grèce, est assurément l'effort, le
plus puissant et le mieux concerté qu'ait tenté le clergé
polythéiste pour conserver sa suprématie, étendre son
influence, et, plus tard, quand il fut dépassé de toutes
parts, pour déguiser sa défaite. C'est dans la célébration
des mystères que le sacerdoce grec concentra toutes ses
forces, tous ses moyens de prosélytisme et d'action. Pour
nous donc qui voulons étudier le développement du génie
dramatique sous toutes ses faces, il nous importe d'examiner, autant que les obscurités du sujet le permettent, ce qui
se passait dans les cérémonies mystiques ; c'est là que nous
devons trouver, s'il existe, le drame hiératique païen.

MYSTÈRES DE SAMOTHRACE.

La plus ancienne mention des mystères est celle des

(1) Id., ibid. — Boèce (De musicâ, lib. I, cap. I), rapporte
ce fait avec d'autres circonstances ; il cite le texte d'un prétendu
décret dont Ot. Müller a prouvé la supposition (Doriens, 2e
part., p. 324 et suiv.). Avant Müller, Heinrich avait élevé des
doutes sur l'authenticité de cette pièce dans son Épiménide.

(2) Plutarch., Lac. inst., p. 238, C. — Pindare a dit poétiquement : La lyre aux sept langues. Ném. V, v. 43.

Cabires, dans l'île de Samothrace. Cependant, comme on ne trouve dans Homère aucune trace d'idées mystiques, il faut bien, malgré la mention des Marbres (1), ne placer leur institution qu'après les temps homériques. Hérodote parle comme il suit des mystères de Samothrace :

« Ce n'est pas des Égyptiens que les Hellènes ont reçu l'usage des représentations ithyphalliques de Mercure. Les Athéniens l'ont pris, les premiers, des Pélasges ; le reste de la Grèce a suivi leur exemple. Les Pélasges demeuraient, en effet, dans le même canton que les Athéniens qui, dès ce temps-là, étaient comptés au nombre des Hellènes ; et c'est pour cela que les Pélasges commencèrent alors à être réputés Hellènes eux-mêmes. Quiconque est initié aux mystères des Cabires que célèbrent les Samothraces, comprend ce que je dis ; car ces Pélasges qui vinrent demeurer avec les Athéniens habitaient auparavant la Samothrace, et c'est d'eux que les peuples de cette île ont pris leurs mystères. Les Athéniens sont donc les premiers d'entre les Hellènes qui aient appris des Pélasges à faire des statues ithyphalliques de Mercure. On donne de ce fait une raison sacrée qu'on trouve expliquée dans les mystères de Samothrace (2). »

Il résulte de ce passage que les mystères des Cabires se proposaient, entre autres choses, la conservation et transmission de certains types sacrés, tels que celui des Hermès ithyphalliques, et qu'une partie de ces mystères offrait une peinture de la vie sauvage des premiers Grecs. Peut-être, dit M. de Sainte-Croix conservait on dans le

(1) *Marm. Oxon.*, epoch. XV et XVI.
(2) Herodot., lib. II, cap. 51.

temple de Samothrace les traditions concernant les Pélasges, comme dans celui de Dodone on gardait celles qui intéressaient les Hellènes (1).

Un autre objet des mystères de Samothrace était, selon le même auteur, la *mort cabirique*, célébrée par les pleurs et les gémissements des initiés (2). Cette mort ne pouvait être que celle du plus jeune des Cabires, Cadmille, massacré et horriblement mutilé par ses frères. Les Anectotelestes, ou hiérophantes de Samothrace, et ceux de Lemnos exécutaient cette sorte de tragédie sacrée pendant la nuit, dans les bois (3) ou au fond d'un antre (4).

MYSTÈRES PHRYGIENS.

Dans les plus anciens mystères de Phrygie, institués par les Corybantes, fils ou prêtres de Cybèle, nous trouvons, comme dans les précédents, l'enseignement des arts les plus utiles.

« L'hiérophante des Phéniciens, dit Sanchoniathon, le fils de Thabion, annonça le premier tous ces mystères, et les rattachant aux phénomènes physiques et cosmologiques, les fit connaître à ceux qui célébraient les orgies et aux prophètes qui présidaient aux mystères. Ceux-ci, cherchant à augmenter l'admiration des hommes, transmirent ces choses à leurs successeurs et aux initiés (5). »

(1) M. de Sainte-Croix, *Recherch. sur les mystères*, t. 1, p. 55.
(2) Id., *ibid.*
(3) Cicer., *De natur. deor.*, lib. I, cap. 43.
(4) Gutberleth, *De myst. deor. Cabir.*, cap. II.
(5) Euseb., *De præparat. evangel.*, lib. I, cap. 7.

N'était-ce pas une pensée très-dramatique que celle qui supposait les Corybantes, les Dactyles et les Curètes, ces divins fondateurs du culte, présents à toutes les fêtes mystiques, mais sans être vus et ne s'annonçant aux initiés que par leurs chants et le cliquetis des armes qu'ils agitaient dans leurs danses invisibles (1) ?

Quant à la partie commémorative et dramatique des mystères phrygiens, c'était, comme dans ceux de Samothrace, l'histoire d'un jeune enfant mis à mort par ses parents les plus proches, puis rappelé à la vie, et dont, après avoir pleuré la mort, on célébrait la résurrection. Cette légende, suivant les lieux, subissait de notables variations. En Crète, les danses furieuses des Curètes représentaient les moyens employés pour tromper le vieux Saturne et soustraire Jupiter enfant au sort qu'avaient éprouvé Neptune et Pluton. (2). Dans les contrées plus particulièrement soumises à l'influence de la Phénicie et de l'Égypte, on représentait l'histoire d'Attis, copie défigurée du mythe égyptien d'Osiris et de Typhon. Dans les mystères de la Troade, *l'enfant du temple* (3), celui qui jouait le principal rôle, se nommait Sabazius (4), divinité de Thrace, que la plupart des mythologues reconnaissent pour un des types nombreux de Bacchus. Enfin, dans les *Bacchantes* d'Euripide (5), les Curètes et les Corybantes sont loués comme

(1) Fréret, Acad. des Inscript., t. XXIII, p. 27 et suiv.

(2) Strab., lib. X, p. 470, D.

(3) Porphyr., *De abstin.*, lib. IV, § 5, p. 307. — Himer., *Orat.*, XXIII, § 7, 8 et 18, p. 778 et 796.

(4) Strab., *ibid.*, C.

(5) Eurip., *Bacch.*, v. 57, seqq.—Heeren, *De Chor. Græcor.*, p. 39, seqq.

ayant institué au son des flûtes et des tambourins, les mystères d'Iacchus, que nous verrons bientôt associés à la plus grande et à la plus respectée des institutions religieuses de l'antiquité, aux mystères de Déméter ou de Cérès Eleusine.

MYSTÈRES D'ÉLEUSIS.

Les mystères d'Éleusis, dit un ancien, l'emportent autant sur les autres institutions mystiques que les dieux sur les héros (1). Ces mystères étaient de deux espèces : les grands, où l'on n'admettait qu'un petit nombre d'initiés et seulement des citoyens d'Athènes; les petits, auxquels participaient tous les Grecs, sans distinction d'origine. Une ancienne tradition rapporte qu'Hercule, né à Thèbes, ne pouvant être admis aux mystères d'Éleusis, les Athéniens par déférence pour ce héros (2), instituèrent les petits mystères, où les Grecs étrangers à l'Attique et, dans la suite, des Barbares même furent admis. On appelait proprement *mystes* les initiés aux petits mystères. Ce premier degré était une sorte de purification et de préparation nécessaires pour parvenir aux grands (3). On appelait *époptes* ceux qui participaient à la dernière initiation. Du temps d'Aristophane tout habitant d'Athènes aurait regardé comme un malheur de mourir sans s'être fait initier (4). Cette opinion remonte même beaucoup plus haut. On lit dans l'hymne à Cérès qui porte le nom d'Homère : « Heureux entre les mortels celui qui a vu ces choses (la

(1) Pausan., *Phoc.*, cap. 31, § 4.
(2) Schol., in Aristoph. *Plut.*, v. 846 et 1014.
(3) Id. *ibid.*, v. 846.
(4) Du moins aux petits mystères. — Aristoph., *Pac.*, v. 375.

célébration des mystères d'Éleusis) ; mais quiconque n'est pas initié et ne participe point aux saints mystères ne jouira jamais d'une pareille destinée ; car il est mort dans d'horribles ténèbres (1). » Et dans un fragment de Pindare : « Heureux celui qui descend sous la terre creuse après avoir vu ces choses ; car il sait la fin de la vie et il connaît aussi le royaume donné par Jupiter (2). »

Le silence que les mystes juraient d'observer (5) sur tout ce qu'on enseignait dans le sanctuaire était ordonné sous peine de mort (4) ; mais le secret des grands mystères d'Éleusis, confié seulement à un petit nombre d'adeptes, dut être beaucoup mieux gardé que celui des petits. Aussi, suivant moi, presque tout ce que nous savons des rites secrets d'Éleusis ne se rapporte-t-il qu'à ces derniers.

PETITS MYSTÈRES.

Le temple où se célébraient les mystères annuels était situé sur les bords de l'Ilissus (5), dans un lieu nommé Agræ (6). Ce temple était consacré à Cérès et à Proserpine, et plus particulièrement à celle-ci sous les attributs d'Hécate. Dans les cérémonies de l'initiation on a conjecturé que la vanité des prêtres se complaisait à exposer la nais-

---

(1) Homer., *Hymn. in Cerer.*, v. 480, seqq.

(2) Pind., t. III, p. 128, ed. Heyn.

(3) Firmic., *Astrol.*, lib. VIII.

(4) Schol., in Aristoph. *Av.*, v. 1073, 1074. — Id., in *Nub.*, v. 828. — Lysias, *Contr. Andoc., de impiet.*, p. 104. — Suid., voc. Διαγόρας et Ἀρισταγόρας.

(5) Pausan., *Attic.*, cap. 19, § 7.

(6) Hesych. et Suid., voc. Ἄγραι. — Steph. Byz. in ead. voc.

sance des arts et les bienfaits de la civilisation qu'ils
avaient répandus dans la Grèce. M. de Sainte-Croix
pense même que cette démonstration de l'état sauvage
où avaient été plongés les Pélages et les Hellènes, se faisait d'une manière sensible et dramatique. Il croit qu'on
dépouillait le récipiendaire de ses vêtements (1), puis
qu'on le couvrait d'une peau de faon dont il se faisait
une ceinture (2). Mais ce dernier rite qui paraît mieux ap-
proprié au culte de Bacchus qu'à celui de Cérès pourrait
bien ne s'être introduit à Éleusis qu'après la réunion des
mystères de Bacchus à ceux des Déesses.

« Rien, dit Cicéron, n'est au-dessus des mystères
d'Athènes. Ils ont adouci nos mœurs et nous ont fait passer
de l'état sauvage à la véritable humanité. On les a nommés
initia, parce qu'ils nous ont initiés aux vrais principes so-
ciaux.... Non-seulement ces mystères nous ont enseigné les
moyens de vivre dans la joie, mais ils nous ont encore appris à mourir avec une meilleure espérance (3). »

Nous trouvons dans Isocrate ce double éloge des institutions mystiques (4).

On voit que le dogme des récompenses et des peines
qui nous attendent dans une autre vie, était le principal
enseignement des mystères, mais peut-être seulement des
petits. Je me crois fondé à faire cette distinction à cause
de la publicité notoire et sans réserve que la doctrine de
la vie future a reçue dans l'antiquité.

Cette exposition des peines et des récompenses à venir

_____

(1) M. de Sainte-Croix, *Recherches sur les Mystères*, t. 1, p. 347.
(2) Harpocr., *voc.* Νεϐρίζων.
(3) Cicer., *De legib.*, lib. 11, C. 4, § 36.
(4) Isocr., *Paneg.*, p. 46, A, seqq.

était-elle présentée dans les mystères d'une manière dramatique ? Il est généralement reconnu (1) que dès l'origine, les
rites des petits mystères consacrés à Proserpine ou plutôt à
Hécate, offraient d'effrayantes apparitions. On voyait des
spectres à crête de dragon (2) ; des monstres tantôt bœufs,
tantôt mulets, tantôt chiens à plusieurs têtes. Hécate,
si monstrueuse elle-même (3), passait pour avoir le
pouvoir de faire apparaître des fantômes, entre autres,
Empuse qui n'avait qu'un pied (4), ou qui, suivant d'autres, avait une cuisse d'airain et une jambe d'âne (5). Ceux
des aspirants à qui il arrivait de donner des signes de frayeur
pendant les épreuves étaient repoussés comme indignes.
« Loin d'ici, dit Aristophane (6), le lâche qui souille les
images d'Hécate (7) en mêlant ses chants aux danses cycliques. » Le prélude de ces représentations était l'éloignement des flambeaux, comme l'a très-ingénieusement
prouvé M. de Sacy (8) d'après un passage du *Banquet* de
Platon. Alcibiade, avant de faire un aveu peu honorable
pour Socrate et pour lui-même, réclame la sortie des domestiques et l'extinction des lampes (9). C'est là assurément

(1) Lobeck, *Aglaopham.*, t. I, p. 521.

(2) Suid., *voc.* Ἑκάτην.

(3) Pausan., *Corinth.*, cap. 30, § 2. — Schol., in Theocr.
Idyll. II, v. 12.— Hesych., *voc.* Ἑκάτης.

(4) Harpocr., — Hesych., — Etym. Magn., *voc.* Ἔμπουσα.

(5) Aristoph., *Ran.*, v. 288, 295, Schol., *ibid.* — *Eccl.*,
v. 1048, Schol., *ibid.*

(6) Id., *Ran.*, v. 366.

(7) Καταπιλᾶ, concacat.

(8) M. de Sainte-Croix, *Recherches sur les mystères*, t. I,
p. 348 ; note 3.

(9) Plat., *Sympos.*, p. 218, B, C.

une allusion sensible à ce qui se passait dans les mystères. Au reste cette précaution de faire précéder les cérémonies de l'initiation par les ténèbres, est un des artifices que l'on emploie aujourd'hui même dans l'exhibition des panoramas et des dioramas.

Ces représentations fantastiques prirent un développement plus moral et plus dramatique, quand les mythes égyptiens d'Osiris, du lac Achérusia, de Charon et de la barque fatale furent venus de Saïs en Grèce (1). Alors on n'effraya plus seulement les mystes par de vaines apparitions de spectres et de monstres ; ce fut le dogme dramatisé des peines et des récompenses à venir (2), l'Élysée et le Tartare, tout ce qu'Horace comprend sous le nom de *fabulæ Mânes* (3) et tout ce qu'Aristote appelle ὅτα ἐι ἀδȣ(4), que l'on exposa à leurs regards. Aristophane dans sa comédie des *Grenouilles*, dont la scène est supposée sur le chemin d'Éleusis (5), introduit Bacchus qui descend aux enfers et qui rencontre dans l'Élysée un chœur d'initiés. Cette confusion du séjour de Pluton et d'Éleusis indique clairement, suivant M. de Sainte-Croix (6), que les représentations du Tartare faisaient partie de ces mystères. On peut inférer de quelques passages d'un Dialogue attribué à Platon (7), que la prétendue des-

(1) Herodot., lib. II, cap. 170, 171.
(2) Plat., *De legib.*, lib. IX, p. 870, 871.
(3) Horat., *Od.* I, 4, 16.
(4) Aristot., *De poet.*, cap. XVIII, 6.
(5) Schol. in Aristoph. *Ran.* v. 357.
(6) M. de Sainte-Croix, *Recherches sur les mystères*, t. I, p. 350.
(7) Plat., *Axioch.*, p. 371, E.

cente d'Hercule et de Bacchus aux enfers n'était que le souvenir de leur initiation à Éleusis.

Je pense donc, avec M. de Sainte-Croix, que l'on offrait dans les mystères d'Éleusis la vue des Champs Élysées et du Tartare. Je ne diffère avec lui d'opinion qu'en un point : je crois que ces représentations avaient lieu seulement dans les petits mystères. Ce qui m'affermit dans cette croyance, c'est de voir Empuse, le lac de l'enfer, Charon et sa barque, les mystes et leurs chants transportés dans les *Grenouilles* d'Aristophane :

« Là, dit Hercule à Bacchus, tu trouveras des serpents, des monstres affreux....; ensuite le bourbier fangeux où sont plongés les violateurs de l'hospitalité, les parjures, les parricides...... Plus loin le doux son des flûtes charmera tes oreilles ; tu verras, comme ici, la lumière la plus pure, des bosquets de myrte, des chœurs bienheureux d'hommes et de femmes et de gais applaudissements.

> BACCHUS.

Quels sont les habitants de ce séjour ?

> HERCULE.

Les initiés (1). »

Bacchus rencontre, en effet, sur sa route tout ce qu'Hercule lui a prédit. Il trouve d'abord Charon et Empuse, puis les demeures bienheureuses où un chœur de mystes chante ce qui suit :

« Vous qui êtes admis à cette religieuse solennité, livrez-vous aux jeux dans ce riant bocage. Dansez en rond en l'honneur de la Déesse. Moi, je vais me joindre aux filles et aux femmes, dans l'enceinte où se célèbre la fête nocturne de Cérès ; je porterai le flambeau sacré. Allons dans les prés fleuris et parsemés de roses nous exercer, selon notre usage, à ces danses auxquelles président

(1) Aristoph., *Ran.*, v. 145, seqq.

les Parques fortunées. Le soleil et la lune ne brillent que pour
nous seuls qui sommes initiés, et qui, pendant notre vie, avons
été bienfaisants envers les étrangers et nos concitoyens (1). »

Je ne puis croire que si la vue du Tartare et de l'Élysée
eût fait partie des grands mystères on eût ainsi permis de
les montrer sur le théâtre public d'Athènes.

M. James Christie, dans son ouvrage sur *les Peintures des
vases grecs considérées dans leurs rapports avec les représentations d'Éleusis et des mystères* (2), croit reconnaître sur
quelques-uns de ces vases les sujets des nombreuses scènes
dramatiques qui accompagnaient, suivant lui, les célébra-
tions mystiques. Longtemps avant la publication de l'ouvrage de M. Christie, Eggling avait supposé qu'un vase antique du cabinet du duc de Brunswick représentait d'une
manière abrégée les mystères d'Éleusis (3), et Montfaucon,
dans l'*Antiquité expliquée*, ne répugne pas à cette opinion (4).

Cependant quand on songe au secret imposé aux mystes,
secret si bien observé, qu'il ne nous est parvenu sur les
mystères qu'un petit nombre de demi-confidences et d'imparfaites indications, on est porté à rejeter la conjecture de
M. Christie. Il semble, en effet, que c'eût été, de la part des
artistes grecs une indiscrétion bien téméraire, que d'exposer
aux yeux de tous, des scènes dont aucun écrivain de l'antiquité ne parle que par voie d'allusion (5). Toutefois l'exis-

---

(1) Aristoph., *Ran.*, v. 440, seqq.

(2) *Disquisitions upon the painted greek vases.* London, 1825, in-4°.

(3) Myst. Cer. et Bacch. in vasculo ex uno onyche, t. VII, *Antiq. Græc.* Gronov., col. 57-74.

(4) Montfauc., *Antiq. expl.*, t. II, p. 182, pl. LXXVIII.

(5) Plusieurs auteurs anciens ont cependant écrit sur les mystères des traités qui malheureusement sont perdus. Voy. dans la
préface des *Eleusinia* de Meursius une liste de ces auteurs qui est
loin d'être complète.

tence sur les vases grecs de peintures relatives aux initiations est incontestable. On a pu voir, notamment dans le cabinet de M. Durand, plusieurs de ces peintures qui représentent évidemment des personnages et des sujets mystiques (1). Il faut donc de deux choses l'une, ou que ces vases
fussent destinés eux-mêmes au culte secret, ou que toutes
les particularités des mystères ne fussent pas également soumises à la loi du silence. Je crois fermement, pour mon
compte, que le secret sur les mystères d'Agræ, et plus tard
sur ceux de Bacchus, ne fut que médiocrement obliga-
toire. Aussi pensé-je qu'on peut admettre l'hypothèse de
M. Christie sous la réserve de ne l'appliquer qu'aux petits mystères. L'opinion de cet écrivain réduite à ces termes offre encore un assez vaste champ aux découvertes et
permettrait de reconstituer, à l'aide des figures peintes
sur ces vases, une curieuse série de drames ésotériques
usités dans les initiations (2).

Mais l'existence du drame hiératique admise, quel fut
le mode de ces représentations ? Étaient-ce des tableaux purement visuels, ou bien y avait-il des chants, des paroles
et des acteurs ? M. Christie avance que ces représentations

(1) Voy. surtout dans le *Catalogue du cabinet de M. Durand*,
le nº 430, p. 163 et suiv.

(2) M. Bœttiger prétend que les scènes dramatiques peintes fréquemment sur les vases grecs, se rapportent aux sujets épisodiques
traités par les cyclodidascales prédécesseurs ou contemporains de
Thespis (*De quatuor œtat. rei scen.*, p. 5 et 6). Il semble, en effet,
que ces figures ne portant ni le masque, ni le cothurne, ni rien de ce
qui a distingué l'appareil scénique depuis Eschyle, ne peuvent se
rapporter qu'aux représentations hiératiques où aux chorodidascalies
du temps d'Épigène et de Thespis.

étaient exécutées au moyen de toiles transparentes dans le genre de celles qui servent aux *Ombres chinoises* (1), ou par de certains effets d'optique semblables à ceux que produit la lanterne magique. Je crois impossible d'établir ou de combattre ces assertions par des arguments bien solides. Mais ce qui ne me paraît pas douteux, c'est que si de tels moyens d'illusion furent employés, ils ne le furent pas seuls. L'idée du chant était inséparable de celle d'initiation : nous venons d'entendre dans Aristophane les voix des initiés. On sait de plus qu'on exigeait de l'hiérophante et de l'hiérophantide un organe doux et sonore (2). Il est certain aussi qu'il y avait des danses dans le sanctuaire et autour du puits de Callichore (3). Je lis dans Lucien : « Orphée et Musée, les plus excellents danseurs, en instituant les mystères ont ordonné qu'on ne pût expliquer les choses saintes sans la danse et le rhythme. C'est ainsi que cela se pratique ; mais il ne faut pas révéler ces secrets aux profanes. Cependant personne n'ignore qu'on dit communément de ceux qui parlent de ces choses en public, qu'*ils dansent hors du lieu sacré* (4). »

GRANDS MYSTÈRES.

La part du drame est beaucoup moindre dans les grands mystères. Il s'agissait bien moins dans l'*Époptée*, ou dernier degré de l'initiation, de rites commémoratifs et de légendes mises en action que d'un enseignement philoso-

(1) *Disquisitions upon the painted greek vases*, p. 36.
(2) Philostr., *Vit. Sophist.*; lib. II, cap. 20, p. 601.—Brunck, *Analect.*, t. III, p. 315, n° 750.— Jacobs, t. III, p. 115, part. 2.—Sopatr. *Div. quæst.*, p. 388, ed. Ald.
(3) Pausan., *Attic.*, cap. 38, § 6.
(4) Lucian., de *saltat.*, cap. 15.

phique où les prêtres exposaient le dogme et la pensée intime de l'hellénisme.

Grâce au secret à peu près impénétrable qui couvrit jusqu'à la fin cette partie du culte, la haute théologie du paganisme peut avoir varié plusieurs fois à notre insu. Il est probable que l'égyptianisme et le pythagoréisme modifièrent d'abord l'ancienne doctrine : avec l'un s'introduisit le dogme de la vie future; avec l'autre les purifications, les jeûnes, le silence et probablement le système de la métempsycose. Plus tard, le judaïsme, le christianisme et le néoplatonisme l'ont profondément altérée. Toutefois, s'il est resté quelque part des traces de l'ancien hellénisme, c'est, sans aucun doute, dans le sanctuaire d'Éleusis, dépositaire le plus respecté des plus anciennes traditions.

Autant qu'on peut en juger par le petit nombre de faits qui nous sont connus, le bonheur de l'épopte, qui était passé en proverbe (1), consistait dans la perception de certaines vérités, soit cosmogoniques, soit psychologiques ou morales, rendues visibles et palpables en quelque sorte : « Nous avons vu, dit Platon, cette beauté dans toute sa splendeur, alors que mêlées au chœur des bienheureux, nos âmes à la suite de Jupiter, et celles des autres à la suite de quelques-uns des autres dieux, contemplaient avec ravissement cette vision fortunée et entraient en participation des mystères qu'on peut appeler les plus saints de tous. Nous les célébrions dans un état de perfection abso-

_____

(1) « Quand je médis de mon maître en cachette, dit un esclave dans Aristophane, il me semble que je suis épopte. » Voy. *Ran.*, v. 745.

lue et exempts de la pensée des maux futurs. Nous jouissions de la vue de ces spectacles divins, simples, heureux, tranquilles, qui se déroulaient à nos yeux au sein d'une pure lumière, purs nous-mêmes et libres de ce cercueil qu'on appelle le corps et que nous traînons ici partout, comme l'huître traîne l'écaille qui l'emprisonne (1). »

On peut inférer d'un fragment attribué par Eusèbe à Sanchoniathon, que la monde était un des premiers tableaux qu'on offrait à l'initié sous l'emblême de l'œuf (2). « C'est ici, dit saint Clément d'Alexandrie en parlant des grands mystères, que finit tout enseignement : on *voit* la nature et les choses (3). » Un passage de Porphyre cité par Eusèbe (4) peut nous donner une idée de cette singulière symbolique : « On établissait, dit-il, des rapports entre dieu et les corps transparents, tels que le cristal. La sphère était le soleil ou l'univers ; le cercle, l'éternité. » Toute figure pyramidale représentait le principe igné, etc. Quelques-uns de ces symboles offraient une prescription de chasteté (5). Tel était celui de la pomme et de la grenade auxquelles il était défendu aux mystes de toucher (6).

Les divers symboles étaient montrés et éclairés par un des ministres, le dadouque ou porte-flambeau ; les rapports

---

(1) Plat., *Phædr.*, p. 250, B, C.
(2) Euseb., *Præpar. evangel.*, lib. I, cap. 7.
(3) Clem. Alex., *Strom.*, lib. V, p. 688 et 689.
(4) Euseb., *ibid.*, lib. III, p. 98, B, seqq.
(5) M. Émeric David, *Jupiter*, introd., p. CCLXIII.
(6) Porph., *De abstin.*, lib. IV, § 16, p. 353. — Hieron., *Adv. Jovin.*, t. IV, part. 2, p. 206. — Cette défense rappelle involontairement le second chapitre de la Genèse.

mystiques étaient exposés simplement et brièvement par
le mystagogue ou hiérophante. Plutarque fait dire à Cléom-
brote :. « Je l'ai entendu parler sur ces objets avec simplicité, comme on fait dans l'initiation, ne donnant aucune preuve de ce qu'il avançait ni aucun motif pour le
faire croire (1). »

. On sait encore que l'hiérophante communiquait aux
époptes d'anciens livres sacrés (2) composés pour le secret des temples. A Phénée en Arcadie, dont les mystères
relevaient de ceux d'Éleusis, ces livres étaient conservés
entre deux pierres nommées *pétroma*. On ne lisait ces vé-
nérables reliques des premiers âges que pendant la nuit (3).

M. de Sainte-Croix a beaucoup parlé des cérémonies
dramatiques qui dans la célébration des grands mystères
exposaient l'histoire de Cérès, de Pluton et de Proserpine ;
mais comme ce drame accompagné de chants et de danses,
était exécuté par les mystes eux-mêmes, en partie dans le
temple d'Éleusis, en partie dans la prairie voisine et même
tout le long de la voie sacrée, ces sortes de commémorations ne me paraissent pas appartenir à ce que j'appelle
le drame sacerdotal. Je crois devoir plutôt les ranger parmi
les pieux divertissements que le sacerdoce permettait au
peuple et dans lesquels il lui cédait, bon gré malgré, le
rôle agissant. Les aventures de Cérès et de Proserpine, représentées sur la route et sur tous les points du territoire
d'Éleusis, relevaient plutôt de la dévotion populaire
qu'elles n'appartenaient au culte mystique.

(1) Plutarch., *De oracul. defectu*, p. 422, C.
(2) Galen., περὶ τῆς τῶν ἀπλων φαρμάκων δυνάμεως, lib. VII, t. II,
p. 86, ed. Basil.
(3) Pausan., *Arcad.*, cap. XV, § 1.

Mais si l'époptée primitive fut à peu près pure à Éleusis de commémorations dramatiques , cette sévérité de rites ne fut pas de longue durée. Quand Mélampe eut apporté d'Égypte en Grèce le culte de Bacchus (1) copié sur celui d'Osiris , quand ce culte eut été reçu à Thèbes et que Pégase d'Éleuthères eut établi à Athènes , dans l'hiéron de Bacchus-aux-Marais (2) , les mystères dionysiaques (3) , le sacerdoce d'Éleusis , qui tendait à se constituer le dépositaire et le centre commun de toute la mysticité hellénique , attira à soi ces nouveaux mystères essentiellement dramatiques, et les joignit sous le nom d'Iacchus à ceux des Déesses.

Aux cinq jours que duraient d'abord les Éleusinies, on ajouta quatre jours complémentaires. Le premier , les initiés de Bacchus venaient se joindre en pompe à ceux de Cérès et de Proserpine. La nuit suivante , les mystères avaient lieu dans le temple : alors, probablement , était mis en action la fable du jeune Iacchus déchiré par les Titans , et rendu à la vie par Cérès. Ce mythe offrait la peinture allégorisée des sanglantes collisions des deux cultes de Samothrace et de Phrygie , et de leur réunion définitive dans la grande unité éleusinienne.

Une autre de ces représentations iaccho-éleusiniennes , consistait dans le mariage mystique de Bacchus et de Cérès. A cette occasion , l'on saluait le jeune dieu de cette formule que nous a conservée Firmicus : « Salut , nouvel époux,

(1) Herodot. , lib. II , cap. 49.

(2) Un hiéron n'était pas seulement un temple ; c'était aussi l'enceinte et le territoire appartenant à ce temple et consistant en bois , prairies, etc. Un hiéron était à beaucoup d'égards une abbaye payenne.

(3) Pausan. , *Attic.*, cap. II, § 7.

salut, nouvelle lumière (1)... » paroles qui semblent faire allusion à la nouveauté du culte de Bacchus en Grèce, et à son alliance avec celui de Cérès-Éleusine.

MYSTÈRES DE BACCHUS.

On vient de voir qu'avant la réunion des deux cultes, Pégase d'Éleuthères avait fondé des mystères purement dionysiaques. C'était aux Dionysies du printemps, ou anthestéries (2), et dans l'hiéron de Bacchus-aux-Marais, qu'avaient lieu, une fois chaque année, les cérémonies secrètes.

Un prêtre, ou Iacchagogue (3), ainsi nommé peut-être seulement depuis l'alliance du culte d'Iacchus et de Déméter, et une prêtresse dont les fonctions subsistaient encore au second siècle (4), étaient, avec l'hiérocéryx (5), les principaux ministres de ces mystères. Les initiés, hommes et femmes, exécutaient, sous leur direction, les *théogonies* ou représentations de la naissance de Bacchus, et les *iobacchies*, processions accompagnées d'acclamations et de chants en l'honneur du jeune dieu.

Le rite le plus caractéristique de ces mystères était la *créonomie* ou le partage entre les initiés, des viandes du sacrifice. Ce partage rappelait la fable de Bacchus déchiré par les Titans, et peut-être le meurtre de Penthée et des au-

---

(1) Firmic., *De error. proph. relig.*, p. 24, ed. J. Maire.

(2) Demosth., *In Neær.*, p. 873, D.

(3) Pollux, lib. I, cap. I, § 35.

(4) Cette prêtresse de Bacchus formait au second siècle, avec les Thyades ou bacchantes, un corps où les hommes n'étaient pas reçus. Voy. Plutarch., *De Iside et Osir.*, p. 365, A.

(5) Demosth., *Orat. in Neær.*, p. 873, E.

Îres opposants au culte de Bacchus. Chaque assistant devait manger crue la part de la victime qui lui était distribuée. Cette pratique s'appelait *omophagie* (1). C'était une commémoration de l'anthropophagie primitive d'où les instituteurs des mystères, et plus particulièrement Orphée (2), avaient retiré les hommes :

Cædibus et victù fœdò deterruit Orpheus (3).

Malgré l'adoption d'une partie des rites secrets de Bacchus par la puissante mystagogie éleusinienne, le culte dionysiaque fut envahi plus vite qu'aucun autre par la dévotion séculière. Ce fut, en effet, dans l'hiéron même de Bacchus que se produisirent les deux plus graves usurpations qu'ait eu à subir le pouvoir hiératique en Grèce.

La première de ces usurpations est la présidence des mystères dionysiaques assumée par les magistrats civils. Le plaidoyer de Démosthène contre Neæra (4), nous apprend que les sacrifices secrets et les mystères célébrés aux anthestéries étaient confiés à quatorze femmes nommée *Gerarœ* (5). Ces prêtresses laïques étaient choisies par l'archonte-roi, et présidées et purifiées (6) par la femme de ce magistrat, à laquelle on donnait le nom de reine.

(1) Eurip., *Bacch.*, v. 139.— Aristote cite les *Achæi* et les *Heniochi*, habitants du Pont-Euxin, comme étant de son temps encore anthropophages. Voy. *Politic.*, lib. VIII, cap. 3, § 4.

(2) Aristoph., *Ran.*, v. 1032.

(3) Horat., *Epist. ad Pisones*, v. 392.

(4) Demosth., *Orat. in Neær.*, p. 873, A.

(5) Hesych., *voc.* γεραραι.

(6) On purifiait les prêtresses électives et les aspirants à l'initiation au moyen de l'air. Le van mystique était l'instrument de cette bizarre cérémonie : *mystica vannus Iacchi.* Le van était aussi le

La seconde usurpation prouva plus clairement encore l'impuissance où était le sacerdoce grec de conserver plus longtemps le monopole des arts et de la poésie. Je veux parler de la révolution qui substitua les épisodes héroïques et la tragédie indépendante aux chœurs purement bachiques. Alors, dans l'enceinte même de l'hiéron de Bacchus s'élevèrent des tréteaux et bientôt un théâtre, dont les représentations publiques contre-balancèrent l'éclat des représentations secrètes du sanctuaire. Comme traces de cette origine mystique, nous voyons le principal prêtre de Bacchus occuper une place d'honneur sur les premiers gradins du théâtre d'Athènes (1), à peu près comme nous verrons plus tard notre clergé dans la personne des confrères de la Passion, conserver longtemps une loge grillée au Théâtre-Français, sous le titre de *Loge des maîtres*.

Ce fut, comme on voit, par le culte de Bacchus, plus nouveau, moins uni, moins résistant que celui de Cérès, que s'ouvrirent les brèches par où fut entamé le système de résistance élevé par le sacerdoce grec. Les établissements mystiques se multiplièrent à l'infini. Ceux qui relevaient du culte de Cérès-Éleusine, demeurèrent assez longtemps dans une position de déférence qui assurait l'unité ; mais les nombreux mystères de Bacchus furent essentiellement anarchiques. Dès le temps d'Hérodote, les institutions orphiques ou bachiques, comme il les appelle, se distinguaient par leur singularité (2). Platon nous montre les Or-

symbole de la séparation des initiés et des profanes. Voy. Sainte-Croix, *Recherches sur les Mystères*, t. 1, p. 329, et t. II, p. 80.

(1) Aristoph., *Ran.*, v. 297 ; Schol., *ibid.*

(2) Herodot., lib. II, 81.

phéotélestes dépositaires des prétendus livres d'Orphée et de Musée, offrant à tous les gens riches de les purifier, et parvenant à séduire non-seulement des particuliers, mais des villes et des républiques (1). « Le superstitieux, dit Théophraste, ne manque pas d'aller tous les mois se faire purifier chez les Orphéotélestes, et d'y conduire sa femme et ses enfants encore dans les bras de leurs nourrices (2). »

Les orgies du Bacchus phrygien, appelé aussi Sabazius, n'étaient que tolérées à Athènes. Par allusion à la naissance incestueuse de ce fils de Proserpine et à la fascination que Jupiter avait, disait-on, exercée sur elle par la vue d'un serpent, on glissait le simulacre d'un reptile dans le sein des initiés, et on l'en retirait par dessous leurs vêtements. Démosthène reproche à Eschine d'avoir prêté dans sa jeunesse son ministère à toutes les jongleries indécentes de ces initiateurs ambulants (3).

Les prêtres de cette seconde époque, surtout ceux de Bacchus, descendirent peu à peu au rôle de prestigiateurs et de charlatans. On peut lire dans Pausanias le récit d'un miracle qui s'opérait tous les ans dans le temple de Bacchus, près d'Élis, et que cet écrivain, d'un tempérament pourtant assez crédule, compare aux contes des Éthiopiens (4). Ce miracle consistait en trois bouteilles d'eau cachetées et déposées dans la cella du temple, et qui ne manquaient pas de se changer en vin.

Dépassé par la science, par la philosophie, par les arts, le sacerdoce grec fut réduit à descendre à l'imitation des

(1) Plat., *De republ.*, lib. II, p. 364, C.
(2) Theophr., *Charact.* 17.
(3) Demosth., *De coroná*, p. 516, A.
(4) Pausanias, *Eliac*, II, cap. XXVI, § 1.

artistes et au plagiat des philosophes. Son rôle d'initiateur était accompli ; ses efforts ne tendirent plus qu'à se maintenir au niveau des idées nouvelles. Non-seulement les dogmes se modifièrent par le contre-coup des systèmes philosophiques, mais les rites et les cérémonies même, pour ne pas paraître d'une pauvreté ridicule, durent suivre le progrès des arts. La tragédie, surtout, fut pour les mystagogues grecs un objet redoutable d'émulation. Les prêtres d'Éleusis accusèrent Eschyle d'avoir dévoilé les choses saintes, notamment dans les *Sagittaires*, les *Prêtres*, *Sisyphe*, *Iphigénie* et *OEdipe* (1) mais le poëte, consacré à Bacchus (2), prouva qu'il n'était pas initié aux rites secrets de Cérès (3) et il échappa, non sans peine (4). Réduit à subir une si redoutable concurrence le sacerdoce fut obligé de lutter d'art. La tragédie, sortie de l'hiéron de Bacchus, entra secrètement dans celui de Cérès. Le temple d'Éleusis, aussi vaste qu'un théâtre, selon la remarquable expression de Strabon (5), s'ouvrit à des représentations de plus en plus scéniques (6).

(1) Eustrat., *Comment. in Aritot. eth. ad Nicomach.*, lib. III, cap. 2, p. 40, A.

(2) Pausan., *Attic.*, cap. 21, § 3.

(3) Aristot., *Nicomach.*, lib. III, cap. 2.

(4) AElian., *Var. hist.*, lib. V, cap. 19. — Clement Alex., *Strom.*, lib. II, p. 461.

(5) Strab., lib. IX, p. 395, B.

(6) M. Fougerot en 1781 (*Magas. encyclop.*, an VIII, t. I, p. 309 et suiv.), et plus récemment les auteurs des *Antiquités inédites de l'Attique* traduites par M. Hittorff (pag. 30 et 31), ont constaté dans les ruines du temple d'Éleusis l'existence d'une crypte, qui formait sous la cella une pièce souterraine semblable à celles que l'on ménage pour le jeu des décorations sous le plancher de nos théâtres et qui paraît avoir eu la même destination

Dès ce moment tout fut perdu ; l'idée de dispensation dis-
crète qui avait présidé à l'établissement des mystères,
fut abandonnée par la nécessité de la lutte. Au lieu de
représentations immuables, les prêtres pour varier le
spectacle tâchaient d'offrir chaque année des objets nouveaux aux mystes (1). De plus, pour augmenter le nombre des adeptes, les épreuves devinrent de moins en moins
sévères. Des enfants en bas âge paraissent avoir été admis
à la première et peut-être à la seconde initiation (2). Déjà,
du temps d'Isée et de Démosthène, des courtisanes avaient
été reçues parmi les mystes (3). Par suite le désordre s'introduisit dans le sanctuaire. L'abstinence fut presque ou-
vertement violée ; à Thèbes en Béotie, les désordres furent
tels, qu'une loi de Diagondas supprima le culte secret (4).
Alors les plus grands hommes, Socrate, Agésilas, Épa-
minondas, dédaignaient le titre d'initiés ; alors Alcibiade
poussait l'irrévérence jusqu'à parodier les rites secrets à
l'issue d'un festin (5) ; alors Aristophane et Diogène se moquaient impunément de la mystagogie. C'est que de la hauteur où s'était placée l'institution des mystères pendant la

Je pense que dans l'époque sévère des mystères d'Éleusis cette
crypte put servir à faire monter dans la cella les figures et les
symboles que le dadouque éclairait de son flambeau.

(1) Senec., *Natur. quœst.*, lib. VII, cap. 31. Peut-être ce passage ne se rapporte-t-il qu'aux deux degrés d'initiation.

(2) Himer., *Orat.* XXXIII, § 3, p. 874, ed. Wernsd.—Terent.,
Phorm., act. 1, sc. 1, v. 13-15. — Apollod. ap. Donat., *ibid.*

(3) Isæus., *Orat. de hæred. Philoctem.*, p. 61. — Demosth.,
In Neær, p. 862.

(4) Cicer., *De legib.*, lib. II, 15.

(5) Plutarch., *Alcib.*, cap. 22.—Lysias, *Contr. Andoc. de impiet.* — Maxim. Tyr., *Dissert.* XXXIX § 4.

belle époque sacerdotale , elle était tombée au point de
n'être plus qu'une école de philosophie et un spectacle ; et
encore n'était-elle ni la première des écoles de philosophie,
ni le premier des spectacles.

II.

DRAME POPULAIRE.

Il ne peut nous rester aucun doute sur l'existence du
drame hiératique en Grèce, c'est-à-dire, sur l'existence de
cérémonies commémoratives et dramatiques pratiquées par
le sacerdoce. Il nous faut chercher , à présent , si nous
pouvons constater l'existence du drame populaire dans la
même contrée. Après ce que nous avons dit ; en traitant
de la choristique , il est aisé de prévoir que cette tâche nous
sera facile.

FÊTES DANS LESQUELLES LE PEUPLE INTERVENAIT COMME ACTEUR.

Les nations helléniques ont pris plus tôt et conservé plus
longtemps qu'aucune autre, l'habitude de se mêler active-
ment aux jeux qui ne procurent à tant d'autres peuples
que des jouissances inertes et passives. Cette propension à
partager constamment les travaux du culte avec ses prêtres,
et les fatigues , ou , si l'on veut , les plaisirs scéniques avec
ses acteurs , est un des caractères et une des gloires du
peuple grec. Les quatre grands jeux , les jeux olympiques,
néméens, isthmiques et pythiens, ont présenté fort tard , et
quelques-uns jusqu'au IVe siècle de notre ère , le spectacle admirable de citoyens pleins d'émulation, venant déployer à l'envi leur adresse , leur force , leur génie , leurs
richesses , leur beauté , aux regards approbateurs de leurs
concitoyens et de leurs rivaux. Ces quatre grands jeux

étaient les plus anciennes conquêtes faites par le génie populaire sur le domaine hiératique. Dans ces fêtes, consacrées chacune à une divinité, le sacerdoce fut réduit au simple rôle d'assistant. On voyait à Olympie, près d'un autel de marbre, une femme, la seule qui fût admise dans ces solennités, la prêtresse de Cérès Chamyne, assise pendant la durée des jeux (1), comme nous avons vu le prêtre de Bacchus assis au premier rang du théâtre d'Athènes.

Outre ces quatre grands jeux, chaque république, chaque ville avait des fêtes particulières, dans la célébration desquelles le peuple partagé en chœurs et conduit par un chef de son choix, appelé Chorège, intervenait comme acteur et comme concurrent.

Je ne prétends pas tracer ici l'histoire, ni même présenter une liste sommaire de toutes ces fêtes demi-hiératiques et demi-populaires, presque toutes mimiques, dont nous trouverons les analogues au moyen âge. Cette nomenclature serait à elle seule un grand ouvrage : il faudrait refaire le calendrier grec et la *Grœcia feriata* de Meursius, à laquelle M. Larcher a joint déjà un très-utile supplément (2). J'indiquerai simplement celles de ces solennités dont la célébration avait quelque chose de plus spécialement dramatique.

Les fêtes qui, comme celles de Cérès et de Bacchus, étaient suivies ou accompagnées de mystères, c'est-à-dire, de cérémonies particulièrement sacerdotales, ne donnaient pas moins lieu en Grèce à d'autres cérémonies publiques, auxquelles le peuple, sous la direction du sacerdoce, prenait la part la plus active.

(1) Pausan., *Él.* II, cap. 21.
(2) Mém. de l'Acad. des Inscript., t. XLV, p. 429.

ÉLEUSINIES.

Les grandes Éleusinies se célébraient à Éleusis, près d'Athènes, tous les cinq ans, et les petites à Agræ tous les ans. Les premières duraient neuf jours et commençaient le 15ᵉ du mois boédromion. Après quelques sacrifices à Cérès et à Proserpine qui occupaient les trois premiers jours, le quatrième, vers le soir, se faisait la procession de la corbeille mystérieuse. Cette corbeille (χάλαθος) était couverte de pourpre et posée sur un char traîné par des bœufs (1). Derrière ce chariot venait un chœur de femmes Athéniennes, qui portaient sur leur tête de petites corbeilles couvertes, comme le Calathus, d'un voile de pourpre (2) et remplies de divers objets symboliques (3). Ces cistes mystiques représentaient la corbeille où Proserpine était occupée à mettre les fleurs cueillies par elle lorsque Pluton l'enleva. C'était, en quelque sorte, le premier acte de l'histoire de l'enlèvement de Proserpine.

Le cinquième jour s'appelait le jour des flambeaux (4). Sur le soir, hommes et femmes portaient des torches, en mémoire de celle que Cérès avait allumée au feu du mont Etna pour aller à la recherche de sa fille (5).

Le sixième jour, le culte d'Iacchus se joignait à celui de

---

(1) Virg., *Georg.*, I, v. 163.

(2) Plutarch., *Phoc.*, cap. 28.

(3) Ces corbeilles renfermaient du sésame, des gâteaux, du sel, des pavots, des grenades, des férules, des pelotons de laine, un simulacre de serpent, une lampe, une épée, le *cteis*, etc. Voy. Clém. Alexandr., *Protrept.*, cap. II, p. 19.

(4) Fulgent., *Mytholog.*, lib. I, cap. *Ceres*.

(5) Lactant., *Divin. instit.*, lib. I, cap. 21, § 24.

Cérès. Les mystes prenaient dans l'Iaccheon d'Athènes et conduisaient à Éleusis (1) la statue du dieu couronnée de myrte et tenant un flambeau (2) ; on portait aussi le berceau mystique d'Iacchus, entouré de bandelettes de pourpre (3). Si l'on en croit un proverbe usité du temps d'Aristophane, on se servait d'ânes pour transporter les objets nécessaires à la célébration des mystères (4), tels que le van, la sphère, la toupie, les osselets (5), la toison, le rhombe, etc. La voie sacrée, c'est-à-dire, le chemin d'Athènes à Éleusis, retentissait du bruit des instruments d'airain (6). La théorie ou procession s'arrêtait de temps en temps pour offrir des sacrifices et chanter des hymnes accompagnés de danses (7). Les femmes qui suivaient la pompe se rendaient à Éleusis dans des chariots agrestes, semblables à ceux qu'on employait pour la moisson (8); mais peu à peu cet usage devint, comme celui de notre Longchamp, une occasion de luxe et de rivalité (9), qu'une loi de l'orateur Lycurgue essaya vainement de réprimer (10).

(1) Plutarch., *Phoc.*, cap. 28.

(2) Pausan., *Attic.*, cap. 2, § 4.

(3) Plutarch., *Phoc.*, cap. 28.

(4) Aristoph., *Ran.*, v. 159. — Schol., *ibid.*

(5) Clem. Alex., *Protrept.*, cap. II, p. 15. — Le jeu de la sphère ou de la balle, celui de la toupie et des osselets étaient des exercices hiératiques avant de devenir des amusements populaires. Nous trouverons aussi au moyen âge le jeu de la toupie et celui de la balle ou de la *pelote* pratiqués par le clergé dans les églises.

(6) Plutarch., *Alcib.*, cap. 34.—Pindare a dit : « Cérès amie des cymbales », *Isthm.*, od. VII, v. 3.

(7) Hesych., voc. Ιαχχ́ον. — Plutarch., *ibid.*

(8) Aristoph., *Plut.*, v. 1013, 1014. — Schol., *ibid.*

(9) Demosth., *In Mid.*, p. 628, D.

(10) Plutarch., *Vit. rhetor.*, in Lycurg., cap. 5, p. 842, A. — AElian., *Var. hist.*, lib. XIII, cap. 24.

Dans l'origine, les femmes échangeaient entre elles du haut de ces chars, et jetaient aux piétons des sarcasmes et des railleries (1). Ce n'était pas là, d'ailleurs, les seules traces comiques que l'on remarquât dans cette fête. Près du pont du Céphisse, des gens du peuple, postés comme en embuscade, adressaient des paroles moqueuses aux passants et surtout aux personnes éminentes de la république (2). Cette coutume rappelait qu'en arrivant à Éleusis, Cérès fut ainsi raillée par une vieille nommée Iambé (3).

Le septième jour était consacré aux jeux et aux concours gymniques. Les vainqueurs recevaient une mesure d'orge (4), en mémoire de ce que Cérès avait enseigné aux habitants d'Éleusis la culture de ce grain (5). Le huitième était une reprise de la fête en l'honneur d'Esculape qui, étant arrivé trop tard d'Épidaure, obtint, dit-on, qu'on recommençât pour lui l'initiation (6). Le neuvième était employé au retour. Pendant la durée de ces fêtes il était défendu, sous peine de mort, d'em-

(1) Il existait un usage à peu près semblable à Alexandrie. Suid., voc. Τὰ ἐκ τῶν ἀμαξῶν σκώμματα.

(2) Hesych. et Suid., voc. Γεφυρίς.—Meurs., *Eleusin.*, p. 85.—*Græc. feriata*, p. 73.

(3) Apollon., lib. I, cap. 6, § 1.— D'après une autre légende, Iambé était une joyeuse servante qui excita le rire de la déesse par ses saillies plaisantes. Voy. Pseudo-Homer., *Hymn. ad Cerer.*, v. 195, seqq. — N'est-ce pas du nom de cette femme que vient le mot *iambe*, qui désigna d'abord exclusivement le vers satirique et enjoué?

(4) Schol. in Pindar. *Olymp.*, od. IX, v. 143.—Aristid., *Eleusin.*, p. 257 (450)

(5) Pausan., *Attic.*, cap. 38, § 6. — Phurnut., *De Cerere*, p. 209, ed. Gal.

(6) Philostr., *Vit. Apollon.*, lib. IV, cap. 18, p. 155.

prisonner personne pour dettes, et même d'intenter aucune poursuite juridique (1).

FÊTES DE LA MOISSON.

Les Éleusinies, transportées dans la plupart des villes de la Grèce, de la Sicile et de l'Égypte, n'abolirent pas dans les campagnes les simples fêtes que les villageois avaient coutume de célébrer après la récolte. Nous voyons encore subsister les Thalysies au temps de Théocrite (2). Dans ces fêtes rustiques, les divers ordres de villageois entonnaient leurs chansons particulières et traditionnelles. En effet, outre le Boucoliasme, chant amœbée venu de Sicile, et dont j'ai parlé, les moissonneurs grecs avaient encore reçu de ceux de Phrygie une chanson qui portait le nom de Lytierse (3). Les laboureurs avaient aussi un chant qu'on appelait Ioule, du mot ἴκλοι, *gerbes* (4). Les simples journaliers qui travaillaient aux champs, les esclaves mêmes qui moulaient le grain, avaient leur cantilène attitrée, qu'ils nommaient Epimylios (5). En passant des champs dans les villes, les fêtes agrestes prirent le nom de Haloennes (ἀλῷα), ou fêtes de l'aire (6). Démosthène (7) et, plus tard, Alciphron (8), parlent de

---

(1) Demosth., *In Mid..*, p. 631.— Andoc., *De myster.*, p. 15.

(2) Theocrit., *Idyll.* VII.

(3) Athen., lib. XIV, p. 619, A. — Pollux, lib. IV, cap. 7, § 54, 55.

(4) Athen., *ibid.*, p. 618, E.

(5) Id., *ibid.*, D. —AElian., *Var. hist.*, lib. VII, cap. 4.—Plutarch., *Septem sapient. conviv.*, p. 157, F.

(6) Harpocrat., Hesych., Suid., *voc.* ἀλῷα — Eustath., *Iliad.*, p. 772, 25.

(7) Demosth., *In Neær.*, p. 880, B. —Athen., *ibid.*, p. 594, A.

(8) Alciphr., *Epist. passim.*

ces solennités dans lesquelles les femmes, comme dans
toutes les fêtes de Cérès, avaient le premier rôle.

THESMOPHORIES.

Les Thesmophories (1) avaient lieu dans plusieurs contrées de la Grèce à l'époque des semailles. Elles duraient
à Athènes cinq ou peut-être même six jours. Les femmes seules avaient le droit de les célébrer. Une partie de
cette fête commémorative était publique ; une autre était
mystérieuse. Les rites secrets s'accomplissaient dans le
Thesmophorion, temple dédié à Cérès thesmophore ou
législatrice. Toutes les femmes ne prenaient pas une part
égale à la célébration : les unes n'étaient que spectatrices
de la pompe ; les autres accompagnaient la théorie jusqu'à une certaine distance ; enfin, les plus distinguées
étaient nommées par les tribus pour exercer les fonctions
de prêtresses temporaires. Le onze du mois pyanepsion
(octobre et novembre), les femmes désignées pour aller
chercher à Éleusis la corbeille sacrée ou Calathus, partaient du temple de Cérès ; cela s'appelait la *Montée*. Dans
cette marche, les initiées portaient les tables (ϑεσμοί), où
étaient tracées les lois de Cérès (2). Ces femmes couchaient à Éleusis et y restaient quatre jours. Le lendemain, elles jeûnaient, parce que Cérès s'était abstenue
de toute nourriture pendant qu'elle cherchait sa fille (3).
Le soir, la pompe se mettait en marche pour retourner à
Athènes. On voyait à la clarté des flambeaux descendre

(1) Voy. un Mémoire de M. du Theil sur les *Thesmophories*,
Acad. des Inscript., t. XXXIX, p. 2o3.

(2) Schol. in Theocrit. *Idyll*. IV, v. 25.

(3) Voy. un Mém. de M. Morin sur les *Jeûnes*, Acad. des Inscript., t. IV, p. 31.

d'Éleusis le Calathus porté sur un char que traînaient
quatre chevaux blancs. Cela s'appelait la *Descente*. Les
femmes qui formaient la théorie marchaient les pieds
nus, rite d'autant plus surprenant qu'on regardait en
Grèce comme peu décent aux femmes de laisser voir leurs
pieds. Pendant la descente, des chœurs se formaient et
chantaient des hymnes, tels que celui qu'on attribue à
Homère, ou de plus nouveaux composés exprès en l'honneur de la Déesse, comme celui qu'on lit dans Callimaque.
Ce jour-là, les tribunaux et le sénat vaquaient; et l'on
mettait en liberté les prisonniers que des délits trop
graves ne rendaient pas indignes de participer aux choses
saintes (1). Il y avait aussi un sacrifice secret appelé la
Poursuite. Clément d'Alexandrie nous apprend qu'on chas-
sait du temple un porc en imitant le patois mégarien (2).
La partie mystique des Thesmophories commençait, comme tous les rites ésotériques, à perdre de son crédit
du temps d'Aristophane, puisque ce poëte put, sans
courir trop de dangers, jeter en plein théâtre du ridicule
sur les quasi-prêtresses chargées de la célébration des
rites mystiques.

FÊTES DE BACCHUS. — AGRIONIES.

Les diverses fêtes de Bacchus, dont quelques-unes étaient,

- (1) Hermogen., *Lib. de stat. quæst.*, p. 28, ed. Ald.—Marcell.,
Comment. in hunc librum, p. 491. —Sopatr., *De divis. quæst.*,
p. 314.

(2) Clem. Alex., *Protrept.*, cap. II, p. 14.—Cela nous rappelle
une des plus anciennes fêtes nationales de Venise dont nous nous
occuperons dans la suite, la fête du *jeudi gras*. Voy. Giustina
Renier Michiel, *Origine delle feste Veneziane*; t. II, p. 44, seqq.
Milano, 1829, in-12.

comme les Éleusinies , accompagnées de cérémonies mystiques, devinrent aussi dans toute la Grèce , et particulièrement à Athènes , l'occasion de démonstrations populaires qui retraçaient dramatiquement les aventures du
Dieu. Nous avons vu sortir des chœurs dithyrambiques et
des anciennes rondes agrioniennes la tragédie ; et des
chœurs phalliques et des ascolies , la comédie et le drame
satyrique. Mais ces spectacles splendides ne s'établirent
que dans les hiérons des grandes villes et n'abolirent pas
partout et en même temps , les jeux grossiers qu'ils s'ef-
forçaient de remplacer. Les ascolies subsistaient encore dans
les campagnes du temps d'Aristophane et de Platon (1).
A Orchomène , les Agrionies étaient solennisées , du temps
de Plutarque (2) , par des sacrifices et des cérémonies
publiques , et dans d'autres cités , par des réjouissances
et par des espèces de mystères privés , auxquels les femmes surtout prenaient part (3). Enfin , dans les fêtes
auxquelles se trouvaient liées à Athènes les représentations
scéniques et la célébration des mystères , le peuple se réserva, comme nous allons le voir , une grande part de joie
et d'action.

DIONYSIES.

Il y avait à Athènes trois sortes de Dionysies : 1° les
Dionysies d'automne , dites Lénéennes, ou du pressoir , à
cause du Lénæon situé dans l'hiéron de Bacchus-aux-Marais. Elles se nommaient encore Dionysies des Champs,

---

(1) Aristoph., *Plut.*, v. 1130 , Schol., *ibid.*—Plat., *Conviv.*,
p. 190, D.— Suid., voc. ἀσκὸς Κτησιφῶντος.
(2) Plutarch., *Quæst. græc.*, p. 299 , F.
(3) Id., *Sympos.*, lib. VIII, proœm., p. 716, F , seqq.

parce qu'elles avaient pris naissance et s'étaient conservées dans les campagnes; et aussi parce que le Lénæon
où on les célébrait était resté longtemps situé en dehors
de la ville (1). Ces fêtes avaient lieu entre le 8 et le 18 du
mois posidéon. Les étrangers en étaient exclus.

2°. Les Dionysies de la ville ou du printemps, nommées
aussi Anthestéries, du mois anthestérion. Les alliés qui
apportaient alors leurs tributs à Athènes, assistaient à ces
fêtes (2) qui duraient trois jours;

3°. Outre ces deux Dionysies annuelles qui répondaient,
l'une à l'époque des vendanges, l'autre à celle du souti-
rage ou du vin nouveau (3); il y avait encore à Athènes de
plus grandes Dionysies qui revenaient tous les trois ans (4)
au mois élaphébolion (5).

Chacune de ces fêtes donnait lieu à des cérémonies
mystiques, à des représentations théâtrales et à des théories
ou processions populaires en l'honneur de Bacchus. Dans
ces processions, le costume des acteurs était à peu près

---

(1) C'est faute d'avoir fait cette observation que Fréret a distingué à tort les Dionysies des champs, des Lénéennes; voy. *Mém. sur
le culte de Bacchus*, Acad. des Inscript., t. XXIII, p. 242 et suiv.

(2) **Demosth.**, *In Mid.*, p. 637, C. — Schol. in Aristoph.,
Acharn.; v. 505.

(3) Le premier jour des Anthestéries s'appelait Pithégie, ou fête
de l'ouverture des tonneaux, voy. Plutarch., *Sympos.*, lib. III,
quæst. 7, p. 655, E.

(4) Argum. in Demosth. *Orat. contr. Mid.*

(5) Hesych., *voc. Διονύσια.*—Hesychius reconnaît trois Dionysies
à Athènes; Meursius les réduit à deux; Ruhnkenius (*Auctuar.
emendationum*, ap. Hesych., t. II, *sub fin.*) a rétabli les trois
Dionysies; mais il a eu tort, selon moi, de les supposer toutes
trois annuelles.

celui que nous avons vu en usage dans les anciens chœurs
dithyrambiques et phalliques; seulement il suivit le progrès
du luxe, comme le remarque Plutarque (1). Les hommes
habillés en Silènes, en Pans, en Satyres, en Tityres (2),
ouvraient la marche; les uns couverts de peaux de cerfs,
les autres vêtus de robes de femmes; quelques - uns
montés sur des ânes (3) agitaient des thyrses, portaient
des phallus (4), chantaient des hymnes en l'honneur du
Dieu, traînaient des boucs pour les immoler (5) et dansaient au bruit des tambourins et des cymbales. Derrière cette troupe s'avançaient, dans un ordre plus régulier, divers chœurs d'hommes fournis par les tribus, et même des chœurs de jeunes *canéphores* (6).
Ces vierges, choisies dans les premières familles d'A-
thènes (7), marchaient les yeux baissés (8); portant, comme aux Éleusinies, des cistes qui renfermaient les prémices des fruits, les gâteaux sacrés et les
symboles mystiques. Les terrasses des maisons étaient
couvertes de spectateurs des deux sexes et garnies de flam-

(1) Plutarch., *De cupidit. divit.*, p. 527, D.

(2) Athen., lib. V, p. 198, E. — Strab., lib. X, p. 470, C.—
Ulpian., in Demosth. *orat. in Mid.*, p. 688, C.

(3) Plutarch., *Anton.*, cap. 24. — Hesych., *voc.* Ἰθύφαλλοι. —
Athen., *ibid.*, p. 200, E.

(4) Aristoph., *Acharn.*, v. 243. — Schol., *ibid.*

(5) Plutarch., *De cupid. divit.*, p. 527, D.

(6) Aristoph., *Acharn.*, 242; Schol., *ibid.*

(7) Thucydide (lib. VI., § 56) et Élien (*Var. hist.*, lib. XI,
cap. 8) racontent comment Hipparque refusa d'admettre la sœur
d'Harmodius aux fonctions de canéphore et comment Harmodius
se vengea de cet affront.

(8) Aristoph., *Acharn.*, v. 254.

beaux pour éclairer la pompe qui défilait pendant la
nuit (1).

Démosthène nous a conservé le texte de la loi d'Éve-
gore, qui défendait, dans ces jours solennels, toute réclama-
mation de dettes, toute exécution de sentence, tout em-
prisonnement (2). Nous verrons s'établir au moyen âge,
des franchises à peu près semblables, et même des déli-
vrances de prisonniers aux grandes fêtes de Noël, de
Pâques et de l'Ascension (3).

FÊTES LOCALES. — PANATHÉNÉES.

Chaque contrée, chaque ville et presque chaque bourg
était placée sous la protection d'une ou de plusieurs divinités. C'est à l'occasion de ces fêtes que nous appelle-
rions patronales, que se déployait particulièrement l'instinct dramatique du peuple grec. De toutes ces fêtes je
ne décrirai que les Panathénées, ou fêtes de Minerve à
Athènes.

Comme les Éleusinies, les Panathénées étaient à la fois
annuelles et quinquennales (4). Les Panathénées annuelles
étaient les petites (5); les quinquennales étaient les grandes
Panathénées.

_____

(1) Aristoph., *Acharn.*, v. 263. — Nous apprenons des poëtes
comiques qu'il se glissa de graves abus dans ces fêtes nocturnes.

(2) Demosth., *In Mid.*, p. 604, E, seqq., et 631, C.

(3) Voy. surtout un curieux chapitre du liturgiste Jean Beleth,
De quâdam libertate decembri.

(4) Harpocr., *voc.* Παναθήναια.

(5) Le Scholiaste d'Aristophane (in *Pac.*, v. 417) nie l'existence
des Panathénées annuelles, et l'auteur anonyme de l'argument du
discours de Démosthène contre Midias prétend que les petites Pa-

Dans l'origine, les fêtes de Minerve s'appelaient seulement Athénées (1). Leur première institution à Athènes remonte à une époque entièrement fabuleuse (2). Elles ne reçurent le nom de Panathénées que quand Thésée les renouvela pour perpétuer la mémoire de la réunion des bourgs dont il forma, ou plutôt dont il accrut la ville d'Athènes (3). Cette solennité commune à tous les habitants de l'Attique, ne durait d'abord qu'un jour; mais on joignit successivement à cette fête nationale diverses commémorations qui la prolongèrent (4). C'est ainsi qu'au souvenir de Thésée on associa celui d'Harmodius et d'Aristogiton et, plus tard, celui de Thrasybule. La plus longue durée de ces fêtes paraît avoir été de trois jours; du moins il est certain qu'elles offraient successivement trois espèces de jeux et de concours distincts, ce qui semble favorable à l'opinion de ceux qui croient qu'elles se divisaient en *trois journées*.

PETITES PANATHÉNÉES.

Les petites Panathénées commençaient le 20 du mois thargélion (5). Le premier jour, ou plutôt la première

---

nathénées étaient triennales. Si ces assertions inconciliables ne sont pas de pures erreurs, il faut en conclure que l'époque de la célébration des Panathénées a plusieurs fois varié.

(1) Pausan., *Arcad.*, cap. II, § 1. — Harpocr., *ibid.*, ex Istro.

(2) Harpocrat., *ibid.*

(3) Plutarch., *Thes.*, cap. 24.

(4) Schol., in Euripid. *Hecub.*, v. 464. — Aristid., *Panathenaic. passim.*

(5) Procl., *In Platon. Timæum comment.* 1.

nuit était consacrée à une course aux flambeaux. Cet exercice que l'on appelait *lampadodromie*, avait lieu à l'Académie (1) ou au Céramique (2), comme dans les fêtes de Prométhée et de Vulcain (3). Un passage de Plâton autorise à penser que les courses de ce genre s'exécutaient aussi quelquefois au Pirée (4). La lampadodromie consistait à porter en courant une torche allumée et à se la transmettre de main en main sans la laisser éteindre (5). Les spectateurs prenaient aussi part à l'action ; ils frappaient à coups de lattes ou du plat de la main les lampadophores qui atteignaient les derniers la borne (6). Cette course se fît d'abord à pied, et plus tard quelquefois à cheval, comme on le voit dans le même passage de Platon (7).

Le second jour était celui des combats gymniques, c'est-à-dire, des cinq exercices athlétiques, ou de pentathle, la lutte, le pugilat, la course, le saut et le jet du disque. L'institution de ces combats remonte, suivant Eusèbe, à la troisième année de la LIII° olympiade (8). Les athlètes

---

(1) Pausan., *Attic.*, cap. 30, § 2.

(2) Aristoph., *Ran.*, v. 131, Schol., *ibid.*, et v. 1090-93, Schol., v. 1125.—Hesychius (*voc.* Ἀκαδημία) prétend que ces deux noms désignaient un même lieu.

(3) Herodot., lib. VIII, cap. 98.

(4) Plat., *De republic.*, lib. 1, p. 328, C.

(5) Id. *ibid.*, A. — Lucrèce (*De nat. rerum.* 11, v. 73) a tiré de cet usage une belle allusion à la métempsycose : *quasi cursores vitaï lampada tradunt.*

(6) Aristoph., *Ran.*, v. 1091, seqq., et Schol., v. 1125. — Hesych., *voc.* Κεραμεικαὶ πληγαί.

(7) Plat., *ibid.*

(8) Euseb., *Chron.* ad istud tempus. — Les concours gymniques sont mentionnés dans un décret rendu par les Athéniens en l'hon-

concouraient dans un stade particulier appelé *panathénaï-que*, et situé sur les bords de l'Ilyssus , près d'Ardette (1).

Le troisième jour était celui des concours de musique et de poésie. Les premiers de ces jeux furent joints aux Panathénées par un décret de Périclès , et avaient lieu à l'Odéon (2). Les seconds étaient beaucoup plus anciens. Nous avons vu Hipparque régler l'ordre de la récitation des poèmes d'Homère aux Panathénées (3). Cet usage subsistait encore du temps de l'orateur Lycurgue (4). Il y avait aussi à ces fêtes des chœurs dithyrambiques (6) et un concours lyrique dont le sujet ordinaire était l'éloge d'Harmodius et d'Aristogiton et , plus tard , celui de Thrasybule (6). Quand la tragédie fut née, les poëtes se disputèrent aux Panathénées le grand prix des tétralogies (7). Le concours avait lieu sur le théâtre de Bacchus où l'on distri-buait aussi des couronnes d'or à ceux des citoyens qui avaient bien mérité de la patrie (8). Enfin , un chœur de jeunes gens , que l'on nommait *pyrrhichistes* (9) , exé-cutait , au son de la flûte , des danses armées (10) qui fai-

---

neur d'Hippocrate. Voy. Hippocrat. Opera , p. 1290 , seqq. , ed. Foes. L'authenticité de ce texte est douteuse.

(1) Harpocrat. , *voc.* Ἀρδηττος. — Hesych. , *eddem voc.*

(2) Plutarch. , *Pericl.* , cap. 13 , *med.*

(3) Plat. , *Hipparch.*, p. 228 , B. — AElian. , *Var. hist.* , lib. VIII, cap. 2.

(4) Lycurg. , *In Leocrat.* , p. 161 , sub *fin.*

(5) Lysias , *Muner. accept.* , p. 161 Steph. (698 Reisk.)

(6) Philostr. , *Vit. Apollon.*, lib. VII , cap. 4 , p. 283.

(7) Diog. Laert. , *Plat.*, lib. III. , § 56.

(8) Demosth. , *Pro Coron.* , p. 492.

(9) Lysias , *ibid.*

(10) Aristoph. , *Nub.* , v. 983. — Schol. , *ibid.*, 984.

saient allusion au combat de Minerve contre les Titans (1),
et à la danse guerrière qui suivit la victoire de la Déesse.
La fête se terminait par un somptueux sacrifice auquel
chaque bourg de l'Attique contribuait par l'offrande d'un
bœuf. On faisait avec les viandes qui restaient un festin
public (2) où, selon l'usage des galas hiératiques, la tem-
pérance n'était pas très-exactement observée (3).

(1) Dionys. Halicarn., lib. VII, § 72, p. 1488. — La pyrrhique a donné lieu à un grand nombre de dissertations. Comme
les danses militaires sont naturelles à tous les peuples, même
sauvages, les érudits ont eu beau jeu pour retrouver des traces
de l'ancienne pyrrhique dans les danses populaires de tous les
pays. Un des plus savants hommes du xvie siècle et des plus
singuliers, Scaliger, raconte qu'étant page de l'empereur Maximilien, il dansa, *sæpe et diu* la pyrrhique devant ce monarque
et sa cour, *non sine stupore totius Germaniæ* (*Poetic.*, lib. I,
cap. 18). Mais telle était la forfanterie habituelle de Scaliger,
que cette anecdote n'est nullement prouvée par son affirmation. Il
est même très-douteux qu'il ait jamais été page de Maximilien. On
cite un autre exemple plus certain d'un pareil commentaire en action : Marc Meibom et Gabriel Naudé exécutèrent en Suède, devant
la reine Christine, des échantillons de danses et de musique anciennes restituées d'après leurs systèmes. Le mauvais succès de
ce singulier commentaire amena entre Meibom et Bourdelot,
favori de la reine, une altercation et même des voies de fait
à la suite desquelles Meibom fut disgracié et obligé de quitter la
Suède. Voy. *Mémoires concernant la reine Christine.* Amsterd.,
1757, in-4°, t. I, p. 241.

(2) Aristoph., *Nub.*, v. 386. — Schol., *ibid.*, 385.

(3) Les poëtes comiques reprochaient souvent aux parasites de
rôder autour des temples quand on devait faire des sacrifices.
Voy. Plaut., *Rud.*, act. 1, sc. 2, v. 52.

GRANDES PANATHÉNÉES.

Les grandes Panathénées , qui n'avaient lieu que tous les cinq ans (1), commençaient le 20 du mois hécatombéon (2); elles se composaient à peu près des mêmes jeux et des mêmes rites et ne différaient des Panathénées annuelles que par un plus grand appareil et par une cérémonie demi-hiératique et demi-populaire , à laquelle l'élite de la population d'Athènes prenait la part la plus active ; je veux parler de la grande théorie ou procession en l'honneur de Minerve (3).

La pompe se formait hors de la ville , au Céramique , près d'un temple nommé Léocorion (4) ; elle traversait les quartiers d'Athènes situés entre le Pnyx et l'Aréopage , et se rendait à l'Éleusinion dans la ville (5). Le cortége était composé de citoyens de tout âge, couronnés de fleurs. C'était d'abord des vieillards (6) nommés thal-

(1) Harpocr. , voc. Παναθήναια. — Virgil., in *Ciri* , v. 24.

(2) Procl. , *in Plat. Timœum comment.* l.

(3) Plat., *Euthyphr.* , p. 6 , C. — Cette procession n'avait lieu qu'aux grandes Panathénées. Voy. Plaut., *Mercat.*, act. 1 , sc. 1 , v. 66. Une scholie sur Aristophane (*Equit.* , v. 563) avance qu'elle était annuelle.

(4) Thucyd. , lib. I , cap. 20 , et lib. VI , cap. 57.

(5) Suid. , voc. Πέπλος. — Il ne faut pas confondre l'Éleusinion avec le temple de Cérès à Éleusis.

(6) Dicæarque cité et réfuté par le scholiaste d'Aristophane (*Vesp.* , v. 542) prétend que non-seulement des vieillards, mais des femmes âgées, portaient des rameaux aux Panathénées. Cette assertion de Dicæarque n'est confirmée par aucun témoignage ancien. Voy. Florent Chrétien sur cette scholie.

lophores, parce qu'ils portaient des branches d'olivier, en mémoire de la déesse qui avait doté l'Attique de cet arbre. On choisissait ces vieillards de la plus belle figure, pour prouver, dit Xénophon, que la beauté est de tous les âges (1). Venaient ensuite des jeunes hommes et des femmes choisies dans les plus anciennes familles. Les hommes s'avançaient armés de lances et de boucliers (2), attributs de la déesse guerrière. On voyait aussi, dans cette occasion, défiler la cavalerie athénienne (3). Cette troupe de nobles citoyens était suivie d'un certain nombre de *métèques* des deux sexes (étrangers nouvellement établis à Athènes), qui portaient les vases destinés aux libations et aux sacrifices (4). On voyait ensuite des éphèbes de dix-huit à vingt ans, qui marchaient en chantant des hymnes en l'honneur de Minerve (5). Enfin, un chœur de jeunes filles portant sur leur tête des corbeilles sacrées, attirait tous les regards (6). Ces canéphores étaient accompagnées de suivantes qui, d'une main, tenaient un parasol étendu sur la tête de leurs maîtresses, et, de l'autre, portaient un siége léger (7) sur lequel les jeunes vierges se reposaient de temps en temps. Ces suivantes étaient

---

(1) Xenoph., *Sympos.*, cap. 4, § 17.

(2) Thucyd., lib. VI, cap. 56 et 58.

(3) Xenoph., *Hipparch.*, cap. III, cum notis Schneideri.

(4) Ælian., *Var. hist.*, lib. VI, cap. 1, p. 442, seqq.—Pollux, lib. III, cap. 4, § 55.

(5) Heliod. *Æthiop.*, lib. I, cap. 10.

(6) Harpocrat. et Hesych., *voc.* Κανηφόροι.

(7) Aristoph., *Av.*, v. 1550, Schol. *ibid.*

choisies parmi les filles des météques (1) , et ce devoir
constituait une de leurs servitudes (2).

Mais ce qui distinguait surtout cette cérémonie quin-
quennale, c'était le déploiement du peplus ou bannière de
Minerve et le singulier spectacle qui me reste à décrire.

Au milieu de ces diverses confréries de la Vierge
payenne , on voyait s'avancer et voguer , pour ainsi dire ,
sur la terre un navire qui semblait poussé par les vents et
par des rames (3), mais qui , en réalité , était mu par
des ressorts intérieurs et par un mécanisme caché (4).
Ce merveilleux vaisseau qui , du temps de Pausanias ,
stationnait d'ordinaire près de l'Aréopage (5) , était roulé
jusqu'à l'Éleusinion (6). Cet hommage de la maritime
Athènes s'adressait à Minerve inventrice des arts , qui passait pour avoir enseigné aux Grecs les secrets de l'architecture navale. Un bas-relief de terre cuite faisant partie de la
collection de la Villa Albani , représente Argo creusant
le navire des Argonautes (7) : Typhis arrange la voile
et Minerve assise semble lui montrer la manière d'exé-

(1) Ælian. , ibid. — Les météques formaient une classe intermé-
diaire entre les esclaves et les citoyens.

(2) Nous possédons une admirable représentation de la pompe
panathénaïque dans une belle frise du Parthénon. Il faut étudier ce
précieux bas-relief dans la dissertation d'Otfr. Müller , insérée
à la suite de la traduction allemande de Stuard , *Antiquités d'A-
thènes*, t. II , texte, Darmstadt, 1831 , 8° , et dans le *Trésor nu-
mismatique* de M. Ch. Lenormant., *Bas-reliefs du Parthénon*.

(3) Schol. in Aristoph. *Pac.* , v. 417.

(4) Philostrat. , *Vit. Sophist.* , lib. II , § 5 , *Herod.* p. 550.

(5) Pausan. , *Attic.* , cap. 29 , § 1.

(6) Philostr. , *ibid.* — *Suid.* , voc. πεπλός.

(7) Ce bas-relief sert de fleuron aux *Monumenti della villa Albani* publiés par Winckelmann.

cuter ce travail. Sur le vaisseau sacré se déployait, en guise de voile, le mystérieux peplus (1). C'était une bannière blanche, formant un carré long, brochée d'or (2), où de jeunes Athéniennes avaient représenté à l'aiguille la victoire remportée sur Typhon par Minerve, et tous les détails de la Titanomachie (3).

On brodait aussi sur le peplus, aux beaux temps d'Athènes, le nom des citoyens qui avaient rendu d'importants services à l'état (4) et quelquefois, à l'époque de la décadence de la république ; les noms et les portraits de ses oppresseurs, notamment ceux des rois de Macédoine, tels qu'Antigonus et Démétrius Poliorcète (5). La pompe, après avoir fait le tour de l'Éleusinion, gagnait le temple d'Apollon Pythien (6), et de là se rendait à l'acropole où le peplus était déposé (7). Là on le serrait dans le trésor du temple (8), ou on en revêtait la statue de Minerve (9), à

(1) Suid., ead. voc.

(2) Eurip., *Hecub.*, v. 464, Schol., *ibid.*

(3) Virgil., *Cir.*, v. 29-35. — Procl., *In Plat. Timæum comment.* 1. — Les représentations du peplus et de la Titanomachie sont fréquentes sur les vases peints. Voy. les nos 2 et 27 à 32 du cabinet de M. Durand.

(4) Aristoph, *Equit.*, v. 566. — Schol., *ibid.* (563).

(5) Plutarch., *Demetr.*, cap. 10.

(6) Philostr., *loc. cit.*

(7) Plat., *Euthyphr.*, p. 6, C. — Sur plusieurs vases grecs on voit la grande prêtresse de Minerve, assistée de quelques vierges arréphores, plier le peplus de la déesse. (Cabinet de M. Durand, *Vases peints*, n° 38.)

(8) Dans la frise du Parthénon, c'est le prêtre de Neptune et l'archonte-roi qui s'acquittent de cet office. (*Trésor de numism.*, pl. X. 2.)

(9) Poll., lib. VII, cap. 13, § 50.

peu près comme nous verrons nos pieux aïeux parer, en
de certains jours, magnifiquement leurs madones.

FÊTES COMMÉMORATIVES. — OSCOPHORIES. — BOUPHONIES.

Outre ces fêtes qui retraçaient les actions et les bienfaits
des dieux, il y eut dans toutes les villes de la Grèce un
très-grand nombre de solennités destinées à perpétuer le
souvenir des faits purement humains. Je citerai, entre
autres, deux fêtes célébrées à Athènes, dont l'une rappelait un événement héroïque, et l'autre une aventure
presque plaisante. Ce sont les Oscophories et les Bouphonies.

Les *Oscophories*, espèce de *fête des rameaux*, ou de
Dendrophories, comme disaient les Grecs, furent instituées pour conserver la mémoire du départ de Thésée pour
la Crète et de son heureux retour. Cette cérémonie était
un véritable drame. On sait que Thésée, au lieu de conduire au Minotaure sept jeunes garçons et sept jeunes
filles, avait caché parmi ces dernières deux jeunes hommes aux traits délicats, capables de lui prêter secours
dans sa périlleuse entreprise. C'est en mémoire de ce
déguisement que deux éphèbes, habillés en femme,
conduisaient le chœur des Oscophores, jeunes gens
qui portaient des ceps de vigne chargés de fruits (1),
et se rendaient du temple de Bacchus au temple de
Minerve-Scirade, près du port de Phalère où Thésée
avait abordé. Cette théorie était composée de jeunes
garçons choisis parmi les premières familles de chaque

(1) Procl. in *chrestomath.*

tribu et qui tous devaient avoir leurs père et mère
vivants (1). « On associait encore à cette fête, dit Démon
l'historien (2), des femmes qu'on appelait Deipnophores,
celles qui apportent le repas. Ces femmes représentaient
les mères des jeunes victimes que le sort avait désignées pour aller périr en Crète. Elles imitaient la solli-
citude des véritables mères qui avaient apporté à leurs
enfants toutes sortes de provisions pour la traversée ; elles
débitaient aussi certaines fables, à l'exemple de ces mères
qui avaient fait divers contes à leurs enfants pour les
consoler et leur donner courage. »

Les *Bouphonies* étaient une fête déjà ancienne du temps
d'Aristophane (3) et destinée à rappeler un fait grave, mais
accompagnée de circonstances assez divertissantes. Une
ancienne loi de la Grèce, dont Élien nous a conservé le
texte (4), défendait de sacrifier les bœufs, compagnons des
travaux de l'homme. Cependant il advint qu'un jour,
aux fêtes diipoliennes, un de ces animaux mangea le
gâteau préparé pour Jupiter. Le prêtre irrité saisit une
hache et l'immola (5) ; mais, effrayé de l'action qu'il
avait commise, il jeta la hache et prit la fuite. L'instrument de mort fut seul cité devant le Prytanée (6) et
condamné. On institua une fête annuelle en mémoire
de ce singulier jugement (7). On plaçait un gâteau sur

(1) Plutarch., *Thes.*, cap. 22, 23.
(2) Cité par Plutarque, *ibid.*
(3) Aristoph., *Nub.*, v. 985.
(4) AElian., *Var. hist.*, lib. V, cap. 14.
(5) Hesych. et Suid., voc. βουφόνια.
(6) Pausan., *Attic.*, cap. 28 ; § 11.
(7) Id., *ibid.*, et cap. 24, § 4. — AElian., *Var. hist.*, lib. VIII,
cap. 3.

une table d'airain près de l'acropole ; on conduisait
des bœufs vers cet endroit , et celui qui mangeait le
gâteau était immolé. Cependant toutes les personnes qui
étaient supposées avoir eu part au meurtre étaient accusées
l'une après l'autre. Je lis dans Porphyre tous les détails
de cette procédure bizarre. On mettait d'abord en jugement plusieurs jeunes filles à qui l'on reprochait d'avoir
apporté de l'eau pour arroser la pierre à aiguiser. Les
jeunes filles rejetaient la faute sur l'esclave qui avait re-
passé la hache ; celui-ci s'excusait en inculpant le prêtre
qui avait frappé le bœuf; le prêtre , enfin , renvoyait
l'accusation à la hache qui, n'ayant rien à alléguer pour
sa défense , était condamnée et jetée dans la mer (1). Le
prêtre qui remplissait le personnage principal dans ce
drame , recevait le nom de βυφόνος , meurtrier du bœuf,
d'où quelques grammairiens font venir notre mot bouffon,
étymologie fort contestable, et rejetée par Ménage (2).

CHANSONS POPULAIRES.

Dans toutes les représentations demi-hiératiques et
demi populaires dont je viens de parler , ainsi que dans
beaucoup d'autres que je n'ai pu même indiquer , les acteurs tirés de tous les ordres de citoyens employaient deux
espèces de chants : 1° des chants improvisés ou tout au
moins nouveaux, comme dans les chœurs dithyrambiques,
cycliques , etc. , pour lesquels il y avait des concours et
des prix ; 2° des chants anciens et traditionnels , à l'usage
de chaque circonstance et de chaque profession. En effet ,

(1) Porphyr., *De abstinent.* , lib. II , cap. 3o.
(2) Ménage , *Diction. étymologique.*

outre les chansons bucoliques des pâtres, des moissonneurs, des journaliers, etc., que j'ai citées, chaque corps de métier dans les villes avait sa chanson particulière. Il y avait le chant des baigneurs (1), celui des tisserands, nommé, *élinos* et mentionné dans les *Atalantes*, d'Épicharme (2) ; il y avait la chanson des tisseurs de laine (3), celle des boulangères (4), celle des ouvriers qui tournent la meule (5) ; il y avait encore celle des gens qui tirent de l'eau des fontaines (6) et celle des bateliers et des rameurs (7), probablement dans le goût de nos barcaroles.

Ces artisans chanteurs rappellent nos poëtes populaires, tels que Burns, maître Adam, et, mieux encore, les francs-chanteurs ou maîtres-chanteurs de l'Allemagne au moyen âge.

Il n'y avait pas même jusqu'aux nourrices qui n'eussent une chanson pour bercer les enfants (8). Platon loue ces chants des nourrices, et il ajoute que le rhythme et l'harmonie sont si nécessaires au développement de l'âme et du corps qu'il voudrait que les enfants dès leur naissance

(1) Athen., lib. XIV, p. 619, A.

(2) Id., *ibid.*, p. 518, D.

(3) Id., E.

(4) Id., *ibid.*, p. 619, A.

(5) Id., *ibid.*, p. 618, D. — Hesych., voc. ἱμαῖος, ἱμαοιδός.

(6) Aristoph., *Ran.*, v. 1332, Schol., *ibid.*, ex Callim.

(7) Ascon. Pædian., *Divinat. contr. Verr.*, p. 29. — Quintil., lib. I, cap. X, § 16. — Les sauvages même ont des chants inspirés par le mouvement des vagues : « Les conducteurs de pirogues, dit Bowdich, ont des airs particuliers qui ressemblent au chant d'église, mais qui tiennent à l'inspiration du moment ; il serait très-difficile de les retenir. » *Voyage au pays d'Achantie*, p. 475.

(8) Athen., lib. XIV, p. 618, E. — Chrysippe cité par Quintilien (lib. I, cap. XI).

reçussent un mouvement continuel et fussent dans les maisons aussi agités qu'un vaisseau bercé par la mer (1).

Qu'on ne s'étonne pas de trouver ainsi en Grèce des chants pour chaque état. Tout, dans cette patrie des Muses, se faisait aux accords de la musique. Les citoyens d'Athènes désignés pour remplir les fonctions de juges se rassemblaient avant le jour, au son de certains vieux cantiques et se rendaient au tribunal, appuyés sur leurs bâtons (2) et en chantant les anciens airs des *Phéniciennes* de Phrynichus (3). Le petit peuple sans profession, les *lazzaroni* d'Athènes, avaient eux-mêmes une chanson particulière mêlée de danses; on la nommait *Anthème* ou *Fleur* : elle se dansait au son de la flûte avec un mouvement rapide; l'exécutant chantait : « Où est ma rose? où est ma violette? où est mon beau persil (4)? »

Enfin, dans la suite, quand les vrais chants du peuple eurent cessé, il vint des poëtes qui composèrent des chansons dans le goût populaire. « Télénice de Byzance et Argas, dit un ancien, ont chanté dans le langage des rues et réussi dans ce genre qui allait bien à leur caractère (5). » Ainsi la littérature grecque au temps de sa

____

(1) Plat., *De legib.*, lib. VII, p. 790. C.

(2) Aristoph., *Concion.*, v. 276-279. — Poll., lib. IV, cap. 14, § 105.

(3) Aristoph. *Vesp.*, v. 219-221. — Ces chants et ces danses des juges d'Athènes nous paraîtront moins extraordinaires quand plus tard nous étudierons l'ancien cérémonial du parlement de Paris et des autres cours du royaume, où se pratiquaient diverses révérences et *certains pas* qui se rapprochaient beaucoup, à leur origine, de ce qu'Aristophane nous apprend des juges athéniens.

(4) Athen., lib. XIV, p. 629, E.

(5) Id., *ibid.*, p. 638, C.

décadence posséda ce que nous avons appelé le *genre pois-sard*. Athènes eut ses Vadé, comme Paris a eu le sien au dernier siècle.

Cette poésie factice nous conduit à étudier non plus les spectacles naïfs que le peuple grec se donnait à lui-même et auxquels concouraient tous les ordres de citoyens, mais les représentations de divers genres qu'offraient au peuple des acteurs de profession.

Toutefois, avant de passer à l'examen de cette nouvelle branche du drame populaire, je dois m'arrêter quelques instants à un des spectacles qui participait des deux genres ; je veux parler du grand théâtre public, dans lequel le peuple intervenait en partie comme spectateur et en partie comme comédien.

DE L'INTERVENTION POPULAIRE DANS LE GRAND THÉATRE GREC. — CHŒURS DES TRAGÉDIES ET DES COMÉDIES. — CHORÉGES.

A Athènes une tragédie de Sophocle et une comédie d'A-ristophane n'étaient pas jouées seulement par des acteurs de profession. Sorties, comme on a vu, des anciens chœurs cycliques et des mystères, la tragédie et la comédie étaient un devoir religieux et national auquel concouraient le zèle et la piété empressée des citoyens. Quand venaient les Pana-thénées, les Éleusinies, les Dionysies et les autres fêtes qui demandaient des représentations scéniques, un cho-rége était choisi à l'avance, dans chaque tribu, parmi les plus riches habitants (1). C'était à lui de former, dans sa

(1). Liban., *Argum. in Mid.*—Anonym., *In ejusd. argum.*

tribu, un chœur soit tragique, soit comique, et de le
mettre à la disposition d'un poëte qui recevait ainsi les
moyens de concourir pour le prix ; le chorége devait
fournir à ses frais les costumes et pourvoir à l'instruction du chœur. Je dirai ailleurs (1) quel fut, aux diverses
époques, le nombre de choréutes nécessaires pour constituer un chœur tragique ou comique. Dans l'origine,
les citoyens aimaient à faire partie des chœurs et remplissaient avec joie ce dévoir civil et religieux ; auquel étaient attachés plusieurs priviléges ; les choreutes
étaient exempts du service militaire (2) et leur personne
était inviolable pendant la durée de leurs fonctions (3). Un
peu plus tard, ils paraissent avoir reçu un salaire en argent.
Xénophon, improbateur éloquent des institutions démocratiques de sa patrie, se plait à nous montrer les riches
écrasés par les dépenses des chœurs et du service maritime,
tandis que le peuple se faisait payer pour chanter, pour
courir, pour voguer dans les galères, ayant à cela le triple
plaisir de s'amuser, de s'enrichir et d'appauvrir les riches (4).
Les Athéniens étaient même si jaloux de figurer seuls dans
les chœurs, qu'une loi formelle en excluait les étrangers, et
condamnait à mille drachmes d'amende chaque infraction à
cette loi (5). Un riche chorége, nommé Démade, ayant voulu
faire paraître cent danseurs étrangers sur le théâtre, ap-

---

(1) Je consacrerai un chapitre exprès à la *mise en scène* chez les
anciens.

(2) Demosth., *In Mid.*, p. 6o5. D. — Ulpian., p. 645, E. —
Olynth. III, p. 36, D.— Ulpian., p. 43, E.

(3) Demosth., *In Mid.*, p. 604, seqq. et p. 612, C.

(4) Xenoph., *De republ. Athen.*, cap. I, § 13.

(5) Demosth., *ibid.*, B.

porta la somme nécessaire pour acquitter l'amende, séance
tenante (1). L'exclusion s'étendait aux personnes diffa-
mées (2) et aux esclaves, comme nous l'apprend Xénophon (3). Néanmoins, on lit dans Plutarque que Nicias
faisant les frais d'un chœur tragique, un de ses esclaves,
jeune homme d'une taille élégante et d'une beauté singulière, traversa la scène habillé en Bacchus, et que les
spectateurs charmés de sa figure battirent longtemps des
mains. Alors Nicias s'étant levé dit à l'assemblée qu'il
se croirait coupable d'impiété s'il retenait dans la servi-
tude un homme que la voix du peuple venait de consacrer comme un dieu, et sur-le-champ il l'affranchit (4).
Mais cette historiette ne contredit pas l'assertion de Xénophon. D'abord il n'est pas dit expressément que l'esclave fît partie du chœur ; ensuite il faudrait seulement
conclure de ce récit que les pures règles de la choragie
commençaient à s'affaiblir ; et, en effet, Aristote, dans ses
Problèmes, parle de la présence exclusive des personnes libres dans les chœurs comme d'un usage tombé en désué-
tude (5).

Les femmes faisaient-elles partie des chœurs scéniques ? Le doute que j'émets ici pourra surprendre. Je
n'ignore pas que l'on est à peu près d'accord pour admettre
la négative ; je sais fort bien que les femmes ne montaient
pas sur *la scène* grecque proprement dite, et que leurs rôles
dans les tragédies, les comédies et les drames satyriques,
étaient remplis par des hommes ; mais étaient-elles éga-

(1) Plutarch., *Phoc.*, cap. 3o.
(2) Demosth., *In Mid.*, p. 612, D, seqq.
(3) Xenoph., *De republ. Athen.*, cap. I, § 13.
(4) Plutarch., *Nic.*, cap. 3.
(5) Aristot., *Probl.* XIX, § 15.

lement exclues des chœurs , c'est-à-dire, des danses religieuses du thymélé et de l'orchestre ? A cet égard je n'ose
rien affirmer.

On objecte la semi-réclusion des femmes grecques ;
mais qu'on y réfléchisse : ces habitudes de modestie et
presque de clôture cessaient aussitôt qu'il s'agissait de
fêtes religieuses , et particulièrement du culte de Bacchus ; or les jeux du théâtre étaient essentiellement religieux. On prétend que les femmes ne pouvaient pas même
assister comme spectatrices aux représentations scéniques ; c'est une opinion contre laquelle je me réserve
de présenter plus loin plusieurs observations restrictives.
Certes, même en écartant les danses nues des jeunes filles
de Laconie (1), il reste toujours les théories des canéphores aux Panathénées et la part active et gracieuse que
prenaient partout les jeunes filles grecques aux chœurs cycliques et dithyrambiques (2) ; il reste les hymnes chantés
par elles et nommés de leur nom *Parthénies* (3) ; il reste
ce concours dans lequel de jeunes vierges pouvaient seules
disputer le prix de l'ode ou de l'élégie (4). Quand on
songe aux voyages que les femmes d'Athènes faisaient à
Éleusis en chars découverts et à leur retour pieds nus, on a
quelque peine à croire qu'on les ait exclues des chants
et des danses sacrés que leurs frères et leurs maris exécutaient pieusement dans l'hiéron de Bacchus. A ces motifs de doute viennent se joindre quelques passages peu
remarqués jusqu'ici , et cependant fort capables, suivant

(1) Pind. cité par Athen. , lib. XIV , p. 631 , C , D.
(2) Plat., *De legib.* , lib. VI , p. 764, E, seq.
(3) Aristoph., *Av.*, v. 910. — Athen., *ibid.*
(4) Athen., *ibid.* , p. 619 , E.

moi , sinon de renverser , du moins d'ébranler fortement
l'opinion commune.

Le chœur des initiés chante dans les *Grenouilles* d'Aristophane la strophe suivante , qui ne manque pas de grâce
si le chœur était vraiment composé de femmes , mais qui
serait bien disgracieuse s'il était composé d'hommes tra-
vestis :

« Iacchus , ami de la danse , viens avec moi! C'est toi qui as
ainsi déchiré ce brodequin et ces humbles vêtements qui prêtent à
rire et dont le modeste négligé nous permet de danser plus libre-
ment. Iacchus , ami de la danse , viens avec moi !

» Tout à l'heure mon œil indiscret a aperçu une jeune fille d'une
rare beauté. Elle jouait avec ses compagnes et la déchirure de sa
tunique m'a laissé entrevoir sa gorge. Iacchus , ami de la danse ,
viens avec moi (1) ! »

Un autre passage du même poëte semble confirmer
mon opinion. Dans les *Thesmophories* , Aristophane , indépendamment du chœur de femmes qui donne son nom
à la pièce , en introduit un second : c'est un chœur tragique que le poëte Agathon est censé instruire et exercer
dans son logis. Or les premiers mots que le poëte adresse à
ces choreutes sont ceux-ci : « Jeunes filles, prenez la torche
consacrée aux déesses infernales , et mêlez les danses aux
cris de joie (2). » Remarquez bien que ce chœur n'est pas
encore en scène et qu'Agathon n'appelle pas ces choreutes
jeunes filles , par la nécessité de la situation ; c'est un
chœur qui se prépare et s'exerce ; une troupe à laquelle
le poëte est supposé faire répéter son rôle. Il semble donc

(1) Aristoph. , *Ran.* , v. 403-413.
(2) Id. , *Thesmoph.* , v. 107 , seqq.

qu'en les appelant *jeunes filles*, Agathon donne à ses éco-
lières le nom véritable de leur sexe (1).

Le scholiaste d'Aristophane voulant faire connaître l'ar-
rangement des chœurs comiques, nous apprend que quand
un chœur était composé d'hommes et de femmes, le côté
des hommes devait être de treize et celui des femmes seulement de onze ; de même, quand un chœur était composé de femmes et d'enfants, il devait y avoir treize femmes et seulement onze enfants (2). Je pense que cette disposition bizarre venait de ce qu'il y avait pour le chorége
plus de difficulté à réunir un chœur de femmes et surtout d'enfants que d'hommes faits. On conçoit effective-
ment que, malgré tout ce qu'il y avait de religieux dans
les fonctions de choreute, les parents éprouvassent pourtant quelque répugnance à abandonner leurs enfants à
ces études de chants et de danses faites hors de leurs
yeux.

J'ajouterai que les besoins de la composition musicale
faisaient presque une nécessité du mélange des voix. Les
Romains, qui ont tout pris de la Grèce, reconnurent l'utilité des voix de femmes dans les chœurs, comme on peut
le voir dans Sénèque (3), et surtout dans le passage suivant
de Macrobe : « Un chœur ne se forme-t-il pas de plusieurs
voix ? Toutes cependant semblent n'en faire qu'une : au
ton aigu se joint le ton grave ; tous deux s'unissent au medium. *La voix des hommes se marie à celle des femmes*,

(1) Je sais bien qu'on regarde cette apostrophe comme une
allusion aux mœurs efféminées d'Agathon ; mais n'est-ce pas là une
explication un peu recherchée ?

(2) Schol. in Aristoph. *Equit.*, v. 586.

(3) Senec., *Epist.* 84, p. 550, B, ed. Lipsii.

et la flûte forme l'accompagnement ; aucune de ces voix n'est distincte , l'ensemble seul arrive à l'oreille , et de la dissonance naît l'harmonie (1). »

PROGRÈS ET DÉCADENCE DE LA CHORAGIE.

C'est une bien belle page dans les annales de la démo-cratie d'Athènes que l'histoire de la choragie. Cette institu-tion populaire fut la cause et la garantie de la liberté théâ-trale, et créa dans Athènes une chose qui était sans modèle et qui est demeurée sans copie , la grande et vraie comédie politique. Alors les chœurs comiques , avec leurs hardies *parabases* ou allocutions directes au peuple assemblé , fu-rent presque un des pouvoirs de l'État ; alors Platon put définir avec un dédain spirituel, la constitution d'Athènes une *théâtrocratie* (2). Pendant cette merveilleuse période de liberté scénique , qui dura jusqu'à l'archontat d'Eu-clide (3) , les gouvernements étrangers , le sénat de Sparte et même le Grand Roi (4) , s'enquéraient des pro-ductions des Comiques d'Athènes , comme nous nous enquérons des pamphlets de Londres ou des articles de la Gazette d'Augsbourg ; alors Platon envoyait à Denys de Syracuse les comédies d'Aristophane , en lui recom-mandant de les lire avec attention , s'il voulait connaître à fond l'état des partis à Athènes (5). Cette puissance de la

_____

(1) Macrob. , *Saturn.*, lib. I, proœm., p. 199, edit. Bipont. — Je dois ajouter que nous verrons bientôt les femmes figurer dans les chœurs funèbres.

(2) Plat. , *De legib.*, lib. III, p. 701, A.

(3) Je traiterai dans un chapitre particulier de la liberté du théâtre chez les anciens et des lois qui l'ont établie , restreinte et détruite.

(4) Aristoph. , *Acharn.* , v. 647, seqq.

(5) Incerti *Vita Aristoph.*, p. XIV , a , ed. Kuster.

comédie politique et, par suite, de la choragie athénienne, fut brisée avec le gouvernement populaire par la
victoire de Lysandre. Le scholiaste d'Aristophane avance
même que sur la motion de Cinésias un décret supprima
les chœurs comiques (1); mais il ne faut entendre cette
suppression que de la parabase. Platonius avance, il est vrai,
qu'à la représentation de l'*Æolosicon* d'Aristophane et à
celle *des Ulysses* de Cratinus, il n'y eut pas de chœur (2);
mais les fragments qui subsistent de ces deux pièces
prouvent que Platonius s'est mépris ou que son texte est
fautif. Nous retrouvons la choragie comique en usage pendant toute la durée de la comédie *moyenne*, c'est-à-dire
jusqu'à l'établissement de la domination macédonienne.
Lysias nous a conservé, dans un passage que je citerai plus
bas textuellement, l'état de ce que coûtait de son temps
un chœur comique; il est aussi plusieurs fois question
des chœurs de la comédie dans Eschine (3) et dans quelques autres écrivains de la même époque.

Ce n'est que depuis la bataille de Chéronée et dans la comédie *nouvelle*, que les chœurs comiques furent supprimés. Encore, selon moi, cette suppression n'a-t-elle pas
été imposée par une loi formelle; je crois plutôt qu'elle arriva d'elle-même par l'appauvrissement graduel des citoyens et par le peu d'attrait qu'offraient les chœurs comiques privés de parabases et de toutes railleries malignes :

(1) Schol. in Aristoph. *Ran.*, v. 153 et 406.
(2) Platonius, *Fragm. De differentiis comœdiarum*, p. VI, l. 6
et 15-18, ap. *Acharn.*, ed. Dindorf. — *Æschyl. Vit.*, ap. Stanl.
(3) AEschin., *In Timarch.*, p. 284, D.

.... *Lex est accepta , chorusque*
. *Turpiter obmutuit, sublato jure nocendi* (1).

Ménandre, suivant Donat, disposa le premier ses fables
de manière à pouvoir se passer de chœurs (2). Cependant
Alciphron, qui, bien qu'écrivant longtemps après Ménandre, devait chercher à conserver le costume de l'époque,
nous montre ce poëte exhortant le parasite Philopore à s'en-
gager dans un *chœur* comique (5). Mais Alciphron n'a dû
vouloir exprimer, par cette locution reçue, que la *troupe*
des acteurs comiques.

Quant aux chœurs tragiques, qu'on n'aurait pu supprimer sans abolir la tragédie même, ils furent conservés ;
mais ils éprouvèrent de grandes modifications après les malheurs de la guerre du Péloponèse. Alors les fortunes des
particuliers furent si tristement réduites, que la choragie
commença à devenir une charge trop pesante. Alors on
s'habitua à ranger la choragie parmi les accidents funestes
qui changent inévitablement la richesse en pauvreté :
Antiphane dit, dans une de ses comédies intitulée *Le Soldat* :
« Vous êtes dans une grande illusion si vous croyez pos-
séder quelque chose d'assuré dans la vie. Un impôt vous
enlève toutes vos épargnes, ou bien un procès inopiné les
dissipe ; nommé stratége, vous êtes abîmé de dettes ; chorége, il ne vous reste que des haillons, pour avoir fourni
au chœur des habits couverts d'or (4). »

Quelques critiques ont avancé, d'après Saumaise (5),

(1) Horat. , *Epist. ad Pison.* , v. 283, 284.
(2) Donat. , *Prolegom. in Terent.*
(3) Alciphr. , lib. III , ep. 71.
(4) Athen. , lib. III , p. 103, E.
(5) Héraldus, *Animad. in Salmas. observ. ad jus attic. et rom.* ;
VI, 8, 2.

que les choréges subvenaient à la totalité des frais scéniques. C'est une erreur. Les choréges ne se mêlaient
en rien de ce qui concérnait les acteurs, les décorations
ni le local. Les dépenses qui tombaient à leur charge,
même réduites à ce qu'exigeaient les chœurs, étaient
bien assez considérables. Lysias établit qu'un de ses clients
avait dépensé 5,000 drachmes (1) pour deux chœurs de
tragédie, fournis, l'un en son nom, l'autre au nom de
son père (2). Le même orateur nous a conservé la note
exacte des frais dans lesquels entraînaient les diverses cho-
ragies. Ce document est précieux. « Nommé, dit-il (3), chorége pour les tragédies, sous l'archonte Théopompe (4), je
tirai 30 mines de ma bourse (5). Trois mois après, je remportai le prix aux Thargélies avec un chœur d'hommes,
et il m'en coûta 2,000 drachmes; plus 800 sous l'archonte
Glaucippe, pour des pyrrhichistes aux grandes Panathénées; sous le même archonte, aux Dionysies, je remportai le prix avec un chœur d'hommes, dont les frais
avec la consécration du trépied, montèrent à 5,000 drachmes; ajoutez-en 300, sous l'archonte Dioclès, aux petites
Panathénées, pour un chœur cyclique. Depuis, pendant sept années, je fus triérarque, ce qui me coûta
six talents. Pendant que je faisais d'aussi lourdes dépenses, et que loin de mon pays je m'exposais tous les
jours pour vous à de nouveaux dangers; je n'en suis pas

(1) Environ 4,580 fr. de notre monnaie.
(2) Lysias, *Pro Aristoph. bonis*, p. 642, 643.
(3) Id., *Defens. muner.*, p. 698-700.
(4) La seconde année de la 92e olympiade.
(5) Environ 2,750 fr. de notre monnaie.

moins entré dans les contributions, une fois pour 30 mines et une autre pour 4,000 drachmes. De retour à Athènes, sous l'archontat d'Alexius, je fus nommé gymnasiarque dans les Prométhées et je remportai le prix ; je dépensai en cette occasion 12 mines. Plus tard, je fus institué chorége d'un chœur de jeunes gens, ce qui me coûta plus de 15 mines. Sous l'archontat d'Euclide, étant chorége pour Céphisodote dans les comédies, je fus vainqueur et avec la consécration du costume cette dépense s'éleva à 16 mines (1). Dans les petites Panathénées, je fus chorége de jeunes pyrrhichistes et je déboursai 7 mines. Je remportai le prix dans une lutte de galères auprès du cap Sunium et les frais me coûtèrent 15 mines. Je ne parlerai pas de la fonction de chef des théores et d'intendant des sacrifices de Minerve, ni d'autres emplois qui me forcèrent à dépenser plus de 30 mines. Sans doute, si j'eusse voulu m'en tenir aux obligations légales, je n'aurais pas dépensé le quart de ces sommes (2). »

Une loi décrétée sur la proposition de Leptine, et contre laquelle parla l'année d'après Démosthène, prouve manifestement que tout le monde, à cette époque, cherchait à s'exempter des charges de la choragie. Cette loi de Leptine avait révoqué les nombreuses exemptions accordées

(1) C'est la moitié de ce que coûta un chœur tragique ; mais il faut remarquer que sous l'archontat d'Euclide les chœurs comiques avaient été fort restreints.

(2) En effet, la choragie était une des liturgies, ou charges publiques, que tout riche athénien était tenu de remplir (Demosth., In Leptin., passim.), mais qui ne pouvaient être imposées que de deux années l'une. (Id., ibid., p. 542, B. — Xénoph., Œconom, cap. II, § 6.)

pour des services vrais ou faux rendus à l'État, et elle n'avait excepté de cette suppression de priviléges que les seuls descendants d'Harmodius et d'Aristogiton.

Déjà sous l'archonte Callias (1), il avait fallu autoriser deux citoyens à se réunir pour faire les frais d'un chœur (2). Plus tard on permit à un seul chorége de représenter à la fois deux tribus (3) : c'est ainsi que nous voyons le chorége de la tribu Érechtéide, pour lequel plaida Antiphon, recevoir en sus, par la voie du sort, la choragie de la tribu Cécropide (4). A la même époque on permit à des étrangers de fournir aux frais des chœurs sous le nom de citoyens qui n'auraient pu que difficilement supporter cette dépense. Plutarque nous apprend que quand ce fut le tour de Platon de défrayer dans sa tribu un chœur de jeunes gens, Dion, qui séjournait alors à Athènes, acquitta cette dépense sous le nom du philosophe (5).

Malgré ces tempéraments, il arrivait quelquefois qu'une tribu ne pouvait pas trouver de chorége (6). Quand, dans la 106ᵉ olympiade, Démosthène s'offrit à la tribu Pandionide, il y avait deux ans que cette tribu n'avait pu être re-

---

(1) La première année de la 92ᵉ olympiade ou la troisième de la 93ᵉ d'après Clinton.

(2) Aristot. ap. Schol. Aristoph. in *Ran.*, v. 406.

(3) Bœckh, *Inscript.* 216, t. 1, p. 346.

(4) Antiph., *Orat.* XVI, p 142.

(5) Plutarch., *Dion.*, cap. 17.

(6) Isocrate et Demosthène nous font connaître un singulier usage : lorsqu'un citoyen voulait en forcer un autre qu'il supposait plus riche que lui, à remplir une liturgie ou charge publique onéreuse, ce citoyen pouvait contraindre celui qui prétendait lui imposer cette charge, à changer avec lui d'héritage. (Isocrat., *De permutatione*, passim, et *De pace*, p. 185, A. — Demosth., *Philipp.*, 1, p. 52, D ; id., *In Phæn.*, p. 1023, A et passim.)

présentée dans les concours annuels (1). Le mal s'aggrava
sous la période macédonienne. A partir des successeurs
d'Alexandre, la choragie cessa d'être une institution fixe et
régulière. Elle reparut seulement dans les rares intervalles
où d'heureuses circonstances permirent à Athènes de ressaisir l'ombre de ses anciennes lois. La plupart du temps ce
n'était plus les particuliers, mais l'État qui faisait les frais
des chœurs, comme il faisait depuis Eschyle les dépenses relatives aux acteurs et à la mise en scène. Dans deux inscriptions trouvées à Athènes, et qui se rapportent à la 129°
olympiade, nous voyons le peuple (ὁ Δῆμος) remplir par
une fiction singulière, les fonctions de chórége et remporter
le prix en cette qualité (2). Il serait curieux de savoir qui le
Δῆμος avait alors pour concurrent. On voit avec quelque
surprise la choragie citée encore comme existante sous la
domination romaine. Démétrius de Byzance, qui paraît
avoir vécu du temps de Caton d'Utique (3), et Plutarque,
un siècle après, parlent de la choragie (4); mais il est probable que ces deux auteurs, surtout le dernier, désignent
sous l'ancien nom de chorége le nouveau magistrat chargé
de donner les jeux publics suivant l'usage romain.

A mesure que l'institution de la choragie perdit de sa
force, et surtout à mesure que le sentiment religieux
s'affaiblit à Athènes, la passion que les citoyens avaient
eue pour figurer dans les chœurs se refroidit. Nous voyons

(1) Demosth., *In Mid.*, p. 605, C.
(2) Bœckh., *Inscript.* 225 et 226, t. 1, p. 348, 349.
(3) Plutarch., *Cat.*, cap. 65.—Athen., lib. XIV, p. 633, A, B.
(4) Plutarch., *Reipubl. gerend. præcept.*, p. 817, B. — Id.,
An seni gerenda sit respubl., p. 787, B.

dans un discours d'Eschine (1) et dans un plaidoyer d'Antiphon , qu'il fallut donner dès lors aux choréges appau-
vris le droit de choisir dans leur tribu le nombre d'hommes et d'enfants qui leur était nécessaire. Le chorége pouvait même exiger des parents des gages qui lui répondis-
sent de l'exactitude de leurs enfants.

« Je formai , dit le chorége pour lequel plaide Antiphon, la meilleure troupe qu'il fut possible , sans faire de
peine à personne , sans enlever aucun gage de force , sans
me faire haïr ; tout se passa de la manière la plus satis-
faisante pour les deux partis. J'engageais les citoyens par
la voie de la douceur à m'envoyer leurs enfants , et ils me
les confiaient d'eux-mêmes sans que je fusse obligé de leur
faire de sommations (2). » On voit qu'au besoin le client
d'Antiphon aurait pu employer la contrainte.

Une inscription curieuse nous apprend qu'au temps
d'Auguste les magistrats chargés de la formation des chœurs
à Stratonice en Carie, étaient autorisés par la loi à exercer
une espèce de conscription , et , en quelque sorte de presse,
sur les enfants inscrits à cette intention dans les registres
publics (3).

La pénurie des choréges ruinés par la guerre, réagit tris-

_____

(1) AEschin., *In Timarch.*, p. 261 , E.
(2) Antiph. , *Orat.* XVI , p. 142.
(3) Edm. Chishull, *Antiquitates asiatic.* , p. 155 , seqq.—Il s'agit
dans cette inscription de chœurs cycliques et non de chœurs scéniques. Ceux-ci n'étaient pas en usage dans toute la Grèce. On sait
que les Spartiates , loin d'admettre chez eux la choragie scénique ,
plaisantaient souvent , au contraire, sur les folles dépenses où la
mise en scène des ouvrages dramatiques entraînait les Athéniens.
Voy. Plutarch., *Sympos.*, lib. VII , quæst. 7 , et *De glor. Athen.* ,
p. 348 , F.

tement sur la composition des chœurs tragiques. On imagina, pour diminuer les frais que demandait l'instruction
des choreutes, de placer, à la dernière rangée, de simples
figurants qui remuaient les lèvres sans chanter. Cette tri-
cherie a été signalée par Ménandre. « Dans les chœurs, dit-il,
tous ne chantent pas; mais il y a deux ou trois personnages qui restent muets, et qui sont là seulement pour faire
nombre (1). » C'est à ces figurants, bouches muettes, mais
non pas inactives, qu'Horace fait allusion, quand il dit :

Nos numerus sumus et fruges consumere nati (2).

Je ne pense pas, avec M. Bœttiger, que l'altération
des chœurs soit allée plus loin, et qu'on ait fini par introduire des mannequins au dernier rang (3). Ce mélange,
comme le remarque M. Bœckh (4), eût singulièrement gêné
les évolutions des choreutes; et cette supposition, d'ailleurs,
contredit une autre conjecture plus heureuse de M. Bœttiger
lui-même. En effet, il suppose (5) que, sous les successeurs d'Alexandre, il n'y avait dans les chœurs tragiques que des acteurs muets, sauf le coryphée qui chantait
seul les paroles (*cantabat*), tandis que la troupe faisait des
gestes analogues au chant (*saltabat*). M. Bœttiger rapporte
à cette étrange répartition des rôles l'origine de la séparation non moins étrange des paroles et des gestes, que nous
verrons tout à l'heure Livius Andronicus introduire sur la
scène romaine.

(1) Menandr., *Fragm.*, p. 61; ed. Meinek.
(2) Hor., lib. 1, *Epist.* 2, v. 27.
(3) Bœttig., *Furien-Maske*, num. X.
(4) Bœckh, *De Græc. tragœd. princip.*, p. 92, seqq.
(5) Bœttig., *De quatuor rei scen. ætat.*, p. 13-16.

- · Mais indépendamment du grand théâtre religieux et national, où les citoyens prenaient part, soit comme ordonnateurs ou acteurs, soit comme assistants, il y eut en Grèce
d'autres spectacles où le peuple ne se montrait que comme
spectateur et n'apportait que son goût pour la dissipation et
le plaisir. En effet, les représentations solennelles étaient
trop dispendieuses, et, par cela même, trop rares, pour satisfaire à elles seules la passion que les Grecs avaient pour
les distractions scéniques. De plus, tous ceux qui n'étaient
pas de condition libre étaient exclus des grandes solennités
théâtrales. Enfin, toutes les villes ne pouvaient pas avoir un
grand théâtre et subvenir aux dépenses qu'exigeaient les représentations comiques et tragiques. Il fallut donc pour les
besoins de tous les jours, de toutes les conditions et de tous
les lieux, qu'il y eût des comédiens d'un ordre inférieur,
chargés de procurer continuellement et à peu de frais les
émotions du drame à toutes les classes d'habitants.

SPECTACLES SECONDAIRES. — CHANTEURS ET DANSEURS AMBULANTS. — VENTRILOQUES.

L'étude de l'antiquité nous prouve qu'il existait un
nombre très considérable d'artistes de second ordre qui
donnaient au peuple, dans les rues et sur les places, des divertissements de toute espèce. Il y avait, d'abord, des musiciens ambulants, successeurs des anciens Homérides, qui
parcouraient les villes en chantant des fragments d'odes ou
d'épopées. Ces musiciens de carrefours, aulètes ou citharèdes, étaient nombreux encore du temps de Lucien (1).

La danse n'était pas plus rare que la musique dans les

(1) Lucian., *De saltat*, § 2.

rues d'Athènes. Aristophane introduit dans une de ses
pièces une petite danseuse publique, assez semblable aux
almées qu'on voit aujourd'hui au Caire montrer leur sou-
plesse près de la mosquée d'Hassan (1). Le poëte nous la
représente dansant dans les rues d'Athènes sous la conduite
d'une vieille, ou plutôt d'Euripide travesti en vieille (2),
et accompagnée d'un joueur de flûte qui exécutait des airs
persiques (3) ; car on ne permettait que des saltations étrangères à ces danseuses serviles, et on ne leur prostituait pas
les mélodies nationales réservées aux chœurs de femmes
libres et de citoyens. Un archer scythe, témoin des sauts
et des pirouettes de la gentille Élaphion, s'écrie dans son
grossier enthousiasme : « Comme elle est légère, la petite !
on dirait une puce sur une toison (4). »

L'imitation des animaux, que nous avons vu précéder
le drame satyrique et la comédie, subsista dans certaines
danses et continua de se montrer dans plusieurs jeux. Il y
avait sur les places publiques de la Grèce des ventri-
loques, comme Parménon qui imitait le grognement du
pourceau (5). D'autres contrefaisaient le gloussement de

(1) M. Michaud, *Correspond. d'Orient*, t. V, p. 249.

(2) Aristoph., *Thesmoph.*, v. 1172, seqq. — Les almées sont encore aujourd'hui conduites dans les cafés du Caire, d'Alexandrie, etc., ainsi que dans les maisons des particuliers, par des vieilles
qui se font passer pour leurs mères. Voy. *Correspond. d'Orient*,
t. V, p. 256, 257

(3) C'était l'*Oclasma* que décrit Xénophon, *Anab.*, lib. VI,
cap. 1, § 5.

(4) Aristoph., *ibid.*, v. 1180.

(5) Plutarch., *Sympos.*, lib. V, quæst. 1, p. 674, B. — Dans quelques universités suédoises on pratiquait encore au XVIIIᵉ siècle quelque chose d'analogue, pour la réception des étudiants. Le candidat,
le visage noirci, était obligé de mettre en travers dans sa bouche des

la poule ou le cri de la corneille (1). Théodore imitait le
bruit des grandes roues hydrauliques (2). Et non-seulement
on simulait la voix et les allures des bêtes ; mais on donnait les animaux eux-mêmes en spectacle. Pindare emploie
ce dicton proverbial : « Aux yeux des enfants, le singe
qu'on montre est toujours un beau singe (3). »

COMBATS DE CAILLES ET DE COQS (4).

Les combats de cailles (5) et de coqs étaient en Grèce
l'amusement favori de toutes les classes (6). Il est déjà fait
allusion à ces combats dans Pindare (7). Ces jeux, qui n'é-
taient d'abord qu'un passe-temps aristocratique et privé,
finirent par devenir un spectacle public. Voici, au dire
d'Élien, à quelle occasion : Thémistocle marchant à la rencontre des Perses, vit un détachement de ses troupes arrêté
à voir combattre des coqs. Il l'exhorta à déployer contre
l'ennemi autant de bravoure que ces volatiles. Après

morceaux de bois ou des dents de sanglier, et de répondre aux
questions qui lui étaient adressées, ce qui le forçait de faire entendre un grognement semblable à celui du cochon. Voy. un curieux
opuscule de M. J. Rydquist, conservateur de la bibliothèque royale
de Stockholm, sur *les plus anciens drames du Nord*. Upsal,
1836, in-8°.

(1) Plutarch., *ibid.*

(2) Id., *De audiendis poetis*, p. 18, C.

(3) Pindar., *Pyth.*, II, v. 131-133.

(4) Nous trouverons les combats de coqs chez presque tous les
peuples, les Romains, les Indiens, les Celtes, les Anglais, les Ma-
riannais, les Chinois, etc. Voy. les Mém. de la Sociét. des Antiq.
de France, t. IX, p. 194-198.

(5) Aristoph., *Av.*, v. 1297, seqq.

(6) Plat.; *De legib.*, lib. VII, p. 789, B; C. — AEschin., *In Timarch.*, p. 269, E. — Poll., lib. IX, cap. 7; §108.

(7) Pind., *Olymp.* XII, v. 20, seqq.

la victoire, on décréta la célébration annuelle d'un combat de coqs (1) auquel assistaient les jeunes gens (2).
La scène préparée pour les combattants était un échafaud quarré (πῆγμα τετράγωνον), que l'on élevait au milieu du théâtre (3). Les Grecs soumettaient les coqs au
même régime que leurs athlètes : on les nourrissait
d'ail pour augmenter leur ardeur (4); on leur donnait des
maîtres qui les dressaient à combattre; enfin, pour rendre les coups qu'ils se portaient plus meurtriers, on ar-
mait leurs ergots de longs éperons d'airain (5). A Pergame
on exerçait aussi les coqs à combattre en public, et cet usage
existait encore du temps de Pline qui compare ces combats
à ceux des gladiateurs (6).

Les coqs de Tanagra en Béotie, et après eux ceux de
Mélos et de Chalcis, étaient les plus estimés (7). Un grand
nombre de monuments et surtout de pierres gravées, reproduisent des scènes relatives à ces combats. Tantôt c'est
le génie ailé de la palestre ou du cirque qui tient dans ses
bras un coq vaincu, qu'il protège contre son fier antagoniste (8); tantôt ce sont deux génies ailés, l'un joyeux de
la victoire, l'autre triste de la défaite de son coq (9). Nous
savons, d'ailleurs, que le coq vaincu était réputé l'esclave

(1) AElian., *Var. hist.*, lib. II, cap. 28.
(2) Lucian., *De gymnas.*, § 37.
(3) Suid., *voc.* Θαλία.
(4) Schol. in Aristoph. *Acharn.*, v. 165, et *Equit.*, v. 492.—
Xenoph., *Sympos.*, III, 9.
(5) Schol. in Aristoph. *Av.* 760.
(6) Plin., *Hist. nat.*, lib. X, cap. 21, § 25.
(7) Id., *ibid.*, § 24.
(8) Tassie, n° 6952.
(9) Le même, n° 6957.

du vainqueur et passait en la possession du maître de l'oiseau victorieux. On lit dans Aristophane : « Je suis un oiseau
esclave. — Est-ce que tu as été vaincu par un coq (1) ? » Et
dans les *Dioscures* de Théocrite : « Je t'appartiendrai si je
suis vaincu ; tu m'appartiendras si je triomphe.—Ce sont là
les conditions des combats que se livrent les oiseaux à la crête
empourprée (2). » On peut voir sur un camée antique un génie agonothète qui décerne des palmes et des couronnes à
des coqs vainqueurs (3). Ces divers monuments prouvent
que les combats de coqs étaient une sorte de parodie gracieuse des luttes athlétiques, et, envisagé de ce point de
vue, ce divertissement avait quelque chose de véritablement dramatique.

LES PAONS.

Les Athéniens eurent encore un spectacle où les oiseaux
jouaient un rôle, celui des paons. A chaque néoménie, ou
fête de la nouvelle lune, on montrait au peuple et aux étrangers, qui affluaient alors à Athènes, un certain nombre de
paons qu'on entretenait pour les plaisirs publics (4). Ce spectacle ne put avoir quelque attrait que tant que ces oiseaux
asiatiques furent rares en Grèce (5) : Antiphane dit, dans
une de ses pièces, que les paons étaient devenus de son
temps plus communs que les cailles (6). Je croirais volontiers que l'éclat du plumage et la fierté du port de ce

---

(1) Aristoph., *Av.*, v. 70.
(2) Theocr., *Diosc.*, v. 71, 72.
(3) Tassie, n° 6959.
(4) Antiph., Orat. *De pav.*, ap. Athen., lib. IX, p. 397, C, D.
(5) Eubul., In *Phœnice*, ap. eumdem, *ibid.*, B.
(6) Antiphanes, In *Milite*, ap. eumd., *ibid.*, A.

volatile étaient pour les Athéniens une sorte d'emblème
de l'orgueil persique. Aristophane se moque de la mono-
tonie de ce spectacle (1), qui, tout peu spirituel qu'il fût,
lui faisait peut-être une concurrence dangereuse.

CHARLATANS. — JOUEURS DE GOBELETS. — DANSEURS DE CORDE.

Il y avait encore dans les carrefours de la Grèce, du temps
d'Aristophane (2), d'Isocrate (3) et de Théophraste (4),
des charlatans, des devins, des diseurs de bonne aventure, des faiseurs de tours de toute espèce. Xénophon et
son disciple Cratisthène de Phlionte, savaient préparer un
feu qui s'allumait de lui-même (5). Diopithe de Locres
alla un jour à Thèbes ayant, au lieu de ceinture, des
vessies pleines de vin et de lait, qu'il faisait jaillir de manière à faire croire qu'il tirait ces fluides de sa bouche (6).
L'ancienne sphéristique (7) perfectionnée produisit les
joueurs de gobelets et les escamoteurs : « Les épées lacédémoniennes sont si courtes, disait l'Athénien Démade, que
nos joueurs de gobelets pourraient aisément les escamo-
ter (8). » On cite, parmi les plus célèbres prestigiateurs,
Théodore et Euryclide. Les Istiéens ou Orites dressèrent
dans leur théâtre, en l'honneur du premier, une statue

(1) Aristoph., *Acharn.*, v. 63.
(2) Id., *ibid.*, v. 135.
(3) Isocr., *Æginet.*, p. 385, C, D.
(4) Theophr., *Charact.*, cap. 6.
(5) Athen., lib. I, p. 19, E.
(6) Id., *ibid.*, p. 20, A.
(7) Voy. un Mémoire de Burette sur la *Sphéristique*, Acad. des
Inscript., t. I, p. 143 et suiv.
(8) Plutarch., *Apophthegm. lacon.*, p. 216, C.

d'airain tenant une petite boule (1). Les Athéniens ne rougirent pas d'élever au second, dans le théâtre de Bacchus, une statue non loin de celle d'Eschyle (2).

Cette inconvenance prouve, ce que nous savions d'ailleurs, que parfois les bateleurs donnaient leurs représentations sur les grands théâtres où accouraient les marchands étrangers, les nouveaux domiciliés ou métèques et les esclaves; tous gens qui n'entraient pas au théâtre les jours de représentations solennelles. A cette foule se joignaient les citoyens désœuvrés qui devaient ces jours-là payer leur place. « Vous le verrez, dit Théophraste, dans le portrait de l'impudent, parmi les farceurs qui amusent le peuple par leurs tours d'adresse, recueillir la recette à la porte et se disputer avec ceux qui prétendent entrer sans payer (3). »

Le simple saut de l'outre, fut aussi admis sur le théâtre, suivant le scholiaste d'Aristophane (4). Alors l'outre était remplie d'air et non plus de vin (5). De ce jeu d'équilibre sortirent peu à peu les danseurs de corde, appelés plus tard schœnobates (6), acrobates (7), névrobates (8) et pétauristes (9).

MARIONNETTES.

Il n'y a pas jusqu'aux marionnettes qui n'aient été admi-

(1) Athen., *ibid.*, p. 19, B.

(2) Id., *ibid.*, E.

(3) Theophr., *Charact.*, cap. 6, p. 85, ed. Fisch.

(4) Schol. in Aristoph., *Plut.*, v. 1130.

(5) Poll., lib. IX, cap. 7, § 121.

(6) Juven., Sat. III, v. 77. — La schœnobatie est recommandée comme exercice hygiénique dans Hippocrat., *De victus rat.*, lib. III, p. 266, 55.

(7) On ne trouve pas dans les écrivains anciens le mot *acrobate*, mais seulement le verbe ἀκροϐατέω. Voy. Lucian., *Icaromen.*, § 10.

(8) Vopisc., *Carin.*, cap. 19.

(9) Varr., *Epist. ad Cæs.*, ap. Non., p. 56, 29.

ses sur les théâtres grecs. Athénée reproche aux Athéniens de n'avoir pas rougi de prostituer aux marionnettes d'un certain Pothein la scène où naguère les acteurs d'Euripide avaient déployé leur enthousiasme tragique (1). Hé quoi, dira-t-on, les Grecs ont donc connu les marionnettes? Oui, certes, et ils les avaient reçues des Égyptiens. Et puisque j'ai touché ce sujet assez peu grave, je ferai remarquer que le spectacle des marionnettes, comme tous les spectacles du monde, a eu une origine hiératique. La plus ancienne mention qui soit faite des statuettes à ressorts se trouve dans le père de l'histoire. En décrivant le culte de Bacchus en Égypte, Hérodote raconte que les femmes portaient en procession dans les campagnes, des statues de ce dieu, hautes d'environ une coudée, et dont le phallus gigantesque était mu par des ficelles (2). Les Grecs imitèrent cette pieuse et singulière mécanique (3). C'est même une question de savoir si les premières statues grecques, celles qu'on nomma dédaliennes, ne furent pas mobiles (4). L'art chrétien a fait aussi usage de la statuaire à ressorts pour augmenter l'effet

---

(1) Athen., lib. I, p. 19, E. — Eustath., p. 457, 35; seqq.

(2) Herodot., lib. II, cap. 107. — Plusieurs voyageurs modernes ont signalé en Afrique des pratiques religieuses à peu près semblables; Grandpré, entre autres, raconte dans son *Voyage en Afrique* (t. I, p. 118) qu'étant au Congo en 1787, il fut témoin d'une fête où des hommes masqués portaient processionnellement un phallus énorme qu'ils agitaient au moyen d'un ressort.

(3) Lucian., *De Syriâ deâ*, § 16.

(4) Il est très-vraisemblable que la prétendue mobilité des statues dédaliennes n'est qu'une métaphore admirative; cependant plusieurs passages qui les concernent peuvent faire croire à une mobilité réelle. Je lis, par exemple, dans Platon : « N'as-tu pas fait attention aux statues de Dédale? — A quel propos me dis-tu cela? — Parce que ces statues, si elles n'ont pas un ressort qui les

des grands spectacles ecclésiastiques. Un pèlerin, dont je
citerai ailleurs la relation, raconte avoir vu dans l'église
du Saint Sépulcre à Jérusalem, un grand crucifix à jointures
flexibles qui servait dans les cérémonies de la semaine
sainte et du Tombeau. Le nom même de *marionnette*, di-
minutif de *Marion*, petite Marie, vient, comme j'aurai
occasion de le montrer, d'une célèbre procession en usage à
Venise et dans laquelle on finit par substituer des poupées de bois aux nobles Vénitiennes qui d'abord faisaient,
sous le nom de *Maries*, l'ornement de cette antique solennité (1).

« Sur quoi comptes-tu le plus, demande Socrate au
bateleur Philippe? — Sur les sots, répond Philippe, car ce
sont eux qui me nourrissent en venant en foule voir danser
mes pantins (2). » Platon compare nos passions aux
fils qui font mouvoir les marionnettes (3). Aristote, ou
l'auteur ancien qui a écrit le traité *De mundo*, donne une
idée très-avantageuse du degré de perfection qu'avaient atteint dans l'antiquité, les poupées à ressorts. « Quand,
dit-il, ceux qui font agir et mouvoir de petites figures,
tirent le fil attaché à un de leurs membres, ce membre
obéit aussitôt... On voit leur cou fléchir, leur tête se pencher; leurs yeux, leurs mains, tous leurs membres sem-

---

arrête, s'échappent et s'enfuient, au lieu que celles qui sont arrêtées
demeurent en place. » Plat., *Menon*, p. 971, D, E. — Cf. *Euthyphr*., p. 11, C, D. — Callistr., *Ecphrasis seu statuæ*, § VIII,
ap. Philostr., p. 899.

(1) *Festa delle Marie*. Voy. Giustina Renier Michiel. *Origin.
delle feste Veneziane*, t. 1, p. 91.

(2) Xenoph., *Sympos*., cap. 4, § 55.

(3) Plat., *De legib.*, lib. 1, p. 644, E.

blent ceux d'une personne vivante. Ces divers mouvements s'exécutent avec grâce et précision (1). » On ne
pourrait rien dire de plus en parlant des *Fantoccini* de
Rome ou de Florence.

BOUFFONS. — PLANES. — ARTISANS DIONYSIAQUES.

- Enfin il y avait des acteurs ambulants, des bouffons,
des farceurs, des mimes, qui jouaient pour le peuple dans
les rues ou sur l'orchestre des théâtres, c'est-à-dire, sur la
partie située au-dessous du proscenium et la plus voisine
des spectateurs (2). Ceux qu'on voyait dans les rues et les
carrefours étaient plus particulièrement les *Planes*, espèce
de mystificateurs publics dont les poëtes comiques, entre autres Denys de Sinope, Nicostrate et Théognète, nous ont conservé quelques traits (3). Il y avait aussi les Γελωτοποιοί qui
passaient souvent de la place publique dans les festins (4).
Ces bouffons pullulèrent tellement à Athènes, qu'ils y formaient du temps de Philippe de Macédoine une sorte de
corporation qui se réunissait dans le Diomée, ou temple
d'Hercule. On les nommait *les soixante* à cause de leur

(1) Aristot. ; *De mundo*, cap. 6, t. 1, p. 376. — Il est curieux
de rapprocher de ce passage la traduction qu'en a faite Apulée :
« Illi qui in ligneolis hominum figuris gestus movent, quando filum
membri quod agitari solet traxerint, torquebitur cervix, nutabit
caput, oculi vibrabunt, manus ad omne ministerium præsto erunt,
nec invenuste totus videbitur vivere. » Appul., *de Mundo*, t. II,
p. 351, ed. Oudend.

(2) La place et les divisions de l'orchestre seront expliquées
plus loin dans un chapitre consacré à l'architecture théâtrale.

(3) Atheu., lib. XIV, p. 615, E, seqq. — Par une étymologie
forcée, on a mal à propos rapproché les *planes* de la *planipedia*
romaine.

(4) Xenoph., *Sympos.*, cap. I, § 12, et cap. IV, § 50.

nombre. Nous savons les noms de quelques-uns. Les bons mots de ces farceurs avaient acquis une assez grande célébrité pour que Philippe leur envoyât un talent, avec prière de lui faire passer par écrit toutes les plaisanteries de leur assemblée (1).

L'existence à Athènes d'une confrérie bouffonne n'a rien qui doive nous surprendre. Tout en Grèce était alors associations et confréries ; les chœurs religieux, les sacrifices publics, les théories, les initiations aux mystères, les représentations dionysiaques, donnaient lieu à des sociétés ou confréries, θίασοι (2). Il y avait jusqu'à des compagnons ou confrères en fait de musique (3), comme nous en verrons au moyen âge.

La grande compagnie des comédiens avait Bacchus pour patron. Tous les membres indistinctement portaient le nom d'*artisans dionysiaques*, ce qui n'empêchait pas cette corporation nombreuse et fort mêlée de se sous-diviser en plusieurs sociétés distinctes. Quelques-unes de ces compagnies de comédiens étaient fort honorées. Ceux, entre autres, qui coopéraient aux représentations solennelles, et qui participaient aux concours tragiques, comiques ou satyriques, jouissaient de la haute considération attachée à ces importantes fonctions religieuses et nationales. Aussi verrons-nous à Athènes les acteurs de tragédie et de comédie souvent chargés d'ambassades (4). Il n'en fut pas de même

(1) Athen., lib. XIV, p. 614, D, seqq.
(2) Aristoph., *Thesmoph.*, v. 40. — Poll., lib. VI, § 7 et 8. — Athen., lib. IX, p. 362 E, . — Harpocr. et Hesych., voc. Θίασος.
(3) Μουσικῆς θιασῶται, Plutarch., *De musicâ*, p. 1131, E.
(4) Demosth., *De fals. legat.*, p. 295, D, E, et *passim.*—AEschin., *De fals. legat.*, p. 397, E, et *passim.*

des comédiens du second ordre, c'est-à-dire; de ceux qui jouaient chez les particuliers et dans les carrefours, ni même des acteurs qui représentaient sur les théâtres publics, hors des jours solennels, sans l'assistance des chœurs nationaux et sans espoir d'être couronnés. Cette classe subalterne d'artisans-dionysiaques reçut la dénomination commune de mimes. Ces acteurs populaires, précurseurs de Thespis, ont devancé le grand théâtre national et lui ont survécu.

MIMES.

Le nom de mime n'est pas, à beaucoup près, aussi ancien que la classe d'artistes à laquelle il s'applique. En effet, cette expression n'apparait guère en Grèce avant l'archontat d'Euclide. Ce mot, d'ailleurs, eut dans la langue grecque, et conserva dans la langue latine, une double acception. Il signifiait tout à la fois une sorte de petites pièces amusantes, et les acteurs qui prêtaient leurs talents à la représentation de cette classe d'ouvrages (1). Comme genre littéraire, la grande famille des mimes n'offre ni l'élévation poétique, ni la régularité de formes, ni la pureté d'origine des trois genres de drames classiques. Cette souche bâtarde se divise en un nombre infini de rameaux divers et ne présente pas, comme la tragédie, la comédie et le drame satyrique, une continuité de productions issues d'un même système. C'est dans ce genre de créations capricieuses, toutes livrées à la fantaisie individuelle, qu'éclata surtout la mobile indépendance du génie grec.

Quant aux acteurs mimes, c'est-à-dire, aux comédiens

(1) Boulanger (*De theatro*, lib. I, cap. XLI, p. 106, seqq.) a réuni plusieurs exemples de la double acception du mot μῖμος.

placés en dehors des concours scéniques, ils offrent une extrême variété de types et reçurent beaucoup de noms divers. Je dois rechercher curieusement l'histoire et la filiation de ces acteurs populaires; car comme ils ont survécu au grand théâtre religieux et national, eux et leurs farces ont influé plus directement que les anciens chefs-d'œuvre de la scène grecque et romaine, sûr les origines et la naissance du théâtre moderne.

Je distingue deux classes d'acteurs mimes : 1° ceux qui jouaient des parades improvisées; 2° ceux qui représentaient des pièces écrites.

MIMES IMPROVISATEURS.

Les premiers mimes, ou plutôt les premiers comédiens populaires, furent partout improvisateurs. N'était-ce pas un mime, sauf le nom inusité alors, que ce *premier venu* qui, selon Pollux, improvisait du haut d'une table un épisode plaisant ou héroïque, au milieu du chœur dionysiaque (1)? Partout le nom que reçurent ces premiers acteurs atteste des habitudes d'improvisation. Suivant Samus de Délos, il y en eut qui s'appelaient αὐτοκάβδαλοι (2); les Thébains les nommaient ἐθελονταί (3); ailleurs ils portaient le nom de *sophistes* (4), ou de παραδοξολόγοι (5). Les contrées mêmes qui repoussèrent les concours scéniques reçurent ces baladins. Sparte, entre autres, qui, par

(1) Poll., lib. IV, cap. 19, § 123.
(2) Aristot., *Rhet.*, lib. III, cap. 7, 14. — Athen., lib. XIV, p. 621, F. — Hesych. et Suid., *voc.* αὐτοκάβδαλοι....
(3) Athen., *loc. cit.*
(4) Id., *ibid.*
(5) Les Παραδοξολογοῦντες étaient plus particulièrement peut-être ce que nous appelons des charlatans. *V.* Diod., lib. III, § 35, p. 201.

amour pour ses anciens airs nationaux (1), ne permit pas
aux chœurs cycliques et dithyrambiques de se transformer
comme ailleurs en tragédies et en comédies (2), Sparte qui
railla et repoussa constamment les folles dépenses de la
choragie athénienne, Sparte, l'ennemie des vaines paroles,
admit néanmoins ces divertissements modestes et ces petits
drames d'un appareil fort simple et conforme à son génie.
Les Lacédémoniens appelèrent *dicélistes* ces comédiens
probablement de condition servile et fort peu estimés (3).
Sosibius, qui vivait sous Ptolémée Philadelphe, nous a
fait connaître les sujets ordinaires des anciennes farces doriques : « C'était, dit-il, un homme qui volait des fruits,
ou un médecin étranger qui parlait un jargon ridicule (4). »
Cette indication nous fait voir depuis combien de siècles les
médecins ont le privilège d'exercer la verve des poëtes
comiques.

MIMES ÉCRITS. — DIVERSES ESPÈCES DE MIMES.

Outre les mimes improvisés, il y eut en Grèce des mimes
écrits, et de bien des sortes. Le plus ordinairement ces petites
pièces étaient en vers (5) et chantées avec un accompagne-

---

(1) Athen., lib. XIV, p. 632, F.—Pratinas a dit : « Le Lacon
est une cigale née pour les chœurs. » Athen., *ibid.*, p. 633, A.

(2) Plutarch., *Instit. Lacon.*, p. 239, B.—Les vastes théâtres dont
les ruines subsistent encore dans le Péloponèse, prouvent que les
Spartiates ont connu les grandes représentations scéniques, au moins
sous la domination romaine.

(3) Athen., *ibid.*, p. 621, D, E. — Agésilas fit l'application injurieuse du nom de *dicéliste* à un tragédien qu'il voulait mortifier.
Voy. Plutarch., *Agesil.*, cap. 21, et *Apophth. Lacon.*, p. 212, F.

(4) Athen., *ibid.*

(5) Id., *ibid.*, p. 621, C, D.

ment de flûtes, ce qui fit créer le mot *mimaules* (1).
Comme l'iambe est de tous les vers le plus propre à la
conversation (2), ces poëmes furent très-souvent composés dans ce mètre et nommés *iambes* ou *mimiambes*,
ainsi que leurs auteurs (3). Mais la dénomination la plus
générale et qui prévalut, fut celle de *mimes* pour les
pièces et pour les acteurs, et celle de *mimographes* pour
les auteurs (4).

Indépendamment de ce nom générique, commun à tous
les comédiens populaires, la plupart reçurent, selon les
lieux et les temps, d'autres dénominations fondées soit sur
la forme et la nature des pièces qu'ils représentaient, soit
sur le costume qu'ils adoptaient et qui, pour quelques-uns,
était fixe et invariable, comme l'est aujourd'hui celui des
personnages de la comédie italienne.

Si l'on classe les mimes grecs d'après la nature des pièces
qu'ils jouaient, on trouve les éthologues, les biologues, les
cinédologues, les phlyaques, les acteurs d'hilarotragédies,
de comédo-tragédies, etc.

Les éthologues qui furent célèbres surtout à Alexandrie
et dans la Grande Grèce (5), se vouaient, comme leur nom
l'indique, à la peinture des mœurs, mais des mœurs les
plus basses et les plus corrompues (6). Les biologues avaient

(1) Athen., lib. X, p. 452, F.

(2) Aristot., *De poët.*, cap. IV, § 18.

(3) Athen., lib. XIV, p. 622, B. — Suid., *vóc.* Σῆμος. Je tou-
cherai plus loin la question relative aux mètres de Sophron.

(4) Diog. Laert., *Plat.*, lib. III, § 18.

(5) Diod., lib. XX, § 63, p. 453.

(6) Ces mimes passèrent de la Grande Grèce à Rome. Cicéron
blâme sévèrement leur licence. Voy. *De orat.*, lib. II, cap. 59 et 60.

aussi la prétention de peindre la vie humaine (1). Quelques
critiques ont pensé qu'ils avaient reconquis les libertés de
la comédie ancienne et qu'ils traçaient surtout des portraits individuels. Les cinédologues (2), appelés aussi simodes et lysiodes, à cause de Simus de Magnésie (3) et de
Lysis (4), fondateurs de ce genre de pièces, se complaisaient,
comme les phlyaques (5), dans des plaisanteries et des gestes
de la plus révoltante obscénité (6). Dans la 96ᵉ olympiade,
Alcée de Mitylène composa un drame d'un genre nouveau,
une comédo-tragédie (7). Il fut suivi dans cette voie par
Anaxandride de Rhodes, Colophonius et quelques autres (8).
Plus tard, Rhinthon de Syracuse, établi à Tarente, composa,
vers la 120ᵉ olympiade (9), des hilarotragédies (10), parmi
lesquelles on cite un *Amphitryon* (11), qui peut-être fut un

---

(1) Jacobs, in *Analecten von Wolf*, t. I, p. 105, seq. — Coray,
Plutarch., t. IV, p 351. — Il existe à l'Escurial, dans un manuscrit de Choricius sophista, de Gaza, un discours; περὶ τῶν μίμων ;
titre qui est développé comme il suit *in interiore libri* : ὁ λόγος περὶ
τῶν ἐνΔιονύσω τὸν βίον εἰκονιζόντων, id est : Oratio de iis qui in Bacchi
(theatro) mores assimilant. Yriarte, t. I, p. 404.

(2) Strab., lib. XIV, p. 648, B.

(3) Id., *ibid.* — Athen., lib. XIV, p. 620, D.

(4) Strab., *ibid.*

(5) Suid., *voc.* φλύακις.

(6) Athen., *ibid.*, F.

(7) Harpocr., *voc.* ἀδδηφάγες.

(8) Eichstædt., *De dramat. Græcor. comico-satyr.*; p. 38.

(9) Donat., *Prolegom. ad Terent.*

(10) Steph. Byzant., *voc.* Τάρας. — Suid., *voc.* Ρίνθων, Σωτάδης et
Φλύακις.

(11) Athen., lib. III, p. 111, C.

des modèles de la comédo-tragédie de Plaute (1). Plusieurs
savants modernes, Casaubon (2), Saumaise (3), Ziegler (4),
ont pensé que les hilarodes dont parle Athénée (5), tiraient
leur nom des hilarotragédies ; mais Hermann (6) soutient,
au contraire, que les hilarodes qui portaient des habits
blancs, une couronne d'or, des sandales, et dont les
chants étaient accompagnés d'un instrument à cordes (7);
descendaient en ligne directe des rhapsodes et n'avaient
aucun rapport avec les hilarotragédies de Rhinthon et de
ses imitateurs.

Si, au contraire, nous classons les acteurs mimes d'a-
près les noms qu'ils reçurent de leur costume, nous trouverons les ithyphalles, les phallophores, les magodes, etc.,
dénominations qui n'étaient qu'une nouvelle manière
de désigner en certains pays des mimes connus ailleurs
sous d'autres noms. Ainsi les magodes, les ithyphalles et
les phallophores rentraient incontestablement dans la classe
des cinédologues. Les Sicyoniens chez qui les chœurs
phalliques et les *épisodes* sont aussi anciens et peut-être
plus anciens qu'à Athènes ; conservèrent aux chanteurs
phalliques leur ancien nom de phallophores, pleinement
justifié par leur costume, comme le prouvent tous les monuments. Le phallophore sicyonien, véritable type du mime

(1) Épicharme et Euripide ont traité aussi le sujet d'Amphitryon ; il y eut de plus *Les deux Amphitryons,* d'Archippus.
   (2) Casaub., in Athen., p. 167.
   (3) Salmas., *Plinian. exercit.*, p. 79, ed. Traiect.
   (4) Ziegler, *De mimis Roman.*, p. 39.
   (5) Athen., lib. XIV, p. 620, D.
   (6) Herm., *De dramat. Græc. comico-satyr.* (opuscula, t. I,
p. 43, seqq.)
   (7) Athen., *ibid.*, p. 621, B.

primitif, ne portait pas de masque (1); il avait seulement le
visage barbouillé de suie (2), ou couvert d'écorces de papy-
rus (3). Ce comédien de Sicyone, que nous verrons se transformer en *Planipes* à Rome et en Arlequin à Bergame, se
ceignait d'un plastron fait d'un tissu de serpolet, surmonté de feuilles d'acanthe : de plus, il se coiffait d'une
couronne de lierre et de violettes et se revêtait d'une cau-
nace. Les phallophores s'avançaient en mesure, les uns par
les portes latérales (πάροδοι), les autres par la porte du
milieu ; leur début était invariablement :

« Bacchus! Bacchus! Bacchus (4)! c'est à toi, Bacchus, que nous
consacrons ces airs. Nous ornerons leur simple rhythme par des
chants variés, qui ne sont pas faits pour des vierges (5). Nous
n'employons pas de vieilles chansons ; l'hymne que nous t'adressons
n'a jamais été chanté. »

Après ce prologue, le phallophore s'avançait d'un pas
rapide. Il avait le privilége de persiffler qui bon lui semblait, mais en s'arrêtant à une place (6). On voit que
ce mime sicyonien, comme son successeur romain et ber-
gamasque, entremêlait son jeu de sarcasmes improvisés et
de plaisanteries préparées à l'avance.

Ithyphalle (*penis arrectus*), était le nom que reçurent
des mimes à peu près de la même espèce que ceux dont
nous venons de parler, et plus particulièrement en vogue

(1) Athen., lib. XIV, p. 622, C,
(2) Id., *ibid.*, D.
(3) Suid., voc. Φαλλοφόροι et Σῆμος.
(4) Terentian. Maur., p. 2423, ed. Putsch.
(5) Cela semble prouver que chez les Sicyoniens les jeunes filles
n'étaient pas admises au spectacle des mimes.
(6) Athen., lib. XIV, p. 622, D.

dans la Grande Grèce. Les ithyphalles différaient des phallophores en ce qu'ils portaient un masque représentant pour
l'ordinaire un homme aviné (1). Leurs manches de couleur
violette couvraient presque leurs mains; leur tête était ceinte
d'une couronne; ils étaient vêtus d'une tunique bigarrée,
moitié blanche; de plus, ils s'enveloppaient d'une longue
tarentine qui leur descendait sur les talons. Comme le phallophore, l'ithyphalle jouait dans les grands théâtres, mais
seulement sur l'orchestre (2). Il entrait par la grande porte,
s'avançait en silence jusqu'au milieu de l'orchestre, puis il
se retournait vers la scène et disait : « Rangez-vous, faites
place au dieu, car le dieu se tient droit, et entend passer et
repasser par le milieu (3). »

Athénée, qui nous a conservé ces détails, nous apprend
que les pièces jouées par cette classe de mimes s'appelaient
comme eux *ithyphalles* (4). Les magodes, ainsi que leur nom
l'indique, étaient des comédiens d'origine persique et qui
différaient peu des lysiodes (5). Ces mimes prenaient les
sujets de leurs pièces dans les comédies et les représentaient
ensuite à leur manière et avec un appareil qui leur était
particulier. Ils faisaient grand usage du merveilleux et de la
magie, c'est-à-dire, probablement de tours d'adresse (6).
L'acteur magode se faisait accompagner de tambours et de

(1) Suid. , *voc.* Φαλλοφόροι et Σῆμος.
(2) Harpocrat. , *voc.* Ἰθύφαλλοι.
(3) Athen. , lib. XIV, p. 622, B, C.
(4) Id., *ibid.*
(5) Id., *ibid.*, p. 620, E.
(6) Sophocle et plusieurs autres écrivains emploient le mot μάγος
dans le sens de prestigiateur, comme l'expliquent Suidas, *voc.* μάγος,
et le scholiaste *ad Œdip. Tyr.*, v. 387.

cymbales. Son chant était efféminé et il ne gardait aucun respect pour la décence. Il jouait souvent sous des habits de femme; mais ses personnages favoris étaient ceux d'entremetteur, de croupier, d'ivrogne. Il faisait aussi fréquemment le rôle d'un libertin en partie de débauche avec sa maîtresse (1).

PARODISTES.

Il faut ranger encore dans la classe des mimes les auteurs et les acteurs de parodies. Il y eut en Grèce des parodistes de toutes sortes. Aristoxène nous apprend qu'Eudicus se rendit célèbre par son adresse à contrefaire les lutteurs et les pugiles. Straton de Tarente parodiait les poëtes dithyrambiques et OEnonas les citharèdes (2). « C'est lui, dit le même écrivain (3), qui a représenté Polyphème gazouillant d'une voix sifflante, et Ulysse après son naufrage parlant le jargon de Soles (4). » On appelait plus particulièrement *logomimes* ceux qui parodiaient les mauvaises prononciations (5). Hégémon de Thase éleva le premier la parodie sur la scène et en fit une sorte de comédie. Aussi mérita-t-il d'être déclaré par Aristote l'inventeur de ce genre (6). Hégémon florissait à l'époque de la guerre du Péloponèse. Souvent il donnait à Athènes des représentations sur le théâtre de Bacchus. Il était en train de divertir la foule par le prodigieux talent qu'il avait de tout contrefaire, quand on

(1) Athen., lib. XIV, p. 621, C.

(2) Id., lib. I, p. 19, F.

(3) Id., *ibid.*, p. 20, A.

(4) C'est, comme on sait, du mauvais langage parlé dans cette ville, qu'est venu le mot *solécisme*.

(5) Id., *ibid.*, p. 19, C.

(6) Aristot., *De arte poet.*, cap. II, § 5.

annonça au théâtre les revers éprouvés en Sicile, et personne ne quitta la place (1). Athénée donne le nom de comédies aux parodies de cet auteur (2). Il est probable qu'elles
ressemblaient plutôt à la comédo-tragédie d'Alcée ou aux
hilarotragédies de Rhinthon.

Quand, après l'issue malheureuse de la guerre du Péloponèse, toutes les libertés théâtrales furent abolies, les
poëtes comiques se réfugièrent dans la parodie littéraire.
Ils se moquèrent les uns des autres, lorsqu'il leur fut interdit de se moquer des hommes d'état. Les *Grenouilles* d'A-
ristophane qui obtinrent un grand succès et qui furent
jouées deux fois, ne sont au fond qu'une parodie élevée à la
hauteur comique ; c'est le chef-d'œuvre du genre.

Nous possédons sur un vase grec de Pœstum, publié par
M. Millingen, un spécimen graphique extrêmement précieux d'une de ces tragédies burlesques. Un vieux campa-
gnard couché sur un lit est torturé par trois vauriens de valets. Cette scène semble appartenir à une parodie de Pro-
cruste. Les acteurs de ce petit drame sont ithyphalles et masqués ; tous ont les pieds nus, un seul excepté, qui ne porte
pas cependant le socque ou brodequin comique (3). Plusieurs vases peints du cabinet de M. Durand, offrent des
scènes de ce genre. Un d'eux (4) nous montre trois acteurs ithyphalles et masqués, dont un est bossu et tient

(1) Athen., lib. IX, p. 407, A, B.
(2) Id., *ibid.*, p. 406, D, seqq.
(3) Millingen, *Peintures des vases grecs*, p. 69, 79, pl. XLVI. —
Cette peinture peut aussi servir à fixer plusieurs points douteux d'architecture théâtrale et de mise en scène. Elle laisse voir, par exemple,
deux parties qui manquent dans presque toutes les ruines des théâtres anciens, l'hyposcénium et les colonettes.
(4) Vases peints du cabinet de M. Durand, n° 670, p. 230.

une lyre. Un autre vase représente la parodie de l'arrivée
d'Apollon à Delphes. Le charlatan qui figure l'Apollon hy-
perboréen est placé sur les marches de l'escalier qui conduit à ses tréteaux. Il est comme tous les acteurs qui l'en-
tourent, ithyphalle et masqué (1).

Enfin, pour n'oublier de mentionner aucune des diverses sortes de petites pièces dans lesquelles se décomposa
peu à peu le grand théâtre grec, je dois citer le drame *co-
médo-satyrique*, dont, suivant M. Eichstædt, il subsiste
un échantillon dans le fragment de la *Lytierse* de Sosithée (2) ; les *silles*, petits poëmes mordants qui se rapprochaient plus, je crois, de la satire épique ou didactique
que du drame, et, finalement, les *griffes*, sortes d'énigmes,
ou, comme nous dirions, de charades en action, que les
anciens mimes, et entre autres Cléon le mimaule, ne dédaignaient pas de représenter (3). Le plus singulier exemple que nous puissions citer de ces énigmes dramatiques est
le griffe de Callias, intitulé : *La Théorie ou les Évolutions
des lettres*. Il nous reste une analyse étendue de cette pièce
dans Athénée (4).

Ce qui distinguait surtout les mimes des acteurs de tragédies et de comédies, c'est 1° qu'ils jouaient sur l'orchestre (5) au lieu de jouer, comme les acteurs tragiques et
comiques, sur la scène ou *proscenium* ; 2° qu'étant ainsi
beaucoup plus rapprochés des spectateurs, ils n'eurent pas

(1) Cabinet de M. Durand, vases peints, n° 669, p. 229, 230.
(2) Eichst. (*De dram. comico-sat.*) réfuté par Herm. (Opusc.,
t. I, p. 44.)
(3) Athen., lib. X, p. 452, F.
(4) Id., *ibid.*, p. 453, C, seqq. — Dans les anciennes peintures
des tombeaux de l'Égypte, on peut voir une danse où l'on figurait
des mots et des lettres. Rosellini, *Monum. civ.*, pl. C, 4.
(5) Suid., *voc.* σκηνή.

besoin de se grandir ; et n'employèrent ni le cothurne ni le socque., ni aucun des moyens d'exagération auxquels les comédiens (ὑποκριται) avaient recours ; 3° que dans la plupart des cas ils jouaient sans masques et le visage seulement noirci ou coloré (1). Il résulta de l'absence des masques que les hommes cessèrent de remplir aussi commodément les rôles de femmes. Exclues de la scène, les femmes furent admises sur l'orchestre ou le thymélé. On ne peut douter, en effet, qu'il n'y ait eu des femmes mimes en Grèce, μιμαδις (2), δειχληριαδες (3), particulièrement dans les contrées doriennes, d'où elles passèrent en Sicile, puis dans la Grande Grèce, et, enfin, à Rome. Si même on en croit une phrase douteuse d'un auteur dont l'autenticité elle-même n'est pas certaine, il était permis aux femmes les plus distinguées de Sparte de monter sur la scène. « *Nulla Lacedæmoni tam est nobilis vidua, quæ non ad scenam eat mercede conducta* (4). » Mais d'habiles critiques contestent précisément les mots *ad scenam* (5).

Toutes les pièces connues sous le nom générique de mimes, tous les petits drames qui ne concouraient pas, comme les tragédies et les comédies, pour les prix solennels, et qui n'étaient, au temps de Sophocle et d'Aristo-

(1) Je crois que les mimes ithyphalles et ceux qui jouaient les comédo-tragédies ou parodies de pièces tragiques étaient seuls masqués.

(2) Suidas, *voc.* Κρίσσος, ex AEliano. — Claudian., Epigr. 11, in Brunck. *Analect.*, t. II, p. 447.

(3) Athen., lib. XIII, p. 576, F, ex Polybio, lib. XIV, cap. 11. — Nous trouvons plus particulièrement en Syrie des femmes lysiodes. Voy. Athen., lib. V, p. 211, B.

(4) Cornel. Nepos, Præfat., § 4.

(5) On propose de lire *ad lænam* ou *ad cœnam... condicta.*

phane, qu'un accessoire amusant du grand théâtre, prirent
presque exclusivement possession de la scène, quand arriva
la décadence. En effet, après l'occupation d'Athènes par
Lysandre et sous les régimes diversement oppressifs qui
suivirent, la tragédie faute de subsides, et la comédie
faute de liberté, devinrent de plus en plus rares à Athènes.
Acteurs et poëtes se tournèrent vers les cours opulentes de
Macédoine, de Sicile, d'Égypte et de Syrie. Alors, à l'ombre des palais de Pergame, de Pella, de Syracuse et
d'Alexandrie, le grand art, l'art vigoureux et libre des
Eschyle et des Aristophane s'abâtardit et s'énerva. Le genre
mimique, né depuis longtemps à Syracuse, grandit et sup-
planta les autres genres. Le goût trivial, prosaïque et libertin des princes de Macédoine, d'Égypte et de Syrie
finit par régner seul dans la Grèce esclave.

A Athènes, la comédie dite nouvelle, la comédie de Ménandre et de Philémon, fut l'expression la plus élevée d'un
genre nouveau, qui, comme les mimes, se renferma presque uniquement dans la peinture des vices populaires et
des ridicules de la classe la moins élevée. Peu à peu les différences qui avaient séparé les pièces de Sophron de la
comédie d'Épicharme, s'effacèrent; alors, comme le remarqua plus tard l'empereur Antonin (1); il n'y eut plus
sous diverses formes et divers noms, que des mimes, c'est-
à-dire, que des imitations plus ou moins prosaïques de la
vie commune et réelle : l'élément religieux, l'imitation
poétique, l'idéal, en un mot, avait disparu.

(1) Marc. Anton., lib. XI, cap. C.

III.

DRAME ARISTOCRATIQUE EN GRÈCE.

Si le peuple en Grèce ne put se passer de danseurs, de chanteurs ambulants, de mimes de toutes sortes, pour subvenir aux rares et insuffisantes représentations du drame religieux et national, à plus forte raison les citoyens riches, et surtout les princes des états monarchiques, éprouvèrent-ils le besoin d'ouvrir leurs demeures à des spectacles à la fois moins solennels, plus variés et plus fréquents que ceux dont les fêtes publiques procuraient le plaisir à la foule. Je donne à ces divertissements privilégiés le nom de *drame aristocratique*.

Il y a surtout deux sortes de circonstances où la vie opulente met à contribution le génie dramatique : ce sont les jours de deuil et les jours de joie, et, plus particulièrement, les *banquets* et les *funérailles*. Je suivrai le développement du drame aristocratique dans ces deux voies qui semblent si opposées et qui, cependant, se touchent et finissent par se confondre. Je rechercherai dans quelle mesure l'élément aristocratique a contribué à la naissance et aux progrès de l'art théâtral en Grèce, et aussi combien et de quelle manière les fantaisies des grands ont influé sur sa corruption et sa décadence.

FUNÉRAILLES ; — PENDANT LES TEMPS HOMÉRIQUES.

Durant la première période de l'histoire grecque, c'est-à-dire, sous les rois de l'époque héroïque ou demi-fabuleuse, la plupart des jeux mentionnés par les historiens, ou plutôt par les poëtes, sont des jeux funèbres. Homère signale les joutes qui eurent lieu aux obsèques d'Œdipe (1) et à

(1) Homer., *Il.*, XXIII. v. 679.

celles d'Amaryncée (1) ; il décrit avec les plus grands détails les jeux qui honorèrent celles de Patrocle (2.) et d'Achille (3). Les plus anciens de ces jeux consistaient en exercices corporels : la course, le pugilat, le tir de l'arc, le jet du javelot ou du disque. La plupart des grands jeux de la Grèce furent institués comme anniversaires de certaines grandes funérailles héroïques. Les jeux néméens rappelaient celles d'Archémore, fils d'Hypsipyle ; les jeux isthmiques, celles de Mélicerte ; Pindare mentionne comme origine des jeux olympiques les joutes annuelles qui avaient lieu autour de l'autel voisin du tombeau de Pélops (4). A Thèbes, on célébrait des jeux près de la tombe d'Amphitryon (5) et près de celle d'Iolas (6). Bientôt on joignit aux jeux corporels des concours de musique et de poésie. La mort de Linus fut pour les Thébains l'occasion d'une cérémonie annuelle où l'on faisait entendre un chant lugubre qui portait le nom de ce poëte-musicien (7). Homère introduit les neuf Muses autour du bûcher d'Achille (8) et il fait chanter un chœur de poëtes (ἀοιδά) près des restes d'Hector (9). Vraie ou fausse, la tradition de la lutte poétique d'Homère et d'Hésiode aux funérailles d'Œlicus de Thessalie et à celles d'Amphida-

(1) Homer., *Il.*, XXIII, v. 630.
(2) Id., *ibid.*, v. 355, seqq.
(3) Id., *Odyss.*, XXIV, v. 89 seqq.
(4) Pindar., *Olymp.*, I, v. 146, seqq.
(5) Id., *Nem.*, IV, v. 32, seqq.
(6) Id., *Olymp.*, IX, v. 148, seqq.
(7) Herodot., lib. II, cap. 79.—Pausan., *Bœtic.*, cap. 29, p. 766
(8) Homer., *Odyss.*, XXIV, v. 60. — Pindare a suivi cette tradition (*Isthm.*, VIII, v. 124, seqq.)
(9) Homer., *Il.*, XXIV, v. 720.

mas de Chalcis, prouve l'antiquité de ces concours (1). Il
faut en dire autant du prix de poésie offert par Acaste,
l'un des Argonautes, en mémoire de Pélias son père, et
remporté, dit-on, par Sibylla (2); Hygin nous a laissé le
catalogue de plusieurs de ces jeux funèbres et les noms de
ceux qui y furent couronnés (3).

Un autre usage caractérisait les funérailles de cette
première époque; toutes étaient accompagnées de meurtres. On croyait les mânes altérés de sang et particulièrement avides de celui de leurs amis et de leurs ennemis. Fréret a rassemblé beaucoup de passages des auteurs
anciens qui prouvent l'existence de cette idée supersti-
tieuse (4), d'où s'est formée chez quelques nations modernes la croyance aux vampires. Par suite de cette opinion, les Grecs immolaient sur la tombe des héros les
esclaves des deux sexes que ceux-ci avaient le plus aimés;
Polyxène, par exemple, sur le tombeau d'Achille (5). Homère fait égorger, par ordre du fils de Pélée, douze captifs troyens sur le tombeau de Patrocle (6). Énée, dans
Virgile, réserve douze prisonniers pour être immolés aux
mânes du jeune Pallas (7). Une autre idée fortifia et
perpétua l'horrible usage des immolations humaines.
On croyait que les objets brûlés aux funérailles d'un mort
le suivaient dans l'autre vie. Comme on pensait que les

(1) Plutarch., *Sympos.*, lib. V, *quæst.* 1.
(2) Id., *ibid.*, *quæst.* 2. — Pausan.; *Lacon.*, cap. 18, p. 257;
Eliac., cap. 20, p. 505.
(3) Hygin., *Fabul.* 273.
(4) Mém. de l'Acad. des Inscript., t. XXIII, p. 182, seq.
(5) Euripid., *Hecub.*, v. 516, seqq.
(6) Homer., *Il.*, XXI, v. 27; XXIII, v. 175-182.
(7) Virgil., *Æneid.*, X, v. 518; XI, v. 82.

princes avaient besoin de leurs esclaves pour les servir , de
leurs femmes pour les aimer , et de leurs vêtements pour
les préserver du froid , on ne manquait pas de jeter dans
les bûchers des héros et des rois , leurs femmes , leurs esclaves et leurs vêtements. Il fallait pour que toutes ces
choses pussent servir aux morts, qu'elles fussent consumées
par le feu. Périande , tyran de Corinthe , ayant eu besoin
de consulter l'ombre de Mélisse , sa femme, celle-ci , évo-
quée dans le temple de Thesprotie , refusa de répondre ,
parce qu'elle était, disait-elle, transie de froid. Ce n'est pas
qu'on eût négligé d'enterrer ses vêtements avec elle ; mais
ils ne pouvaient lui servir , parce qu'on ne les avait pas
brûlés (1). Par suite de ces croyances superstitieuses les
immolations étaient souvent volontaires. Chez les Thraces ,
les femmes ou les esclaves favorites du mort se poignar-
daient sur sa tombe (2) , ou , suivant la coutume qui
subsiste encore aux Indes (3) , se jetaient vivantes dans
son bûcher (4). Et, comme la polygamie était admise chez

---

(1) Herodot. , lib. V , cap. 92 , § 6.

(2) Pomp. Mela. , *De situ orb.* , II , 2. — Montfaucon (*Antiq.*
expliq. , t. V , 1ere part. , p. 16 , pl. 11) a publié un bas-relief qui
représente une scène de ce genre.

(3) On voit dans le *Premier livre de l'Histoire de la Navigation*
aux Indes , par G.-M.-A.-W. L. , p. 51 , Amst. , 1598 , in-fol. , une
figure accompagnée de l'explication suivante : « Comment les femmes ; selon les lois de l'Inde orientale et d'aucunes îles, se laissent
brûler vives avec le corps de leur mari , s'y accommodant avec le
son de divers instruments de musique et en dansant, venant accompagnées de leurs plus proches parents qui à ce les incitent ,
leur promettant qu'elles iront en l'autre monde , tenir compagnie à
leur mari en tout plaisir et allégresse , portant avec elles leurs
principaux joyaux pour en user dans l'autre vie. »

(4) Cicer. , *Tuscul.* , lib. V, cap. 27 ; § 77 , 78.

ces peuples, les femmes du mort se disputaient l'honneur de ce sacrifice et le sort décidait entre elles (1).

Dans certaines contrées, et notamment dans les colonies de la Grande Grèce, on crut qu'au lieu d'égorger les captifs, il y aurait moins d'inhumanité à les forcer de combattre entre eux mortellement. De là, comme nous le verrons, les gladiateurs de l'Étrurie, qui passèrent à Rome. Le génie artistique de la Grèce fit un pas de plus : aux immolations forcées ou volontaires les Grecs substituèrent des combats fictifs ; ils se plurent à donner des représentations de batailles autour des tombeaux ; la pyrrhique fut, à proprement parler, la danse des bûchers funèbres (2).

Cependant, comme l'effusion du sang humain passait pour être particulièrement agréable aux mânes, la tragédie, quand elle fut née, parut propre à remplacer près de la tombe des héros les assassinats anniversaires et les libations sanglantes qui faisaient dans l'origine le principal ornement des jeux funèbres. C'est ainsi qu'on fonda un concours tragique près du monument de Thésée (3), et que, plus tard, nous verrons rassembler presque constamment des acteurs et ouvrir des luttes dramatiques, pour solenniser les obsèques des princes et des rois.

FUNÉRAILLES PENDANT LA PÉRIODE RÉPUBLICAINE.
— ADONIES. — ARIADNÉES.

Sous la période républicaine, une plus grande égalité dans la fortune des citoyens mit obstacle à la splendeur

(1) AElian., *Var. hist.*, lib. VII, cap. 18.
(2) Aristote cité par le scholiaste de Pindare, *Pyth.*, II, v. 127.
(3) Plutarch., *Thes.*, cap. 35, et *Cim.*, cap. 8. — C'est en cette occasion que Sophocle encore fort jeune entra pour la première fois dans la lice et remporta le prix sur Eschyle.

de ces dispendieuses funérailles. Toutefois la Grèce républicaine demeura fidèle au culte des tombeaux de l'âge
précédent et continua d'observer les fêtes anniversaires
fondées en l'honneur des tombes royales (1). Quelques-unes
même de ces fêtes n'étaient que la commémoration devenue populaire d'anciennes funérailles de l'époque fabuleuse. Telles étaient les *Adonies* ou obsèques d'Adonis,
qu'on célébrait chaque année dans presque toutes les villes
de la Grèce et dont les rites étaient particulièrement dramatiques. On plaçait sur un lit, dans chaque quartier,
une figure représentant le corps d'un jeune homme mort
à la fleur de l'âge ; les femmes de la ville, vêtues de deuil,
venaient l'enlever en pleurant, et en chantant un hymne
funèbre accompagné du son plaintif des flûtes (2). On portait ensuite en procession des vases remplis de terre, des
arbustes, des fleurs, de la verdure et des fruits, symboles
destinés à rappeler la jeunesse du héros et sa fin prématu-
rée. On terminait la cérémonie en jetant ces fruits, ces
arbustes, ces fleurs, et quelquefois les figures mêmes d'A-
donis dans une fontaine ou dans la mer (3). A Thèbes,
les jeux herculéens se célébraient chaque année en mémoire de la mort violente des huit fils d'Hercule (4).

Quelques-unes de ces obsèques mythologiques conservées

(1) Pindare mentionne, entre autres, les hommages poétiques
que recevaient annuellement les tombes des rois de Cyrène. Voy.
Pyth., V, v. 127, seqq.

(2) Les Phéniciens appelaient *gingras* ou *gingria* une flûte qui
rendait un son plaintif et qu'ils employaient dans les funérailles,
surtout dans celles d'Adonis. Voy. Poll., lib. IV, § 76, et Athen.,
lib. IV, p. 174, F. — C'est des funérailles que l'usage des flûtes
passa dans les tragédies

(3) Theocr., *Idyll.* XV, v. 132, seqq.

(4) Pindar., *Isthm.*, IV, v. 104, seqq.

dans les siècles suivants offraient des scènes d'une naïveté
qui touchait au comique. Voici comment se passaient à
Naxos les Ariadnées ou anniversaires funèbres d'Ariane.
« Les femmes de l'île, dit Plutarque, accueillirent fort
humainement Ariane...... Quand cette princesse fut arrivée à terme, elles n'oublièrent rien pour la secourir ; et
comme Ariane mourut sans pouvoir se délivrer, elles l'en-
terrèrent avec pompe. Thésée arriva pendant les obsèques...... Il laissa aux habitants une grosse somme pour
qu'on fît tous les ans à son amante un sacrifice funéraire,
le dixième jour de septembre. Dans cette cérémonie, un
jeune garçon, couché dans un lit, imitait, du geste et
de la voix, les douleurs d'une femme qui accouche (1). »

CHANTEURS ET PLEUREUSES AUX CONVOIS DES RICHES.

Plus simples qu'aux temps homériques, les funérailles
de la période républicaine semblent toutefois calquées sur
celles que décrit Homère et plus particulièrement sur celles
d'Hector. Elles offrent la réunion des deux circonstances
qui frappent le plus dans les obsèques du héros troyen, la
présence des poëtes ou chanteurs (ἀοιδοί) et les longs adieux
des femmes. Pindare, racontant l'enterrement fictif que
l'on fit pour sauver Jason enfant, ne manque pas de mentionner les feintes lamentations des femmes (2). Platon dit
à propos des rites funéraires : « Ne devrait-on pas faire
pour les chœurs tragiques ce qui se pratique dans les
funérailles ? On paie des musiciens étrangers qui accom-

(1) Plutarch., *Thes.*, cap. 20.
(2) Pindar., *Pyth.*, IV, v. 202. — Cook raconte qu'il vit jouer
à Uliétéa une pièce appelée l'*Enfant vient*, dont le sujet était une
femme en travail. *Troisième Voy.*, t. III, p. 402, trad., in-4°.

pagnent le corps jusqu'au bûcher, avec une harmonie
carienne.......... Une robe longue convient mieux que
des parures dorées à ces chants lugubres (1). » Le rappro-
chement que fait Platon entre les chants des funérailles et
ceux des tragédies est plein de justesse. Il existait, en effet,
plus d'un rapport entre la complainte tragique et la complainte mortuaire. Un même nom les désignait (θρῆνοι);
toutes deux étaient accompagnées du son plaintif des flûtes;
de plus, les hymnes funèbres étaient chantés par des espèces
d'acteurs gagés, θρηνῳδοί qui ne différaient des acteurs tragiques que par le costume. Quand le mort était riche et
d'un rang distingué, des chants étaient composés exprès
pour lui ; Pindare avait fait ainsi beaucoup d'odes funèbres
ou *thrènes*, qui ne sont pas venues jusqu'à nous (2).

Quant aux adieux des femmes, outre les gémissements
qui pouvaient être réels et sincères, on ne manquait pas
de s'assurer à prix d'argent la présence des pleureuses de
profession, sorte de comédiennes funéraires qui simulaient
la douleur. Les unes étaient chargées de pleurer le mort, les
autres de faire des libations sur le tombeau (3) ; les fonctions
de ces femmes étaient serviles : « Les Lacédémoniens ayant
défait les Messéniens, retinrent pour eux la moitié de toutes
les productions du pays ; ils contraignirent de plus les femmes libres d'assister aux funérailles pour y pleurer des
morts qui ne leur appartenaient par aucun lien (4). »

(1) Plat., *De legib.*, lib. VII, p. 800 ; D, E.

(2) Horat, IV, *Od.* 2, v. 21-24. — On appelait *ialemos* le chant
des obsèques. Voy. Athen., lib. XIV, p. 619, B.

(3) Εγχυτρίστριαι. Pseudo-Plat. *In Min.*, p. 315, D.—Suid.,
voc. Εγχυτρίστριαι.

(4) AElian., *Var. hist.*, lib. VI, cap. 1.

Solon, ennemi, comme on sait, de tout spectacle, voulut faire cesser les représentations funèbres : « Il défendit aux femmes, dit Plutarque, de s'égratigner et de se meurtrir le visage aux enterrements, de se livrer à des lamentations simulées et de pousser des gémissements et des cris à la suite des convois, lorsque les morts n'étaient pas leurs parents (1). » Mais il échoua contre les comédies des funérailles, comme il avait échoué contre le spectacle de Thespis. Lycurgue avait aussi voulu abolir à Sparte l'usage du deuil et des lamentations feintes (2), et il n'y avait pas réussi.

FUNÉRAILLES PUBLIQUES.

La Grèce républicaine décerna des funérailles publiques à plusieurs grands citoyens, et voulut perpétuer la mémoire de cette distinction en instituant en leur faveur des anniversaires funèbres. Timoléon (3), Brasidas (4), Aratus (5) et beaucoup d'autres grands hommes reçurent cet honneur.

(1) Plutarch., *Solon*, cap. 21. — Un passage de Démosthène (*In Macart.*, p. 1037, E) nous apprend que Solon restreignit la défense dont il s'agit aux femmes âgées de moins de soixante ans. Comme les devoirs funèbres entraînaient une souillure qui ne permettait pas de participer aux cérémonies religieuses, et que les femmes grecques étaient, jusqu'à l'âge de soixante ans, chargées en grande partie du culte, Solon, suivant M. du Theil (Mém. de l'Acad. des Inscript., t. XXXIX, p. 217, 218), voulut qu'elles s'abstinssent, quand il n'y avait pas nécessité, des fonctions funéraires incompatibles avec les cérémonies religieuses.

(2) Plutarch., *Lacon. instit.*, p. 238, D.

(3) Diod., lib., XVI, § 90, t. II, p. 150.

(4) Thucyd., lib. V, cap. II.

(5) Plutarch., *Arat.*, cap. 53.

Les Grecs décrétèrent même sur la motion d'Aristide des funérailles annuelles pour les guerriers morts à la bataille de Platée. Voici, selon Plutarque, l'ordre de cette cérémonie qui se pratiquait encore de son temps : « Le 16 du mois mémactérion, dès le point du jour, la procession se mettait en marche, précédée d'un trompette qui sonnait la charge. Suivaient des chars remplis de couronnes et de branches de myrte. Derrière s'avançait un taureau noir escorté d'une troupe de jeunes gens qui portaient des parfums, des fioles d'huile et des cruches remplies de lait et de vin, libations ordinaires dans les funérailles. Tous ces éphèbes étaient de condition libre, car il n'était pas permis aux esclaves de se mêler à cette fête destinée à honorer des guerriers morts pour la liberté. La marche était fermée par l'archonte des Platéens. Ce magistrat à qui, pendant toute l'année, il était défendu de rien toucher où il entrât du fer, et qui ne pouvait se servir que de vêtements blancs, se parait d'une robe de pourpre, ceignait une épée et portait entre ses mains une urne qu'il allait prendre au lieu où l'on gardait les actes publics ; il traversait ainsi la ville et se rendait à l'endroit où se trouvaient les tombes. Là il puisait avec son urne de l'eau dans une fontaine, lavait les petites colonnes qui s'élevaient sur les tombeaux et les frottait d'essences. Ensuite il immolait le taureau, faisait couler le sang dans une fosse ; et tandis qu'on plaçait les membres de la victime sur un bûcher, il invoquait Jupiter et Mercure infernal, et conviait à ce festin et à ces libations les âmes des hommes vaillants qui étaient morts pour le salut de la Grèce. Après quoi, remplissant une coupe, il jetait le vin et le lait dans la fosse, en disant d'une voix forte : « Je présente cette coupe aux braves qui

ont sacrifié leur vie pour la liberté des Grecs.(1). » Touchant et noble drame où respire le génie antique.

SECONDE ÉPOQUE DES ROYAUTÉS GRECQUES. — TRAGÉDIES AUX OBSÈQUES ROYALES.

Avec la seconde époque des royautés grecques reparaissent
de toutes parts les magnificences tumulaires, dont la tradition s'était conservée dans les états monarchiques, témoin
le monument de Théron dont on croit voir les ruines encore debout près d'Agrigente (2). La somptuosité des obsèques et du bûcher de Denys l'Ancien avait mérité d'être
mentionnée et décrite par plusieurs écrivains de l'antiquité (3). Quarante ans plus tard, Alexandre fit construire
à Babylone, pour les funérailles d'Héphestion, un bûcher
monumental qui surpassait ce qu'on avait élevé de plus
magnifique en ce genre. Il faut lire dans Diodore (4) tout
ce que l'architecte Strasicrate (5) prodigua de bois précieux, d'or, d'ivoire, d'étoffes de pourpre, de statues, etc.,
pour l'ornement de cet édifice éphémère. Ce bûcher,
haut de cent trente coudées, comptait six étages super-
posés. Des figures de Sirènes creuses et placées au faîte,
cachaient les musiciens chargés de louer le mort et d'en-
tonner le chant funèbre. Les dépenses de ce monument,
auxquelles pourvurent les contributions volontaires ou for-

---

(1) Plutarch., *Arist.*, cap. 21.
(2) Houel, *Voy. pittoresq. en Sicile*, t. IV, p. 30. pl. CCXXVI.
(3) Entre autres, l'historien Philiste dans le second livre de son
Histoire de Denys, cité par Plutarch., *Pelop.*, cap. 34.
(4) Diod., lib. XVII, § 115, t. II, p. 250, seqq.
(5) Plutarch., *Alex.*, cap. 72.

cées des provinces voisines, montèrent à douze mille talents,
environ soixante et douze millions de notre monnaie (1).
Alexandre institua, de plus, des sacrifices et des jeux anniversaires en l'honneur de son favori (2) ; et pour donner
lui-même l'exemple, il immola dix mille victimes qui
servirent à défrayer un magnifique banquet funèbre (3).
Il avait aussi l'intention d'ouvrir un concours gymnique et
musical qui eût effacé tout ce qu'on avait vu jusque-là en
ce genre (4). A cet effet il avait réuni plus de trois mille
artistes qui se trouvèrent ainsi tout prêts, dit Arrien,
pour figurer dans les jeux qui devaient bientôt décorer ses
propres funérailles (5).

Le bûcher d'Héphestion, composé de plusieurs étages,
devint le type, non-seulement des bûchers employés plus
tard aux apothéoses des empereurs (6), mais de presque tous

(1) Arrien n'évalue ces dépenses qu'à dix mille talents. Voy.
Arrian., lib. VII, cap. 14.

(2) Diodor., lib. XVII, § 115, t. II, p. 250, seqq.

(3) Tous les peuples de l'antiquité ont connu l'usage des banquets
funèbres. Nous le trouvons même chez les Juifs. Baruch (cap. VII,
v. 26 et 31) parle de dons et de repas offerts aux morts. « Mettez
votre pain et votre vin sur le tombeau du juste », dit Tobie (cap.
IV, v. 18).

(4) Il faut entendre par *concours musical* (ἀγών μουσικός) un
concours qui réunissait tous les genres de poésies, épique, lyrique
et dramatique. Alexandre ouvrit des concours de ce genre dans
toutes ses fêtes, gaies ou lugubres ; il appela, entre autres, des
artistes de toutes sortes aux jeux dont il honora les obsèques du sophiste indien Calanus. Voy. Athen., lib. X, p. 437, A.

(5) Arrian., *ibid.*

(6) Herodian., lib. IV, cap. 8.

les monuments durables qu'on éleva aux morts illustres (1).
Ce fut sur ce modèle qu'Artémise, reine de Carie, fit
bâtir dans la ville d'Halicarnasse, en l'honneur de Mau-
sole, son époux, la célèbre sépulture qui prit rang parmi
les merveilles du monde (2) et que Pline a si bien décrite (3). Lors de la dédicace de ce monument, Artémise
proposa des prix d'une grande valeur aux écrivains qui
composeraient le meilleur panégyrique de son mari. Elle
ouvrit de plus un concours poétique qui ne fut pas stérile :
on possédait, du temps d'Aulu-Gelle, une tragédie de
Théodecte intitulée *Mausôle*; laquelle eut, au rapport
d'Hygin, plus de succès que l'éloge en prose que le même
auteur avait fait du roi de Carie (4).

Plutarque, racontant les obsèques de Démétrius, remarque qu'elles furent célébrées avec un appareil presque théâtral. « Dès qu'Antigonus fut averti que l'on rapportait les
cendres de son père, il alla au-devant d'elles avec toute sa
flotte, et les ayant rencontrées près des îles, il reçut l'urne
d'or qui les contenait et la plaça sur sa galère royale. Toutes les villes où l'on abordait envoyaient des couronnes
qu'on déposait sur l'urne, et députaient des hommes vêtus
de longs habits de deuil pour assister au convoi funèbre.
Quand la flotte approcha de Corinthe, on vit de loin sur la
proue cette urne surmontée du diadème et couverte de la

(1) Bartoli, *Veterum sepulchra, seu mausolea Romanorum et
Etruscorum*; in.f°. — Les plus anciens tombeaux furent construits
en pierres et en briques. Voyez la description du tombeau d'Alyates,
roi de Lydie, dans Hérodote, lib. I, cap. 93.

(2) Vitruv., lib. VII, *Præfat.* — Strab., lib. XIV, p. 656. —
Hygin., *Fab.* 223.

(3) Plin., *Hist. nat.*, lib. XXXVI, cap. 4.

(4) Aul. Gell., lib. X, cap. 18.

pourpre royale, entourée de jeunes gens armés qui lui servaient de gardes. Xénophante, le plus habile aulète de
cette époque, était assis auprès et jouoit des airs graves et
religieux que le mouvement mesuré des rames accompagnait. La flotte avançait au bruit de cette harmonie lugubre,
qui imitait les cadences de la flûte unie aux gémissements
et aux battements de poitrine qu'on entend d'ordinaire aux
funérailles (1)...... »

L'idée des représentations scéniques était tellement liée
dans l'esprit des anciens aux idées de funérailles, qu'Hérode Atticus ayant causé la mort de sa femme Régille,
qu'il aimait avec passion, ne se borna pas à lui rendre
tous les honneurs funèbres alors en usage; il ne regarda
pas comme une expiation suffisante l'institution de sacrifices et de festins anniversaires (2); il ne se contenta pas
de faire tendre sa maison de noir et de s'y renfermer dans
un isolement absolu et prolongé; il crut devoir, pour apaiser les mânes de Régille, élever plusieurs monuments,
et, entre autres, un théâtre couvert ou Odéon (3). Ce
singulier monument funéraire, dont j'aurai occasion de
parler ailleurs (4), avait un toit de bois de cèdre et était
orné des plus riches sculptures (5).

Au reste, les voyageurs ont observé dans toutes les
contrées du monde des usages à peu près semblables. Partout nous trouvons les chants et les cris plaintifs des

(1) Plutarch., *Demetr.*, cap. 53.
(2) Lucian., *Demonax*, § 33.
(3) Il subsiste encore à Athènes quelques débris de ce monument
qu'on a pris à tort pour les ruines du théâtre de Bacchus. Voy.
W. M. Leake, *The topography of Athens*, p. 60, seq.
(4) Dans le chapitre où je traiterai de l'*Architecture théâtrale*.
(5) Philostr., *Herod.*, p. 551 et 555, seqq.

femmes; partout l'immolation des prisonniers et des esclaves (1); partout des présents faits aux morts et les armes et les vêtements des chefs brûlés ou enfermés avec
eux dans la tombe; partout des jeux, des danses et de petits drames exécutés autour des tombeaux. Le capitaine
Cook nous a donné la description des *Haivas* que les insulaires de l'Océan austral jouent sur la tombe de leurs guerriers (2). Nous voyons chez les sauvages de l'Amérique du
nord l'usage des anniversaires funèbres. On lit dans le
Père de Charlevoix que la grande fête des morts avait lieu
tous les huit ans chez certaines peuplades et tous les dix
ans chez les Hurons. Cette pieuse solennité était accompagnée de festins funéraires et suivie de danses, de jeux et de
combats simulés, à la fin desquels des prix étaient décernés aux vainqueurs, comme en Grèce (3). Ainsi, partout
une même idée introduisit des jeux, des scènes variées,
des simulacres de combats, en un mot, le drame, c'est-
à-dire, l'image de la vie, près des tombeaux.

BANQUETS ET FÊTES ARISTOCRATIQUES.

Dans les occasions gaies, dans les noces, dans les heureux anniversaires, dans les repas, la vanité royale et aristocratique ne manqua pas, non plus, en Grèce de recourir à la poésie; et non seulement elle fit appel à la muse

---

(1) Voyez dans Bowdich (*Voyage au pays d'Aschantie*, p. 394-
405), l'horrible boucherie qui accompagne d'ordinaire les obsèques
royales dans cette contrée.

(2) Cook, *Second voyage*, t. 1, p. 443, trad., in-4°.

(3) Les femmes pleuraient et chantaient tour à tour. De temps
en temps elles jetaient un grand cri qui s'appelait *le cri des âmes*.
Voy. le P. de Charlevoix, *Journ. d'un voyage en Amérique*,
lettr. XXVI, p. 114.

épique et lyrique ; mais elle mit encore à contribution le génie dramatique.

ÉPOQUE HOMÉRIQUE. — CHANTEURS.

Aux temps homériques, les chanteurs allaient, comme nos jongleurs du moyen âge, célébrer les exploits des héros dans les fêtes, les assemblées publiques et les palais des rois, préférant toujours *la chanson la plus nouvelle* (1). Chacun même des petits princes de la Grèce fédérale avait alors son chantre attitré, qui ne manquait pas aux jours de fête d'égayer le festin du pasteur des peuples. Ainsi faisait Phémius à Ithaque (2), ainsi Démodocus à la cour du roi des Phéaciens (3), ainsi le chanteur qu'Agamemnon avait laissé dans son palais près de Clytemnestre (4). C'est, dans l'Odyssée, une scène à la fois touchante et risible, que celle où le chantre divin, Phémius, au milieu du massacre des prétendants, embrasse les genoux d'Ulysse et demande la vie, affirmant que c'est malgré lui qu'en l'absence du héros il a chanté pour les usurpateurs de ses domaines (5).

DANSES HYPORCHÉMATIQUES. — CUBISTÉTÈRES.

La voix de ces anciens poëtes, que l'on payait toujours des plus grands éloges et des mets les plus succulents (6), était soutenue des sons de la lyre. Le plus ordinairement les paroles de ces chansons servaient de texte et les airs servaient

---

(1) Hom., *Odyss.*, I, v. 350-352.
(2) Id., *ibid.*, v. 154.
(3) Id. *ibid.*, VIII, v. 260.
(4) Id., *ibid.*, III, v. 267, seqq.
(5) Id., *ibid.*, XXIII, v. 330, seqq,
(6) Id., *Odyss.*, VIII, v. 477-480.

d'accompagnement à des danses figurées. L'orchestique, en effet, fut, dès la plus haute antiquité une des parures des banquets splendides.

« Quand les amants de Pénélope, dit Homère, eurent satisfait la faim et la soif, ils ne songèrent plus qu'au chant et à la danse qui sont le charme et la décoration des festins (1). »

Et ailleurs :

« Tandis que dans les superbes demeures de Ménélas, une foule d'amis et de voisins s'abandonnaient à la joie des repas, un artiste divin chantait en s'accompagnant de la lyre. Alors deux *cubistétères* habiles s'avancèrent au son de la musique et firent leurs évolutions au milieu de l'assemblée (2). »

Plusieurs fois ces deux derniers vers sont répétés dans les poëmes homériques, et toujours deux danseurs ou cubistétères sont désignés comme nécessaires. Cette dualité constante suffirait pour faire supposer que cette danse conviviale avait quelque chose de dramatique. On sait d'ailleurs qu'elle était imitative. Tantôt les *cubestétères* tournaient sur eux-mêmes, luttant de vitesse avec la roue du potier, à laquelle le poëte les compare (3), tantôt ils se jetaient la tête en bas, comme les plongeurs. Le verbe κυϐιστάω est employé avec le sens de *plonger* dans un remarquable passage de l'*Iliade*. Patrocle ayant blessé à mort Cébrion, écuyer d'Hector, le malheureux tombe du char de son maître, la tête dans la poussière :

« Comme il est agile, ce guerrier, s'écrie Patrocle avec un accent railleur, comme *il plonge* adroitement (κυϐιστᾷ) ! Ah, sans doute, s'il se trouvait au milieu d'une mer poissonneuse, il pêcherait des

(1) Homer., *Odyss.*, I, v. 150-132.
(2) Id., *ibid.*, IV, v. 15-19.
(3) Id., *Iliad.*, XVIII, v. 599-601.

coquillages assez nombreux pour nourrir une foule de convives ; il s'élancerait de sa barque, même pendant la tempête. Comme il a plongé dans la poussière du haut de son char ! Il y a donc aussi chez les Troyens des cubistétères habiles (1) ! »

Cette danse s'exécutait la tête en bas et les pieds en l'air. On imitait ainsi les mouvements réguliers d'un homme qui nage, ou les pas renversés d'un homme qui danse. (2). Quelques archéologues ont pensé qu'il y avait de l'analogie entre les *cubistétères* de l'Ionie et les pierres *cubiques*, qui tenaient une si grande place dans le culte de la Cybèle phrygienne. Si l'on admet cette hypothèse, on est conduit à regarder la cubistique où danse pyramidale, comme originairement hiératique et consacrée à Cybèle (3). Quoiqu'il en soit, les passages d'Homère que nous avons cités prouvent que cette danse s'est très-promptement introduite dans les fêtes aristocratiques. Elle ne tarda même pas à devenir populaire et à tomber dans le domaine des saltimbanques. Hérodote raconte comment à la cour de Clisthène, roi de Sicyone, l'Athénien Hippoclide perdit l'espoir d'une alliance royale, pour avoir osé donner le spectacle de cette saltation malséante (4). Dans l'époque suivante, nous verrons fréquemment des danseurs de profession venir faire la roue ou le plongeon pour

(1) Homer., *Iliad.*, XVI, v. 743-50.

(2) On peut voir dans le cabinet des antiques de la Bibliothèque royale, trois figurines de bronze dans cette attitude bizarre. Voyez aussi Caylus, *Recueil d'antiq.*, t. III, p. 273 et suiv., pl. LXXIV, fig. 2.

(3) Panofka, *Kunstblatt*, 1825, p. 160.—*Mus. Bartold.*, p. 85. — M. Lenormant, *Étude de la religion phrygienne de Cybèle*, dans les Nouvelles Annales de l'Institut archéologique, section française, I cahier.

(4) Herodot., lib. VI, cap. 129.

amuser les convives (1). Je dois ajouter qu'on trouve fréquemment dans les anciennes peintures qui ornent les riches tombeaux égyptiens, des femmes qui font la roue (2) et des hommes dans l'attitude des cubistétères (3).

Quelque bizarre que paraisse cette sorte de danse, elle ne laisse pas d'avoir des analogues dans la mimique actuelle. Les voyageurs qui ont visité les théâtres de l'Italie, y ont été témoins de petites scènes de cubistique fort singulières. Dans une d'elles, par exemple, Arlequin voulant fermer un billet et n'ayant pas de cachet, jette sa lettre à terre, et, les mains en bas, les pieds en l'air, la cachette avec sa tête. C'était probablement des farces de ce genre que jouaient les anciens cubistétères.

Mais souvent aussi les danseurs exécutaient des tableaux plus dramatiques et plus gracieux. Homère s'est plu à retracer les danses voluptueuses des Phéaciens, *amis de la lyre et des chœurs*. Il nous montre ces insulaires, à l'issue d'un festin donné par leur roi Alcinoüs, exécutant une danse hyporchématique, c'est-à-dire, dont les pas et les attitudes exprimaient le sens des paroles chantées par le citharède. Pendant qu'un héraut se lève et va chercher la lyre de Démodocus, neuf chefs choisis par le peuple (4) aplanissent la lice où les jeunes hommes exercés à la danse vont par leurs mouvements et leurs gestes représenter l'aventure que chantera le poëte. L'habile chanteur choisit les *Amours*

---

(1) Xenoph., *Anabas.*, lib. VI, cap. i. — Id., *Sympos.*, cap. II et VII.

(2) Rosellini, l *Monumenti dell'Egitto*; Monum. civ., pl. C, fig. 8.

(3) Id., *ibid.*, pl. CII, fig. 5.

(4) Il semble que ce soit là l'origine de l'institution des choréges.

d'Arès et d'Aphrodite. En examinant avec attention les apprêts de danse qui précèdent ce chant et les détails encore
relatifs à la danse qui le suivent, on reste convaincu que,
malgré sa forme épique, cet épisode est un véritable hyporchème ; c'est-à-dire, un poëme destiné à être animé par le
geste et traduit par la danse (1).

Après et quelquefois pendant ces jeux, et quand on avait
fini de vider les *keras* ou grandes cornes de table (2), les convives qui ne prenaient pas part aux chœurs, se livraient
à divers exercices, entre autres, au jeu de la sphère ou
du ballon (3).

BANQUETS ET FÊTES PENDANT L'ÉPOQUE RÉPUBLICAINE. — CHANSONS DE TABLE.—ODES AGONISTIQUES.—SCOLIES.

Dans les fêtes de l'époque républicaine, la richesse continua de convoquer la musique, la danse et la poésie à ses
festins. Couchés sur des lits, et non plus assis sur des siéges
(θέριοι), comme du temps d'Homère, les riches citoyens des
républiques pouvaient jouir plus commodément de ces divers spectacles. Nous voyons sur les vases grecs une foule de
peintures qui représentent de riches Grecs étendus sur leurs

---

(1) Homer., *Odyss.*, VIII, v. 266-371. On regarde généralement
ce morceau comme interpolé et on le croit même de la plus ancienne
époque de la poésie grecque. J'admets ces deux opinions et je pense,
de plus, que c'est un hyporchème, ou chant fait pour être dansé.

(2) Pindar., ap. Athen., lib. XI, p. 476, B.

(3) Hom., *ibid.*, v. 372, seqq.—Des voyageurs ont trouvé le jeu
de ballon, qu'ils appellent *sphæra mundi*, en usage chez plusieurs
peuples sauvages, entre autres, à Banda, une des îles de la mer des
Indes. V. *Le second livre de la Navigat. des Indes orientales*, journal ou comptoir du voy. de J. Corn. Necq et Wibrant de Warwicq,
Amst., 1600, in-fol°, p. 13.

lits de table ou *clinés* et entourés d'aulètes ou de citharèdes (1). Quelquefois, ce sont les convives eux-mêmes qui
chantent ou jouent de la lyre (2), tandis que leurs voisins
se divertissent au cottabe (3) ou à d'autres jeux (4).

Dans les beaux temps de la Grèce, les chansons de table
étaient empreintes de la gravité des mœurs nationales. On
entonna d'abord des hymnes en l'honneur des dieux (5) et
des héros (6). Les vainqueurs couronnés aux grands jeux de
la Grèce ambitionnaient surtout d'entendre chanter leur
victoire dans les repas qu'ils donnaient ou recevaient à
leur retour dans leur patrie (7). La plupart des odes de
Pindare ont été composées pour des fêtes et des banquets

(1) Catalogue du cabinet de M. Durand, *vases peints*, nᵒˢ 807-809.

(2) C'était l'usage en Grèce de faire passer la lyre aux convives
à la fin du repas. Thémistocle ayant été forcé d'avouer qu'il ne savait pas s'en servir, fut regardé comme ignorant (*indoctior*).
Cicer., ap. Quintil., lib. I, cap. XI.—Cf Plutarch., *Cim.*, cap. 9.

(3) Non-seulement les Grecs jouaient au cottabe pendant leurs
repas; mais les gens riches avaient dans leurs maisons une salle
nommée *Cottabeion*, disposée pour jouer à ce jeu.

(4) Pollux donne une très-longue liste des jeux usités pendant les
repas. Voy. lib. IX, cap. 7, § 94, seqq.

(5) Les sacrifices étaient ordinairement suivis de repas où l'on
chantait les louanges des dieux (Pindar., *Pyth.*, V, v. 98, seqq.).
Quelquefois on invitait les dieux eux-mêmes, ou plutôt leurs
images, à ces fêtes qui s'appelaient *Théoxénies*. Voy. Schol. in
Pindar. *Olymp.*, VII, v. 156, et *Olymp.*, IX, v. 146.—Plutarch.,
De Será Num. vindic. — Athen., lib. IX, p. 372, A.

(6) Athen., lib. XIV, p. 694, seq.

(7) Pindar., *Isthm.*, V, v. 67-70. Les lauréats des jeux étaient
accueillis le jour même et sur le lieu de leur victoire par des chants,
des danses et des festins qui se prolongaient pendant la nuit. (Pindar., *Nem.*, VI, v. 64, seqq.). D'autres fêtes plus splendides encore les attendaient à leur retour dans leurs foyers.

agonistiques. Ces odes, dans le genre des dithyrambes,
étaient de véritables chœurs (1) mêlés de danses (2), exécutés tantôt sous de riches portiques (3), tantôt dans la
salle même des festins (4), au son des flûtes éoliennes (5).

« Comme les banquets sont amis de la gaieté, dit Pindare, ainsi
les couronnes de la victoire s'embellissent par l'harmonie des chants.
Au milieu des coupes, nos voix prendront un essor plus libre. Qu'on
verse à l'instant la douce liqueur qui doit préluder à nos hymnes ;
qu'aux yeux des convives le pétulant fils de la vigne brille dans les
magnifiques vases d'argent que Chromius a conquis par la vitesse
de ses coursiers aux jeux sacrés de Sicyone..... (6) »

Les odes de Pindare et celles des autres poëtes ses émules,
n'étaient pas composées seulement pour décorer une seule
fête. Indestructibles comme le marbre (7) sur lequel on
gravait le nom des vainqueurs, elles étaient destinées à
perpétuer d'âge en âge la gloire de certaines familles et
de certaines contrées :

« Courage, ô ma lyre, ma douce amie, dit Pindare, compose
sur des accords lydiens un hymne qui fasse à jamais les délices
des îles d'Œnone et de Chypre, où règne Teucer, fils de Téla-
mon.... (8). »

Les odes agonistiques étaient dans leur nouveauté chan-

(1) Pind., *Nem.*, III, v. 135-123.
(2) Pindare le dit expressément dans une foule de passages :
« Hâte-toi, Nymphe, de mesurer tes pas aux doux accents de ma
lyre. » Pindar., *Isthm.*, VII, v. 27, seqq. — Cf., *Pyth.*, I, init.
— *Isthm.*, VIII, init. — *Nem.*, III, init.
(3) Id., *Isthm.*, VIII, init.
(4) Id., *Nem.*, I, v. 29, seqq. — *Isthm.*, II, v. 58, seqq. —
Olymp. I, v. 25. — *Pyth.*, VI, v. 52-54.
(5) Id., *Nem.*, III, v. 157.
(6) Id., *ibid.*, IX, v. 114-127. — Traduction de M. Tourlet.
(7) Id., *ibid.*, VIII, v. 80.
(8) Id., *ibid.*, IV, v. 71-77.

tées et dansées par des artistes de profession. On *montait*
une ode, comme une tragédie ou une comédie. Dans la
suite, chacun savait par cœur ces chants glorieux. A la fin
des repas, chaque convive prenait à son tour une branche
de myrte et entonnait les nomes de Charondas (1), la
Toison d'or de Simonide ou l'hymne d'Harmodius (2). On
appelait *scolies* ces chants de table (3). Quelquefois, surtout à la cour des rois, un poëte couronné de fleurs
chantait, comme Anacréon, le vin et l'amour dans des
chansons souvent amœbées et qui formaient des espèces
de petits drames.

Les poëtes qui, comme Pindare, composaient des chants
à la louange de certaines familles et de certaines villes,
ne croyaient pas avilir leur muse en recevant un salaire en
argent (4). Quant aux rhapsodes et aux *stichodes* (5) que
l'on faisait venir dans les festins, ils ne recevaient plus en
paiement le dos d'un sanglier ou tout autre mets estimé,
ainsi qu'au temps d'Homère ; l'usage s'était introduit,
comme on le voit déjà dans Aristophane, de leur donner
des vêtements (6), usage qui passa dans les mœurs romaines, qui se conserva sous le Bas-Empire et pendant la
durée du moyen âge, et qui subsiste encore aujourd'hui
dans tout l'Orient.

---

(1) Athen., lib. XIV ; p. 619, B.
(2) Aristoph., *Nub.*, v. 1356, Schol., *ibid.* (1359) et *Acharn.*,
v. 980 et 1092, Schol., *ibid.* — Hesychius attribue ce chant à Cal-
listrate.
(3) Athen., *ibid.*, p. 694, seq. — Suid., voc. σκολιόν.
(4) Pindar., *Isthm.*, II, v. 11-14.
(5) Eustath., *Iliad.*, I, p. 6, l. 25.
(6) Aristoph., *Av.*, v. 933, seqq.—Cf. Theocr., *Idyll.* XVI, v. 8.

RÉCITATION DE TRAGÉDIES ET DE COMÉDIES.

Souvent quand on avait enlevé les secondes tables, on chantait des scènes entières d'Eschyle et d'Euripide (1). Ce talent que possédaient tous les Athéniens bien élevés fut une ressource utile pour quelques-uns d'entre eux faits prisonniers dans la malheureuse expédition de Sicile. « Plusieurs, dit Plutarque, de retour à Athènes, allèrent remercier Euripide, et lui dirent, les uns, qu'ils avaient recouvré la liberté pour avoir enseigné à leurs maîtres les morceaux de ses tragédies qu'ils savaient de mémoire ; les autres, qu'errants et sans ressources après la défaite, ils avaient trouvé les moyens de pourvoir à leur subsistance en chantant dans les campagnes des fragments de ses pièces (2). »

Malgré la singulière opinion d'Euripide qui conseille dans sa *Médée* de bannir le chant et l'aulétique des festins et de les réserver pour le deuil et la tristesse (3), et malgré le blâme mieux motivé de Platon, qui préférait les sages conversations au bruit des chanteuses et des joueuses de lyre (4), le goût de ces plaisirs dispendieux alla toujours en croissant (5) :

« Pendant qu'on nous voit, dit Ménandre, conduire à l'autel une chétive brebis de la valeur de dix drachmes, quelle somme ne dépensons-nous pas, chaque jour, en joueuses de flûte, en danseuses, en parfums, en vins de Mendé et de Thasos ?..... Ne méritons-

---

(1) Aristoph., *Nub.*, v. 1364, seqq. —Schol., *ibid.* (1367).
(2) Plutarch., *Nic.*, cap. 29.
(3) Euripid., *Med.*, v. 192-203.
(4) Plat., *Protagor.*, p. 347, C, seqq.
(5) Aristoph., *Ran.*, v. 516, seqq.

nous pas, quand nous sacrifions si mesquinement, que les dieux ne nous accordent en retour, des biens que pour dix drachmes (1)? »

DANSES PENDANT LES REPAS.

Les danses auxquelles se livraient dans les festins les esclaves et les courtisanes, offraient les tableaux les plus voluptueux et les postures les plus lascives. C'était l'Apocinus, le Baucismus (2), l'Igdis (3); c'était l'Éclactisma, dans laquelle le pied de la danseuse devait atteindre jusqu'à son épaule (4); c'était, enfin, la Bibasis, danse dorienne, dans laquelle la danseuse devait frapper de son talon, et découvrir les attraits admirés dans la Vénus Callipyge (5). On peut voir sur les vases grecs et dans les peintures d'Herculanum, un grand nombre de figures qui représentent les danseuses admises dans les fêtes aristocratiques. Un voile transparent d'une couleur incertaine, entre le bleu et le blanc, relevé d'un côté, et flottant de l'autre, ou soutenu par la main droite, cachait à peine quelques-uns de leurs charmes (6). Quelquefois elles adoptaient le costume ou plutôt la demi-nudité des Bacchantes; elles se montraient alors, comme dans quelques monuments antiques, à peine couvertes d'une peau de tigre, dansaient en agitant des crotales, ou en élevant au-dessus de leur tête un tambour garni de grelots (7).

(1) Menandr. *Fragm.*, p. 107, seq. ed. Meinek.

(2) Poll., lib. IV, cap. 14, § 100, 101.

(3) Id., lib. X, cap. 24, § 103. — Athen., lib. XIV, p. 629, C et F.

(4) Schol. in Aristoph. *Vesp*, v. 1483. — Poll., lib. IV, § 102.

(5) Poll., *ibid.*

(6) *Antiq. d'Hercul.*, t. IV, pl. XXIV, éd. roy.

(7) Même ouvrage, t. I, pl. XX et XXI.

Les festins donnés par les ministres du culte et surtout par ceux de Bacchus, étalaient, comme les repas des particuliers, ce cortége de danseuses et de musiciennes. On lit dans Aristophane (1) :

« Cours vite au festin muni d'une corbeille et d'une coupe. Le prêtre de Bacchus t'invite. Hâte-toi ; on n'attend plus que toi pour commencer. Tout est prêt : lits, tables, coussins, couvertures, couronnes, parfums, desserts ; les courtisanes sont arrivées ; galettes, gâteaux, pains de sésame, massepains, belles danseuses ; tu y trouveras toutes les délices d'Harmodius (2). »

Enfin, quand le luxe de l'Asie eut tout à fait envahi la Grèce, on vit de riches voluptueux appeler à leurs festins des danseuses nues (3), des chanteuses nues, des harpistes nues (4). On entendit des épithalames entonnés par des chœurs de cent voix. On eut de jeunes esclaves habillées en Nymphes et en Néréides (5). Enfin on poussa le goût des effets dramatiques jusqu'à introduire dans les banquets des décorations et des machines presque scéniques. Voici par quel coup de théâtre se termina le repas des noces de Caranus, riche Macédonien : « Le

(1) Aristoph., *Acharn.*, v. 1885-1093.

(2) Traduct. de M. Artaud.—Le Scholiaste explique, τα φιλταϑ' Ἀρμοδίυ, par *la chanson d'Harmodius*. Nous avons parlé plus haut de ce chant.

(3) On peut voir dans les peintures égyptiennes, des danseuses vêtues d'une simple tunique transparente, et d'autres danseuses tout à fait nues. Voy. Rosellini, *Monum. civ.*, pl. CXVIII, fig. 3.

(4) Athen., lib. IV, p. 129, A.—Bœttiger prétend (*De quatuor rei scen. ætatibus*, p. 17) que toutes les fois qu'il est question chez les anciens de femmes nues, il faut entendre qu'elles se sont dépouillées seulement de leur robe de dessus. Cette opinion ne me semble nullement prouvée, et sans vouloir affirmer que la nudité fût toujours complète, je crois qu'elle était, dans beaucoup de cas, plus étendue que ne le pensait M. Bœttiger.

(5) Athen., *ibid.*, p. 130, A.

repas allait finir et le jour commençait à baisser, lorsqu'on ouvrit une partie de la salle que fermaient des rideaux blancs. Dès qu'ils furent relevés, des lampes, que fit monter un mécanisme caché, jetèrent un éclat subit. Alors on vit des Amours, des Dianes, des Pans, des Mercures, et beaucoup d'autres figures de ce genre, qui portaient des candélabres d'argent (1). Nous admirions la perfection de cet ouvrage, quand on servit des sangliers vraiment érymanthéens, couchés dans des plats carrés, à bordures d'or. On fit faire le tour des tables à ces pièces énormes, que perçait un javelot d'argent (2). »

BALADINS. — FOUS DOMESTIQUES. — NAINS.

A ces délices les riches habitants de la Grèce joignaient quelquefois des passe-temps plus grossiers. Outre les danseurs et les musiciens, qu'on appelait d'un nom commun *acroamates* (3), on faisait venir pour amuser les convives, des bouffons (4), des faiseurs de tours, des joueuses de cerceaux (5), des gens qui dansaient sur les mains (6), des singes savants (7). Quelques gens riches se plaisaient à entretenir dans leurs maisons des fous, à l'exemple des Perses (8). Les Sybarites mêmes avaient la passion ridicule

(1) Le Musée du Louvre et la Bibliothèque royale possèdent de très-beaux candélabres antiques. La tige de plusieurs représente une branche d'arbre qui rappelle les torches primitives.

(2) Athen., lib. IV, p. 130, A.

(3) Ἀκροάματα. V. Athen., lib. XII, p. 526, C. — Ernesti, *Excurs. VIII in Sueton.*

(4) Γελωτοποιοί. Voy. Athen., lib. IV, p. 130, C.

(5) Xenoph., *Sympos.*, cap. I, II.

(6) Id.; *ibid.*, cap. II et VII.

(7) Athen., lib. XIV, p. 613, D.

(8) Le roi de Perse, dès le temps de Démarate, avait un fou à sa table. Voy. Plutarch., *Lacon. apophth.*, p. 220, C.

des nains (1) , avant que les lieutenants d'Alexandre l'eussent prise à Suse et à Ecbatane.

C'était, en effet, une mode particulière à l'Orient que celle des bouffons domestiques (2), des faiseurs de tours , des chanteuses et des danseuses de toute espèce. On voit sur les peintures anciennes qui décorent les tombeaux de l'Heptanomide , de riches Égyptiens accompagnés de nains contrefaits (3). Dans ces cryptes décorées sous les rois de la xvıᵉ dynastie (2050 ans avant notre ère, d'après le calcul de M. Latronne), et où sont peints autour du défunt tous les usages de la vie civile , on trouve un grand nombre de figures de danseuses , de faiseurs de tours et de musiciennes (4). Ces divertissements subsistent encore aujourd'hui en Égypte , en Perse, aux Indes, chez toutes les nations soit bouddhistes , soit mahométanes. Toutes les relations de voyages sont pleines de fêtes et de repas animés par les danses lascives des almées et des bayadères (5). Jean Albert de Mandelslo raconte que le Grand Mogol avait

(1) Athen., lib. XII , p. 518, E. — Casaub., in Sueton. *August.*, cap. 83.

(2) Érasme dans l'*Éloge de la Folie* fait remonter plaisamment l'institution des fous de cour jusqu'à Vulcain, qu'il représente comme le bouffon de l'Olympe.—Philippe Cradélius a cru pouvoir soutenir plus sérieusement que , dès le temps de David, le roi Achis avait des fous à sa cour. Voy. *Rois*, lib. I, cap. XXI, v. 15.—Dans le *Ramayana* Sita a près d'elle un bouffon qui lui décrit les qualités de ses amants.

(3) On remarque deux figures de nains sur un dessin recueilli par Champollion le jeune, dans le tombeau de Rôteï, à Beni-Hassan.

(4) Rosellini, *ibid.*, Monum. civ., pl. XCV-CII.—Les Juifs prirent en Égypte l'usage de la musique et de la danse pendant les repas. Voy. *Ecclésiaste*, cap. II, v. 8; *Ecclésiastique*, cap. XXXII, v. 7 et 8; *S. Luc*, cap. XV, v. 25.

(5) Notre mot *bayadère* est la transcription du portugais *bailadeira* qui au xvıᵉ siècle signifiait une *danseuse*, dans l'acception la plus générale.

cédé pour habitation une aile de son palais, appelée *la porte du roi Acbar*, aux femmes chargées de le divertir lui et sa famille (1). Le même voyageur nous apprend que souvent retiré dans ses maisons de plaisance, l'empereur faisait danser ces femmes nues devant lui (2). Et ce ne sont pas là des plaisirs réservés à l'empereur ; il n'y a pas de Raja, ni même de riche particulier dans l'Inde qui n'appelle à ses repas d'apparat une ou plusieurs troupes de courtisanes. Anquetil du Perron (3), et tout récemment Victor Jacquemont (4), donnent une idée très-avantageuse de ces danses voluptueuses qui charment la sensualité orientale.

DRAMES PENDANT LES REPAS.

Si l'on doutait qu'en Grèce les danseurs et les danseuses aient exécuté pendant les repas de véritables drames, il suffirait, pour se convaincre de la réalité de ces sortes de spectacles, de lire le récit suivant qui termine le *Banquet* de Xénophon :

« On plaça d'abord un siége au milieu de la salle; puis le Syracusain (c'était le chef de troupe chargé du prologue) s'avança et dit : Vous allez voir Ariane entrer dans sa chambre nuptiale. Bientôt viendra Bacchus qui a fait un peu la débauche chez les dieux. Il s'approchera d'elle et ils prendront ensemble de doux ébats.

« En effet, Ariane, parée comme une jeune épouse, entre dans la salle et se place sur le siége. Incontinent un

---

(1) J. Alb. de Mandelslo, *Voy. en Perse*, mis en ordre par Olearius, t. I, p. 117.

(2) Id., *ibid.*, p. 116.

(3) Anquetil du Perron, *Zend-Avesta*, t. I, *Introduction*, p. CCCXLIV.

(4) *Correspondance* de Victor Jacquemont, t. I, p. 192.

air de flûte annonce , sur un rhythme bachique , l'arrivée
du dieu. Alors on admira l'habileté du maître d'orchestre.
Aux premiers sons qu'Ariane entendit , chacun put voir, à
sa contenance, le plaisir qu'elle éprouvait. Néanmoins elle
n'alla point au devant de son époux et ne se leva même pas;
mais il était évident qu'elle se contenait à peine. Dès que
Bacchus l'aperçut , il mit dans sa danse l'expression de l'a-
mour le plus passionné ; il s'assit sur ses genoux , la prit
dans ses bras et l'embrassa. Elle , tout en rougissant , lui
rendait amoureusement ses caresses. Les convives, à cette
vue applaudissaient et ne pouvaient retenir leurs cris. Mais
quand Bacchus et Ariane se furent levés, c'est alors qu'il fallait voir les gestes de ces amants transportés. Les spectateurs
en contemplant ce Bacchus si beau et cette Ariane si belle ,
qui ne s'en tenaient pas au simple badinage , mais qui
joignaient amoureusement leurs lèvres et s'embrassaient à
bon escient , éprouvaient l'émotion la plus vive. Il leur
semblait entendre Bacchus demander à Ariane si elle l'aimait , et Ariane assurer Bacchus qu'il était aimé ; si bien
que tous auraient juré que ce jeune garçon et cette jeune
fille s'aimaient d'un amour réel ; car ils ne ressemblaient
pas à des acteurs à qui l'on a enseigné leurs gestes , mais
bien plutôt à de vrais amants impatients de satisfaire des
désirs longtemps contenus. Enfin , à les voir se tenir étroi-
tement enlacés comme deux époux allant à la couche nuptiale, ceux des convives qui n'étaient pas mariés se pro-
mirent de l'être bientôt, et ceux qui l'étaient , montèrent
à cheval pour aller rejoindre leurs épouses et répéter la
scène dont ils venaient d'être témoins...... Ainsi se termina
le banquet de Callias (1). »

(1) Xenoph., *Sympos.*, cap. IX. — Cf. Bœttiger, *De Ariadne*

BANQUETS PENDANT LA SECONDE ÉPOQUE DES ROYAUTÉS
GRECQUES.

Mais ce fut surtout dans les palais des rois grecs de la seconde époque, chez Alexandre, tyran de Phères (1), en Sicile à la cour des Hiérons, en Égypte à celle des Ptolémées, en Macédoine dans le palais d'Archélaüs, de Philippe et des successeurs d'Alexandre, en Syrie chez les Attales, que l'on trouve le plus complet développement du
drame aristocratique.

Le palais de Denys de Syracuse était rempli de chanteurs et de bouffons (2), qu'on appelait *dionysocolaces*,
c'est-à-dire, parasites de Denys, ou de Bacchus (3), titre que
portaient, dans ce dernier sens, tous les artisans dionysiaques. La troupe d'acteurs et de rhapsodes qu'entretenait
ce prince était presque uniquement occupée à déclamer
ses vers, non-seulement en Sicile, mais encore à Athènes (4) et à Olympie (5).

Dans les dernières années de la vie d'Alexandre, les banquets de ce monarque n'étaient pas seulement des orgies
animées par des musiciens et des comédiens de tous genres ;
c'étaient de véritables mascarades : « Souvent, dit Éphippe,
Alexandre se mettait à table habillé en dieu ; il prenait

et Bacchi saltatione mimicâ, in Fr. Aug. Bornemanni edit. Xenoph.
Conv., p. 223, seqq.

(1) AElian., *Var. hist.*, lib. XIV, cap. 40.
(2) Plutarch., *Dion*, cap. 7. — Diodor., lib. XV, cap. 6. t. II,
p. 7.
(3) Athen., lib. VI, p. 249, F.
(4) Diodor., lib. XV, cap. 74, t. II, p. 60.
(5) Id., lib. XIV, cap. 109, t. I, p. 724.

tantôt la robe de pourpre d'Ammon, sa chaussure tailla-
dée et ses cornes, comme s'il eût été ce dieu même ;
tantôt il s'habillait en Diane et montait ainsi vêtu sur son
char, ayant une robe persane et laissant voir sur son
épaule l'arc et le javelot de la déesse. Il lui arrivait encore
de s'habiller en Mercure. Mais son vêtement de tous les
jours était une chlamyde de pourpre et une tunique cha-
marrée de blanc; sa coiffure était un bandeau surmonté
d'un diadême. Dans les réunions d'amis, il portait un pétase
ailé et des talonnières comme Mercure, et tenait un caducée à la main. Souvent aussi on le voyait couvert de la peau
de lion et armé de la massue d'Hercule (1). »

Alexandre à son retour des Indes épousa Statira (2), fille
aînée de Darius, et Parysatis, fille puînée d'Ochus (3), et
donna en mariage à Héphestion, son favori, Drypatis,
autre fille de Darius. Il fit épouser les autres princesses ou
filles de grands seigneurs perses à quatre-vingts des principaux officiers de son armée. Ces noces donnèrent lieu à
une des fêtes les plus follement splendides de toutes celles
dont la mémoire nous est parvenue. Voici quelques détails que nous a transmis l'historien Charès.

« Alexandre fit préparer quatre-vingt-douze lits pour
lui et ses compagnons dans un *hécatoncliné*, ou salle à
cent lits ; chaque *cliné* était orné comme le demandait un

---

(1) Éphippe dans son livre *sur la mort d'Alexandre et d'Héphestion*, cité par Athen., lib. XII, p. 537, E, F.

(2) Plutarch., *Alex.*, cap. 70.—Arrien (lib. VII, cap. 4) nomme
Barsine cette seconde femme.

(3) Arrian., *loc. cit.*—Ainsi Alexandre avait trois femmes,
Statira ou Barsine, Parysatis et Roxane ; mais il n'innovait pas en
cela. La polygamie était permise aux rois de Macédoine.

jour de noces et avait coûté vingt mines d'argent. Les pieds de celui du roi étaient d'or. Il admit à ce banquet tous les étrangers qui lui étaient unis par un lien particulier d'hospitalité et les fit coucher en face de lui et des autres mariés. Il donna place dans une enceinte découverte aux chefs de l'armée de terre et de mer, aux députés des villes et aux simples voyageurs. La salle du festin était magnifiquement décorée et garnie de draperies précieuses posées sur une tenture de pourpre à fond d'or. Le pavillon qui couvrait cette salle était soutenu par des colonnes de vingt coudées, revêtues de lames d'or et d'argent et enrichies de pierres précieuses. Les parois intérieures étaient tendues de tapisseries brochées d'or qui représentaient des animaux et dont le bas était garni de baguettes d'or et d'argent. L'enceinte découverte avait quatre stades de tour. On fit ces repas de noces au son des trompettes, comme lorsque Alexandre offrait un sacrifice, pour que toute l'armée en fût instruite. Ces fêtes durèrent cinq jours. On y fut servi par un grand nombre de barbares, de Grecs et d'Indiens. Il y eut une foule de faiseurs de tours très-habiles, tels que Scymnus de Tarente, Philistide de Syracuse et Héraclite de Mitylène. Après eux se montra le rhapsode Alexis de Tarente. Il y eut de plus des citharistes qui jouèrent sans accompagnement de voix, entre autres, Cratinus de Méthymne, Aristonyme d'Athènes, Athénodore de Téos. Au contraire, Héraclite de Tarente et Aristocrate de Thèbes, chantèrent en s'accompagnant de la cithare. Denys d'Héraclée et Hyperbolus de Cyzique chantèrent au son des flûtes : après eux parurent des aulètes qui commencèrent par l'air en usage aux jeux pythiens ; ensuite on entendit successivement, et soutenus par des chœurs, Timothée, Phrynicus, Caphésias, Diophante et Evius de Chalcis. Depuis ce jour, les artistes dionysiaques, appelés Dionysocolaces, reçurent le nom d'*Alexandrocolaces*, comme si Alexandre, par les nombreux présents qu'il leur fit, était devenu leur dieu. Ce changement de nom plut à Alexandre. On représenta aussi des tragédies dans cette fête : les acteurs furent Thessalus, Athénodore et Aristocrite. Les comédies furent jouées par Lycon, Phormion et Ariston. Enfin, Phasimèle se fit entendre sur la harpe. Les couronnes que les députés des villes et quelques particuliers offrirent en cette occasion à Alexandre, furent évaluées à quinze mille talents (1). »

Toutes les fêtes qu'Alexandre donna en Asie offrent un singulier caractère d'extravagance mythologique. Je citerai pour exemple son retour triomphal des Indes à travers la Carmanie (2) : « Il marcha pendant sept jours, dit Plutarque, menant une espèce de mascarade et comme une bacchanale continuelle. Il était traîné par huit chevaux dans un char magnifique, sur lequel on avait dressé un échafaud en forme de théâtre carré. Là, avec ses courtisans et ses familiers, il tenait table nuit et jour. Le chariot était suivi d'un grand nombre d'autres chars, les uns en forme de tentes, couverts de tapis de

---

(1) Environ quatre-vingt-dix millions de notre monnaie. Voy. Charès, *Hist. d'Alexandre*, livre X, cité par Athen., lib. XII, p. 538, C, seqq. — Cf. AElian. *Var. hist.*, lib. VIII, cap. 7.

(2) Arrien, le plus judicieux historien d'Alexandre, nie cette pompe triomphale (*Anabas.*, lib. VI, cap. 28). Il est certain qu'en songeant aux désastres qu'Alexandre avait éprouvés avant de traverser la Carmanie, on sent la nécessité de placer cette pompe, si elle est réelle, dans un autre temps et un autre lieu.

pourpre et d'étoffes de diverses couleurs, les autres en forme de berceaux et ombragés de rameaux verts qu'on renou-
velait incessamment. Ces chars portaient ses principaux
officiers qui, couronnés de fleurs, passaient leur temps
à boire. Dans tout ce cortége vous n'auriez vu ni un bouclier, ni un casque, ni un javelot. La route n'était couverte que de soldats qui, avec de grands flacons, des tasses
et des coupes, puisaient sans cesse du vin dans des cratè-
res et dans des urnes et buvaient les uns aux autres, soit
en marchant, soit en s'asseyant à des tables dressées
le long du chemin. La campagne retentissait au loin du
bruit des flûtes et des chalumeaux. Partout résonnaient les
chants et les danses des femmes qui imitaient le délire des
Bacchantes. Cette marche si déréglée et si dissolue se
termina par des jeux où l'on déploya toute la licence
des bacchanales. On eût dit que Bacchus était là en personne et qu'il présidait à ces orgies (1). »

Le goût de ces pompes désordonnées passa aux successeurs d'Alexandre. L'histoire des rois qui se partagèrent
l'empire du vainqueur de l'Asie, est pleine de fêtes mo-
delées la plupart sur cette marche triomphale, et toutes,
comme elle, plus ou moins mêlées d'orgies dionysiaques. Un écrivain cité par Athénée, nous a laissé une am-
ple description d'une pompe demi-religieuse et demi-royale
que Ptolémée Philadelphe déploya dans Alexandrie pour
solenniser son avénement à la couronne et honorer la mémoire de son prédécesseur, Ptolémée Soter.

Callixène qui nous a conservé le détail de cette immense
théorie, dont nous trouverons le pendant chrétien dans la

(1) Plutarch., *Alex.*, cap. 67.

procession instituée à Aix par le bon roi René, décrit d'abord avec la plus minutieuse exactitude la vaste tente, σκηνή , où fut donné le festin royal. Je supprime l'énumération des colonnes , des tapis, des tentures, des statues , des tableaux , des richesses de toutes sortes, dont ce lieu fut orné. Je me borne à transcrire le passage suivant qui trahit le goût singulier de cette époque et qui se rapporte plus directement à mon sujet.

« On avait pratiqué dans les parties supérieures de ce riche pavillon des loges hautes de huit coudées. Il y en avait six de chaque côté dans la longueur de la salle, quatre dans la largeur. On avait placé dans ces loges , en face les unes des autres , des tables garnies de mets pour des acteurs tragiques, comiques et satyriques, vêtus des habits de leurs personnages et ayant devant eux des coupes d'or. Au milieu de ces loges on avait réservé comme un sanctuaire pour y placer des trépieds d'or semblables à ceux de Delphes. »

Callixène passe ensuite au récit de la pompe :

« Le cortège, dit-il, traversa le stade situé près de la ville. La première troupe était celle de l'Étoile du matin ; car ce fut au lever de cet astre qu'on se mit en marche. Ensuite s'avança la division qui portait le nom des père et mère du roi et de la reine. Après elle suivaient en différents corps les confréries de tous les dieux et de toutes les déesses, ornées et pourvues chacune des objets relatifs à l'histoire de chaque divinité. La dernière troupe était celle de l'Étoile du soir; car la saison se trouvait telle que la pompe ne se termina qu'à la fin du jour. »

L'auteur donne ensuite la description détaillée de chacun des corps dont se composait cette vaste procession. Je

ne citerai , en l'abrégeant , que ce qui a rapport à la phalange de Bacchus :

« La division dionysiaque était précédée de Silènes qui
écartaient la foule , les uns couverts d'une robe de pourpre , les autres d'une robe à palmes. Venaient ensuite des
Satyres au nombre de vingt, rangés des deux côtés du stade
et portant des lampes qu'entouraient des feuilles de lierre
d'or. Après eux s'avançaient des Victoires ayant des ailes
d'or. Elles portaient des thuriboles de six coudées , ornées
de feuilles de lierre et de colonnettes d'or. Ces Victoires
étaient vêtues de tuniques sur lesquelles plusieurs figures
d'animaux étaient brodées sur un fond d'or...... Deux
Silènes suivaient en chlamyde de couleur pourpre et en
chaussure blanche , l'un portant un pétase et un petit caducée d'or , l'autre une trompette. Entre eux deux mar-
chait un homme grand de plus de quatre coudées , ayant
le costume et le masque tragique , et tenant une corne
d'Amalthée toute d'or : on l'appelait *Eniautos* (L'An). Derrière ce personnage venait une femme de belle taille , couverte d'or et tenant d'une main une couronne de perséa, de
l'autre une palme ; on l'appelait *Pentétéris*, la cinquième
année (1). Après elle s'avançaient les Quatre-Saisons
portant chacune les fruits qui leur sont propres...... Ensuite venait le poëte Philiscus , prêtre de Bacchus et tous
les artisans dionysiaques....... A quelque distance rou-
lait un char à quatre roues , long de quatorze coudées
sur huit de large , traîné par cent quatre-vingts hommes.

---

(1) La présence de ce personnage allégorique dans la pompe de
Ptolémée prouve qu'il y avait coincidence entre cette cérémonie et
la célébration des Dionysies quinquennales.

Sur ce char était posée la statue de Bacchus, haute de dix coudées. Cette figure qui versait du vin avec une coupe d'or, était vêtue d'une tunique talaire de pourpre et d'une robe de dessus transparente et de couleur jaune. Cette statue était, de plus, entourée d'un manteau pourpre, broché d'or. Devant elle était placée une cuve de Laconie faite d'or, qui contenait quinze *métretes*, une table à trois pieds qui soutenait une cassolette d'or et deux flacons de même métal pleins de cassia et de safran. On avait tressé au dessus un élégant berceau de pampre, de lierre et de divers autres feuillages, d'où pendaient des couronnes, des guirlandes, des thyrses, des tambourins, des bandelettes, des masques satyriques, comiques et tragiques. Derrière ce char venaient les prêtres, les prêtresses, les nouveaux initiés, toute la confrérie de Bacchus et les femmes qui portaient le van mystique. Un peu après, on voyait les Bacchantes appelées *Macétes* ou *Mimallones*, *Bassares* ou *Lydiennes*, ayant les cheveux en désordre et couronnées de serpents, de branches d'if, de pampre et de lierre. Un autre char à quatre roues, large de huit coudées, s'avançait ensuite traîné par soixante hommes et portant assise une statue représentant Nysa (1), haute de huit coudées, vêtue d'une tunique jaune brochée d'or et d'un manteau macédonien. Cette figure se levait artificiellement (2), sans que personne y touchât. Elle versait du lait avec une coupe et se rasseyait ensuite......(3). »

Je m'arrête : ce fragment suffit et au delà, pour donner

(1) Ville où Bacchus était particulièrement honoré.

(2) Cette circonstance est remarquable pour l'histoire de la statuaire à ressorts.

(3) Athen., lib. V, p. 197, seqq.

une idée de cette représentation gigantesque. J'ai cru devoir insister quelques instants sur la pompe de Ptolémée, parce que cette espèce d'inauguration royale, à laquelle se mêlait la célébration des Dionysies pentétériques, devint le type invariable de toutes les entrées et réceptions de rois, de toutes les déifications et apothéoses (1), de tous les triomphes décernés aux empereurs et aux princes même chrétiens, qui conservèrent, comme nous le verrons, une grande partie de cet extravagant cérémonial.

Outre ces fêtes qu'on peut appeler mythologiques, quelques-uns des successeurs d'Alexandre donnèrent à grands frais des fêtes que la bassesse de leurs inclinations fit tomber dans la classe des bouffonneries et des farces comiques. Ainsi Antiochus, roi de Syrie, que Polybe au lieu d'Épiphane, *illustre*, a surnommé si justement Épimane, *insensé* (2), jaloux des éloges donnés aux jeux que Paul Émile avait fait célébrer en Macédoine, résolut de surpasser la magnificence du général romain. A cet effet, il convoqua à Daphné (3) les Grecs de toutes les villes. Les

---

(1) Il faut distinguer la déification de l'apothéose. Non-seulement 'hellénisme admettait l'apothéose des héros morts; mais à partir d'Alexandre, les princes aspirèrent à être déifiés de leur vivant. Un démagogue vendu à Démétrius Poliorcète fit décréter que toutes les fois que ce prince viendrait à Athènes il serait reçu avec les cérémonies en usage aux fêtes de Cérès et de Bacchus. On changea le nom du mois munychion en celui de démétrion, et l'on poussa même la flatterie jusqu'à donner aux dionysies le nom de *démétriades*. Voy. Plutarch., *Demetr.*, cap. 10-12.

(2) Athen., lib. II, p. 45, C.—Id., lib. V, p. 193, C, et lib. X, p. 439, A.

(3) Id., lib. V, p. 194, C, seq. — Polybe (lib. XXVI, ap.

fêtes qu'il donna durèrent trente jours et il dépensa en
cette occasion une partie de son trésor, fruit de ses exa-
tions et du pillage d'un grand nombre de temples. Et cependant, malgré l'or, l'argent, les tapis, les parfums,
les animaux rares, les statues, les peintures, les richesses
de tous genres qu'il prodigua sans mesure, il ne sut faire de
cette pompe et de ces jeux qu'une bouffonnerie immense.
Il faut lire dans Athénée (1) comment monté sur un mé-
chant cheval, il se montrait sur tous les points du cortége,
faisant avancer les uns, retenant les autres. Il fit dresser
pour les repas dont il accompagna ces jeux jusqu'à quinze
cents lits. Lui-même dirigeait tout le service. Il se tenait
à la porte de la salle, introduisant ceux-ci, plaçant ceux-
là. Il précédait les officiers qui apportaient les plats, chan-
geant son rôle de roi contre celui de maître d'hôtel. Il parcourait la salle, s'asseyait ici, se couchait là. Quelquefois
il quittait brusquement les mets ou la coupe qu'il avait à la
main, se levait d'un bond, visitait toutes les tables et recevait debout les santés qu'on lui portait. Il poussa même
l'oubli de son rang jusqu'à se mêler aux jeux des baladins
chargés d'égayer les convives. Un jour, entre autres, que le
banquet s'était prolongé et qu'une partie des personnes in-
vitées se retiraient, les bateleurs apportèrent le roi enve-
loppé dans un drap et le posèrent à terre comme un des
leurs. Alors la symphonie se fit entendre et Antiochus,
comme éveillé peu à peu par le bruit des instruments, se
mit à s'agiter, à sauter, à folâtrer au milieu des acteurs, si

---

Athen., lib. X, p. 439, B) dit que ces jeux eurent lieu à Antioche.

(1) Athen., lib. V, p. 195, D.

bien que tous ceux qui furent témoins de ce honteux spectacle, se retirèrent confus et en rougissant (1). »

Un autre roi de Syrie, Antiochus de Cyzique, ne montra pas dans le choix de ses plaisirs des inclinations plus
royales. Non-seulement il avait une passion désordonnée
pour les mimes et les bouffons, mais il étudiait leur métier avec une application extrême. Ce qu'il y eût de plus
singulier, ce fut son amour extravagant pour les marionnettes. Le passe-temps favori de ce prince était de faire
mouvoir lui-même des figures d'animaux, hautes de cinq
coudées et recouvertes d'or et d'argent. Et pendant qu'il
s'amusait ainsi puérilement à faire manœuvrer ces poupées, son royaume était dépourvu de toutes les machines
de guerre qui font la gloire et la sûreté d'un état (2).

ROI DU FESTIN.

Il se jouait dans presque tous les grands repas grecs une
sorte de petit drame que je dois au moins signaler. On éli-
sait un président ou roi du festin, auquel tous les convives
étaient tenus d'obéir. La coupe qu'il ordonnait de boire
était la *coupe de nécessité* (3). Ce roi du festin reçut dans
l'époque républicaine le titre de *symposiarque* (4). Dans les
pique-niques et dans les repas par tribu, tels que les *Apa-
turies*, on l'appelait *éranarque* (5). Quelquefois les convives

---

(1) Athen., lib. V, p. 194, C, seqq. et lib. X, p. 439, B, seqq.
ex Polybio.

(2) Diod., *Excerpta de virtut. et vit.*, t. II, p. 606, 607.

(3) Plaut., *Rudens*, act. II, sc. 3, v. 33. — Je suis l'explication de Turnebe, adoptée par Mᵐᵉ Dacier.

(4) Plutarch., *Sympos.*, lib. I, quæst. 4. — Aristot., *Polit.*,
lib. II, prope finem.

(5) Artemid., lib. I, 18 et 37; Id., lib. II, 38.

accusaient le roi du festin d'excès de pouvoir et de tyran-
nie (1). Il n'était même pas sans exemple qu'on se déclarât
en pure démocratie(2). Plutarque a consacré un chapitre entier de ses *Questions de table* à la recherche des qualités que
cette magistrature exigeait (3). Souvent les invités confé-
raient par acclamation cette dignité au maître du logis (4);
d'autres fois celui-ci décorait de ce titre le convive le plus
illustre ; mais le plus ordinairement le sort faisait le roi
du festin, comme on le voit par un mot attribué à Agé-
silas(5). Les insignes de cette royauté joyeuse étaient une
couronne de fleurs (6).

CRONIES. — PÉLORIES. — ESCLAVES SERVIS PAR LEURS MAÎTRES.

C'était aussi des espèces de drames domestiques que les
fêtes grecques où les esclaves jouaient pour un temps plus
ou moins court le rôle d'hommes libres et quelquefois celui
de maîtres. On lit dans un fragment des *Annales* du poëte
L. Accius :

« C'est un usage général en Grèce, et particulièrement à Athènes,
de célébrer en l'honneur de Saturne des fêtes nommées Cronies.
Soit aux champs , soit à la ville , ce jour se passe en joyeux festins.
Chacun, comme nous le faisons à Rome , traite avec bonté ses es-

(1) Diogen. Laert. , *in Empedocl.* , lib. VIII, § 64.
(2) Lucian. , *Cronosol.* , § 13 et alibi.
(3) Plutarch. , *sympos.* , lib. I , quæst. 4.
(4) Plaut. , *Stich.* , act. V , sc. 4 , v. 20.
(5) Plutarch. , *Apophth. lacon.* , p. 208 , B.
(6) Plaut. , *Pers.* , act. V , sc. I , v. 18. — Plutarch. , *Sympos.*,
loc. cit.

claves. C'est d'Athènes qu'est venu l'usage de ces banquets où les serviteurs sont assis à la même table que leurs maîtres (1). »

Cette coutume était également reçue en Crète. Le jour des Hermées, ou fêtes de Mercure, les maîtres y servaient les esclaves à table. A Trézène il y avait une fête semblable. Les esclaves, pendant un des jours qu'elle durait, s'attablaient et jouaient aux osselets avec leurs maîtres (2). Enfin, en Thessalie, on célébrait une fête du même genre sous le nom de *Pélories*, en mémoire d'un tremblement de terre qui avait assaini la vallée de Tempé, heureuse révolution dont un esclave nommé Pélore apporta la nouvelle aux Pélasges. Pendant ces fêtes on mettait les prisonniers en liberté, on faisait des sacrifices à Jupiter et l'on dressait des tables où les esclaves étaient traités et servis en hommes libres (3).

L'idée de cette comédie domestique paraît venir de Perse. Bérose dans le premier livre des *Babyloniques*, et Ctésias dans le livre second des *Persiques*, mentionnent une fête appelée *Sacée*, où l'on voyait la même interversion dans les rôles de maître et d'esclave. Cette fête durait cinq jours en Perse. Un esclave dans chaque maison était revêtu d'une robe royale et exerçait l'autorité souveraine (4). Dion Chrysostôme nous apprend que cette mascarade se jouait jusque dans le palais du roi. On choisissait un prisonnier condamné à mort, on le faisait asseoir sur le trône du monarque, on le revêtait des insignes royaux,

(1) Accius cité par Macrobe, *Saturn.*, lib. I, cap, 7, p. 233, ed. Bipont.

(2) Carystius cité par Athen., lib. XIV, p. 639, B, C.

(3) Baton de Sinope cité par Athen., *ibid.*, E.

(4) Athen., *ibid.*, C.

on le laissait faire bonne chère et même user à discrétion des concubines du prince ; aucune de ses volontés ne devait rencontrer d'obstacles ; puis le sixième jour venu, on le dépouillait de son costume d'emprunt, on le battait de verges et on le mettait en croix (1), dénoûment bien tragique pour une comédie commencée d'une manière si joyeuse.

REPAS D'HÉCATE.

Un autre petit drame convival se jouait encore à Athènes, non pas seulement une fois chaque année, comme les Cronies, mais à toutes les *néoménies* ou lunes nouvelles : c'était les *Hécatésies* ou fêtes d'Hécate. Des statues et des autels de cette déesse étaient placés, comme on sait, dans tous les carrefours et devant les portes des principales maisons (2). A chaque nouvelle lune les gens riches offraient un repas à la déesse et déposaient sur ces autels des pains et des mets fort simples, tels que des anchois, des mendoles et des surmulets (3). Les pauvres remplissaient le rôle de la déesse et venaient la nuit vider les plats (4). Hécate passait pour avoir accepté l'offrande. Comme les chiens errants faisaient assez souvent concurrence aux pauvres et se chargeaient irrévérencieusement

(1) Dion Chrysost., Orat. IV, *De regno*, t. I, p. 161, 162, ed. Reiske.

(2) Aristoph., *Vesp.*, v. 800.

(3) Athen., lib. VII, p. 313, B, C et 325, C ; — Id., lib. VIII, p. 358, F. — Le surmulet (Τρίγλη, en latin *Mullus*) est un assez petit poisson. Les Romains en faisaient un très-grand cas, quand il pesait plusieurs livres. Voy. Juven., *Sat.* IV, v. 15.

(4) Aristoph., *Plut.*, v. 594, Schol., *ibid.*

du rôle de la déesse, on regarda ces animaux comme des
victimes particulièrement agréables à Hécaté (1).

QUELLES PIÈCES ON JOUAIT A LA COUR DES ROIS GRECS.

Nous venons de voir les acteurs satyriques, comiques,
tragiques, les comédiens de toutes sortes, mimes, danseurs, lysiodes, simodes, ithyphalles, en un mot, toute
la bande des artisans dionysiaques admis dans les fêtes et
dans les banquets des cours. Nous avons vu la tragédie dé-
crépite et expirante voiturée sur un chariot à la pompe de
Ptolémée, comme autrefois la tragédie naissante promenée
sur les chariots de Thespis. Il nous reste à présent à chercher quel rôle la poésie jouait dans ces fêtes, à voir si la décadence de la tragédie et de la comédie fut dès lors aussi
complète qu'on l'a dit; et si, à l'ombre des demeures
royales et dans les maisons des citoyens opulents, il ne
se forma pas quelque autre genre de drame capable de produire aussi des chefs-d'œuvre.

THÉATRE PUBLIC DANS LES ÉTATS MONARCHIQUES.

Comme les concours tragiques et comiques étaient devenus à Athènes une partie essentielle et nécessaire du
culte de Bacchus, les rois grecs de la seconde époque se
montrèrent jaloux de procurer à leurs peuples ces specta-

---

(1) Eustath., *Odyss.*, t. III, p. 1467. — Je n'ignore pas que les
mythologues assignent plusieurs autres causes plus sérieuses à la
coutume fort répandue d'immoler des chiens à Hécate. — Il ne faut
pas confondre ces sacrifices habituels avec les *cynophonties* ou massacre des chiens, qui avait lieu tous les ans à Argos aux jours ca-
niculaires. Voy. Athen., lib. III, p. 99, E, F.

cles qui étaient tout à la fois un plaisir de l'imagination et un acte religieux.

Les représentations scéniques étaient presque aussi anciennes en Sicile qu'à Athènes. Vers la 77me olympiade, Épicharme perfectionna à Syracuse la comédie sous Hiéron (1). Denys, quoique jaloux des écrivains ses confrères (2), appela pourtant des poëtes tragiques en Sicile. Antiphon composa sous son règne des pièces pour le théâtre de Catane, de Tauromine et même de Syracuse (3).

En Macédoine, Euripide et Agathon furent appelés par Archélaüs (4), qui put ainsi faire jouer à Pella des tragédies nouvelles, et rivaliser en ce genre avec Athènes (5). Nous connaissons plusieurs circonstances du séjour de ces deux poëtes à la cour de Macédoine. Nous savons que l'un et l'autre y finirent leurs jours (6); qu'Euripide était souvent admis

---

(1) *Marm. Oxon.*, epoch. 56, p. 29. Cf. Suid., *voc.* Ἐπίχαρμος et Anonym., περὶ Κωμῳδίας, p. IX, l. 18, ed. Dindorf.—Cette double autorité infirme celle des Marbres et permet de placer le séjour d'Épicharme en Sicile vers la 73e olympiade, par conséquent avant Hiéron.

(2) Denys écrivit, suivant Lucien (*Advers. indoct.*, § 15), plusieurs de ses tragédies sur les tablettes mêmes qui avaient appartenu à Eschyle. Malheureusement il n'avait pu acheter le génie de poëte en même temps que les débris de son mobilier.

(3) L'auteur inexact de la vie des dix rhéteurs, a confondu le poëte Antiphon avec son homonyme, l'orateur d'Athènes.—Pseudo-Plutarch., *Vit. dec. Rhet.*, *Antiph.*, p. 833, C.

(4) AElian., *Var. hist.*, lib. XIII, cap. 4.

(5) Euripide fit, entre autres, représenter à Pella une tragédie intitulée *Archélaüs*, dont le roi son hôte n'était pas le héros, comme on pourrait le croire et dont il nous reste quelques fragments.

(6) Pausan., *Attic.*, cap. 2, § 2.—Plin., *Hist. nat.*, XXXI, 19. — Suid., *voc.* Εὐριπίδης.

à la table royale et s'y enivrait même quelquefois (1). Nous
savons qu'Archélaüs donna un jour à Euripide une coupe
d'or (2) et l'invita à écrire une tragédie de *Chrysippe* (3). Un
peu après, Philippe disputait aux principales villes de la
Grèce leurs meilleurs acteurs tragiques (4), Théodore (5),
Aristodème (6), Satyrus (7), Néoptolème (8). Ce fut même
au moment où il franchissait la porte d'un théâtre que ce
prince fut assassiné (9). Son fils Alexandre eut pour comédiens habituels Néophron (10), Lycon (11), Athénodore
et surtout Thessalus (12).

En Égypte, Ptolémée Lagus invita Ménandre à venir à
sa cour et envoya au devant de lui des vaisseaux pour l'y
conduire (13). A la fin de la période alexandrine, le poëte
comique Aristonyme quitta la cour de Ptolémée Philopa-
tor pour celle d'Eumène, roi de Pergame (14), peut-être
pour éviter le sort de Sotade, mis à mort en punition de

---

(1) AElian., *Var. hist.*, lib. XIII, cap. 4.

(2) Plutarch., *De vit. pud.*, p. 531, D, E. — Id., περὶ τῶ τι ἰν
Δελφ., p. 384, D

(3) AElian., *Var hist.*, lib. II, cap. 21.

(4) Demosth., *De fals. legat.*, p. 322, F.

(5) Plutarch., *De glor. Athen.*, p. 348, F.

(6) AEschin., *De fals. leg.*, p. 397, E.

(7) Demosth., *ibid.*, p. 322, seq.—Cf. Diod., lib. XVI, cap. 55;
t. II, p. 124.—Harpocrat., voc. ὅτι ξίνες.

(8) Diod., lib. XVI, cap. 92; t. II, p. 152.

(9) Id., *ibid.*

(10) Suid., voc. Νεόφρων.

(11) Plutarch., *De Fortun. Alex.*, p. 334, E.

(12) Id., *ibid.*, D, E.

(13) Plin., *Hist. nat.*, lib. VII, cap. 31.—Alciphr., II, *Epist.*,
3 et 4.

(14) Suid., voc. Ἀριστώνυμος, p. 329, ed. Kust.

quelques sarcasmes contre Ptolémée (1). Les rois de Pergame se montrèrent les protecteurs si zélés du théâtre et des comédiens, que plusieurs des nombreux artisans dionysiaques qui habitaient l'Asie, s'appelèrent *Attalistes*, du nom de ces princes (2).

En Judée même, où la croyance religieuse des habitants repoussait tout emploi des arts d'imitation, Hérode fit bâtir deux magnifiques théâtres, l'un à Césarée (3), l'autre à Jérusalem (4). Enfin, une piquante anecdote, rapportée par Amarantus (5), nous apprend que Juba, roi de Mauritanie, ne recueillait pas seulement en historien les fastes du théâtre (6), mais qu'il avait dans son royaume un théâtre et des acteurs, entre autres, Leonteus, qu'il railla pour la manière dont il jouait le rôle d'Hypsipyle.

Et qu'on ne croie pas que les rois appelassent dans leurs états tous ces poëtes et tous ces acteurs uniquement pour avoir des pièces jouées à huis-clos dans leurs palais. Ils se donnaient, à la vérité, ce passe-temps, comme nous le verrons bientôt ; mais leur but principal en attirant auprès

(1) Athen., lib. XIV, p. 621, A.

(2) Edm. Chishull, *Antiq. Asiatic.*, p. 146.

(3) Flav. Joseph., *Ant. Jud.*, lib. XIV, cap. 9, in fine.

(4) Id., *ibid.*, lib. XV, cap. 2.

(5) Amarantus, περὶ σκηνῆς, cité par Athen., lib. VIII, p. 343, E, F.

(6) Juba avait composé une histoire du théâtre, ἰστορία θεατρικὴ, qui malheureusement est perdue (Athen., lib. IV, p. 175, D, et 177, A, seqq.), ainsi que le livre de Ménechme de Sicyone, περὶ τεχνιτῶν (Id., lib. II, p. 65 B, et alias). M. Grysar pense (*De tragoed. Græc. circum tempor. Demosth*, p. 17) qu'on aurait le résumé de tous ces historiens dans l'auteur anonyme des θεατρικῶν ἱστοριῶν, cité si fréquemment par Ulpianus, *Ad Demosthenem.*

d'eux, à grands frais, des poëtes et des comédiens, était d'offrir à leurs sujets des tragédies et des comédies jouées sur de vastes théâtres, comme à Athènes. Malheureusement, malgré tous les soins que prirent les rois grecs, les théâtres de Phères (1), de Pella, de Syracuse, d'Alexandrie, de Pergame, d'Halicarnasse, demeurèrent toujours bien loin de l'éclat dont avait brillé celui d'Athènes.

Cette infériorité s'explique aisément. Les royaumes grecs, à part la Sicile, ne prirent le goût de la tragédie et de la comédie qu'à l'époque où les causes qui avaient porté si haut ces deux arts à Athènes, n'y existaient plus. Le règne des comédiens avait succédé à celui des poëtes. Ce n'était plus des poëtes qui concouraient aux fêtes solennelles avec des tragédies ou des comédies nouvelles, mais des acteurs qui briguaient des couronnes avec des pièces remises à la scène. C'est en ce sens qu'il faut entendre ce que les historiens rapportent des concours scéniques ouverts par Philippe (2), Alexandre (3), les Ptolémées (4), les Attales, Antigonus. Ce sont, la plupart du temps, des concours entre acteurs, presque jamais entre poëtes. Il y eut bien encore quelques luttes de cette dernière sorte, surtout à Athènes (5) et en Sicile (6); mais elles étaient

---

(1) Alexandre, tyran de Phères, ne fut pas insensible aux plaisirs scéniques. Voy. AElian., *Var. hist.*, XIV, 40.—Plutarch., *De fortun. Alex.*, p. 334, A, et *Vit. Pelop.*, cap. 29.

(2) Diod., lib. XVI, cap. 55; t. I, p. 134.

(3) Arrian., *Anabas.*, VII, 14 et plur. locis. — Plutarch., *De fortun. Alex.*, p. 334, E.

(4) Diodor., lib. XX, § 108, t. II, p. 484.

(5) Denys remporta le prix de la tragédie à Athènes, et mourut au milieu de la joie et des fêtes qui suivirent sa victoire. Voy. Diodor., lib. XV, § 74, t. II, p. 60.

(6) Hesych., *voc. πέντε κριταί.*

rares, et , privées de la belle institution des chorèges , elles ne produisirent que d'assez médiocres résultats.

En effet, la choragie scénique qui , depuis l'abolition du gouvernement démocratique , disparut peu à peu de la constitution d'Athènes , ne pouvait, à plus forte raison , s'implanter dans des constitutions monarchiques. Les rois se seraient bien gardés d'admettre dans leurs états une magistrature élective et populaire telle que celle des chorèges. D'une autre part , les frais de la choragie , dépourvus des compensations qui les allégeaient dans les états démocratiques , eussent été dans une monarchie un impôt trop onéreux et trop arbitraire. Les rois donc se chargèrent à la fois des fonctions de l'archonte d'Athènes qui recrutait et payait les comédiens , et de celles des chorèges qui recrutaient et défrayaient les chœurs. Il en résulta que le théâtre entier fut entre leurs mains et que le bon ou mauvais goût des princes dut seul et constamment prévaloir.

Alexandre, cependant, qui , comme son père , aima passionnément les combats scéniques , et qui en donna souvent le plaisir aux peuples chez lesquels il séjourna , et surtout à son armée , emprunta à la république d'Athènes quelque chose de sa choragie , qu'il accommoda aux proportions gigantesques de l'espèce de démocratie armée et conquérante dont il était le chef. A l'exemple des tribus d'Athènes qui choisissaient chacune un riche citoyen pour chorége, Alexandre désigna des rois pour les mêmes fonctions. On lit dans Plutarque : « A son retour d'Égypte en Phénicie, Alexandre fit des sacrifices et des processions en l'honneur des dieux. Il célébra des jeux dans lesquels des chœurs disputèrent le prix de la musique et

de la danse. Il y eut même un concours tragique. Ces
fêtes furent remarquables non-seulement par leur magnificence , mais encore par le rang de ceux qui en firent les
frais ; car ce furent les rois mêmes des villes de Cypré qui
remplirent les fonctions dont sont chargés à Athènes les
citoyens élus par chaque tribu et qu'on nomme choréges.
On remarqua entre ces princes une merveilleuse émulation. Deux surtout se distinguèrent , Nicocréon , roi de
Salamine , et Pasicrate , roi de Soles , auxquels il était
échu d'équiper les acteurs les plus renommés. Le premier
dut fournir aux frais de Thessalus , le second à ceux d'A-
thénodore (1). »

   Remarquons que du temps d'Alexandre , tandis que la
comédie perdait de plus en plus à Athènes son initiative
politique et son droit d'invectives personnelles , elle prenait ce double caractère dans certaines pièces données
par ce prince à son armée. Il est curieux de lire dans Athénée les détails d'une comédie toute politique qu'Alexandre
fit jouer devant ses troupes sur les bords de l'Hydaspe
pour fêter les Dionysiaques (2). Dans cette pièce, intitulée *Agen* , Harpalus , qui avait déserté son poste et qui
s'était réfugié en Grèce dans le dessein de faire soulever ce
pays , était bafoué à la face de l'armée. La comédie d'A-

(1) Plutarch. , *Alex.*, cap. 29, — Antoine, qui eut la manie de
parodier en tout Alexandre , voulut aussi avoir des rois pour choréges dans les fêtes splendides qu'il donna dans l'île de Samos (Plutarch., *Anton.* , cap. 57). Ce fut, d'ailleurs, de tout temps l'usage des
Romains de faire payer les frais des jeux aux rois et aux cités vaincus. L. Scipion agit ainsi après la guerre contre Antiochus. Voy. Tit.
Liv. , lib. XXXIX , cap. 22.

   (2) Athen. , lib. XIII , p. 595 , E.

ristophane semblait être passée d'Athènes dans le camp
d'Alexandre.

THÉATRES PRIVÉS A LA COUR DES ROIS GRECS. — TRAGÉDIES
ET COMÉDIES DANS LES BANQUETS ROYAUX.

Non-seulement les rois grecs ouvraient, comme nous
venons de le voir, des concours scéniques en diverses occasions solennelles et publiques, notamment aux Dionysies, mais ils attiraient les comédiens auprès d'eux pour
leurs plaisirs privés.

Nous avons vu dans les repas donnés par les riches citoyens d'Athènes, chaque convive prendre tour à tour la
branche de myrte et chanter quelques tirades d'Eschyle
ou d'Euripide. Vers le siècle d'Alexandre, des acteurs de
profession remplirent cet office à la table des riches, et
surtout dans les festins royaux. Le grand tragédien Néoptolème, qui assistait au banquet qui précéda l'assassinat
de Philippe de Macédoine, récita, sur l'invitation de ce
prince, quelques fragments de tragédies (1). Alexandre,
à son dernier festin, entra en lice avec des acteurs tragiques et déclama un épisode entier de la tragédie d'*An-
dromède* (2). Denys l'Ancien lisait à sa table des poëmes
et des tragédies de sa composition, et les envoyait ensuite
au concours soit à Olympie (3), soit à Athènes (4). Aristote
avait probablement en vue ces récitations, lorsqu'il re-

(1) Diodor., lib. XVI, § 92, t. II, p. 152.
(2) Nicobulé citée par Athen., lib. XII, p. 537, D.
(3) Diodor., lib. XIV, § 109, t. I, p. 724.
(4) Id., lib. XV, § 74, t. II, p. 60.

marquait dans sa *Poétique* que la tragédie peut aussi bien
que l'épopée, se passer de la mise en scène et plaire lors
même qu'elle n'est que récitée ou lue (1).

L'usage d'exécuter pendant les repas les pièces des
grands maîtres se répandit jusque dans les cours barbares.
Artabase ou Artavasde (2), ou Ortoadiste (3), roi d'Arménie, qui avait composé, dit-on, des tragédies, des
harangues et des histoires en grec, faisait représenter les
pièces d'Euripide dans son palais. L'histoire nous a conservé, à propos de ces représentations convivales, une
anecdote bien faite pour nous frapper. Lorsque Crassus
entreprit son imprudente expédition contre les Parthes,
Artabase était en guerre avec eux ; mais s'étant récon-
cilié avec Hyrodès ou Orodès, leur roi, et ayant marié sa
sœur au fils de ce prince, il l'invita à venir en Arménie.
Là, les deux monarques se donnèrent de grands festins,
souvent accompagnés de représentations en langue grecque, car Orodès n'était pas plus étranger que son hôte
à la langue et à la littérature helléniques. Or Crassus
étant tombé dans les embûches que lui avait tendues Suréna, général des Parthes, et ayant perdu son armée et la
vie ; Suréna fit porter en Arménie la tête et la main de
Crassus par un de ses lieutenants, nommé Sillacès, et
par le soldat qui avait tué le général romain. Cette funèbre
ambassade se présenta à la porte de la salle où dînait Orodès, au moment où un célèbre acteur tragique, Jason de
Tralles, récitait la scène de Penthée et d'Agavé, dans les

---

(1) Aristot., *De poëtic.*, cap. VI, § 28.
(2) Plutarch., *Crass.*, cap. 33.
(3) Justin., *Hist.*, lib. XLII, cap. 2, § 6.

Bacchantes d'Euripide, à la grande admiration de l'assemblée. Tout-à-coup Sillacès est introduit; il adore le monarque et fait rouler au milieu de la salle la tête de Crassus. A cette vue, les Parthes battent des mains et poussent des cris de victoire. Les officiers du roi font asseoir Sillacès au banquet. Alors Jason remettant à un des choreutes les habits de Penthée et prenant à leur place ceux d'Agavé, saisit la tête de Crassus, et, avec la fureur d'une véritable bacchante, chanta, plein d'enthousiasme, les vers où Agavé, descendant des montagnes et portant au bout d'un thyrse la tête de son fils, qu'elle prend pour celle d'un jeune lion, s'écrie :

« Nous rapportons de la montagne une proie glorieuse...... c'est un lionceau que nous venons de terrasser .... »

Cette application charma tous les convives; l'acteur continua la scène; mais quand il fut arrivé au passage où le chœur demande— « Quelle main l'a frappé la première? » —Et qu'Agavé répondit : — « C'est à moi, c'est à moi que l'honneur en est dû — », le soldat qui avait tué Crassus se leva plein de colère, interrompit l'acteur, et s'efforça d'arracher la tête de ses mains, en s'écriant que ce n'était pas cet homme, mais lui qui avait tué le général romain. Le roi s'amusa beaucoup de cette querelle. A l'issue du repas, il fit compter au soldat la somme qu'on était dans l'usage de donner à celui qui tuait un chef ennemi, et il envoya un talent à Jason. Plutarque, qui nous a transmis cette singulière anecdote, remarque que l'expédition de Crassus se termina comme une tragédie romaine, par un *exode*, c'est-à-dire, par une petite pièce destinée à remplacer les émotions

tragiques par la gaieté (1). Nous serons bientôt à même
d'apprécier la justesse de cette remarque.

Cependant les récitations de tragédies et de comédies au
milieu des repas, offraient plusieurs genres d'inconvénients. D'une part, les tragédies, trop dispendieuses pour
les particuliers, et peu en rapport avec la gaieté convivale (2), avaient été, la plupart, composées pour les
théâtres des états démocratiques, et renfermaient une
foule de maximes et d'invectives propres à blesser les
oreilles royales. D'une autre part, l'ancienne comédie
avait, comme on sait, tourné constamment son aiguillon
contre les puissants et les riches (3). De plus, de continuelles
allusions aux circonstances du moment rendaient, au bout
de peu d'années, ces pièces fort obscures. On se rabattit
donc sur les poëtes de la comédie nouvelle qui, dégagés
de toute préoccupation politique, ne faisaient entrer dans
leurs ouvrages rien ou presque rien qui pût choquer
les classes élevées. Aussi les comédies de Ménandre, ce
peintre élégant des vices populaires, devinrent-elles

(1) Plutarch., *Crass.*, cap. 33. — Polyæn., lib. VII, cap. 41.
— Pseudo-Appian., *De bello Parth.*, t. III, p. 68, seqq. ed.
Schweigh.

(2) Plutarch., *Sympos.*, lib. VII, quæst. 8, p. 711 E, seqq.

(3) « Le peuple, dit Xénophon (*Athen. respubl.*, cap. II, § 18) ne
souffre pas qu'on le joue sur le théâtre. » Cela est vrai des individus;
et, en effet, comme le dit le même auteur, la comédie ancienne
n'attaquait pas les gens du peuple et les derniers citoyens. Mais le
peuple pris en masse, le *Dèmos*, personnage tout-puissant à Athènes,
dut être joué par les poëtes comiques, et le fut, comme on sait, par
Aristophane dans les *Chevaliers*, et par le grand peintre Par-
rhasius, dans une très-célèbre peinture comique. Voy. Plin., *Hist.
nat.*, lib. I, cap. 35, et Caylus, Mém. de l'Acad. des inscript.,
t. XXV, p. 165.

le passe-temps favori des riches et l'ornement de toutes
les fêtes. Les convives, dit Plutarque, se seraient plus
aisément passé de vin que de Ménandre (1). On louait fort
cher pour réciter ces pièces, des acteurs souvent inca-
pables de les bien rendre (2). Cet inconvénient, joint à la
longueur des poëmes et à l'appareil incommode qu'exigeaient leur représentation, même abrégée et imparfaite,
finit par faire généralement préférer un genre de pièces
moins solennel, et inventé tout exprès dans l'origine pour
les réunions privées; je veux parler des mimes que les simodes, les lysiodes, les magodes, et tous les artisans dionysiaques jouaient à la fois sur l'orchestre des théâtres et
dans l'intérieur des maisons, sans socques, sans cothurnes
et, la plupart du temps, sans masque.

MIMES ARISTOCRATIQUES.

Dès la 75me olympiade, on voit commencer en Sicile, à
la cour d'Hiéron, ce genre de poésie vraiment aristocratique.
Presque au même moment qu'Eschyle fondait la tragédie à
Athènes et qu'Epicharme perfectionnait la comédie sur le
théâtre public de Syracuse (3), Sophron dans l'intérieur
du palais essayait cet autre genre de drame, dont il fut,
avec Xénarque (4), le créateur et le modèle (5). Condamnés par leur destination même à n'obtenir qu'une
publicité restreinte, les mimes de Sophron ne paraissent

---

(1) Plutarch., *Sympos.*, *ibid.*, p. 712, B.
(2) Id., *De fals. pudor.*, p. 531, B.
(3) Aristot., *De poetic.*, cap. III, § 5, et cap. V, § 5.
(4) Id., *ibid.*, cap. I, § 8.
(5) Suid., *voc.* Σώφρων.

pas avoir été connus à Athènes avant que Dion les y eût
portés (1). On sait qu'ils charmèrent particulièrement Platon qui les lisait sans cesse (2). Les biographes de ce philosophe racontent même qu'on les trouva sous son chevet
après sa mort (3). Il est probable que l'auteur du *Banquet*
imita dans ses dialogues quelque chose du ton et de la
forme de ces petits drames, Aristote cite à deux reprises les
mimes de Sophron; une première fois, dans son ouvrage
Sur les poëtes (4), et ensuite dans sa *Poétique:* « Nous n'a-
vons pas, dit-il, d'autre nom générique pour désigner les
mimes de Sophron et de Xénarque, non plus que les dialogues socratiques et, en général, toute imitation écrite
en vers trimètres, élégiaques, ou autres (5). »

Un mot de Suidas (6), probablement mal copié, a
fait douter, malgré le passage qui précède, que les
mimes de Sophron fussent écrits en vers (7). Le fait
est même resté problématique, quoique plusieurs fragments de cet auteur (8) nous aient été conservés par Dé-

(1) Joh. Tzetzes, *Hist. Chil.*, XI, v. 1, seqq. — Diog. Laert.,
Plat., lib. III, § 18.

(2) Athen., lib. XI, § p. 504. — Suid., voc. Σώφρων.

(3) Diog. Laert., *ibid.* — Olympiod., *Platon. vit.*, ad calc. —
Quintil., lib. I, cap. XI.

(4) Athen., *ibid.*, p. 505, C.

(5) Aristot., *De poetic.*, cap. 1, § 8 et 9.

(6) Suid., *ibid.*

(7) Valcken., *Adnot. in Theocr. Adoniaz.*, p. 200. — Cf.
Schweigh., *Animad. in Athen.*, vol. VI, p. 315.

(8) Otfr. Müller regarde ces fragments comme étant plutôt une
prose cadencée que de véritables vers (*Die Dorier*, t. II, p. 360).
Cette prose symétrique est peut-être l'origine du *vers politique*.
Voy. Schol. in Greg. Naz. ap. Montfauc. *Bibl. Coisl.*, p. 120, et
Jac. Tollius, *Iter Italic.*, p. 96.

métrius de Phalère (1), Athénée (2) et quelques autres (3). Calliaque a prétendu concilier les deux opinions en avançant que les mimes de Sophron étaient, comme les satires de Ménippe, mêlés de prose et de vers (4).

Les mimes de Cercidas de Mégalopolis n'ont pas fait naître les mêmes doutes. Stobée appelle nettement cet écrivain *auteur de mimiambes* (5). L'attachement que cet orateur-poëte avait voué à Philippe et qui lui attira les invectives de Démosthène (6), peut faire supposer qu'il avait composé ses mimes pour la cour de Macédoine.

Nous possédons d'admirables échantillons de la poésie mimique. Il nous reste trois pièces probablement composées pour les palais et destinées aux fêtes des rois grecs. Ces trois morceaux sont de Théocrite. Deux de ces mimes doivent avoir été représentés devant Ptolémée Philadelphe à Alexandrie, et le troisième dans le palais d'Hiéron II à Syracuse. Ces trois drames, qui se trouvent mêlés avec les idylles, ou petits poëmes, du même auteur, sont *La magicienne*, *L'amour de Cynisca* et *Les Syracusaines* (7).

(1) Demetr., *De eloc.*, § 151, 157.

(2) Athen., lib. III, p. 86, A. — Toup., *Cur. nov.* in Suid., p. 113.

(3) Les fragments de Sophron ont été en grande partie réunis dans le *Classical journal*, 1811, 2e cah., p. 381 et suiv.

(4) Calliach., *De ludis scenic.*, p. 40.

(5) Stobæus, *Floril.*, tit. LVIII, n° 10.

(6) Demosth., *De coron.*, p. 521, B. — Harpocr., voc. Κερκίδας.

(7) Il ne faut point opposer à cette conjecture le mètre de ces pièces qui n'est pas celui de la scène. On sait par Lydus (*De magistr. reipubl. Rom.*, lib. I, § 41) que Rhinthon écrivit quelques-unes de ses comédies en vers hexamètres, si, toutefois, Lydus, comme Clément d'Alexandrie, n'a pas employé les mots ἐξάμετρον ἔπος pour désigner les trimètres.

La magicienne est ce monologue si passionné dont Racine disait qu'*il n'avait rien vu de plus vif ni de plus beau dans toute l'antiquité* (1). Simèthe abandonnée de son amant, pratique au milieu de la nuit, des conjurations qui doivent ramener Daphnis dans sa couche ou lui donner la mort. Dans cette admirable cantate il n'y a qu'un acteur ; mais tout, d'ailleurs, est dramatique. Pas de préambule en récit, pas d'épilogue ; rien d'épique : c'est la tragédie réduite aux dimensions d'un monologue et d'un théâtre privé. L'ancien argument qui précède cette pièce nous apprend qu'elle est imitée d'un mime de Sophron.

Le dialogue intitulé *L'amour de Cynisca*, est un petit drame à deux acteurs, qui paraît avoir été composé pour une des fêtes de Ptolémée Philadelphe. Cette pièce n'a, comme la précédente, ni préambule ni épilogue. Le sujet n'offre absolument rien de pastoral ; le comique s'y mêle à la passion. Un amant jaloux, quitté par une maîtresse coquette, se résout à s'expatrier ; son ami l'engage à prendre du service dans l'armée de Ptolémée dont il vante la libéralité et les vertus.

La troisième pièce, *Les Syracusaines ou La fête d'Adonis*, beaucoup plus étendue que les deux autres, est encore plus évidemment un mime. L'ancien argument nous avertit que dans ce poëme l'auteur ne parle pas une seule fois en son nom et qu'ainsi cette pièce est du genre dramatique. Cette même didascalie nous apprend que *Les Syracusaines* sont imitées d'un mime de Sophron, intitulé : *Les femmes spectatrices aux jeux isthmiques* (2). Cette pièce, gai tableau

_____

(1) Voy. Longepierre, trad. de Théocr.

(2) Cf. Valcken., *Adnot. in Theocr. Adoniaz.*—Theocr. *Reliq.* edent. Ern. Fred. Wuestemann, p. 31, 199, 217.

des ridicules de province, aussi malin, mais bien moins chargé que *La comtesse d'Escarbagnas*, s'ouvre par une jolie scène de caquetage et de médisance féminine entre Gorgo et Praxinoé, deux Syracusaines nouvellement arrivées dans la capitale de l'Égypte. Gorgo vient chercher sa compagne pour aller au palais voir la fête d'Adonis, à laquelle doit présider la reine Arsinoé. Au bavardage dorique des deux amies succèdent les détails de la toilette de Praxinoé et les apprêts comiques du départ, la clôture du logis, la réclusion du chien, les recommandations à l'enfant et à la nourrice. Enfin, voici nos deux provinciales, accompagnées chacune d'une esclave, au milieu des rues d'Alexandrie, vantant la sagesse des nouveaux règlements de Ptolémée. Cependant la foule des curieux augmente; les chars se croisent. Aux environs du palais les chevaux de la garde caracolent et ajoutent au désordre. Une vieille Égyptienne qui se retire de la bagarre, excite malignement les deux provinciales à s'y jeter. Nos Syracusaines parviennent jusqu'à la porte du palais : la foule est immense; elles sont pressées, presque étouffées; enfin elles ont franchi le seuil, grâce à la protection d'un robuste étranger. Entrées dans l'intérieur, divine Pallas! quelle est l'admiration des deux Doriennes! Leur babil incessant irrite un voisin peu courtois; mais trève de querelles: l'orchestre prélude; une chanteuse argienne entonne l'hymne d'Adonis, en y mêlant les louanges de Bérénice et de la reine Arsinoé. Par malheur, au milieu de ces délices, Gorgo se rappelle que son mari n'a pas dîné, et quand il a faim, malheur à qui l'aborde; ce n'est plus un homme. Vite, il faut quitter la fête et regagner tristement le logis.

Ce mime ou, comme nous dirions, ce proverbe, écrit

en vers pétillants d'esprit , est un des tableaux les plus vifs, les plus frais et les plus spirituels que nous ait légué la muse grecque.

Il nous reste encore un fragment d'une trentaine de vers qui paraît avoir appartenu à un de ces petits drames de l'époque alexandrine : il est intitulé *Lityerse ou Daphnis*. Athénée en nomme l'auteur Sosithée (1). Ce fragment, publié pour la première fois par Casaubon (2) a donné lieu à de nombreuses controverses (3). J'ai déjà cité la dissertation de M. Eichstædt , *De dramate Græcorum comico-satyrico*. Dans cet opuscule réfuté par Hermann, M. Eichstædt soutient que le *Lityerse* appartient à un nouveau genre de drame satyrique, qui n'employait pas les Satyres et ne parodiait plus sous leurs traits les dieux et les héros , mais se moquait des vices et des ridicules qu'on rencontre dans la vie commune. A ce compte, le drame comico-satyrique de M. Eichstædt n'aurait été , à proprement parler , qu'une des nombreuses variétés du genre mime.

En résumé, les mimes nés, comme nous l'avons vu , du goût prosaïque et libertin des cours d'Alexandrie, de Pergame et de Syracuse , quittèrent les hautes régions de la comédie idéale pour descendre à une imitation plus crue , plus naïve et moins poétique des ridicules de l'espèce humaine. Au rebours de la comédie démocratique , qui avait naguère diverti le peuple aux dépens des hommes puissants (4) , les mimes récréaient les riches et les puissants

(1) Un poëte de ce nom appartient à la pléiade tragique des Alexandrins.

(2) Dans les *Lectiones Theocriticæ* , sous le nom de Hortibonus.

(3) Particulièrement entre deux savants italiens, Franc. Patrizzi et Jac. Mazzoni. Voy. Lorenz. Crasso , *Istoria de' poeti Greci*.

(4) Sans doute Aristophane n'épargne aucune classe , et il a de-

aux dépens des vices et des ridicules des classes populaires. D'ailleurs, comme nous l'avons vu, ces légères esquisses des mœurs vulgaires ne restaient pas enfermées dans les palais. Après avoir amusé les oreilles royales et aristocratiques, les mimes redescendaient sur les places et les théâtres publics pour amuser la populace qui, quand elle est avilie, se complaît, comme on peut le remarquer tous les jours sur nos théâtres des boulevards, au spectacle ignoble de sa propre turpitude.

vancé les mimes dans la peinture des mœurs triviales ; mais le côté prosaïque et vulgaire n'est jamais chez lui que l'accessoire destiné à faire ressortir l'éclat de ses hautes et courageuses aggression. C'est ainsi que dans les *Femmes savantes* la simplicité comique du bonhomme Chrysale ne sert qu'à mettre mieux en saillie les élégants ridicules du très-puissant hôtel de Rambouillet.

CHAPITRE TROISIÈME.

DU GÉNIE DRAMATIQUE EN ITALIE AVANT L'ÈRE VULGAIRE.

I. DRAME HIÉRATIQUE. Première époque sacerdotale, avant la fondation de Rome. Dieux et prêtres titaniques. — Prêtres-devins : Carmenta, — Faunes, — Sibylles. Prêtres-physiciens : Livres fulguraux, — Aruspices, — Frères arvales, — Vestales, — Luperques, — Collége des pontifes. — Seconde époque sacerdotale. Subordination du sacerdoce à l'autorité civile. — Numa, — Danse des Saliens. — Lectisternes. — Faiblesse et rareté des institutions mystiques en Italie. — Nymphe Tacita. — Livres sibyllins, — Mundus patens. — Mystères de la Bonne Déesse, — de Cérès. — Bacchanales — Mystères isiaques. II. DRAME POPULAIRE. Jeux où le peuple intervient comme acteur et comme spectateur. Fêtes urbaines. — Jeux séculaires. — Céréales. — Matronales. — Quinquatries. — Fêtes des esclaves. — Compitales. — Nones caprotines. — Fête de Matuta. — Fêtes des marchands, — des joueurs de flûtes, — des boulangers, — des courtisanes. — Florales — Triomphes. — Fêtes rurales : Paganales, — Vinales. — Vers fescennins. — Lois des douze tables. — Jeux où le peuple n'intervient que comme assistant : Spectacles muets, — Jeux du cirque, — Faiseurs de tours, — Funambules, — Marionnettes — Danseurs étrusques. — Spectacles accompagnés de paroles : trois sources du drame italique. — Source indigène : Saturæ, — Planipedia. — Source étrusque : Histrions, — Atellanes. — Source grecque : tragédies et comédies. — Séparation de la danse et du chant. — Mimes, — Mimographes. III. THÉÂTRE ARISTOCRATIQUE. Fêtes et banquets : Première frugalité romaine. — Chants de table. — Progrès du luxe : Danseuses, — Musiciens, — Bateleurs pendant les repas. — Roi du festin. — Saturnales. — Lectisterne. — Menu d'un

banquet pontifical. — Tragédies, — Comédies, — Mimes
pendant les festins. — Réalités tragiques : Gladiateurs pendant les repas.—Funérailles.: Combats de gladiateurs dans les
cérémonies funèbres.—Fêtes des morts. —Obsèques publiques,
—privées. —Pleureuses à gages.—Mimes dans les funérailles.
— Fonctions de l'archimime. — Image du mort. —Tragédies
et Comédies, partie nécessaire des jeux funèbres. — Causes
principales de l'infériorité des arts chez les Romains.

Ce que j'ai fait pour la Grèce, je vais le répéter pour l'Italie. J'ai étudié chez les Grecs le génie dramatique sous les
trois formes qu'il revêt, suivant moi, d'ordinaire chez
tous les peuples. J'ai envisagé successivement le drame
grec dans son origine sacerdotale, dans ses usages aristocratiques et dans son développement populaire. Je me
suis appliqué surtout à faire ressortir l'énergie civilisa-
trice et artistique que déploya le pouvoir hiératique en
Grèce. J'ai montré dans les efforts mêmes de jalouse com-
pression tentés par le sacerdoce, une des causes de l'essor
admirable que prit la poésie, et, en particulier, la poésie
dramatique dans cette contrée. En répétant les mêmes études sur le théâtre romain, nous rencontrerons les mêmes
éléments, mais combinés d'une façon très-différente. Chez
le peuple-roi l'élément religieux nous apparaîtra beaucoup
moins développé, beaucoup moins original, beaucoup
moins puissant que chez les Grecs. L'hellénisme, cette
plante orientale embellie et transformée par la culture grecque, féconda dans la patrie des muses toutes les semen-
ces d'arts et de poésie. Triste et inféconde, au contraire,
la religion des vieux Pélasges, transportée en Étrurie et
mêlée plus tard aux mœurs frugales des Sabins et des
Herniques, n'a fondé dans la cité de Mars qu'une police
saine et robuste, mais rigide et étrangère aux arts pacifi-

ques. Le nouvel examen que j'entreprends sera donc, en quelque sorte, le revers et la contre-épreuve de celui que je viens d'achever. D'un sacerdoce· faible, peu artiste et imparfaitement constitué, nous verrons sortir des arts à peine ébauchés et une poésie sans racines nationales et sans originalité. Point de sacerdoce puissant en Italie, à peine quelques rares institutions mystiques, et, par contre-coup, peu de grande poésie, peu de drame, peu d'épopée vraiment italiques. La nécessité de l'enseignement et, pour ainsi dire, de la fécondation sacerdotale, va se trouver une seconde fois démontrée par ce résultat négatif. Nous arriverons à des conclusions identiques par une route inverse.

I.

DRAME HIÉRATIQUE.

PREMIÈRE ÉPOQUE SACERDOTALE. — PRÊTRES-TITANS.

En jetant les yeux sur les premiers âges de l'Italie, nous apercevons là comme en Grèce un ancien et premier sacerdoce qui remonte aux temps fabuleux et se confond avec les dieux mêmes. Peuplée par les colonies doriennes et ioniennes venues de l'Arcadie et de la Troade, l'Italie reçut des Pélasges et conserva plus fidèlement que la Grèce le vieux culte des dieux titaniques, Saturne, Ops, Pan, Vesta, Cybèle, dont le règne violent et sanguinaire fut remplacé de bonne heure en Grèce par celui des divinités plus humaines de l'Olympe hellénique. Cette transformation heureuse, dont la poésie homérique fut la cause ou la conséquence, et peut-être l'une et l'autre, ne s'effectua pas en Italie, ou du moins n'eut lieu que d'une manière incomplète et tardive. J'ose affirmer que ce que nous aurons à signaler de dureté et de barbarie dans les mœurs et les arts des Romains, vint surtout de la cruauté du culte saturnien et de la barbarie des dieux pélasgiques, qui restèrent en Italie jusqu'à la chûte du paganisme, les divinités vraiment nationales.

Les Titans, fils ou prêtres de ces rudes divinités, participaient de leur nature sauvage. Plus tard, les prêtres de l'Italie peu nombreux, disséminés sur une grande étendue de pays, et presque sans communication les uns avec les autres, n'exerçaient qu'une influence locale et personnelle. Leurs moyens d'action sur les esprits se bornaient, en grande partie, comme ceux des jongleurs de l'Amérique, à des incantations ou chansons sacrées, auxquelles on attribuait plusieurs vertus, surtout celle de dévoiler l'avenir.

PRÊTRES-DEVINS. — CARMENTA. — FAUNES. — SIBYLLES.

Une des plus anciennes traces hiératiques que nous trouvions en Italie est le mythe de la prophétesse Carmenta, mère d'Évandre (1), dont le nom, suivant quelques auteurs, a donné à la langue latine le mot *carmen* (2). Un peu après, on voit apparaître la sibylle de Cumes (3), puis celle de Tibur, adorée comme déesse, sous le nom d'Albunée, aux bords de l'Anio (4). Nous trouvons encore Faunus et

_____

(1) Tit. Liv., lib. I, cap. 7. — Plutarch., *Romul.*, cap. 21.

(2) Plutarque (*Quæst. Rom.*, 56) donne une étymologie peu sérieuse du mot *carmen* qu'il fait venir de *carens mente*.

(3) Tit. Liv., *ibid.* — Pausan., *Phoc.*, cap. 12. — Élien (*Var. hist.*, lib. XII, cap. 35) donne les noms de dix Sibylles.

(4) Varro, ap. Lactant., *Divin. instit.*, lib. I, cap. 6.

Picus : le premier, fils ou prêtre de Janus et devin; le second, oiseau prophétique de Mars; c'est-à-dire, probablement, Aruspice (1).

Faunus ou Fatuus, dont le nom paraît avoir pour origine le mot latin *fari*, comme φάτης et *vates* (2), donnait ses oracles aux hommes, pendant que sa femme ou sa fille, Fauna ou Fatua, prédisait l'avenir aux femmes (3). Faunus eut des successeurs de son nom et de son art, c'est-à-dire, des prêtres (*Fauni*), qui dévoilaient les choses futures et racontaient en vers les choses présentes. Ennius signale et raille les *Fauni vatesque* (4), dont les prédictions et les chroniques étaient composés dans le vieux mètre saturnin (5). Je dois ajouter que les annales des *Fauni* sont l'origine des commentaires ou annales pontificales que citent Tite-Live (6) et Cicéron (7), et qui devinrent plus tard les *Acta diurna*, dans lesquels un savant académicien a signalé récemment l'équivalent des journaux modernes (8).

(1) Dionys. Halic., lib. I. cap. 31 et 42.— Virg., *Æneid.*, VII, v. 190. — Serv., *ibid.*

(2) Fatuus et Fatua *à fando.* Voy. Corn. Labeo ap. Macrob., *Saturn.*, lib. I, cap. 12, p. 259. ed. Bipon. — Just., *Hist.*, lib. XLIII, cap. 1.

(3) C. Bassus, ap. Lactant., *Divin. instit.*, lib. I, cap. 22.

(4) Ennii *Fragm.*, *Annal.*, VII, 2, ed. Spangenberg. Lips., 1825.

(5) Fest., *voc.* Saturno.—Varro, *De ling. Lat.*, lib. VII, § 36, p. 323, ed. Speug.

(6) Tit. Liv., lib. VI, cap. 1.

(7) Cicer., *De orat.*, lib. II, cap. 12.

(8) M. V. Leclerc, dans un mémoire lu, le 3 mai 1836, à la séance annuelle des cinq Académies.

PRÊTRES - PHYSICIENS. — DOCTRINE FULGURALE. — ARUSPICINE.

Ce qui distingue particulièrement l'ancien sacerdoce italique et ce qui lui donne une place parmi les initiateurs du genre humain, c'est sa tendance à observer et à interpréter les grands phénomènes de la nature. Si les prêtres d'Ops, de Saturne, de Vesta, de Pan, de Janus, n'avaient pas été troublés dans leur travail par les armes et la politique turbulentes de Rome, il est probable qu'ils auraient exercé sur les progrès des sciences physiques et d'observation une influence analogue à celle que le sacerdoce anthropomorphiste de la Grèce exerça sur les arts plastiques et d'imagination. L'Étrurie aurait été le berceau des sciences naturelles, comme la Grèce a été celui de la poésie et de la statuaire.

L'étude journalière de la foudre et des éclairs à laquelle se livraient les prêtres de l'Étrurie, forma parmi eux une sorte de science météorologique, qui fut consignée dans certains livres sacrés appelés *fulguraux*. Ces livres devaient renfermer un corps d'observations (1), tel que n'en possédait probablement à la même époque aucun autre peuple (2). L'opinion populaire attribuait même aux prêtres étrusques le pouvoir d'attirer la foudre sur la terre

---

(1) Diod., lib. V, § 40, p. 363.—Plin., *Hist. nat.*, lib. II, c. 52.

(2) Vers la fin de la république, le contenu des livres étrusques tomba dans le domaine de la science. Cécina, contemporain de Cicéron (*De divinat.*, *passim*), et plus tard Sénèque (*Quæst. natur.*, lib. II, *passim*), cherchèrent à tirer de ces observations sacerdotales une théorie scientifique. Mais ils ne parvinrent qu'à ajouter les nuages d'une philosophie conjecturale aux ténèbres de la superstition.

au moyen de certaines conjurations que plus tard Faunus et Picus, évoqués par Numa, furent forcés, dit-on, de lui révéler (1). Quelques modernes ont conclu de cette légende que les prêtres étrusques avaient devancé Priestley et Francklin, et trouvé la théorie de l'électricité et le paratonnerre (2). Le passage d'Ovide « *Eliciunt cœlo te, Jupiter*...... (3) », et ce vers plus explicite encore de Manilius,

Eripuitque Jovi fulmen, viresque tonandi (4)

donnent une sorte de vraisemblance à ce paradoxe.

Les prêtres étrusques paraissent avoir connu de bonne heure les propriétés salutaires des plantes médicinales qui couvraient le sol de leurs montagnes (5). Ils surent aussi utiliser les vertus curatives de diverses sources minérales (6) ou thermales (7). Une preuve, dit M. Micali (8) de l'importance qu'ils attachaient à la découverte et à l'emploi

(1) Ovid., *Fast.*, lib. III, v. 289, seqq. — Plin., *Hist. nat.*, lib. II, cap. 52, 53, et lib. XXVIII, cap. 2.

(2) Dutens, *Orig. des découvertes attribuées aux modernes*, t. I, p. 296, et suiv., 2e édit.

(3) Ovid., *ibid*, v. 328.

(4) Manil., *Astron.*, I, v. 103.

(5) Virg., *Æneid.*, VII, v. 758.—Eschyle cité par Théophraste (*Hist. plant.*, lib. IX, 15).

(6) Dans la mythologie italique, Juturna était le nom d'une déesse qui présidait aux fontaines et qui veillait particulièrement sur une source du Latium dont les vertus étaient célèbres. Voy. Varro, *De ling. Lat.*, lib. V, § 71, p. 76, seq.; et apud Serv., in Virgil. *Æneid.*, XII, v. 139.

(7) Le sol de l'Italie est très-riche en sources chaudes. Strab., lib. V, p. 227, A, ed. Casaub.—Plin., *Hist. nat.*, lib. II, cap. 103.

(8) Micali, *L'Italie avant la dom. des Rom.*, t. II, p. 257, trad. de M. Raoul Rochette.

des sources, se trouve dans les fonctions de l'*aquilége* toscan, qui était chargé de recueillir les eaux pour l'utilité publique (1). Les pontifes que Numa introduisit plus tard à Rome (2), avaient originairement pour office la construction et l'entretien des ponts (3), fonctions qu'ils ont exercées fort longtemps et qui convenaient d'autant mieux au sacerdoce que les fleuves et les sources étaient tenus pour sacrés (4) : *nullus fons non sacer* (5).

Les prêtres italiens cultivèrent avec plus d'application que les devins grecs eux-mêmes, la science augurale, sorte d'ornithologie sacrée, qui s'enquérait curieusement du vol, du chant, du manger, du boire, du coucher et de toutes les habitudes des volatiles. Et ils ne se bornèrent pas, comme les augures grecs, à l'inspection du vol et des mouvements extérieurs des oiseaux ; ils recoururent à un mode d'investigation plus intime. L'aruspicine, dont on fait remonter l'origine à Tagès, demi-dieu ou prêtre toscan (6), était l'art d'examiner, suivant certaines règles, le foie, le cœur, la rate, les reins et la langue des victimes, et de tirer des pronostics de l'état plus ou moins sain de ces viscères. Un passage de Vitruve nous apprend que

---

(1) Varro, ap. Non. Marcell., p. 69, 18, ed. Mercer.— Fest., *voc.* Aquælicium.

(2) Plutarch., *Num.*, cap. 9.

(3) Varro, *De ling. Latin.*, lib. V ; § 83, p. 87.

(4) Témoin les *Fontinalia.* Voy. Varro, *De ling. Latin.*, lib. VI, § 22, p. 204.

(5) Serv. in Virgil. *Æneid.*, VII, v. 84. — Clitumnus était le dieu des eaux et avait donné son nom à un fleuve de l'Ombrie : Pline le jeune a décrit le culte de cette divinité avec une élégante ironie. Voy. lib. VIII, ep. 8.

(6) Ovid., *Metamorph.*, lib. XV, v. 555-559. — Cicer., *De divin.*, lib. II, cap. 23, 38. — Fest., *voc.* Tages.

cette inspection, qui nous paraît très-puérile, eut parfois des résultats avantageux pour la santé publique (1). Cette étude habituelle de l'organisation animale, commencée, ou du moins perfectionnée par les Étrusques (2), fut un premier pas vers la zoologie. Ce n'est même pas tout à fait sans raison qu'on a considéré ces dissections et cet examen superstitieux comme le début de la science anatomique (3).

De cette constante étude des phénomènes physiques dans leurs rapports avec l'économie vitale, il résulta pour les prêtres de l'Étrurie une participation fréquente aux affaires civiles. Aucun édifice, aucun temple surtout, ne put être bâti sans leur concours. Une étymologie rapportée par Servius, et qui n'en est pas moins fort douteuse, semble désigner les *Fauni* comme ayant été les premiers architectes ou constructeurs de temples : « *Faunus qui primus fani conditor fuit* (4) ; mais ce qui, du moins, est incontestable, c'est que les augures étaient toujours consultés sur l'emplacement et l'orientation des édifices (5) ; de là le mot *inaugurer*. Il en fut de même pour la fondation des villes et pour l'établissement des colonies, graves

---

(1) Vitruv., lib. I, cap. 4 — Il est évident qu'on pouvait juger par l'état où l'on trouvait les viscères des victimes, de la salubrité de l'air et des eaux.

(2) Dans Homère les sacrifices ne sont jamais accompagnés de l'inspection des entrailles ; mais on trouve dans l'histoire grecque quelques exemples plus récents de cet examen.

(3) Phil. Jac. Hartmann, *De orig. anatomicæ*, Berolini, et Corn. Cuntz, *De Græc. extispiciis*, Gœtting., 1826, cités par Otfr. Müller, *Etrusker*, t. II, p. 181.

(4) Serv. in Virgil. *Georg.*, I, v. 10. — Fest., *voc. Fanum*.

(5) Varro, *De ling. Latin.*, lib. V, § 143, p. 144, seq.

entreprises qui eurent toujours besoin d'être confirmées et dirigées par la science augurale (1).

La recherche de l'*utile* paraît donc avoir été, plus que celle du *beau*, la préoccupation des prêtres de l'Italie. Cependant, comme tout sacerdoce, le sacerdoce italique s'efforça d'agir fortement sur l'imagination des peuples ; mais son moyen d'action se borna presque uniquement à l'excitation de la terreur. De l'habitude d'observer les phénomènes redoutables de la vie et de la mort, naquirent plusieurs mythes empreints d'une poésie triste et lugubre. Plus que partout ailleurs, nous trouverons en Italie la croyance aux Génies, l'usage des évocations (2), et surtout le double culte des *lares* et des *larves*.

LES LARES ET LES LARVES.

Toute âme séparée du corps s'appelait *lémure* dans l'ancienne langue latine ; mais on distinguait les lémures en deux familles. On appelait *lares* les mânes ou esprits des morts qui, ayant été forts et justes pendant leur vie, recevaient pour occupation après leur mort, le soin de protéger leur postérité et la surveillance affectueuse de leur ancien séjour (3). On leur donnait le nom de *pénates* quand leur protection s'étendait sur une ville ou sur un royaume (4). Ceux, au contraire, qui, par la fai-

(1) Plin., *Hist. nat.*, lib. II, cap. 52. — Fest., *voc. Rituales.*

(2) Clem. Alex., *Protrept.*, cap. II, p. 11.

(3) Plaut., *Aulular.*, prolog.

(4) *Lar, lartis*, était le titre honorifique que portaient en Étrurie les seigneurs ou chefs de tribu ; on disait *Lar Porsena* (Tit. Liv., lib. II, c. 9), *Lar Tolumnius* (Id., lib. IV, c. 17), ce qui rappelle les *Lords* anglais et les *Lairds* écossais. On appelait, avec une légère

blesse ou les fautes dont ils s'étaient rendus coupables pendant leur vie, n'avaient pas pu prendre place parmi les lares, soit publics, soit privés, et qui, sans résidence fixe (1), erraient au hasard; inoffensifs pour les gens vertueux, redoutables aux méchants (2), ceux-là étaient communément appelés *larves*. On donnait encore ce nom aux âmes des morts (3), soit quand elles descendaient dans le monde inférieur; sous la conduite de bons ou de mauvais Génies (4), soit lorsqu'elles remontaient visiter le monde supérieur, en écartant la pierre appelée *manalis*, qui fermait un gouffre regardé comme la porte des enfers (5), migration périodique qu'elles effectuaient trois fois chaque année (6). Aux larves se rapportaient toutes les apparitions de la tombe, tous les songes funèbres, tous les messages du séjour infernal, tous les fantômes qu'on voit en si grand nombre représentés sur

altération, *Lar*, *laris*, ces mêmes chefs divinisés. Voy. Lanzi, *Sagg. di ling. Etrusc.* t. II, p. 283-286.

(1) Cette doctrine des larves est prise dans Apulée, *De deo Socratis*, t. II, p. 152, seq., ed. Oudend. — Marcian. Capella, lib. II, § 162-166, p. 217, seqq., ed. Kopp.

(2) « *Larvati, quasi a larvis exterriti.* » Paulus ex Festo, *voc.* Larvati.

(3) Plutarch., *Quæst. Rom.*, 51. — Varron (*Fragm.* ap. Arnob., *Adv. Gentes*, lib. III, p. 124.) définit les larves: « *quasi quasdam genios defunctorum.* »

(4) Ce voyage des mânes est représenté sur plusieurs monuments étrusques. Voy. Micali, *Monum.*, pl. XXVI, et les peintures de Tarquinie, pl. LII, LIII.—Gori, *Mus. Etrusc.*, t. III, pl XX, XXIV. — Cf. J. Ath. Ambrosch., *De Chaornte Etrusco*, 4° 1837.

(5) Fest.; *voc.* Manalem lapidem.

(6) Id., *voc.* Mundum.

les monuments de l'Étrurie (1). C'étaient là les éléments du drame redoutable et des visions fantastiques au moyen desquelles l'ancien sacerdoce italique effrayait et charmait l'imagination des peuples (2).

Quoique je reconnaisse l'impossibilité de reconstruire cet ancien drame hiératique avec les faibles données qui nous restent, je puis du moins affirmer que ni les vers ni le prestige de la musique ne lui manquaient absolument. La langue rhythmique est chez tous les peuples contemporaine des premiers oracles. Le sacerdoce sent le besoin de recourir à un langage plus qu'humain, dès qu'il veut élever la voix au nom des dieux. Le vers saturnin fut en Italie cette langue surhumaine que parlaient la prophétesse Carmenta, Faunus, Fauna et les nymphes Camènes (3). La musique fut toujours aussi l'auxiliaire des actes religieux. Les instruments à cordes, cithares et lyres, se rencontrent fréquemment sur les anciens monuments étrusques (4), et l'on sait de quelle renommée jouirent toujours à Rome les trompettes toscanes, σάλπιγγες Τυῤῥηνικαι (5), et les joueurs de flûte

(1) Gori, *Mus. Etrusc.*, t. I, tab. XII ; t. III, tab. IV, X, etc. —Micali, pl. XXVI, XLVII.— Inghirami, *Monum. Etrusc.*, t. I, tab. VII, seqq., XXVII, seqq., LX, — t. VI, tab. E, 5, n° 4.

(2) Les rites employés dans ces représentations formidables étaient vraisemblablement consignés dans les livres étrusques appelés *Acherontici*. Voy. Arnob., *Adv. Gentes*, lib. II, p. 87. — Serv., ad Virgil. *Æneid.*, VIII, v. 398.

(3) Tit. Liv., lib. I, cap. 21. — Plutarch., *Num.*, cap. 15.

(4) Micali, *Monum.*, pl. XVII, XVIII, XIX, XXXIV, XXXV et XXXVIII.

(5) Poll., lib. IV, § 85. — Athen., lib. IV, p. 184, A. — Les trompettes étrusques étaient célèbres dès le temps d'Euripide. Voy. *Phoeniss.*, v. 1376, et Schol., *ibid.*

de l'Étrurie (1). Nous possédons de plus quelques indices sur les moyens accessoires qu'employaient les prêtres italiques pour augmenter la religieuse horreur de leurs spectacles. Par une coïncidence, qui jette un jour remarquable sur les origines du théâtre latin, le mot *larva* signifie à la fois une larve (une âme défunte), et un masque scénique (2). On paraît avoir donné originairement le nom de *larves* ou de *manies* (3) aux empreintes d'argile ou de farine qu'on prenait sur le visage des morts et que l'on enterrait quelquefois avec eux (4). Souvent pour apaiser un lémure qui effrayait ses parents et se plaignait de n'être pas admis dans le *lararium*, on retirait du tombeau son masque et on le posait sur le visage d'un des lares familiers. Quand une maison ou un village était menacé de quelques dangers, on conjurait le péril en plaçant au dessus de la porte, ou en suspendant aux arbres voisins, des larves ou masques destinés à remplacer les têtes d'homme qu'en pareille occasion on offrait autrefois à Saturne pour se racheter. Ces têtes suspendues s'appelaient *oscilla* (5). Il est probable que les larves,

(1) Poll., lib. IV, §.70. — Plin., *Hist. nat.*, lib. XVI, cap. 36. — Fest., *voc.* Subulo. — Varr., *De ling. Latin.*, lib. VII, § 35, p. 322.

(2) Horat., I, *Sat.* 5, v. 64.

(3) On lit dans Festus : « *Manias*, AElius Stilo dixit, ficta quædam ex farinâ in hominum figuras, quia turpes fiant, quas alii maniolas vocant ; manias autem quas nutrices minitentur parvulis pueris, esse larvas, id est manes, deos deasque, qui aut ab inferis ad superos manant, aut Mania est eorum avia maternâ. »

(4) C'est l'opinion que Winckelmann a émise à propos d'un masque d'enfant trouvé dans un tombeau et conservé dans la galerie de Saint-Ignace à Rome.

(5) Macrob., *Saturn.*, lib. I, cap. 7, p. 232, et cap. 11, p. 254. — Macrobe appelle encore ces masques *effigies Maniæ suspensæ*, lib. I, cap. 7, p. 233.

ou masques funèbres, jouaient un très-grand rôle dans l'ancien drame hiératique de l'Étrurie, qui consistait sur tout dans la *nécyomantie*, ou l'apparition des mânes (1).

Ce drame primitif paraît avoir employé aussi le prestige de la statuaire à ressorts.. Quelques statues mobiles ont même continué fort tard à exciter la dévotion populaire. On citait encore du temps de Cicéron (2), d'Horace (3), de Martial (4), et même de Macrobe (5), *les Sorts de la Fortune* à Præneste (6) et *les Fortunes jumelles* d'Antium. Ces statues fatidiques faisaient des mouvements qui servaient de réponse ou qui indiquaient l'instant où l'on pouvait les consulter. Aulu-Gelle mentionne aussi la lance mouvante de la statue de Mars (7), et Tite-Live rapporte qu'en certains cas les anciles ou boucliers sacrés s'agitaient et résonnaient d'eux-mêmes (8), comme par la volonté du dieu de la guerre.

J'ajouterai, au sujet de l'ancien drame hiératique,

(1) Clem. Alex., *Protrept.*, cap. II, p. 11.

(2) Cicer., *De divin.*, lib. II, cap. 41.

(3) Horat., lib. I, *Od.* 35, v. 1 ; et vetus interpr., *ibid.*

(4) Mart., lib. V, *Epigr.* I, v. 3.

(5) Macrob., *Saturn.*, lib. I, cap. 23, p. 321.

(6) Cette statue ou plutôt ce groupe représentait Jupiter et Junon enfants sur les genoux de la Fortune, leur nourrice. Voy. Cicer., *loc. cit.*

(7) Aul. Gell., lib. IV, cap. 6. — On comprend d'autant mieux la possibilité des statues mobiles que dans tous les pays du monde les premiers essais de la sculpture ont été faits en bois. Voy. Pindar., *Pyth.* V, v. 55, 56.

(8) Tit. Liv., *Epitom.*, lib. LXVIII, ex eoque Jul. Obsequens, *De prodig.*, cap. 104. — C'est une bien belle fiction que le mouvement attribué à la statue de Tullius Servius, qui porta, dit-on, la main devant ses yeux pour ne pas voir sa fille parricide. Ovid., *Fast.*, lib. VI, v. 613, seqq.

que le culte italien ne fut pas entièrement dépourvu de
fictions élégantes et gracieuses. On fêtait, dès les plus
anciens temps, par des chants et des danses, Vitula,
déesse de la joie (1), et Volupia, qui tirait son nom de celui de la volupté (2). Le sacerdoce italique connaissait si
bien le pouvoir de la musique et de la poésie sur l'organisation humaine, que les jongleurs marses et étrusques employaient les vers, les chants et la danse, pour guérir
les blessures et les maladies (3). Enfin, dans les cas plus
graves, comme dans les temps d'épidémie, la religion
détournait la colère du ciel et dissipait la frayeur des
hommes, en déployant ses plus brillants spectacles. C'est
ainsi qu'au milieu des ravages d'une maladie contagieuse,
les jeux scéniques, par le conseil des prêtres de l'Étrurie,
furent introduits dans Rome (4).

COLLÉGES HIÉRATIQUES. — VESTALES. — LUPERQUES. — FRÈRES ARVALES. — FAMILLES SACERDOTALES.

Quoique le sacerdoce italique n'ait été fortement et complétement constitué qu'en Étrurie, cependant on trouve
çà et là, dans les contrées voisines, quelques essais d'organisation sacerdotale et plusieurs congrégations que Rome
adopta et qui ont subsisté dans ses murs jusqu'aux derniers jours du paganisme. Je veux parler surtout des ves-

---

(1) Macrob., *Saturn.*, lib. III, cap. 2, p. 9.

(2) August., *De civit. Dei.*, lib. IV, cap. 8.

(3) Le traitement des blessures par le chant passa d'Étrurie
à Rome. Caton nous a conservé un des vers qui servaient à enchan-
ter les luxations. Voy. *De re rusticâ*, 160, et Plin., lib. XXVIII,
cap. 2.

(4) Tit. Liv., lib. VII, cap. 2.

tales et des luperques, dont quelques rites étaient plus
particulièrement dramatiques.

Les vestales, venues de la Troade avec le culte de
Vesta (1), sont mêlées aux plus anciennes traditions sabines (2). Indépendamment de la garde du feu sacré (3)
et de certains rites secrets, dont nous parlerons plus
loin et qui se pratiquaient dans l'intérieur du temple (4),
les vestales, dont le nombre fut d'abord fixé à quatre
puis à six (5), prenaient part à plusieurs cérémonies publiques. Elles avaient, entre autres, le principal rôle

(1) La Troade, suivant Justin (lib. X, cap. 2, § 4), avait reçu de la
Perse ce collége de vierges ; mais cette opinion paraît suspecte à
Brisson (Regn. Pers. , lib. II, cap. 69, à Hyde (Relig. Pers. ,
p. 88,) et au savant éditeur de Justin, M. Dubner (p. 114).

(2) Chez les Sabins, où Rhea Sylvia, mère de Romulus, était
vestale, les vœux de virginité étaient perpétuels (Tit. Liv., lib. I,
cap. 3 , sub fin.). Il en fut autrement à Rome : les vestales n'y faisaient des vœux que pour trente ans. Elles pouvaient au bout de
ce temps quitter le temple et se marier. Voy. Dionys. Halic., lib.
II, cap. 67. — Plutarch., Num., cap. 10.

(3) Vesta faisait partie de la plus ancienne famille des dieux de
la Grèce, c'est-à-dire, des dieux pélasgiques ; elle est invoquée
et chantée par Pindare (Nem., XI). Comme souvenir de l'ancien
culte du feu, une lampe brûlait continuellement dans le temple de
Jupiter Ammon, et le feu sacré était entretenu dans le temple
d'Apollon à Athènes et à Delphes (Plutarch., Num., cap. 9). On
trouve aussi cet usage chez les Juifs (Levit., cap. VI, v. 12, 13).

(4) Non-seulement Vesta avait à Rome un temple de forme ronde
(Ovid., Fast. , IV, v. 263-266 — Festus, voc. Rotundam), fait
de jonc d'abord, puis bâti en pierre par Numa (Plutarch., Num.,
cap. 11) ; mais on plaçait encore à l'entrée de tous les édifices sacrés
et même de toutes les maisons particulières un autel consacré à Vesta,
d'où est venu le mot vestibule. Ovid., ibid. , VI, v. 301, seqq.

(5) Plutarch., ibid., cap. 10. — Dionys. Halic.; lib. II, cap. 67
— Fest., voc. Sex.

dans les *Argées* (1), solennité d'un appareil sombre et tragique. Aux ides de mai (2), les vestales, en grande pompe et assistées d'une troupe de prêtres (3), précipitaient dans les flots du Tibre, du haut du pont Sublicius, trente simulacres de vieillards (4), faits de bois ou de jonc. Ces mannequins s'appelaient *Argiens* (5). C'était la représentation adoucie et devenue purement commémorative d'une tragédie réelle qui s'était jouée probablement dans le Latium au temps où le vieux culte de Saturne et de Dis demandait des victimes humaines (6).

Les luperques, prêtres de Pan, qui formèrent successivement plusieurs colléges à Rome, et qui eurent de si singuliers rapports avec les confréries de *Flagellants*, dont l'Italie fut couverte au xiii° siècle, pratiquaient, sur le mont Palatin, des rites demi-licencieux et demi-burlesques importés de l'Arcadie par Évandre (7). Le 15 des calendes de mars (8), les luperques nus (9) et les reins seulement couverts d'une peau de chèvre (10), traversaient la

(1) Varro, *De ling. Lat.*, lib. VII, §.44, p. 329, seq.
(2) Ovid., *Fast.*, lib. V, v. 621, seq.
(3) Dionys. Halic., lib. I, cap. 38. — Varron (*loc. cit.*) ne parle que des prêtres et ne dit rien de l'intervention des vestales.
(4) Varro, *ibid.*
(5) Plutarch., *Quæst. Roman.*, 32.
(6) Macrob., *Saturn.*, lib. I, cap. 7, p. 232 et 11, p. 254.—Hercule (Dionys. Halic., *ibid.*), d'autres disent Numa (Plutarch., *ibid.*, cap. 8), parvint à substituer à ces meurtres religieux des offrandes symboliques.
(7) Tit. Liv., lib. I, cap. 5.
(8) Fest., *voc.* Februarius. —Ovid., *ibid.*, lib. II, v. 267, seqq.
(9) Servius, in Virgil. *Æneid.*, lib. VIII, v. 663.
(10) Ovid., *ibid.*, lib. V, v. 101 et interpr. — Visconti, *Mus. Pio-Clem*, t. IV, p. 159, tab. 21, ed. Mediol.

ville en frappant avec des courroies tous ceux qu'ils ren-
contraient (1) et surtout les femmes mariées, qui espéraient
par là devenir fécondes (2). Dans la suite, de jeunes Romains se mêlèrent aux luperques, se faisant un jeu de ces
courses peu décentes (3). Le nom de *lupercales*, donné à
la principale fête des luperques, signifiait proprement la
fête des loups ou de la louve. Ceux qui admettent la
première interprétation, font venir le mot *lupercalia*
de *lupercus*, surnom de Pan, destructeur des loups (4);
les autres croient voir dans ce mot une allusion à la louve
de Romulus et de Rémus (5), appelée *luperca*. Quoi qu'il en
soit, les travestissements en bêtes et les courses demi-nues
sont une des licences païennes que le christianisme a eu le
plus de peine à détruire. Il subsiste, même aujourd'hui
dans nos campagnes, quelques vestiges de ces usages, au
moins sous forme de souvenirs et de légendes. On raconte
encore dans nos villages de merveilleuses histoires de loups-
garous (6).

L'institution des Frères arvales, qui, au nombre de

(1) Plutarch., *Romul.*, cap. 21.
(2) Ovid., *Fast.*, lib. II, v. 267, seqq.—Cette flagellation était
une coutume arcadienne. Tous les ans en Arcadie les femmes étaient
fouettées auprès de l'autel de Pan, à la fête appelée *Scirie*. Voy.
Pausan., *Arcad.*, cap. 23.
(3) Cicer., *Philippic.*, II, cap. 34.—Quand Auguste crut utile de
raviver cette branche affaiblie du culte national, il défendit aux
impubères de prendre part aux lupercales. Voy. Sueton., *August.*,
cap. 31.
(4) Justin., lib. XLIII, cap. I, § 7. — Serv., in Virg. *Æneid.*,
VIII, v. 343.
(5) Plutarch., *Romul.*, cap. 4.
(6) Bœttig., *De antiquissimis* λυκοποδίας *restigiis*, in Sprengelii
Beyträge zur Geschichte der Medizin, t. II, p. 34, seqq.

douze, faisaient dans les villes et dans les campagnes (1) des lustrations accompagnées de sacrifices ; de danses et de chants (2), se rattache à la royauté naissante et à Romulus qui fonda, dit-on, ce sacerdoce en l'honneur de sa nourrice Acca Laurentia, et de ses douze fils (3).

Nous trouvons en Italie, comme en Grèce, des familles investies héréditairement du soin de certain culte ; mais ces exemples sont assez rares et, pour ainsi dire, exceptionnels. Les deux plus anciennes confréries de luperques portaient le nom de Faviens et de Quintiliens, parce qu'elles ne se recrutaient originairement que dans les deux familles Favia et Quintilia (4). Les Potitii et les Pinarii (5) étaient aussi des prêtres héréditaires d'Hercule, instruits, disait-on, dans la science sacrée par le fils même de Jupiter (6). Tite-Live raconte que l'an de Rome 464, les Potitii ayant abandonné à des esclaves publics les fonc-

(1) Varro, *De ling. Latin.*, lib. V, § 85, p. 89.—Festus, *voc.* Ambarvales.—Pline (*Hist. nat.*, lib. XVIII, cap. 2) appelle les Frères arvales *arvorum sacerdotes.* Cependant Cajet. Marini, qui a rassemblé et commenté tout ce qui a rapport aux Frères arvales dans ses *Atti e monumenti de' Fratelli Arvali*, Roma, 1795, 2 vol. in-4°, doute (p. xxix) que les *ambarvalia* eussent rien de commun avec les Frères arvales.

(2) Caton (*De re rusticâ*, cap. 141) a conservé, en le rajeunissant, un des chants usités dans les ambarvales. Festus cite un autre fragment, *voc.* Pescestas.

(3) Plin., *Hist. nat.*, ibid.—Aul. Gell., lib. VI, cap. 7.—Macrob., *Saturn.*, lib. III, cap. 5, p. 15.

(4) Fest., *voc.* Faviani. — Plus tard les luperques semblent n'avoir été revêtus que d'un sacerdoce annuel. Voy. Fabrett., *Inscript.*, p. 457, n° 76.

(5) Virg., *Æneid.*, VIII, v. 269, seqq. — Serv., *ibid.*, — Dionys. Halic., lib. I, cap. 40.

(6) Cicer., *Pro dom.*, cap. 52.—Macrob., *Saturn.*, lib. III, cap. 6.

tions que le dieu leur avait confiées, périrent tous en
moins d'une année (1). On lit aussi sur les tables Eugu-
bines le nom des Atériates chargés particulièrement de la
célébration de certains rites (2).

Mais le fait capital, le fait qui domine toute l'organisation religieuse de l'Italie depuis la fondation de Rome,
c'est la subordination du sacerdoce à l'autorité civile. Romulus et Numa soumirent la théologie à la politique (3).
Rome qui n'eut proprement d'autre dieu que le génie de la
république (4), sut forcer la religion à n'être qu'un rouage
secondaire et docile de la constitution de l'État. De là
la supériorité des Romains dans le gouvernement, et leur
infériorité dans les arts et la poésie :

> *Tu regere imperio populos, Romane, memento ;*
> *Hæc tibi erunt artes.*

SECONDE ÉPOQUE SACERDOTALE. — INSTITUTIONS DE NUMA.
— COLLÉGE DES PONTIFES. — SALIENS.

Le grand ordonnateur de la puissance religieuse à Rome,
ne fut pas le corps sacerdotal ; ce ne fut même pas,
comme en Grèce, un poëte théosophe, un Orphée, un
Linus, un Musée, un Eumolpe ; ce fut le dépositaire du
pouvoir civil, en d'autres termes, ce fut la royauté personnifiée dans Numa.

Numa, en effet, éleva et cimenta toutes les parties de

---

(1) Tit. Liv., lib. I, cap. 7, et lib. IX, cap. 29.

(2) Dempster, *Etruria regalis*, pl. III.

(3) Voy. dans Varron la division de la théologie payenne en trois
genres, *unam mythicon, alterum physicon, tertium civile*. Ap.
August., *De civit. Dei*, lib. VI, cap. 5.

(4) Montesquieu, *Dissert. sur la politique des Romains dans la
religion*.

l'édifice religieux. Doué de cet instinct d'immobilité qui est le génie sacerdotal même, il fonda sa législation sur le culte du dieu Terme (1); il créa ensuite et organisa les grands collèges de prêtres (*sacerdotes summorum collegiorum*), d'abord celui des pontifes (2), lesquels, au nombre de quatre, puis de huit, et de quinze sous Sylla (3), veillaient au maintien des lois religieuses, à la rédaction du calendrier et des annales, ainsi qu'à la célébration des jeux et des spectacles. Ensuite il institua le collège des augures, composé d'abord de trois membres, plus tard de neuf, et enfin de quinze (4). La science augurale, en si grand honneur en Étrurie et en Ombrie (5), avait sans doute pénétré dans le Latium avant Numa, comme plusieurs traditions le prouvent; mais ce prince réunit les augures dans un collège et les fit entrer dans son système de gouvernement (6).

Le grand pontife (*pontifex maximus*) réglait souverainement toutes les choses relatives au culte (7). Cette haute dignité était viagère et compatible avec les autres charges publiques. Numa, suivant Plutarque, se réserva le

(1) Tit. Liv., lib. I, cap. 55, et lib. V, cap. 54. — Ovid., *Fast.*, II, v. 639, seqq.

(2) Tit. Liv., lib. IV, cap. 4. — Dionys. Halic., lib. II, cap 73. — Plutarch., *Num.*, cap. 9.

(3) César créa un seizième pontife. Leur nombre fut indéterminé sous l'empire.

(4) Denys d'Halicarnasse (lib. II, cap. 22, *sub. fin.*) attribue à Romulus l'établissement du collège des aruspices et des extispices. Ces devins publics furent moins estimés que les augures. Voy. Cicer., *Ad. famil.*, lib. VI, epist. 18.

(5) Cicer., *De divin.*, lib. I, cap. 11, 12.

(6) Tit. Liv., *ibid.*

(7) Id., lib. I, cap. 20. — Plutarch., *loc. cit.*

souverain pontificat (1), et tous les empereurs, même les empereurs chrétiens, s'en revêtirent. Ce furent seulement, selon Tite-Live, les fonctions de flamen dial, que Numa s'attribua (2) ; et Tite-Live ajoute que ce prince, reconnaissant bientôt l'incompatibilité de ce sacerdoce et des fonctions royales (3), nomma un flamen dial qui ne devait pas quitter le temple de Jupiter (4). Numa créa de plus deux autres grands flamines ; celui de Mars et celui de Romulus (5). Cependant les rois étant toujours restés personnellement chargés de plusieurs cérémonies sacrées, il fallut, après l'expulsion des Tarquins, instituer une sorte de roi fictif qu'on appela *rex sacrorum* ou *sacrificulus rex* (6), pour remplir le rôle de la royauté, comme, en pareille circonstance, on avait créé à Athènes un archonte-roi. La femme du roi des sacrifices portait le titre de *regina* (7), et, dans les premiers temps, la maison qu'il

(1) Plutarch., *Num.*, cap. 9.

(2) Peut-être dans ces premiers temps la charge de flamen dial et celle de grand pontife étaient-elles la même.

(3) Il faut lire dans Aulu-Gelle (lib. X, cap. 15) les pratiques très-singulières et très-nombreuses auxquelles le flamen dial était assujetti. — Cf. Tit. Liv., lib. V, cap. 52.

(4) Tit. Liv., *ibid.* — La dignité de flamen dial était perpétuelle, sauf le cas du veuvage (Plutarch., *Quæst. Rom.*, 50). Quand le flamen dial perdait sa femme, il devait quitter ses fonctions.

(5) La création du *flamen Quirinalis* est le commencement de l'apothéose à Rome. — Déjà Romulus avait institué les *sodales Tatii* ou *Titienses*, pour honorer la mémoire de Tatius. Voy. Tacit., *Annal.*, lib. I, cap. 54, et *Hist.*, lib. II, cap. 95.

(6) Fest., *voc.* Sacrificulus.

(7) Macrob., *Saturn.*, lib. I, cap. 15, p. 275.

habitait reçut le nom de *regia* (1) ; mais, malgré ces distinctions, plutôt nominales que réelles, ce roi de parade
était subordonné au grand pontife (2).

Tous les ministres du culte, nommés d'abord par les
rois, furent sous la république présentés par le grand pontife et élus par le peuple (3). Il en fut de même des vestales. Sous le gouvernement consulaire, le grand pontife
présentait au peuple vingt jeunes filles patriciennes, de six
à dix ans, sans défauts corporels. Le sort décidait du
choix (4).

Enfin, les curions, au nombre de trente, furent nommés
par le peuple pour vaquer aux sacrifices dans chacune des
trente curies de Rome. Le chef de ces prêtres, le *curio
maximus*, était élu dans les comices par curies.

L'esprit de toutes ces institutions était la subordination
du pouvoir sacerdotal à l'autorité civile, et cet esprit subsista dans Rome depuis Numa jusqu'à Constantin.

La conséquence d'un tel état de choses, relativement à
l'ordre d'idées et de faits qui nous occupent, c'est que le
sacerdoce à Rome, soumis, dès l'origine, au pouvoir politique, ne put élaborer aussi longtemps qu'en Grèce les
arts et la poésie dans le secret du sanctuaire. Aussi l'art
hiératique se présentera-t-il rarement à nous, en Italie,
pur et exclusivement sacerdotal. Ce n'est guère que dans
la danse et le chant des prêtres saliens que nous trouverons le drame hiératique dégagé de l'alliage populaire et
séculier.

(1) Serv., in Virgil. *Æneid.*, VIII, v. 363.
(2) Tit. Liv., lib. II, cap. 2.
(3) Tacit., *Annal.*, lib. IV, 16.
(4) Aul. Gell., lib. I, cap. 12.

Ces prêtres danseurs (1), déjà établis sur plusieurs
points du territoire italique, à Tibur, à Véies, à Tusculum, avaient, dans les anciens temps, desservi les autels
d'Hercule (2). Numa changea, ou plutôt étendit leurs attri-
butions, et leur confia le culte de *Mars gradivus*. Ces prêtres, de familles patriciennes (3), et au nombre de douze,
furent chargés de la garde des anciles ou boucliers sacrés (4).
Ils exécutaient autour des autels certaines danses armées (5)
et accompagnées de chants, qui rappellent les danses grecques circulaires et la pyrrhique arcadienne. Virgile nous
apprend que la troupe des Saliens se partageait en deux
chœurs, l'un composé des plus jeunes, l'autre des plus
âgés (6). Servius ajoute que les premiers dansaient, et que
les seconds chantaient; mais cet écrivain pourrait bien
avoir été ici trop préoccupé de la séparation de la danse
et du chant qui prévalait dans les représentations chori-
ques et scéniques du temps de l'empire. Chaque année,

(1) « *A saltu nomina ducunt.* » Ovid., *Fast.*, lib. III, v. 387.—
Fest., voc. Salios.— Voyez dans Gutberleth (*De Saliis*, cap. II,
p. 6, seqq.) et dans une dissertation de Christ. Ludov. Crellius
(*De Saliaribus carminibus*, Vittenberg., 1732, in-4°), les diverses étymologies proposées du mot *Salii*.

(2) Servius, in Virg. *Æneid.*, VIII, v. 285.

(3) Dionys. Halic., lib. II, cap. 70.—Lucan., *Phars.*, IX, v. 478.
—Lucian., *De saltat.*, § 20.—Leurs père et mère devaient être
vivants quand on les nommait (Dionys., lib. II, cap. 71). Il en
était de même des vestales. (Antist. Labeo, ap. Aul. Gell., lib. I,
cap. 12).

(4) Tit. Liv., lib. I, cap. 20. —Plutarch., *Num.*, cap. 13.

(5) Servius, *ibid.*

(6) Virgil., *Æneid.*, VIII, v. 285, seqq.

le 1ᵉʳ mars (1) , les Saliens , vêtus de la trabée de pourpre
et ceints d'une large bande d'airain , coiffés d'un bonnet en
pointe qui ressemblait à un casque à aigrette (2) , la main
droite armée d'une courte épée dont ils frappaient leur bouclier (3) , parcouraient les divers quartiers de Rome en dansant au son de la flûte et en chantant des hymnes à la gloire
d'Hercule, de Janus , de Junon, de Mercure, de Manie, mère
des Lares , de Lucia Volaminia (4) , et surtout de Mamers (5)
ou de Mars. Celui de ces prêtres qui conduisait la danse
s'appelait *præsul* (6), parce qu'il dansait le premier (*præsa-
liebat*). On appelait *vates* (7) ou chantre, celui qui célébrait les dieux et quelquefois les hommes dignes de figurer dans les cantiques nationaux (8). Le nom d'*axamenta*
semble désigner ceux des chants saliens qui avaient de simples mortels pour sujet (9). Les Saliens redisaient chaque an-

(1) Grut., *Inscript.*, p. CLXXIII, nᵒ 5. — Les saliens figuraient,
d'ailleurs , dans plusieurs autres fêtes, entre autres, dans les *ludi
magni.* Voy. Cicer., *De divinat.*, lib. I, cap. 26, et lib. II, cap. 66.

(2) Dionys. Halic. , lib. II , cap. 70. — Tit. Liv. , lib. I, cap. 20.

(3) Le cabinet de mᵐᵉ la marq. de Bentongk Donop , à Meinin-
gen, renferme un bronze antique que l'on croit représenter un
Salien. Ce bronze vient de Naples. — Voyez aussi une figure que
Bellori croit celle d'un Salien , ap. Gutberleth, *De Saliis*, p. 61.

(4) Varro , *De ling. Latin.*, lib. IX, § 61 , p. 501.

(5) Nom du dieu Mars chez les Sabins (Varro , *De ling. Latin.*,
lib. V, § 73 , p. 78), et chez les Osques (Fest. , *voc.* Mamers). —
Les Saliens chantaient tous les dieux, excepté Vénus. Voy. Macrob.,
Saturn., lib. I , cap. 12, p. 257.

(6) Cicer., *De divin.*, lib. I , cap. 26, et lib. II, cap. 66.

(7) Capitolin., *Marc. Anton.*, cap. 4.

(8) Denys d'Halicarnasse (*loc. cit.*) appelle ces chants πατρίους
τινὰς ὕμνους.

(9) Paulus ex Festo , *voc.* Axamenta. — Scaliger voit tout autre
chose dans le passage très-équivoque de Festus.

née le plus ancien de leurs cantiques que l'on attribuait à
Numa (1) et qui était composé, comme tous les poëmes de
cette époque, dans le vieux mètre saturnin. Déjà du temps
de Varron et d'Horace, personne à Rome ne comprenait
plus ces chants (2), pas même les prêtres qui les ré-
citaient (3). Un savant hollandais, Gutberleth, a recueilli
ce qui a survécu de fragments authentiques des *Saliaria
carmina* (4), lesquels sont, avec quelques débris des chants
arvales, les plus anciennes reliques de la poésie romaine.

La procession des Saliens, conduite probablement par le
chef de l'ordre, appelé *magister Saliorum* (5), durait quatorze
jours, autant qu'il y avait de quartiers à Rome (6). Chaque
quartier était pourvu d'un édicule ou reposoir (7), qui servait
aux Saliens pour pratiquer commodément leurs rites. Le
quatorzième jour était consacré à Mamurius Veturius (8),
habile ciseleur, qui avait fabriqué les onze anciles semblables à celui qu'on disait être tombé du ciel. Les Romains avaient divinisé cet ancien artiste, comme nous

---

(1) Cicer., *De orat.*, lib. III, cap. 51.—Horat., lib. II, *Epist. I*,
γ. 86. — Ovid., *Fast.*, lib. III, v. 388.

(2) Varro, *De ling. Lat.*, lib. VII, § 3, p. 283, seq.—Horat., *ibid.*

(3) Quintil., lib. I, cap. 6, 40.

(4) Gutberleth, *De Saliis*, cap. XXI, p. 125, seqq.

(5) Capitol., *Marc. Anton.*, cap. 4. — Grut., *inscript.*, p. 489,
n° 10,

(6) Plin., *Hist. nat.*, lib. III, cap. 5, § 9. — Auguste partagea
Rome en quatorze quartiers. Romulus avait originairement divisé
cette ville en trois tribus. Aussi dans l'origine la procession des Saliens ne durait-elle que trois jours.

(7) Ces édicules s'appelaient *mansiones.* Voy. Murator., *Inscript.*, 481, 5.

(8) Ovid., *Fast.*, lib. III, v. 389, seqq. Serv., in Virgil. *Æneid.*,
VII, v. 188. — Festus, *voc. Mamurii.*—Plutarch., *Num.*, cap. 13.

avons canonisé saint Éloi. Chacune des stations se terminait par un banquet non moins copieux que délicat. *Saliares epulæ* était une expression passée en proverbe, et
qui, dans le siècle peu religieux d'Horace, contenait un
éloge légèrement épigrammatique (1). Un passage de Festus
a fait croire qu'il y avait des Saliennes (*Saliæ virgines*);
mais ce n'étaient, suivant Ælius Stilo, que des femmes
à gages dont les Saliens employaient dans certains cas le
savoir faire, pour donner plus d'éclat et d'attrait à leurs cérémonies (2). Elles avaient surtout un rôle dans le drame
démi-hiératique et demi-populaire, appelé le *Regifugium*,
lequel avait lieu, tous les ans, aux calendes de juin, pour
perpétuer à Rome la mémoire de l'expulsion des rois (3).

LECTISTERNES.

Il y eut encore en Italie un autre genre de spectacle hiératique qui agissait si puissamment sur les imaginations,
qu'on l'employa avec succès pour rassurer les esprits troublés par de grandes calamités publiques. Ces spectacles qui
précédèrent les jeux scéniques, sont les Lectisternes ou repas offerts aux statues des dieux. Nous avons rencontré chez
les Grecs ce genre de dévotion (4) sous le nom de Théoxé

(1) Horat., lib. I, *Od.* 37, v. 2. — Festus, *voc.* Salios.
(2) Festus, *voc.* Salias.
(3) Id., *voc.* Regifugium.
(4) C'était l'usage en Grèce de déposer des mets sur les autels
des dieux. Aristophane fait raconter plaisamment à un de ses personnages qui avait été coucher dans le temple d'Esculape, comment
il vit dans les ténèbres le prêtre se glisser auprès de la table sacrée
et emporter dans un sac tout ce qu'on avait offert au dieu, raisins,
figues sèches, gâteaux, etc. Voy. Aristoph., *Plut.*, v. 676, seqq.

nic (1). Mais les Romains portèrent les repas sacrés à un
bien plus haut degré de splendeur et en firent l'objet de
cérémonies publiques. L'an 249 de Rome (2) et, plus tard,
l'an 356, pendant les ravages d'une maladie contagieuse,
le sénat et les consuls, sur l'avis des prêtres sibyllins, décrétèrent la célébration d'un lectisterne (3). En conséquence,
les *decemviri* convièrent six divinités (4) à un banquet
splendide. L'histoire mentionne un grand nombre d'autres
lectisternes (5) dont le soin fut remis quelquefois aux *decemviri*, et plus ordinairement aux *septemviri epulorum*. Je crois
même, d'après un passage de Valère-Maxime (6), qu'on
fonda au Capitole, en l'honneur de Jupiter, de Junon et
de Minerve, un lectisterne annuel et à jour fixe (*Stativum*)
dans lequel, suivant l'ancien usage des repas romains,
où les hommes seuls étaient couchés pendant que les

_____

(1) Voy. ci-dessus chap. 2, p. 182, note 5. — Plusieurs monuments, entre autres, des médailles de Sinope et de Pergame,
prouvent que les Grecs invitaient les statues des dieux à des
repas. Ils rendaient même un semblable honneur aux statues des
héros. Séleucus rapportant de Perse les statues d'Harmodius et
d'Aristogiton, que Xerxès avait autrefois enlevées, et ayant abordé
à Rhodes, les habitants de cette île offrirent à ces deux statues
l'hospitalité publique et les placèrent sur des lits sacrés (*sacris
pulvinaribus collocaverunt*). Voy. Val. Maxim., lib. II, cap. 10,
exter. § 1.

(2) Val. Max., lib. II, cap. 4, § 5.

(3) Avant ces lectisternes publics, les Romains avaient l'usage
des lectisternes privés. On trouve des exemples de cette dévotion
dès le temps des rois. Voy. Val. Maxim., *loc. cit.*

(4) Apollon, Latone, Diane, Hercule, Mercure et Neptune.

(5) Tite-Live cite un lectisterne qui eut lieu, l'an 534, dans le
temple de Saturne, et l'année suivante un autre où figuraient six
dieux et six déesses. Voy. lib. XXII, cap. 1 et 10.

(6) Val. Maxim., lib. II, cap. 1, § 2.

femmes étaient assises, Jupiter avait un lit, et Minerve et
Junon seulement des siéges (1).

Les statues des dieux ne jouaient pas dans ces représen-
tions bizarres un rôle aussi passif qu'on le pourrait croire.
L'imagination religieuse, ou peut-être quelques fraudes
sacerdotales, suppléaient quelquefois à l'immobilité des
simulacres. Dans un lectisterne dont Tite-Live a conservé la
mémoire, le peuple crut que les dieux avaient détourné la
tête des mets qui leur étaient présentés (2). En songeant à
ces statues conviées à des repas et manifestant leur bon ou
mauvais vouloir par des mouvements de tête, nous com-
prenons mieux comment est née et s'est répandue en
Espagne, au moyen âge, la légende si effrayante et si
dramatique du fameux *Convidado de Piedra*.

MYSTÈRES EN ITALIE. — LIVRES FULGURAUX. — NYMPHE TACITA. — LIVRES SIBYLLINS.

A côté d'un sacerdoce aussi complètement subordonné au
pouvoir civil, Rome ne put admettre qu'avec de grandes
restrictions, ce qui fut en Grèce le principal instrument de
la puissance hiératique, l'institution des mystères. Néanmoins, il est tellement dans la nature de tout sacerdoce
de vouloir enseigner les hommes et de prévenir, en même
temps, par l'obligation du silence la trop prompte vulgarisation des connaissances qui constituent les dogmes,
qu'en regardant avec attention, on peut apercevoir

---

(1) De cet usage vient le mot *sellisternia*, pour signifier les repas
sacrés où l'on n'invitait que des statues de déesses. Voy. Tacit.,
Annal., lib. XV, cap. 44.

(2) Tit.-Liv., lib. XL, cap. 59.

même en Italie, soit avant, soit après Numa, des traces
de mysticité assez nombreuses.

Et d'abord, nous remarquerons que les Romains eurent un mot pour exprimer les cérémonies secrètes. Festus
nous apprend qu'ils appelaient *sacra seclusa* ce que les
Grecs appelaient *mystères* (1).

Je crois trouver les traces d'un culte mystique dans
l'autel de Dis ou de Consus, caché sous terre dans le cirque, et sur lequel on sacrifiait lors des Consualia et des
jeux séculaires (2).

La violence dont la tradition rapporte que Numa fut
obligé d'user envers Faunus et Picus (3) pour obtenir d'être
initié à la science fulgurale, prouve que cette doctrine
était soumise par les prêtres étrusques à la loi du mystère. Il semble même qu'après Numa cette science soit demeurée secrète. C'est pour avoir voulu pratiquer de certains
sacrifices occultes (*quædam occulta sacrificia*), sans avoir
suivi les rites (*non ritè inito sacro*), et guidé seulement
par quelques passages des écrits de Numa, que Tullus
Hostilius fut foudroyé avec sa femme et ses enfants (4),
et son palais réduit en cendres (5).

C'est encore une preuve de mysticité que le nom secret
donné aux villes par les augures au moment de leur fonda-

---

(1) Festus, *voc.* Seclusa.
(2) Dionys. Halic., lib. II, cap. 31.
(3) Ovid., *Fast.*, lib. III, v. 295, seqq. — Plutarch., *Num.*
cap. 15.
(4) Tit. Liv., lib. I, cap. 31. — Plutarch., *Num.*, cap. 22.
(5) Dionys. Halic., lib. III, cap. 35.

tión, usage familier surtout aux Étrusques et qui ne fut pas négligé lors de la fondation de Rome (1).

Numa lui-même paraît avoir été imbu de l'esprit mystique. N'était-ce pas, en effet, des espèces de mystères que les entretiens nocturnes de Numa avec la nymphe Égérie (2)? Plutarque remarque que plusieurs des ordonnances de ce prince renfermaient un sens caché (3), et l'on sait quel soin il prit pour empêcher la divulgation des livres qu'il avait rédigés pour l'instruction des prêtres (4). Il faut aussi remarquer que de toutes les nymphes, *Tacita* fut, après Égérie, celle dont il recommanda le plus particulièrement le culte aux Romains (5). Enfin, Numa ne remit pas seulement à la garde des Saliens les boucliers sacrés, il leur confia encore d'autres objets mystiques : *secreta quædam imperii pignora* (6).

Les livres sibyllins, comme ceux de Numa, furent tenus secrets et gardés dans une crypte du temple de Jupiter capitolin (7). Les *duumviri sacrorum* (8), puis les

(1) Plin., *Hist. nat.*, lib. III, cap. 5. — Macrob., *Saturn.*, lib. III, cap. 9, p. 25.

(2) Lactant., *Divin. instit.*, lib. I, cap. 22.

(3) Plutarch., *Num.*, cap. 14.

(4) Lactant., *ibid.*

(5) Plutarch., *ibid.*, cap. 8.—Ovid., *Fast.*, lib. II, v. 572, seqq.—Outre la fête de cette nymphe, qui avait lieu à la fin de février, les Romains célébraient encore le 21 décembre (12 des calendes de janvier), les *Angéronales*, en l'honneur d'Angérona, déesse du silence. Voy. Plin., *Hist. natur.*, lib. III, cap. 5, § 8.—Macrob., *Saturn.*, lib. I, cap. 10, p. 241. — On représentait Angérona avec un doigt sur la bouche (Macrob., *Saturn.*, lib. III, cap. 9, p. 25) comme pour recommander le silence.

(6) Florus, lib. I, cap. 2.— Jornand., *De reg. success.*, cap. 5.

(7) Tacit., *Annal.*, lib. VI, cap. 12.

(8) Tit. Liv., lib. III, cap. 10.—Dionys. Halic., lib. IV, cap. 62.

decemviri (1), et, enfin, du temps de Sylla, les *quindecimviri* (2), furent chargés, sous peine de la vie (3), de
conserver ce dépôt.

INITIATIONS.

Les enfants en bas âge étaient à Rome initiés au culte
des trois déesses Édusa, Potina et Cuba, qui présidaient,
comme leurs noms l'indiquent, aux trois premières fonctions de la vie, le manger, le boire et le coucher (4). Mais
on ne trouve en Italie que peu ou point de traces d'initiations légales où les hommes aient eu part. (5)

Peut-être, cependant, y avait-il des initiations pour les
hommes dans le temple de Saturne à Rome. Du moins les
rites fort bizarres usités dans ce temple semblent-ils cacher
quelques mystères révélés aux seuls initiés. Cela expliquerait, sans recourir à l'initiation d'Éleusis, la réponse de
Pretextatus dans Macrobe, qui, interrogé sur l'origine des
Saturnales, déclare qu'il ne dira que ce qu'il est permis
aux initiés de révéler au vulgaire (6).

Je trouve une autre trace d'initiation et de spectacle
hiératique dans une fête de Pluton et de Proserpine, appelée *Le monde ouvert* (*Mundus patens*), qui se liait aux mi-

(1) Tit. Liv., lib. VI, cap. 37 et 42.

(2) Aul. Gell., lib. I, cap. 19. — Ces prêtres, portés au nombre
de seize par Jules César (Dion, lib. XLIII, 51, *in fine*) et à un nombre illimité sous les empereurs, conservèrent cependant le nom de
quindecimviri.

(3) Valer. Maxim., lib. I, cap. I, § 13.

(4) Varro; ap. Non. Marcell., p. 108, 19. — Donat., in Terent.
Phorm., act. I, scen. 1, v. 15.

(5) Je parlerai plus loin des mystères qui n'étaient pas autorisés
par les lois.

(6) Macrob., *Saturn.*, lib. I, cap. 7, p. 229.

grations des larves dont j'ai parlé. Varron, expliquant
pourquoi il était impie de livrer bataille ou même d'en-
rôler des soldats pendant ces jours néfastes, dit : « *Mundus cum patet, deorum tristium et inferum quasi janua patet* (1). » Festus et son abréviateur nous donnent plus de détails ; ils nous apprennent que trois fois par an les secrets
du séjour infernal étaient exposés aux regards vulgaires,
« ...... *His diebus quæ occulta et abdita religionis deorum
manium essent, in lucem adducerentur* (2). »

Les femmes, au contraire, furent appelées, dès les premiers temps, à célébrer en Italie de nombreuses fêtes
nocturnes et mystérieuses.

A Rome il n'était permis à aucun homme de pénétrer pendant la nuit dans le temple des vestales. Le jour
même les hommes ne pouvaient entrer dans le lieu réservé,
dans le *penus* (3), où l'on gardait les symboles mystérieux,
τὰ ἱερά (4), visibles seulement, dit-on, pour la plus ancienne vestale (5). Varron nous apprend encore que
dans le sanctuaire d'*Ops consiva* nul n'entrait que le prêtre
et les vierges consacrées à Vesta (6).

(1) Varro, in *Augur. libr.*, cité par Macrobe, *Saturn.*, lib. I,
cap. 16, p. 279.

(2) Festus, *voc.* Mundum.

(3) Id., *voc.* Penus. — Serv., ad Virgil. *Æneid.*, III, v. 12.
— Du nom de ce sanctuaire de Vesta vint le nom des Pénates.

(4) Plutarch., *Num.*, cap. 9. — Id., *Camill.*, cap. 20.—Dionys.
Halic., lib. II, cap. 66.

(5) Lucan., *Pharsal.*, lib. I, v. 598, et lib. IX, v. 994.

(6) Varro, *De ling. Latin.*, lib. VI, § 21, p. 202. —Fest., *voc.*
Opima. — Quelques anciens voyaient dans *Ops consiva* la divinité
tutélaire de Rome, dont le nom devait demeurer secret. Voy. Macrob., *Saturn.*, lib. III, cap. 9.—La fête de cette déesse avait lieu
le 8 avant les calendes de novembre. (*Vet. calend.*, ap. Maff.)

MYSTÈRES DE LA BONNE DÉESSE FAUNA, OU FATUA.

Les vestales (1) participaient encore, de moitié avec les matrones, à une fête nocturne et secrète qui avait beaucoup de ressemblance avec les Thesmophories grecques (2), et qui, comme elles, était commémorative et dramatique. La déesse que l'on célébrait dans ces réunions était appelée *Bona dea* (3), ou *Magna mater*. Il est naturel, d'ailleurs, que nous ignorions si cette déesse était Cérès, Ops ou Cybèle, puisque l'inviolabilité de son culte avait fait de son nom un secret impénétrable pour tous les hommes (4). Cependant Cornélius Labeo, cité par Macrobe (5), prétend que la Bonne déesse, désignée dans les livres des pontifes sous les noms de *Fauna, Ops* ou *Fatua,* n'était autre que la Terre (*Tellus*), qu'on appelait *Maia mater* ou *Magna mater*, ce qui rappelle le nom du Jupiter sabin, *Deus maius*, pour *magnus*, le dieu suprême (6). *Damia*, selon Festus, était un des noms de la Bonne déesse, et *Damium* celui du sacrifice secret qu'on lui offrait (7). La ressemblance est grande, comme on voit, entre le nom grec de Cérès, Δημήτηρ, et la *Damia mater* des Romains.

(1) Cicer., *De aruspic.*, cap. 17.

(2) Du Theil, Mém. de l'Acad. des Inscript., t. XXXIX, p. 313 et suiv.

(3) A cause de sa chasteté. Voy. Servius, in Virgil. *Æneid.*, VIII, v. 314.—Fauna, selon Varron (Macrob., *Saturn.*, lib. 1, cap. 12, p. 260), était si pure et si révérée que jamais son nom ne fut prononcé en public et que jamais homme ne la vit ni ne fut vu d'elle.

(4) Cicer., *De aruspic.*, cap. 17.

(5) Macrob., *Saturn.*, lib. 1, cap. 12, p. 258, seq.

(6) Id., *ibid.*

(7) Festus, *voc.* Damium.

La Bonne déesse n'eut pas seulement des autels domestiques, elle eut encore chez les Sabins, des rites nocturnes (1) qui passèrent à Rome au temps des rois (2).
Après l'expulsion des Tarquins, ces rites secrets furent
conservés et mis au nombre de ceux qui se pratiquaient
pour le peuple « *quæ pro populo ritè fiebant* (3). » Les mystères de la Bonne déesse eurent lieu jusqu'à la fin de
la république en présence des vestales, dans la maison
du consul, du préteur ou du grand pontife (4), ainsi
que nous l'apprennent deux anecdotes relatives, l'une
à César, l'autre à Cicéron. Tous les hommes, excepté
le grand pontife, en étaient exclus. La présidence de
l'assemblée appartenait à la mère ou à la femme du magistrat chez lequel on la tenait (5). Je n'oserais dire si
c'est à cette matrone ou à une prêtresse attitrée et perma-
nente qu'il faut attribuer le nom de *Damiatrix* que Festus
nous a conservé (6).

Il est probable que dans ces espèces de Thesmophories
les femmes romaines représentaient, comme celles de la
Grande Grèce, les aventures de la Bonne déesse (7), y

---

(1) Lactant., *Divin. instit.*, lib. I, cap. 22.
(2) Cicer., *De aruspic.*, cap. 17.
(3) Id., *De legib.*, lib. II, cap. 9.
(4) Plutarch., *Cicer.*, cap. 18. — Id., *Cæs.*, cap. 9. — Cicer.,
De aruspic., cap. 3. — Tit. Liv., *Epitom.* lib. CIII. — La Bonne
déesse avait, cependant, une ou plusieurs chapelles à Rome, puisque ce fut devant un de ces édicules que fut tué Clodius. Voy.
Cicer., *Pro Milon.*, cap. 31 *prope fin.*
(5) Plutarch., *Cicer.*, loc. cit.
(6) Festus, *voc.* Damium.
(7) Plutarch., *Cæs.*, cap. 9.

compris sa flagellation avec des verges de myrte (1). Macrobe nous apprend que l'on conservait dans son temple des serpents apprivoisés (*nec terrentes , nec timentes*) (2), destinés probablement à jouer dans la représentation de l'inceste mystique de Faunus et de Fauna, le même rôle que le serpent faisait en Grèce dans les mystères de Proserpine. Cicéron, en décrivant le déguisement que Clodius avait pris pour violer ces mystères, donne à penser que le costume porté dans ces réunions par les matrones était une tunique couleur de safran, une mitre, des mules, des rubans de pourpre et une guimpe. On a la preuve que la musique était employée dans ces mystères, puisque Clodius eut besoin pour entrer dans la maison du grand pontife de se munir d'un psaltérion (3).

MYSTÈRES DE CÉRÈS.

Tacite rapporte que, treize ans après l'expulsion des rois, le dictateur A. Posthumius dédia un temple à Cérès, à Bacchus et à Proserpine (4). La réunion dans un même sanctuaire de ces trois divinités helléniques a fait conjecturer avec vraisemblance, que les *Cerealia* romaines étaient une imitation des Éleusinies qui réunissaient aussi ce triple culte. En effet, les fêtes de Cérès duraient huit jours à commencer du 7 avril (5), et se composaient, comme les Éleusinies, de rites mystérieux et de cérémonies publiques ; mais là se bornait à peu près la ressemblance.

(1) Plutarch., *Quæst. Rom.*, 20. — Arnob., *Advers. Gent.*, lib. V, p. 168.
(2) Macrob., *Saturn.*, lib. I, cap. 12, p. 259.
(3) Cicer., *De aruspic.*, cap. 21. — Plutarch., *Cæs.*, cap. 10.
(4) Tacit., *Annal.*, lib. II, cap. 49.
(5) La veille des ides d'avril.—Ovid., *Fast.*, lib. IV, v. 389. seqq.

Le culte de Cérès avait, d'ailleurs, tant de rapports avec celui de la Bonne déesse, que les écrivains mêmes de l'antiquité les ont souvent confondus.

Ce qui caractérisait les cérémonies secrètes et nocturnes, et, comme on disait, les *veillées de Cérès* (1), et ce qui les distinguait, au moins extérieurement, des mystères de Fauna ou de Fatua, c'est que dans les mystères de Cérès tout était grec (2), la langue, les rites, les légendes (3) et jusqu'aux prêtresses qu'on faisait venir de la Grande Grèce (4). Écoutez Cicéron : « Nos ancêtres ont voulu que les mystères de Cérès fussent célébrés avec un extrême respect et suivant les plus religieuses cérémonies. Comme ce culte est emprunté des Grecs, la célébration en fut longtemps confiée à des prêtresses grecques, et chaque chose y conserva son nom primitif. Mais tout en faisant venir à Rome une femme grecque pour enseigner et pratiquer ces rites, nos ancêtres ont voulu la prendre parmi les citoyennes, afin que ce fût une citoyenne qui sacrifiât pour les citoyens, et qu'en adressant des prières aux dieux immortels suivant les rites étrangers, elle le fît du moins avec l'esprit et l'âme d'une romaine : Presque toujours ces prêtresses venaient de Naples ou de Vélie, qui sont des villes confédérées (5). »

Il est vraisemblable que les aventures de Cérès et de Proserpine étaient dans les *veillées de Cérès* le sujet de représentations commémoratives et dramatiques, comme en Grèce. Quant à la part que l'on accordait à Bacchus dans

---

(1) Plaut., *Aulular.*, prolog., v. 36.

(2) Festus, *voc. Græca.* — Cicer.; *De legib.*, lib. II, cap. 9.

(3) Serv. in Virgil. *Georg.*, II, v. 394.

(4) Val. Maxim., lib. I, cap. I, § 1.

(5) Cicer., *Pro L. C. Balbo*, cap. 24.

ces fêtes, il serait difficile de dire ce qu'elle fut (1). J'ajouterai que, dans les *sacra Cereris*, le drame devait parler
d'autant plus vivement aux yeux, que la langue dont se
servaient les prêtresses était moins familière aux assistants.

BAIN MYSTIQUE DE LA PIERRE DE PESSINONTE.

Au temps de la seconde guerre punique, l'an de Rome
548, sous le consulat de P. Cornelius Scipion et de P. Licinius, le culte de la Bonne déesse, de la *Damia mater*,
éprouva une importante rénovation. On crut dans ce moment critique, devoir, sur l'avis des livres sibyllins, re-
tremper les rites de la *Magna mater* à leur source natale,
c'est-à-dire, en Phrygie (2). On envoya à Pessinonte
une ambassade qui s'enquit du culte de la *Mère idéenne* et
qui obtint, par l'entremise du roi de Pergame, de rapporter à Rome son principal symbole, la pierre sacrée que
les Phrygiens appelaient la *Mère des dieux* (3) et qu'ils
honoraient dans un temple nommé *Mégalésion* (4).

L'arrivée à Rome de la statue cubique ou pierre de Cybèle
donna lieu à des jeux en partie hiératiques et en partie populaires (5), que l'on répéta chaque année aux nones d'a-

(1) Un fait remarquable confirme l'alliance du culte de Bacchus
et de Cérès à Rome. Lorsque l'on mit en vente les dépouilles de
Corinthe, le célèbre tableau d'Aristide représentant Bacchus,
dont le roi Attale II offrait cent mille deniers, fut retiré de l'encan
par le consul Mummius, malgré les réclamations du roi, et envoyé
à Rome pour être placé dans le temple de Cérès. Voy. Plin., *Hist.
nat.*, lib. XXXV, cap. 4, § 8.

(2) Tit. Liv., lib. XXIX, cap. 10. — Ovid., *Fast.*, lib. IV, v.
255, seqq.

(3) Tit. Liv., *ibid.*, cap. 11.

(4) Varro, *De ling. Latin.*, lib. VI, § 15, p. 197.

(5) Tit. Liv., lib. XXIX, cap. 14. — Herodian., lib. I, 10, § 14.
Ed. Irmisch.

vril (1), et que l'on appela mégalésiens (2). A leur dixième
anniversaire, l'an 558 de Rome, les édiles curules,
C. Atil. Serranus et L. Scribonius, joignirent pour la première fois des jeux scéniques à la célébration de cette
fête (3). Ce qui signala surtout la rénovation du culte de
la *Magna mater*, c'est que ses rites, tant publics que mystérieux, furent exclusivement confiés dans Rome à des
Phrygiens et à des Phrygiennes (4). La castration à laquelle
se condamnaient les *galles* (5), seuls hommes qui prissent
part au culte de la déesse de Pessinonte, aurait déshonoré
des citoyens romains. Ces prêtres demi-hommes (*semima-
res*) (6), conduits par un chef nommé *archigalle*(7), exécutaient au bruit des cymbales, des tambours et des
flûtes bérécyntiennes (8), certaines danses furieuses (9)

(1) Ovid., *Fast.*, lib. IV, v. 179, seqq.

(2) Tit. Liv. loc. cit.

(3) Id. lib. XXXIV, cap. 54.—Suivant Valérius Antias, ancien
annaliste romain, ce ne fut qu'en 562, lors de la dédicace du temple
construit en l'honneur de la Grande mère idéenne, qu'on joignit les
jeux scéniques aux jeux mégalésiens. Voy. Tit. Liv., lib. XXXVI,
cap. 36.

(4) Dionys. Halic., lib. II, cap. 19.

(5) La castration était pour les galles le dénoûment sanglant et
réel de la tragédie d'Attis qui faisait partie de leurs mystères.

(6) Ovid., *ibid.*, v. 183. — Varron (*Satyr. Eumenid*. apud
Nonium Marc., p. 49, 24¹) appelle les galles *semiviri*.

(7) Serv., in Virgil. *Æneid.*, IX, v. 619. —Pline (lib. XXXV,
cap. 10; §5.) cite, sous le nom de *l'archigalle*, un tableau de Par-
rhasius dont l'obscénité plut tant à Tibère qu'il lui donnât les honneurs de sa chambre à coucher.

(8) Ovid., *ibid.*, v. 181 - 188.

(9) Fréret fait dériver le nom de galles, non, comme les anciens,
du fleuve *Gallus* (Herodian., lib. I, cap. 11, § 7), mais d'un mot
arménien, qu'il traduit par *torquens* sc. Voy. Mém. de l'Acad. des
Inscript., t. XXIII, p. 40 et suiv.

dont le dénoûment était souvent tragique (1). A ces cérémonies publiques se joignait un spectacle mystique, le bain
de Cybèle (2), importé de Pessinonte à Rome (3). Le 27
mai, les galles portaient en grande pompe la déesse voilée au confluent de l'Almon et du Tibre, et la baignaient en
cet endroit dont ils éloignaient les profanes (4). Les prêtres,
pendant ces mystères, poussaient des cris lugubres (5) et
entonaient des chants que l'on appelait *galliambes* (6).
Quand la république était en péril et que la fortune du peuple romain venait à chanceler, la visite de la déesse aux
eaux du Tibre ne paraissait plus suffisant : on portait alors
la pierre sacrée jusqu'à la mer.

Le bain de la Mère idéenne dans l'Almon était la continuation et l'image du culte qu'on lui rendait en Phrygie (7), comme semblent le prouver ces vers de Stace :

> *Est locus ante Urbem qua primum surgitur ingens*
> *Appia, quaque Italo gemitus Almone Cybele*
> *Ponit, et Idæos jam non reminiscitur amnes (8).*

Cette sorte de drame hiératique et mystique, qui consistait à soigner et à baigner un grossier simulacre, une
pierre informe (9), à laquelle on supposait la virginité,
la pudeur, tous les sentiments d'une jeune déesse, avait
son origine et ses analogues dans le culte hellénique.

(1) Flacc., *Argon.*, VIII, v. 239, seqq.

(2) Auson., *De feriis Roman.*, v. 2, seqq.—Vib. sequest., *De flumin.*

(3) Tit. Liv., lib. XXIX, cap. 11, 14. — Ovid., *Fast.*, lib. IV,
v. 337, seqq. — Lucan., *Phars.*, I, v. 660, ed. Hug. Grot.

(4) Ammian. Marcell., lib. XXII, cap. 22 et lib. XXIII, cap. 3.

(5) Ovid., *ibid.*, v. 341.

(6) Martial., lib. II, Epigr. 6, v. 5.—Diomed., lib. III, p. 513.

(7) Arrian., *Tactic.*, p. 75, ed. Blaucard.

(8) Stat., lib. V, *Silv.*, 1, v. 223-225.

(9) Herodian., lib. I, cap. 11, *init.*

A Argos, on baignait aussi le xoanon de Pallas, comme
on le voit dans une charmante pièce de Callimaque (1). A
Athènes, ce n'était pas la statue même de la déesse, mais
ses vêtements qu'on lavait aux fêtes appelées *Plyntéries*.
La statue de la vierge protectrice d'Athènes était entourée
d'hiérodules, prêtresses chargées de soigner sa parure, ses
colliers, ses bracelets, son diadème, comme elles auraient
pu soigner ceux d'une jeune princesse (2).

Nous verrons plus tard en Germanie des traces d'une pareille fiction. Nous trouverons les mêmes respects et les
mêmes soins donnés à une statue, et le bain mystérieux
d'une déesse hyperboréenne plus farouche et plus cruelle
encore que la Cybèle phrygienne (3).

Je dois ajouter qu'il était permis aux galles de mendier
pendant la durée des fêtes mégalésiennes (4), ce qui était défendu aux autres prêtres (5); d'où l'on peut inférer que les
galles n'étaient pas entretenus aux frais de l'État, et que
leurs rites n'étaient admis que par tolérance dans le culte
national. Cette tourbe de prêtres étrangers, auxquels il
faut joindre les Isiaques, dont nous allons parler, formaient, en quelque sorte, les *ordres mendiants* ou les *Fran-
ciscains* du paganisme.

MYSTÈRES TOLÉRÉS. — ISIAQUES.

Au premier rang des spectacles hiératiques qui ne furent

(1) Callimach., *Lavacrum Palladis*.
(2) Il y eut aussi chez les Étrusques, notamment à Véies, des exem-
les de statues honorées et soignées comme si elles eussent été
vivantes. Voy. Tit. Liv., lib. X, cap. 38.
(3) Tacit., *German.*, § 40.
(4) Dionys. Halic., lib. II, § 19.
(5) Cicer., *De legib.*, lib. II, cap. 9 et 16.

que tolérés sous la république, il faut placer ceux d'Isis.
Je m'écarterais trop de l'objet de ces recherches, si je
voulais exposer les diverses phases du culte d'Isis et les
graves modifications qu'il reçut à Memphis et à Alexandrie sous la domination des Lagides. Je dirai seulement
que le culte isiaque fut admis avec quelques modifications
dans plusieurs villes de la Grèce et notamment à Corinthe, où l'on voyait, du temps de Pausanias, le temple
d'Isis pélagique (1) ou maritime (2).

Je trouve la première mention, à Rome, des prêtres
isiaques dans un fragment d'Ennius. Le vieux poëte met
dans ce passage les devins d'Isis (*Isiaci conjectores*) au
rang des sorciers marses, des astrologues du cirque, des
aruspices de carrefours, et de tous les charlatans et interprètes de songes qui couraient les rues de Rome (3). Les
spectacles bizarrement pieux que ces prêtres ambulants
donnaient au peuple, ne faisaient en aucune manière
partie du culte national. Ces prêtres comptaient, non
sans raison, sur l'étrangeté de leurs cérémonies et de leur
costume pour attirer les curieux, et sur leurs chants accompagnés du sistre (4) pour se procurer des aumônes. Valère-

___

(1) Pausan., *Corinth.*, cap. 4, § 7. — On retrouve cette même
dénomination d'Isis pélagique sur des inscriptions romaines (Grut.,
Inscript., pl. CCCXII, n° 5), d'où M. de Sainte-Croix a cru pouvoir conclure que le culte d'Isis passa de Corinthe à Rome. Voy.
Sainte-Croix, *Rech. sur les Myst.*, t. II, p. 170.

(2) Quand le culte d'Isis fut reçu à Rome, sa principale fête s'appela *Ratis Isiacæ festum* (Auson., *De feriis Rom.*, v. 24). On
attribuait à cette déesse l'invention des voiles (Hygin., *Fabul.* 277)
et la construction du premier navire (Fulgent., lib. I, cap. 25).

(3) Ennii *Fragm.*, ap. Cicer. *De divinat.*, lib. I, cap. 58.

(4) Manil., *Astron.*, lib. I, v. 915, ed. Bentley.

Maxime (1) et Appien (2) racontent que lors des proscriptions triumvirales un édile du peuple, M. Volusius, sa-
chant que son nom était inscrit sur les tables fatales,
emprunta d'un Isiaque, avec lequel il était lié, *sa longue
robe de lin et son masque à tête de chien*, et que, dans cet
équipage, il sortit de Rome et se rendit au camp de Brutus,
en demandant l'aumône le long du chemin (5). Virgile ne
parle des dieux égyptiens qu'avec un mépris (4) qui fait
conjecturer à son ancien commentateur Servius (5), que
les rites et les mystères d'Isis ne prirent place dans le culte
public de l'empire romain, que sous les successeurs d'Auguste. Toutefois, les Isiaques eurent des temples (*fana*)
à Rome, même avant la seconde guerre punique (6),
mais seulement des temples privés (7) ; encore ces édifices
furent-ils souvent abattus ou rejetés hors de la ville (8).

(1) Val. Maxim., lib. VIII, cap. 3, § 8.

(2) Appian., *De bello civ.*, lib. IV, §. 47.

(3) Il existe à Rome une statue antique représentant un Isiaque
qui porte une besace et une sonnette. — Cf. Ovid., *De Ponto*,
lib. I, eleg. I, v. 45.

(4) Virgil., *Æneid.*, VIII, v. 698.

(5) Servius in Virgil., *ibid.*

(6) L'an 534 de Rome, le consul P. AEmilius Paulus aida de sa
propre main à la démolition du temple d'Isis et de Sérapis. Voy.
Val. Maxim., lib. I, cap. 3, § 3.

(7) Dion, lib. XL, § 47 ; p. 252.

(8) Apulée dans un passage qui présente une leçon douteuse (*Metamorph.*, lib. XI, p. 764), signale l'existence d'un temple d'Isis
à Rome du temps de Sylla ; mais un décret du sénat de l'an 701
(Dion, *loc. cit.*), renouvelé en 733 par Agrippa, gouverneur
de Rome (Dion, lib. LIV, § 6, p. 735), ordonna la destruction
de tous les temples d'Isis et ne permit pas de pratiquer son culte
dans l'intérieur de la ville.

Le culte d'Isis, même au temps de sa splendeur sous l'empire, ne fut pas à l'abri d'alternatives de faveur et de persécution. A l'époque qui nous occupe, les mystères isiaques, quoique seulement tolérés, paraissent avoir eu beaucoup d'attrait pour les dames romaines. Elles seules, selon Properce, y étaient admises (1). L'amant de Cynthie s'irrite contre ces dévotions égyptiennes qui, pendant dix nuits, l'avaient privé de sa maîtresse. Autant qu'on en peut juger par cette invective élégiaque, les mystères d'Isis étaient alors mêlés à ceux de Bacchus et consistaient en veillées orgiaques. De là, sans doute, les répressions sévères et continuelles qu'ils eurent à subir.

BACCHANALES.

La législation romaine, tout en autorisant les femmes à se réunir pour pratiquer certains rites nocturnes et secrets, interdisait sévèrement aux hommes toute participation aux assemblées mystiques. En effet, les associations clandestines qui auraient pu créer entre les citoyens des rapports que le législateur n'avait pas prévus, étaient incompatibles avec la saine et forte police de Rome.

Ce n'est pas que les tentatives aient manqué pour former des sociétés mystérieuses qui, sous prétexte de religion, auraient fini par modifier l'établissement civil ; mais ces entreprises furent à la fois blâmées par les plus intelligents publicistes (2) et réprimées par les plus vigilants magistrats (3). La répression la plus éclatante des réunions secrètes eut lieu l'an de Rome 567.

(1) Propert., lib. II, eleg. 33.
(2) Cicer., *De legib.*, lib. II, cap. 14 et 15.
(3) L'an 614, le culte de Jupiter Sabazius ayant essayé de s'éta-

Le culte mystérieux de Bacchus, avec l'effroyable licence qui en était inséparable, offrait l'occasion la plus
commode pour rapprocher et réunir tout ce que la république comptait dans son sein d'hommes turbulents et
corrompus. Ce moyen fut compris et tenté. La conjura-
ration, comme l'appelle Tite-Live, fit de grands progrès dans l'ombre; elle étendit ses ramifications dans
toute l'Italie et eut surtout un grand nombre d'affiliés à
Rome. L'indiscrétion d'un jeune homme et les scrupules
d'une courtisane livrèrent au sénat les fils de cette trame
souterraine. Nous possédons plus de détails sur les actes de
prostitution, les assassinats et les déportements de toutes
sortes qui se commettaient dans ces orgies, que sur les rites
plus ou moins dramatiques qu'on y observait (1). Nous
savons cependant que les femmes habillées en bacchantes
et les cheveux épars, couraient aux bords du Tibre avec
des torches allumées; et comme ces torches étaient composées de souffre et de chaux, elles les plongeaient
dans le fleuve et les en retiraient ardentes. Nous savons
encore que le jeu d'une machine faisait disparaître et jetait
dans un abîme certains individus, qu'on disait enlevés
par les dieux. Ces malheureux étaient les adeptes timorés
qui refusaient de se lier par serment aux initiés, ou qui
reculaient devant les débauches qu'on leur imposait (2).
Toutefois il ressort clairement des pièces de ce grand procès, encore subsistantes (3), que le sénat romain sévit

blir à Rome, C. Corn. Hispallus, préteur des étrangers, s'y opposa.
Voy. Val. Max., lib. 1, cap. 3, § 2.

(1) On se préparait à ces orgies par dix jours de continence.

(2) Tit. Liv., lib. XXXIX, cap. 8-19.

(3) Nous possédons le texte même du décret qui proscrivit les bac-

contre les bacchanales beaucoup moins dans l'intérêt des
mœurs outragées que dans la crainte des dangers politiques
dont ces associations menaçaient l'État.

On voit donc, pour me résumer, que le drame hiératique poussa dans le sol romain d'assez faibles racines. Du
vieux culte de Saturne, d'Ops, de Vesta, de Pan, de Faunus, de Fatua, etc., il ne sortit que des rites peu favora-
bles à la poésie soit épique, soit lyrique, soit dramatique.
La source indigène d'où le drame et, en particulier, la
tragédie romaine pouvaient le plus naturellement jaillir,
c'était le mythe relatif aux lares et aux larves; mais ce
germe et quelques autres que j'ai indiqués, furent presque
étouffés dans leur croissance sous les importations helléniques. Nous allons voir qu'il en fut de l'art populaire
comme de l'art sacerdotal. La translation à Rome du théâtre d'Athènes et d'Alexandrie arrêta le développement,
d'ailleurs peu énergique, du drame italo-pélasgique.

II.

DRAME ROMAIN POPULAIRE.

FÊTES DANS LESQUELLES LE PEUPLE INTERVENAIT COMME ACTEUR.

L'Italie eut moins de fêtes que la Grèce où le peuple
intervenait à la fois comme acteur et comme assistant.
En Grèce, les citoyens prenaient une part active à tous
les jeux gymniques, à la lutte, au pugilat, aux courses

chanales. Ce précieux sénatus consulte, gravé sur une table d'airain, a été découvert en 1692 dans un hameau de la Calabre. Mat-
thæus Ægyptius a publié à Naples, en 1729, ce monument que
l'on conserve aujourd'hui à Vienne

de tous genres. A Rome, au contraire, les combats de l'amphithéâtre étaient abandonnés à des esclaves qui embrassaient, de gré ou de force, le métier de gladiateur ou de bestiaire. Et quant aux courses, hormis les *Consualia* (1), anciens jeux célébrés par la jeunesse latine en l'honneur de Consus ou de Neptune équestre (2), et sauf la grande cavalcade ou revue annuelle des chevaliers (3), le cirque et le Champ de Mars étaient livrés aux écuyers à gages et aux cochers de profession. A Athènes, un grand

(1) C'est pendant les *Consualia* qu'eut lieu l'enlèvement des Sabines. Voy. Tit. Liv., lib. I, cap. 3.—Plutarch., *Romul.*, cap. 14 et 15.

(2) Ces fêtes avaient lieu au Champ de Mars le 12 des calendes de septembre et le 18 de celles de janvier (*Vet. calendar.*, ap. Grut., p. 133). — Les *Consualia*, du temps de Denys d'Halicarnasse (lib. II ; cap. 31), étaient, comme les *Hippocraties* arcadiennes, un jour de fête et de repos pour les chevaux et les mulets ; Plutarque dit pour les ânes (*Quœst. Rom.*, 48). Festus prétend que les mulets avaient le premier rôle dans les *Consualia*, parce que ces animaux avaient été les premiers attelés aux chars (*voc.* Mulis).— Outre ces jeux, on célébrait encore les *Équiries* au Champ de Mars (Fest., *voc.* Equiria), ou sur le mont Cœlius, quand le Tibre était débordé (Id., *voc.* Martialis), le 3 des calendes et la veille des ides de Mars (Ovid., *Fast.*, lib. II, v. 859, 860, et lib. III, v. 519). Je crois que ces jeux consistaient surtout en courses de chevaux libres, comme on en voit encore aujourd'hui à Rome. Varron (*De ling. Latin.*, lib. VI, § 13, p. 196) et Denys d'Halicarnasse (lib. II ; cap. 31) ne sont pas contraires à cette conjecture.

(3) Cette revue de l'ordre équestre (*equitum probatio*, que l'on appelait aussi *transvectio*), fut instituée par Q. Fabius Rullianus l'an de Rome 499 (Val. Maxim., lib. II, cap. 2, § 9. — Tit. Liv., lib. IX, cap. 46). Elle avait lieu le jour des ides de juillet. Les chevaliers, quelquefois au nombre de cinq mille, partaient du temple de l'Honneur (Aurel. Vict., cap. 32, § 3) ou de celui de Mars (Dionys. Halic., lib. VI, cap. 13, *prope fin.*) et se rendaient au Capitole.

nombre de citoyens prenaient part aux représentations scéniques, soit en qualité de choréges, soit comme acteurs ou comme choreutes. A Rome, excepté quelques farces nationales que la jeunesse romaine aimait à représenter, les esclaves et les affranchis se montraient seuls sur la scène et sur l'orchestre.

Cependant l'instinct mimique était trop puissant chez les peuples de l'Italie, pour ne pas rompre, en beaucoup d'occasions, la double barrière que lui opposaient la religion et la loi politique. Aussi y eut-il à Rome, même aux temps de la plus grande austérité républicaine, un remarquable emploi du génie dramatique dans toutes les grandes solennités. Si Rome n'a pas connu la choragie scénique, elle a du moins admis l'usage des chœurs de jeunes gens et de jeunes filles de condition libre. Ces chants presque toujours amœbées ou plutôt à deux chœurs, et composés originairement en vers saturnins par les prêtres mêmes, furent ensuite écrits par des poëtes de profession, qui rappellent les *chorodidascales* de la Grèce. On cite, entre autres, le poëte comique P. Licinius Imbrex, ou Tegula, qui composa, l'an 554, un poëme destiné à être chanté et probablement dansé (1) par les vierges romaines dans une solennité publique (2).

De ces fêtes antiques demi-religieuses et demi-populaires, les unes se célébraient dans la ville et avaient pour acteurs certaines classes de citoyens ou certains corps de métiers, comme il arriva au moyen âge; les autres se cé-

---

(1) L'expression reçue pour indiquer ces danses circulaires était : *per manus restim dare.* Voy. Tit. Liv., lib. XXVII, cap. 37.

(2) Id., lib. XXXI, cap. 12, *prope fin.* — Dix ans auparavant, nous voyons Livius Andronicus composer un hymne pour une procession de vierges partagées en trois chœurs. Id., lib. XXVII, cap. 37.

lébraient à la campagne et avaient pour acteurs des laboureurs, des bergers, des vignerons. Nous allons jeter d'abord un coup-d'œil sur les premières.

FÊTES URBAINES. — JEUX SÉCULAIRES, — APOLLINAIRES.
— QUINQUATRIES.

Nous rencontrons surtout l'usage des chœurs de jeunes garçons et de jeunes vierges, « *virgines lectæ ; puerique casti* (1), » dans les *ludi seculares* et les *ludi Apollinares*. Ces deux sortes de jeux, dont les uns étaient annuels, tandis que les autres ne revenaient que tous les cent dix ans (2), avaient tant de ressemblance dans leur but et dans leurs rites, que, quand arrivait l'année séculaire, les uns et les autres se confondaient et ne formaient qu'une seule fête (3). Les jeux séculaires duraient trois jours et trois nuits (4). Tous les rites que l'on observait pendant ces jeux étaient indiqués dans les livres sibyllins (5) confiés à la

(1) Horat., *Carm. seculare*, v. 6.

(2) Id., *ibid.*, v. 21. — Censorin., *De die nat.*, cap. 17. — Festus (*voc.* Seculares) dit tous les cent ans. Voy. à ce sujet les calculs d'Ideler (*Chronolog.*, t. II, p. 82, suiv.) et Niebuhr(*Hist. rom.*, t. I, p. 338 et suiv.)

(3) Les jeux apollinaires institués l'an 542, se célébraient dans le cirque et sous la direction des *quindecimviri*; comme les jeux séculaires.

(4) Horat., *ibid.*, v. 23. — Auguste ne permit aux jeunes gens des deux sexes d'assister aux spectacles nocturnes des jeux séculaires que sous la conduite d'un parent d'un âge mur. Voy. Sueton.; *August.*, cap. 31.

(5) Ovid., *ibid.*, v. 5. — Un passage des oracles sibyllins relatif aux jeux séculaires nous a été transmis par Zosime (lib. II, cap. V.) et par Phlegon de Tralles. On croit que ces fragments apocryphes ont été composés dans le second siècle de notre ère.

garde des décemvirs et plus tard des quindécemvirs (1). Ces prêtres marquaient dans le Champ-de-Mars, au bord du Tibre, près de l'autel caché sous terre et consacré à Pluton (2), un espace qui formait une sorte de scène illuminée par un grand nombre de flambeaux (3). On immolait en ce lieu des victimes à Pluton, à Proserpine, aux Parques et aux Ilithyies (4). Le lendemain, pendant le jour, on sacrifiait à Jupiter, à Junon, à Apollon, à Latone, à Diane, et l'on célébrait toutes sortes de jeux, même des jeux scéniques (5). Le second jour, on montait en pompe au Capitole, où un chœur de dames romaines chantait un hymne à Jupiter. Enfin, le troisième jour, un chœur de vingt-sept jeunes garçons et un nombre égal de jeunes filles exécutaient dans le temple d'Apollon, des chants en langue grecque et en langue latine (6), pour attirer sur Rome la protection de tous les dieux (7). Il nous reste un

---

(1) Horat., *Carm. seculare*, v. 70. — Tacit., *Annal.*, lib. XI, cap. 11. Cet historien étant à la fois préteur et quindécemvir sous l'empereur Claude, fut chargé en cette double qualité de presque tout ce qui concernait les jeux séculaires.

(2) Ce lieu, dont j'ai parlé plus haut, s'appelait *Terente* (Fest., voc. Terentum et voc. Seculares). — Du nom de Terente ces jeux furent appelés d'abord *Terentini* (Varro, *De scenic. orig.*, ap. Censorin., *De die natali*, cap. 17); ils ne prirent le nom de *seculares* que l'an 305. P. Valerius Publicola les avait célébrés sous leur ancien nom l'an 245.

(3) Zosim., lib. II, cap. V.

(4) *Oracul. Sibyll.*, cités par Zosim., *ibid.* — Horat., *ibid.*

(5) Zosim., *ibid.* — Les jeux scéniques ne paraissent avoir été ajoutés aux jeux séculaires que par Auguste. Voy. Frid. Stieve, *De rei scen. ap. Rom. orig.*, p. 19, seq.

(6) Zosim., *ibid.*

(7) Horat., *ibid.*, v. 73.

chant de Catulle en l'honneur d'Apollon et de Diane (1),
destiné, suivant quelques commentateurs, aux jeux séculaires qu'on aurait dû célébrer l'an 705 et qui furent
négligés à cause des troubles civils. Nous devons au re-
tard qu'éprouva cette fête l'admirable *Carmen seculare* (2)
qu'Horace composa par ordre d'Auguste pour les jeux de
l'an 737 (3).

Les *Quinquatries* célébrées à Rome en l'honneur de Minerve, comme les Panathénées à Athènes, duraient cinq
jours, pendant lesquels le peuple jouissait de toutes sortes
de spectacles et de jeux (4). Toutefois, les Quinquatries
étaient plus particulièrement la fête des jeunes filles, des
écoliers, et des apprentis dans tous les arts. Les jeunes
gens profitaient de ces jours de vacances pour assister aux

(1) Catull. XXXIV.—Cette pièce semble plutôt avoir été com-
posee pour les *ludi Apollinares*. — Il y avait aussi dans ces jeux
des représentations scéniques. Voy. Cicer., *Ad Attic.*, lib. II,
Epist. 19

(2) Horace a composé trois odes en l'honneur d'Apollon et de
Diane, probablement pour les jeux apollinaires. Le P. Sanadon a
pensé que ces pièces étaient des fragments du *Carmen seculare*,
et il en a fait un tout, en s'appuyant sur des raisons, à mon
avis, plus ingénieuses que convaincantes. Voy. Sanadon, *Trad.
d'Horace*, t. I.

(3) Les Romains ne sont pas les seuls peuples qui aient célébré
des jeux séculaires. Les anciens habitants du Mexique, persuadés
que la fin du monde devait coïncider avec la fin d'un siècle, brisaient
e soir du dernier jour, tous leurs meubles et toute leur vaisselle,
et le lendemain, voyant un nouveau siècle commencer, se félicitaient
mutuellement et se livraient à des chants et à des danses joyeuses.

(4) Ovid., *Fast.*, lib. III, v. 809, seqq. — Pomponius a composé une atellane intitulée *Quinquatria*. Voy. Non. Marcell., p.
226, 17.

jeux du cirque et aux représentations théâtrales (1). C'était aussi, par contre-coup, la fête des maîtres et des pédagogues (2). J'ai dû rappeler cette solennité, qui fut à la fois la Sainte-Catherine et la Saint-Nicolas païennes, à cause de la remarquable influence que nous verrons ces deux fêtes de la jeunesse chrétienne exercer sur les origines de notre théâtre.

CÉRÉALES. — FÊTES DES MATRONES. — FÊTES DES ESCLAVES.

Les dames romaines remplissaient dans quelques autres fêtes, surtout dans les *Céréales* et les *Matronales*, non-seulement un rôle lyrique, mais un rôle dramatique. On a vu plus haut que les Céréales étaient une imitation des Éleusinies et des Thesmophories grecques, mi-partie de rites mystérieux pour lesquels on faisait venir des prêtresses de Naples ou de Vélie, et de cérémonies publiques, dans lesquelles les dames romaines, vêtues de blanc (3) et portant des flambeaux, mettaient en action les aventures de Cérès et de Proserpine. Ces fêtes duraient huit

---

(1) Horat., lib. II, *Epist.* 2, v. 197. — Il y eut sous l'empire une autre fête de la jeunesse. Caligula ajouta les *Juvenales* aux fêtes Saturnales.

(2) Ovid., *Fast.*, lib. III, v. 829. — Le vrai patron des écoliers et des pédagogues devrait être le philosophe Anaxagore, qui obtint des magistrats de Lampsaque que les écoliers eussent tous les ans congé pendant le mois anniversaire de sa mort. Voy. Diog. Laert., *Anaxag.*, lib. II, § 14.

(3) Ovid., *Fast.*, IV, v. 619, 620. — Le deuil était incompatible avec les rites que les matrones avaient à remplir dans ces fêtes. Aussi fut-on forcé d'interrompre la célébration des *Cerealia*, quand on reçut à Rome la nouvelle du désastre de Cannes, parce qu'il n'y avait pas une seule femme qui ne fût en deuil. Voy. Tit. Liv., lib. XXII, cap. 56.

jours, à commencer de la veille des ides d'avril. A cette
occasion on célébrait les jeux du cirque, qui s'ouvraient
par une pompe où l'on portait les statues de tous les
dieux (1), et qui se terminaient par un spectacle fort singulier. On lançait dans le cirque des renards qui portaient
attachées sur leur dos des torches enflammées. C'était,
suivant Ovide, une sorte d'expiation d'un incendie causé
par ces animaux dans les champs de Carséole (2). Quelques auteurs ont pensé que ces courses bizarres étaient une
parodie de celles que les dames romaines exécutaient aux
flambeaux en mémoire des voyages de la déesse (3). Enfin,
les *Cerealia* se terminaient par un repas splendide (4), que
le prêtre de Cérès donnait dans le fameux temple de Bacchus, de Cérès et de Proserpine.

Aux calendes de mars, les dames romaines célébraient
des fêtes appelées de leur nom *Matronales* (5), et destinées à
perpétuer le souvenir de la paix conclue entre Romulus
et Tatius par la généreuse médiation des Sabines (6). Le
matin, elles montaient en pompe au temple de Junon
sur le mont Esquilin, et déposaient aux pieds de la déesse
les fleurs dont leurs fronts étaient couronnés (7). Le soir,

(1) Ovid., *Am.*, lib. III, 2, v. 43, seqq.

(2) Id., *Fast.*, lib. IV, v. 681, seqq.

(3) Il y avait encore d'autres courses aux flambeaux à Rome dans
les *Vulcanalia*. Lucret., lib. II, v. 76.

(4) Plaut., *Menæchm.*, act. 1, sc. 1, v. 25.

(5) On appelait aussi cette fête *Kalendæ Martiæ*. — Pomponius
a composé une atellane sous ce titre. Voy. Macrob., *Saturn.*, lib.
VI, cap. 4, p. 177.

(6) Les Matronales avaient une sorte de pendant à Rome dans
la fête de la *Fortune des femmes*, instituée en l'honneur de la mère
et de la femme de Coriolan. Tit. Liv., lib. II, cap. 40.

(7) Ovid., *Fast.*, lib. III, v. 205, seqq.

pour rappeler les marques de tendresse que les Sabines avaient reçues jadis de leurs époux, elles restaient, richement parées, dans leurs maisons, et recevaient des présents de leur mari et de leurs proches (1). Tibulle fit choix de ce jour, où l'usage permettait d'offrir des présents aux femmes, pour envoyer à sa maîtresse le troisième livre de ses Élégies (2).

Les esclaves avaient aussi leurs fêtes. Indépendamment des Saturnales, dont je parlerai ailleurs, on accordait dans Rome, aux ides du mois d'août, un jour de liberté aux esclaves des deux sexes, en mémoire de la naissance servile de Servius Tullius (3).

Ce n'est pas tout; les affranchis et les esclaves étaient dans l'origine les seuls acteurs des *jeux compitaux* établis en l'honneur des lares (4). Plus tard, aux farces que les esclaves improvisaient pendant ces fêtes dans les carrefours, on substitua des comédies et des mimes (5) joués aussi, ce qui est notable, par des esclaves et des affranchis. En rapprochant ces circonstances de ce que nous avons dit plus haut

_____

(i) Les brus envoyaient même des présents à leurs belles-mères. Voy. Plaut., *Mil. glor.*, act. III, sc. 1, v. 96.

(2) Tibull., lib. III, *El.* 1.

(3) Plutarch., *Quæst. Rom.*, 100. — Fest., *voc.* Servorum.

(4) Varro, *De ling. Latin.*, lib. VI, § 25, p. 206.—Afranius a composé une comédie sous le titre de *Compitalia.* Il nous reste aussi quelques fragments d'un mime de Laberius portant le même titre. Voy. Ziegler, *De mim. Rom.*, p. 57. — Priscien (lib. VI, p. 686) cite une atellane de Pomponius intitulée *Lar familiaris.*

(5) Auguste ordonna de célébrer deux fois chaque année les jeux compitaux (Sueton., *August.*, cap. 31). C'était une suite du système adopté par César, continué par Auguste et exagéré par ses successeurs, de flatter les classes inférieures de la société romaine.

des masques ou larves, on doit sentir que les *Compitalia*
sont en Italie une des vraies sources du théâtre indigène.

Les servantes mêmes (*ancillæ*) avaient à Rome une fête
où elles jouaient un grand rôle et même un rôle héroïque.
Je veux parler des nones de juillet, ou *Nones Caprotines*.
Ce jour-là, les femmes de toute condition (1) sacrifiaient
dans la chapelle de Junon Caprotine. Les femmes esclaves
s'y présentaient vêtues de la stole (2), c'est-à-dire, du
vêtement qui distinguait les matrones (3). Cette faveur
avait été accordée aux *ancillæ* en récompense du dévouement que, dans un moment d'extrême danger, les femmes
de cette classe avaient montré pour leurs maîtresses. Après
la retraite des Gaulois, plusieurs nations de l'Italie s'é-
taient liguées pour achever d'anéantir le nom romain. Les
Fidénates, campés aux portes de Rome, demandaient
qu'on leur livrât les femmes les plus distinguées de la ville.
Le sénat hésitait ; alors une esclave, nommée Philotis
ou Tutela, offrit d'aller trouver les ennemis avec ses compagnes sous les habits de leurs maîtresses. Cette offre fut
acceptée. Distribuées aux soldats, ces fausses matrones
enivrèrent leurs nouveaux amants ; puis quand ceux-ci
furent endormis (4), Tutela, du haut d'un figuier sauvage
(*ex arbore caprifico*), donna aux Romains le signal d'accourir. La victoire fut facile. Le sénat, pour reconnaître
un si grand service, accorda la liberté à ces filles courageuses, les dota aux frais du trésor public, et leur permit

(1) Varro, *De ling. Lat.*, lib. VI, § 18, p. 200.
(2) Auson., *De feriis Rom.*, v. 9.
(3) Fest., voc. Matronas.
(4) Cette légende rappelle involontairement l'histoire de Judith.

de porter, une fois dans l'année, le costume dont elles s'étaient si heureusement servi (1). Tous les ans ; aux nones de juillet, les servantes, parées des atours de leurs maîtresses, élevaient des berceaux de branches de figuier, et se livraient entre elles de joyeux combats pour rappeler celui où leur dévouement avait assuré la victoire aux Romains.

Dans les *Matralies*, autre fête commémorative, les servantes, ou plutôt une d'elles, avait à remplir un rôle moins agréable. Le 3 des ides de juin (2), les mères de famille (*bonæ matres*) se rassemblaient dans le temple de Matuta, qui était la Leucothée ou l'Ino des Grecs (3). L'entrée de ce temple était sévèrement interdite aux servantes. Une seule, le jour des Matralies, y était conduite et soufdetée par toutes les matrones (4). Cette comédie brutale était une sorte de châtiment des séductions ancillaires auxquelles l'infidèle Athamas, époux d'Ino, avait succombé.

FÊTES DES CORPS DE MÉTIERS ET DES ARTISANS.

Les fêtes des corps de métiers se célébraient à Rome avec une solennité qu'égayaient presque toujours quelques particularités comiques.

La fête des marchands, ou plutôt de Mercure, protecteur

---

(1) Macrob., *Saturn.*, lib. 1, cap. 11, p. 251, seq.

(2) *Vet. calendar.*, ap. Grut., 133.

(3) Ovid., *Fest.*, lib. VI, v. 475, seqq.

(4) Plutarch, *Quæst. Rom.*, 16. — Ce soufflet des Matralies a son analogue au moyen âge dans le Juif soufdeté le vendredi saint. Je dirai, à sa date, comment cette comédie religieuse fut supprimée à Toulouse, quand le seigneur chargé d'appliquer le soufflet au Juif, ayant gardé son gantelet et usé de toutes ses forces, brisa la tête du patient.

du négoce, avait lieu le 15 mars. Le matin, les mar-chands allaient à la file faire leurs ablutions à la fon-taine de Mercure, près de la porte Carpène. Ovide, mali-cieux légendaire, prétend qu'ils priaient le dieu d'être in-dulgent pour leurs parjures passés et de ne pas refuser son aide à leurs supercheries futures (1).

.Les boulangers fêtaient comme leur patrone Vesta, déesse du feu. Lorsque venaient les *Vestalies*, les roues des moulins étaient ornées de guirlandes, et les ânesses qui tournaient les meules étaient promenées dans la ville avec des cordons de pains en guise de colliers (2). Quant aux *Fornacales*, fête de la déesse Fornax, elles furent instituées sous Numa, lorsqu'à l'usage dangereux de rôtir les grains en plein champ on eut substitué l'usage des fours. Tous les citoyens devaient prendre part à cette fête. Le grand Cu-rion indiquait par un tableau suspendu dans le forum, la curie dans laquelle chacun devait aller sacrifier (3). Il résulta de cette coutume une autre férie qui porta le même nom qu'une burlesque solennité du moyen âge, dont nous au-rons beaucoup à parler, la *fête des fous* ou *des sots* (4); mais l'identité qu'on remarque entre ces deux fêtes ne va guère au delà du nom. On appelait *sots* à Rome ceux qui oubliaient

(1) Ovid., *Fast.*, lib. V, v. 663, scqq.

(2) Id., *ibid.*, v. 311, seqq. — Je mentionne ces pratiques extra-vagantes des corps de métiers du paganisme pour que l'on soit moins surpris quand je citerai les prodigieuses folies des corps de métiers modernes, par exemple, l'andouille de 1005 aunes fabriquée par les bouchers de Kœnigsberg, laquelle fut portée triomphalement en 1601, et mangée de compagnie avec les boulangers, qui, poussés d'une noble émulation, fournirent des pains longs de cinq aunes.

(3) Id., *ibid.*, lib. II, v. 527, seqq.

(4) Id., *ibid.*, v. 513.

de chercher, ou qui ne savaient pas trouver sur le tableau du grand Curion la tribu dans laquelle ils devaient solenniser les Fornacales. Les maladroits (*stulti*) étaient condamnés à faire le lendemain, jour des *Quirinales* (1), un sacrifice à Quirinus, en expiation de leur sottise.

Aux ides de juin, les musiciens, et plus particulièrement les membres du collége des tibicènes (2), célébraient en l'honneur de Minerve une fête qui rappelle notre Saint-Julien, et qu'on appelait les petites Quinquatries (*Quinquatrus minores* ou *minusculæ*) (3). Masqués et vêtus de longues robes, ils se réunissaient dans le temple de Minerve (4), parcouraient la ville et se rendaient au forum, où ils amusaient le peuple par des scènes (5) et des concerts exécutés dans les modes antiques (6). Ovide et Tite-Live racontent l'origine de ce singulier spectacle. Les musiciens amollissaient peu à peu les mœurs romaines; les magistrats s'en émurent. L'an 441, les censeurs Appius Claudius et Caius Plautius crurent devoir restreindre les priviléges des tibicènes. Ils leur retirèrent le droit d'être nourris dans le temple de Jupiter, et fixèrent à dix le nombre des joueurs de flûte qui pouvaient assister aux funérailles (7). Dépouillés de deux de leurs droits les plus chers, *epulandi, cantandique jus*, les tibicènes se retirèrent à Tibur. Il n'en resta pas un seul à Rome, même pour

(1) Plutarch., *Quæst. Rom.*, 89.
(2) Grut., *Inscript.*, p. 175, n° 10, et p. 269, n° 2.
(3) Fest., *voc.* Minusculæ.
(4) Varro, *De ling. Latin.*, lib. VI, § 17, p. 199, seq.
(5) Val. Maxim., lib. II, cap. V, § 4.
(6) Ovid., *Fast.*, lib. VI, v. 692.
(7) Id., *ibid.*, v. 663, 664.

vaquer aux sacrifices où leur présence était nécessaire. Cette
interruption des rites religieux fut pénible au sénat ; on
envoya des députés à Tibur pour réclamer les fugitifs. Les
Tiburtins voyant les joueurs de flûte obstinés dans leur re-
fus, s'avisèrent de les inviter à un repas où le vin ne fut
pas épargné. Quand on les vit bien assoupis, on les plaça
dans des chariots qui les conduisirent à Rome. Ils ne s'aper-
çurent de leur retour que le lendemain, quand, à leur
réveil, ils se trouvèrent dans le forum (1). Honteux d'être
surpris dans cet état, ils ne voulurent quitter ni leurs
masques ni leurs longues robes (2). A la prière de Plautius (3), on leur rendit leurs priviléges et on y ajouta le
droit de célébrer une fête annuelle avec les masques et
les robes longues qu'ils portaient le jour de leur rentrée (4).

Je ne ferai que mentionner les *Portumnales* (5), fêtes des
mariniers du Tibre, non plus que la fête des pêcheurs ou
jeux piscatoriens (6) ; mais je m'arrêterai quelques instants

(1) Tit. Liv., lib. IX, cap. 36.

(2) Val. Maxim., lib. II, cap. 5, §. 4. — Ovide suppose que
Plautius fit prendre ce déguisement aux tibicènes pour éluder la
défense du sénat et tromper la sévérité d'Appius.

(3) Une médaille de la famille Plautia prouve la part que Plautius eut au retour des joueurs de flûte. Cette médaille représente
d'un côté l'aurore sur son char, et de l'autre un masque. L'aurore désigne le moment de la rentrée des tibicènes, et le masque,
leur costume.

(4) Si l'on peut prendre à la lettre la circonstance du masque, la
date de cette aventure (l'an de Rome 442) serait remarquable
dans l'histoire de l'usage des masques en Italie.

(5) Varro, *De ling. Latin.*, lib. VI, § 19, p. 201.

(6) Festus nous apprend que le jour de cette fête les pêcheurs du

sur plusieurs solennités où figurait une corporation qu'on
sera quelque peu surpris de voir mêlée à des fêtes demi-
religieuses, je veux parler de la corporation des courtisanes. En effet, les jeunes suivantes de Vénus, celles qu'O-
vide appelle *vulgares Veneris puellæ* (1), avaient un rôle
très-important dans l'une des deux *Vinales*, fête orgiaque,
dédiée à Vénus (2), dans les *Liberales* (*Liberi sacra*), espèce de Dionysies romaines (3), et surtout dans les *Florales*, ou jeux de Flore, déesse (4) à qui les courtisanes
étaient particulièrement consacrées.

FLORALES.

Les fêtes en l'honneur de Flore ne furent, dans l'origine,
que des fêtes irrégulières (*conceptivæ*), dont les magistrats ordonnaient la célébration quand l'intempérie des sai-

Tibre offraient à Vulcain de petits poissons pour tenir lieu d'offrandes humaines : *pro animis humanis.* Voy. Fest., *voc.* Piscatorii.

(1) Ovid., *Fast.*, lib. IV, v. 865.

(2) « Vinalia rustica ». Voy. Varro, *De ling. Latin.*, lib. VI,
§ 20, p. 201. — Cf., § 16, p. 198. — Le 23 avril, jour des
Vinales, les femmes publiques célébraient la fête de Vénus Érycine.
Voy. Ovid., *Fast.*, lib. IV, v. 863, seqq., et 878.

(3) Id., *ibid.*, lib. III, v. 713. — On ne voyait pas seulement
en Italie dans les *Liberi sacra* une vieille couronnée de lierre (Varro,
ibid., § 14, p. 196); les mères de famille remplissaient elles-mêmes
dans cette fête phallique des fonctions dont on peut voir le détail
dans Varro, ap. August., *De civ. Dei.*, lib. VII, cap. 21.

(4) S. Augustin (*De civit. Dei*, lib. II, cap. 27) l'appelle *Flora
mater.* — C'est une question pour les mythologues que de savoir si
la patrone des jeux floraux était la déesse des fleurs ou une courtisane du temps d'Ancus Marcius, Acca Laurentia, qui légua ses
biens à la ville de Rome. Cette Acca n'était pas la nourrice de Romulus. La fête de cette dernière se célébrait au mois de décembre.
Voy. Fest., *voc.* Laurentalia. — Varro, *De ling. Lat.*, lib. VI, § 23,
p. 205.

sons faisait craindre la stérilité (1). Ce n'est que vers l'an
513 (2), que les *Florales*, en vertu d'un passage des oracles
sibyllins, furent fixées au 4 des calendes de mai (3). Ces
fêtes, quelque temps interrompues, furent renouvelées
l'an 580 (4); elles duraient six jours. Une partie des jeux,
et probablement la partie la plus licencieuse, se célébrait la
nuit et aux flambeaux (5). Dans l'origine, ces fêtes tout entières avaient lieu dans le cirque. Après qu'on avait chassé
dans l'arène des animaux inoffensifs, tels que des lièvres et
des chèvres (6), un chœur de dix-sept femmes s'avançait
au son de la lyre et déposait des corbeilles de fleurs aux
pieds de la statue de la déesse (7); en même temps une
troupe de courtisanes nues se livrait aux danses les plus
voluptueuses et aux attitudes les plus lascives. Plus tard,
et seulement peut-être après la rénovation des Florales,
l'an 580, on ajouta les *ludi scenici* aux *ludi circenses*.
Alors on passait du cirque au théâtre, si toutefois on

(1) Varro, *De ling. Latin.*, § 26, p. 207.

(2) Cette même année, on éleva à Flore un temple (Tacit.,
Annal., lib. II, cap. 49) qui fut desservi par un flamine.—Varron
(*Ibid.*, lib. VII, § 45, p. 331, seq.) parle du *flamen Floralis*,
mais sans indiquer l'époque de sa création.

(3) Plin., *Hist. nat.*, lib. XVIII, cap. 29. — Vell. Paterc.,
lib. I, cap. 14. — Plusieurs médailles ont consacré l'institution des
Florales. Voy. Vaillant, *Fam. Rom.*, pl. 112, n° 1.

(4) C. Servilius Casca fit les frais de ces jeux en qualité d'édile.
Voy. une médaille de la famille Servilia dans Eckhel., *Doctr. num.
veter.*, t, V, p. 308.

(5) Ovid., *Fast.*, lib. V, v. 361-363.

(6) Id., *ibid.*, v. 371, seqq.

(7) Ces détails sont empruntés d'une pierre gravée appartenant
au roi de Sicile, et décrite par Lippert, *Dactyliotheca*, n° 95e,
1re part., p. 323.

n'élevait pas un théâtre provisoire dans le cirque (1). Cette supposition est d'autant plus vraisemblable, qu'on ne représentait aux jeux de Flore ni comédies ni tragédies (2), mais seulement des mimes (3). La licence naturelle à ce genre de spectacle ne connaissait plus de bornes pendant la célébration des Florales. Sur la demande que le peuple ne manquait jamais de faire, les *mimæ* (4) se dépouillaient de leurs vêtements et enflammaient la lubricité des spectateurs par les postures les plus immodestes (5). Un jour que Caton assistait au spectacle des jeux floraux, la majesté de ce personnage, pour me servir de l'expression de Valère-Maxime (6), empêchait le peuple de demander que les actrices se montrassent nues. Favorinus, son ami, assis à ses côtés, l'en avertit. Aussitôt Caton sortit du théâtre, ne voulant pas que sa présence empêchât d'observer les rites accoutumés (7).

(1) Je décrirai ces théâtres temporaires dans le chapitre destiné à l'architecture théâtrale.

(2) Ovid., *Fast.*, lib. V, v. 348.

(3) C'est probablement à l'occasion des Florales que les mimes prirent place dans les jeux publics.

(4) Une phrase de Lactance « *Meretrices quæ tunc mimorum funguntur officio* (*Inst. div.*, lib. I, cap. 30) » a fait penser à quelques critiques que, dans les fêtes de Flore, les *mimæ* étaient remplacées par des courtisanes. Je ne crois pas qu'il faille prendre à la lettre cette assertion. Dans tous les cas, la substitution des courtisanes aux femmes mimes pourrait bien n'avoir eu lieu qu'au temps où écrivait Lactance. Les *mulieres scenicæ* différaient d'ailleurs si peu des courtisanes, qu'on ne voit pas pourquoi elles eussent fait difficulté de se montrer nues.

(5) August., *De civit. Dei*, lib. VI, cap. 7.

(6) Val. Maxim., lib. II, cap. 10, § 8.

(7) Sénèque (*Epist.* 97), Martial (lib. I, *Epigr.* 1), et Bayle

On voudrait pouvoir attribuer à la même corporation
les jeux qui se célébraient tous les ans , aux ides de mars ,
sous le nom d'*Anna Perenna* , et dans lesquels la pudeur
était peu ménagée. Mais, quelque choquant que cela puisse
paraître , on est forcé d'admettre que les jeunes filles de
Rome (*puellæ*) étaient les principales actrices de ces jeux
qu'Ovide qualifie d'*obscènes* :

Obscenaque dicta canuntur (1).

Le fond de ces anciens jeux (*joci veteres*) et de ces
chansons traditionnelles (*probra certa*) que les jeunes filles
répétaient tous les ans sur les bords du Tibre (2), était la
commémoration d'une aventure attribuée à Anna Perenna , et qui rappelle notre conte de la fée Urgèle. Cette
Anna qui , dans le système d'explication allégorique ,
était l'année qui finit et qui recommence, cette Anna ,
qu'on invoquait sous cette remarquable formule « *ut annare
perannareque commodè liceret* » (3) , n'était dans le système
historique qu'une vieille femme de la campagne, déi-
fiée pour avoir apporté des gâteaux au peuple romain
lors de sa retraite sur le mont Aventin (4). Ovide raconte que
Mars, amoureux de Minerve, ayant prié cette nouvelle déesse
de le servir dans ses amours, la vieille Anna eut l'étrange prétention de tromper le dieu et de se substituer à Minerve (5).

(*Art.* Flora , note B) se sont égayés sur les scrupules de Caton
avec plus de malice et d'esprit que de jugement.

(1) Ovid., *Fast.* , lib. III, v. 695.

(2) Id. , *ibid.* ; v. 524.

(3) Macrob., *Saturn.* , lib. I, cap. 12 , p. 256. — Cf. Varro ,
Satyr. Menipp. , *Sciamachia* , ap. Aul. Gell. , lib. XIII, cap. 22.

(4) Ovid. , *ibid.* , v. 661-674.

(5) Id. , *ibid.* , v. 575-696.

Les chants des jeunes filles étaient, selon toute apparence, un éloge de l'amour jeune et florissant et une moquerie des amoureuses caduques et décrépites. Tout le peuple de Rome s'associait à cette fête qu'Ovide peint comme une orgie populaire (1). Laberius avait composé un mime sous le titre d'*Anna Perenna* (2).

TRIOMPHES.

On pense bien que dans la cité de Mars la fête la plus brillante et la plus dramatique, dût être celle des soldats et des généraux. Rien dans Rome ne surpassa la splendeur du triomphe. Le génie du peuple-roi se personnifia tout entier dans ce majestueux spectacle.

Les Grecs ont bien connu, sans doute, les entrées solennelles. Ils honoraient, surtout depuis Alexandre, le retour de leurs généraux par une espèce de pompe plus bachique que guerrière (3). Mais le triomphe soumis à des règles fixes, décerné par la volonté du sénat et du peuple; le triomphe, enfin, tel que nous allons le décrire, offre une physionomie toute romaine.

Dans les premiers temps, le triomphe était simple comme les mœurs nationales. Le triomphateur, couronné d'une branche de laurier (4) et monté sur un quadrige (5), traversait la ville, suivi de son armée, et allait immoler

(1) Ovid., *Fast.*, lib. III, v. 523-542.
(2) Non. Marcell., p. 90, 22.
(3) Il faut lire, entre autres, dans Athénée (lib. V, p. 212, D, E.) le récit de l'entrée servilement somptueuse que les Athéniens firent au sophiste Athénéon, favori de Mithridate.
(4) Plutarch., *Rom.*, cap. 16.
(5) Dionys. Halic., lib. II, cap. 34.

un taureau au Capitole (1). Devant son char on portait un
tronc de chêne grossièrement sculpté et revêtu de l'armure
du roi ou du général vaincu (2). Mais quand Rome eut soumis l'Italie, quand surtout elle eut étendu ses conquêtes
en Asie et en Afrique, les cérémonies du triomphe se
multiplièrent et offrirent au peuple et à l'armée une sorte
de représentation qui durait souvent plusieurs jours (3).

Le cortége entrait dans la ville par la porte appelée
Triomphale(4), et prenait le chemin du Capitole. Le sénat, précédé de licteurs couronnés de lauriers, ouvrait la
marche ; les joueurs de flûte et de trompette venaient
ensuite. Après eux, les victimaires, armés de haches,
conduisaient les taureaux blancs, aux cornes dorées,
qu'on devait immoler et dont les débris fournissaient
en partie le repas qui terminait la fête (5). Des soldats, ou des esclaves publics, portaient sur des bran-
cards (*fercula*), soit les plans faits en bois, en cire, en
ivoire, ou même en argent, des villes prises; soit des tableaux représentant les combats gagnés et les siéges de for-
teresses. On exposait aussi les images des fleuves, des
montagnes, des animaux, des plantes extraordinaires, et
même les simulacres des divinités de la nation vaincue.

(1) Varro, *De ling. Lat.*, lib. VI, § 68, p. 245. — Cf. Serv.,
ad Virg., *Georg.*, II, v. 146, seq.

(2) Quelquefois le triomphateur portait lui-même ce grossier simulacre. Voy. Plutarch., *Marcell.*, cap. 22.

(3) Le triomphe de Quinctius dura trois jours (Tit. Liv., lib.
XXXIV, cap. 52). Il en fut de même de celui de Paul-Émile
(Plutarch., *Paul. Æmil.*, cap. 31, seqq.).

(4) Sueton., *August.*, cap. 100.

(5) Plin., *Hist. nat.*, lib. IX, cap. 55 et 81.

Mais le goût que les Romains eurent toujours pour le récl , leur fit le plus ordinairement préférer la vue même des dépouilles conquises et la présence des animaux étrangers. On vit donc souvent mêlés à la pompe triomphale des panthères , des lions , des éléphants (1). On étalait l'or et l'argent monnoyé , ainsi que les objets d'arts enlevés des contrées soumises (2). Quant aux armes prises sur l'ennemi , on les rangeait dans des chariots , de manière qu'elles pussent s'entrechoquer et rendre à chaque pas un son belliqueux qui convenait bien à cette fête martiale (3). Au lieu de l'effigie du général vaincu qu'on portait originairement devant le char du vainqueur , on vit défiler les rois , les princes et les généraux euxmêmes , les mains chargées de chaînes et la tête rasée en signe d'esclavage (4). Enfin , apparaissait le principal acteur de la solennité , le triomphateur debout sur un char d'ivoire que traînaient quatre chevaux blancs (5). Vêtu de la trabée, ou toge à palmes d'or sur un fond de pourpre , il avait à la main une branche de laurier et sur la tête une couronne du même feuillage (6). Son visage était peint

---

(1) On vit pour la première fois des éléphants au triomphe de Lucius Metellus (Plin. , *Hist. nat.* , lib. VI , cap. 6 , § 6).

(2) Plutarch. , *Paul. Æmil.* , cap. 31 , seqq.

(3) Id. , *ibid.*

(4) Les barbares rendirent ces humiliations aux Romains. Les Parthes , après la défaite de Crassus , triomphèrent, à leur tour, des légions romaines. Caïus , qui de tous les prisonniers ressemblait le plus à Crassus , fut habillé en général et subit les honneurs dérisoires de cette honteuse cérémonie.

(5) Cet usage ne date que du triomphe de Camille, à qui le peuple reprocha cette vaniteuse innovation. Voy. Zonar. , *Annal.* , lib. VII, cap. 21.

(6) Isidor. , *Orig.* , lib. XVIII , cap. 2.

avec du vermillon, comme l'était ordinairement celui des
dieux (1). Quelquefois un esclave debout derrière lui, tenait une couronne d'or élevée au dessus de sa tête (2).
Mais, par un singulier contraste, qui se retrouve, d'ailleurs, dans toutes les parties de ce bizarre cérémonial,
le héros était obligé de porter au doigt un anneau de fer,
comme les esclaves (3). Si même nous en croyons Tertullien, l'esclave chargé de tenir la couronne au dessus
de sa tête, murmurait à son oreille, comme s'il eût été la
voix personnifiée de sa conscience : « Regarde derrière toi,
et souviens-toi que tu es homme (4). » S. Isidore prétend même que le triomphateur subissait le contact du
bourreau (5), ce qui ne paraît pas absolument impro-
bable, quand on songe que, suivant Zonare, l'instrument
du dernier supplice était accroché au char triomphal.

Enfin, et c'est là surtout ce qui rattache la pompe
du triomphe à la poésie populaire, les soldats qui entouraient le char, faisaient retentir l'air de chants grossiers (*carmina incondita*); composés exprès pour la circonstance en l'honneur du général et de ses principaux
lieutenants, qu'ils égalaient pour l'ordinaire à Romulus (6).
Le refrain de ces chansons, que répétait le peuple entier,
était : « *Io, triumphe* (7). » Les généraux à qui l'on décernait les honneurs du triomphe, faisaient graver sur des

---

(1) Isidor., *Orig.*, lib. XVIII, cap. 2.
(2) Plin., *Hist. nat.*, lib. XXXIII, cap. 1.
(3) Id., *ibid.*
(4) Tertull., *Apolog.*, cap. 33. — Cf. Zonar., *loc. cit.*
(5) Isidor., *ibid.*
(6) Tit. Liv., lib. IV, cap. 20.
(7) Varro, *De ling. Lat.*, lib. VI, § 68, p. 245.—Horat., lib. IV,
Od. 2, v. 49, et Schol., *ibid.*

tablettes d'airain, qu'ils attachaient aux murs du Capitole,
un récit de leurs victoires dans le mètre à la fois héroïque et
sacerdotal, c'est-à-dire, en vers saturnins. Les grammairiens
nous ont transmis quelques précieux fragments de ces tables
triomphales (1). Et, comme dans la cérémonie du triomphe
la liberté militaire et l'admonition républicaine étaient
toujours voisines de l'idolâtrie et lui servaient de correctif,
non loin des soldats qui célébraient les exploits de leur chef,
d'autres soldats faisaient entendre sur ses défauts des chansons railleuses et piquantes (2). Cette licence se perpétua
jusque sous l'empire. Suétone cite quelques vers inju-
rieux que les troupes de Jules César chantèrent à son triomphe des Gaules (3). Denys d'Halicarnasse nous apprend que
ceux qui chantaient ces vers railleurs se déguisaient en Satyres ou plutôt en Sylvains et en Faunes, se couvraient de
peaux de bouc et portaient sur leurs têtes des aigrettes de
poils longs et hérissés (4), probablement pour n'être pas
reconnus des chefs qu'ils insultaient. Et ce n'était pas
là les seules bouffonneries qui égayassent ces solennités.
Dans les triomphes, comme dans les processions religieuses, on voyait, soit à la tête, soit à la suite de la
pompe, certains personnages grotesques en possession
de divertir la multitude, entre autres, le *Manducus*, sorte
de monstre aux dents énormes (5), et deux figures de

---

(1) Voy. Fortunatianus, ed. Putsch., p. 2679.

(2) Tit. Liv., lib. IV, p. 53.

(3) Suet., *Jul. Cæs.*, cap. 49. — G. H. Bernstein a fait un recueil de ces vers satiriques : *Versus ludicri in Romanorum Cæ-
sares priores olim compositi.* Halæ, 1810.

(4) Dionys. Halic., lib. VII, cap. 74, p. 1491, seq.

(5) Plaut., *Rud.*, act. II, sc. 6, v. 51, seq.

femmes , *Citeria* et *Petreia* , qui complétaient le spectacle.
Cette dernière , suivant Festus , représentait une vieille
femme ivre , et ouvrait ordinairement la marche (1) ;
l'autre , suivant Caton , était une commère à la langue
alerte (*effigies quædam arguta et loquax ridiculi gratiâ*) , qui
jetait en passant aux spectateurs des interpellations joyeuses
et des sarcasmes (2).

Un spectacle aussi extraordinaire et aussi varié attirait le
peuple en foule. Dans le forum on dressait des échafauds
en forme de théâtre , et une foule de citoyens , vêtus
de blanc , s'empressaient d'y prendre place (3). Tous les
temples étaient ouverts et tous les simulacres des dieux
étaient couronnés de guirlandes. Pline rapporte même
que dans le *forum boarium* une antique statue d'Hercule
appelé *triomphal* , était dans ces jours solennels revêtue
du costume des triomphateurs (4).

FÊTES RURALES.

La plupart des fêtes urbaines ont été d'abord des fêtes
de la campagne. Peu à peu Rome s'agrandissant , ces fêtes
se sont trouvé portées des champs dans la ville. Ainsi les
Consualia , qui se célébraient dans le cirque , n'étaient pri-
mitivement que les exercices auxquels se livraient les
pâtres latins , et consistaient en sauts sur des outres hui-
lées et en danses la tête en bas , comme celles des cubis-

(1) Fest. , *voc.* Petreia.
(2) Id. ; *voc.* Citeria.
(3) Plutarch. , *Paul. Æmil.* , cap. 31 , seqq.
(4) Plin. , *Hist. nat.* , lib. XXXIV , cap. 7 , § 16.

tétères ioniens (1). Nous devons nous arrêter un moment à l'examen de ces passe-temps agrestes, parce qu'en Italie, comme en Grèce, c'est à l'ombre des bois consacrés aux dieux (*luci*), et autour des autels champêtres, qu'ont été tentés les premiers jeux scéniques.

Comme chaque espèce d'artisans avait sa fête à Rome, chaque classe de villageois avait la sienne dans les campagnes. Les habitants des bourgs célébraient les *Paganales* (2); les laboureurs, les *Feriæ sementivæ* (3) et les *Rubigalia* (4); les pâtres, les *Faunales* (5); les bergers, les *Palilies* (6); les vignerons, les deux *Vinales* (7). Mais dans toutes ces fêtes seulement propitiatoires, les habitants des campagnes ne faisaient encore que des vœux pour leurs récoltes. C'était

(1) Les Romains nommaient *cernui* (Varro, *Fragm. theatral. libr.*, t. I, p. 252, ed. Bip.) les sauteurs que les Grecs appelaient cubistétères. On lit dans Varron (*De vitâ pop. Rom.*, lib. I, p. 242; et ap. Non. Marcell., p. 21, 9) cet ancien vers : *Sibi pastores ludos faciunt cernui Consualia.* Scaliger (ad. Fest., *voc.* Coinquire) propose une autre leçon.

(2) Ovid., *Fast.*, lib. I, v. 669, seqq. — Varro, *De ling. Latin.*, lib. VI, § 24, p. 206.

(3) Varro, *ibid.*, § 26, p. 207. — Ovid., *ibid.*, v. 658.

(4) Ovid., *ibid.*, lib. IV, v. 907, seqq. — Varro, *ibid.*, § 16, p. 199. — Plin., lib. XVIII, cap. 29.

(5) Horat., lib. III, *Od.* 18, v. 1 et 10; Acron., *ibid.*

(6) Varro, *ibid.*, § 14, p. 198. — Ovid., *ibid.*, v. 721, seqq. — Les Palilies, qui se célébraient en avril, se terminaient par des feux de joie. Les bergers sautaient par dessus des bottes de paille enflammées, au son des flûtes, des timbales et des tambourins (Tibull., lib. II, Eleg. 5, v. 87, seqq.). Cette fête passa des champs dans la ville et fut destinée à rappeler le jour de la fondation de Rome.

(7) Il n'est pas certain que les vignerons prissent une grande part aux *Vinalia*. Une de ces deux fêtes était consacrée à Jupiter, l'autre à Vénus. Voy. plus haut, p. 283, note 2.

surtout dans les fêtes qui suivaient la moisson (1) et les vendanges (2) que se déployait l'allégresse générale. Alors pâtres, bergers, moissonneurs, vignerons, entonnaient ou improvisaient des chants en l'honneur des dieux protecteurs de leurs travaux. Et, comme la poésie bouffonne vint toujours, surtout en Italie, se placer à côté de la poésie enthousiaste et sérieuse, ces mêmes villageois accompagnaient leurs hymnes de mouvements joyeux et de danses badines. Quelques-uns même joignaient à cette pantomime des vers piquants et railleurs, à la manière des Osques :

Fescennina per hunc invecta licentia morem
Versibus alternis opprobria rustica fudit (3).

Dans les beaux siècles de la langue latine, l'églogue épurée et élevée à la hauteur d'un genre littéraire, reproduisit l'image embellie de ces disputes amœbées ; mais dans l'origine ces dialogues, pleins d'une moquerie plaisante, étaient de véritables petites comédies, les seules en usage dans ces premiers temps. Aussi Virgile a-t-il eu bien raison de rapporter à Thalie les inspirations de la muse champêtre. C'est avec un sentiment profond des origines qu'il a dit :

Nec erubuit silvas habitare Thalia (4).

C'était, en effet, sur la lisière des bois, ou du moins

---

(1) « Condita post frumenta ». (Horat., lib. II, *Ep.* I, v. 140).
(2) « Et te, Bacche, vocant per carmina læta. .... » (Virg., Georg., lib. II, v. 388).
(3) Horat., lib. II, *Ep.* I, v. 145, 146.
(4) Virgil., *Ecl.* VI, v. 2.

sous des ombrages soit naturels, soit artificiels, que se dressaient ces premières scènes agrestes (1). Winckelmann a décrit dans le catalogue des pierres gravées du baron de Stosch, une pâte antique représentant ce qu'il appelle une *scène* abritée par une toile attachée à deux arbres. Les spectateurs sont couchés à terre. « C'est ici, probablement, dit l'illustre antiquaire, une représentation des premières comédies, qui avaient pour acteurs des bergers et des habitants de la campagne (2). »

Ces joyeux acteurs tantôt se barbouillaient le visage avec le suc de certaines plantes colorantes (3), tantôt se composaient des traits effrayants au moyen de masques d'écorce (4). Quant aux vers usités dans ces jeux, ils étaient *incompti* (5) et *incompositi* (6), comme ceux que chantaient les soldats dans les triomphes. Si nous en croyons Servius, ces anciens vers, appelés par Ennius (7) et par Horace (8) *fescennini* et *saturnini*, n'avaient d'autre mesure que celle du

---

(1) On sait que c'est de σκιά, *ombre*, qu'est venu le mot σκηνή, *tente* et ensuite *scène.*—Le grammairien Placidius a décrit avec une grande précision ces *scènes* agrestes : « Camera hinc inde composita quæ in umbræ locum in theatro erant in quo ludi actitabantur. » Et plus loin : « Scenam vocari arborum in se cubantium quasi concameratam densitatem ut subterpositos tegere possit : igitur è ramis ac frondibus cum racemis ac corymbis per initia scenæ fiebant, seu umbracula quæ parietes non habebant. »

(2) Winckelmann, *Catalogue*, etc. ; p. 212.

(3) Tibull., lib. II, *Eleg.* I, v. 55.

(4) Virgil., *Georg.*, II, v. 387.

(5) Id., *ibid.*, v. 386.

(6) Tit. Liv., lib. VII, cap. 2.

(7) Ennii *Fragm.*, VII, 1, seqq.

(8) Horat., lib. II, *Ep.* I, v. 145, seqq.

chant ; et d'autre durée que celle des sons auxquels on les
associait, c'est-à-dire qu'ils étaient rhythmiques et non
métriques. Les monuments et les témoignages nous manquent à la fois pour déterminer nettement quelle était la
forme de ces anciens vers (1). On ne saurait même dire
exactement en quoi les fescennins différaient des saturnins. Ce qu'on sait seulement, c'est que les vers fescennins, ainsi nommés de *Fescennia* (2), ville étrusque
ou falisque (3), étaient usités dans les fêtes joyeuses, dans
les noces (4), dans les triomphes, et semblaient renfermer
une idée de raillerie et de licence. Le vers saturnin, au
contraire, ainsi nommé soit à cause de la liberté de sa forme qui rappelait la liberté proverbiale du règne de Saturne, soit à cause de son antiquité saturnienne, paraît
avoir été plus particulièrement destiné aux sujets graves
et religieux (5).

Au reste, il me paraît y avoir eu deux générations de vers
saturnins. Le plus ancien fut peut-être purement rhythmique. Le plus récent aurait été inventé par Nævius, si l'on en
croyait une expression de Diomède (6), ou du moins ce

(1) Voy. Hermann., *Elementa*, p. 606, seqq.

(2) Festus hésite entre cette étymologie et celle qui fait venir les
Fescennini versus de *Fascinus*, dieu des sortiléges, que ces chants
avaient, disait-on, le pouvoir de conjurer. Fest., *voc.* Fescennini.

(3) Servius (ad Virgil. *Æneid.*, VII, v. 695) fait de Fescen-
nium une ville de Campanie ; Niebuhr, s'autorisant du même
vers, la croit falisque (Niebuhr, *Hist. rom.*, t. 1, p. 193, trad.).
— On pense que Fescennia ou Fescennina est aujourd'hui Citta
Castellana.

(4) Serv., *ibid.* — Plin., *Hist. nat.*, lib. XV, cap. 22, § 24.

(5) Festus, *voc.* Saturno.

(6) Diomed., lib. III, ed. Putsch. p. 512.

poëte aurait essayé(1) un des premiers de l'introduire dans son poëme de la *Guerre punique*(2). Au reste, le vers rhythmique n'a jamais cessé d'être le véritable vers populaire. Ce vers indestructible existait du temps d'Horace :

, ... *Hodieque manent vestigia ruris* (3).

L'usage en devint de plus en plus commun, à mesure que la barbarie brisait et décomposait davantage les mètres savants des beaux siècles. Le christianisme l'adopta ; et, enfin, au moyen âge le vers syllabique latin et son analogue grec, le vers politique, régnèrent seuls, comme nous le verrons en son lieu. Ce vers est même arrivé jusqu'à nous dans quelques antiques *proses* chantées par le peuple aux x⁰ et xi⁰ siècles. Ce fut même sur ces vers syllabiques que se modelèrent au xii⁰ siècle nos vers de dix et de douze syllabes.

Cependant les danses et les chants dialogués des villageois pénétrèrent peu à peu dans Rome, où ils acquirent plus de perfection. La jeunesse romaine se livra dans la plupart des féries urbaines, à des jeux amœbées, tantôt sérieux, tantôt bouffons. Les personnalités et les railleries bles-

(1) Atil. Fortunatianus avoue qu'on ne trouve que de rares exemples de ce vers dans Nævius (ed. Putsch., p. 2680).

(2) Il faut rapporter au vers saturnin de la seconde époque ce que Diomède (ed. Putsch. , p. 476), Terentianus Maurus (*ibid.*, p. 2439), Atilius Fortunatianus (*ibid.* , p. 26-9), et quelques autres, disent des pieds qui composaient ce vers et ce qu'ils ajoutent, dans leur préoccupation, de sa prétendue origine hellénique. Je dois avouer, d'ailleurs, que parmi les échantillons que ces grammairiens citent de ce vers, aucun ne paraît appartenir à l'ancien vers purement rhythmique, pas même les fragments extraits par Fortunatianus des anciennes tables triomphales : *ex antiquis tabulis quas triumphaturi duces in Capitolio figebant.*

(3) Horat., lib. II , *Ep.* I , v. 160.

santes des vers fescennins furent réprimées l'an 502 de
Rome, par l'article de la loi des Douze Tables qui condamnait à la peine du fouet ou du bâton tout auteur de vers
diffamatoires (1); Horace, qui s'est pourtant refusé moins que
personne la médisance poétique, n'improuve pas cette loi
brutale (2), qui fut appliquée à la scène (3) et qu'Auguste
renouvela (4).

Ces premiers essais du drame indigène ne furent pendant longtemps à Rome que des divertissements ou des
dévotions privés, encouragés ou tolérés par le sacerdoce
et par les magistrats, mais sans aucun caractère public.
Jusqu'alors les grands jeux, les *jeux romains*, étaient
demeurés purement corporels et gymniques. Ce fut seulement dans l'année 389 (5), sous le consulat de C. Sul-
picius Pæticus (6) et de C. Licinius Stolo, qu'au milieu
d'une épidémie, on joignit aux *jeux romains* des divertissements scéniques (*ludi scenici*), dans l'espoir d'apaiser
les dieux et de rendre le courage aux hommes (7).

---

(1) Voy. *Loi des Douze Tables*, LVI, *Tab.* 7. — Cette pénalité
fut abrogée en partie par les lois *Valeria*, *Porcia* et *Simpronia*.

(2) Horat., lib. II, *Ep.* 1, v. 151-155.—Ce poëte avait déjà ap-
plaudi dans l'*Épitre aux Pisons*, à la répression de la liberté comique à Athènes (v. 282, seqq.).

(3) Cicer., *De republ.*, lib. IV, ap. August., *De civit. Dei*, II, 9.

(4) Tacit., *Annal.*, lib. I, cap. 72.

(5) Tit. Liv., lib. VII, cap. 2.

(6) Ou Beticus. Voy. Val. Maxim., lib. II, cap. 4, § 4.

(7) On ne peut trop déplorer la perte de plusieurs ouvrages anciens qui auraient éclairci ce qui reste pour nous d'obscur dans
l'histoire de la scène romaine. On regrette surtout les livres de
Varron; *De scenicis originibus*, et *De actionibus scenicis*, cités par
Censorinus, Priscianus, Servius et autres, et dont il ne reste que
de courts fragmens.

Nous sommes arrivés, comme on voit, aux représentations dans lesquelles le peuple intervient surtout comme spectateur. Nous passons des jeux aux spectacles.

JEUX DANS LESQUELS LE PEUPLE INTERVIENT COMME SPECTATEUR.

Bien que les jeux scéniques fussent de véritables spectacles, où l'on faisait surtout appel aux facultés passives des assistants, cependant l'instinct mimique avait tant de force en Italie, que, malgré la sévérité des institutions, nous verrons la jeunesse romaine se réserver presque constamment une part active dans les jeux de la scène, mais une part tout à fait distincte de celle des comédiens de profession.

Les spectacles dans lesquels le peuple n'intervenait que comme spectateur, se divisent naturellement en deux classes : 1° les spectacles muets ; 2° ceux où l'on faisait usage de la parole.

Les spectacles romains qui s'adressaient principalement aux yeux étaient : 1° les jeux du cirque ; 2° les exercices des bateleurs et des bouffons, qui avaient lieu dans les carrefours, quelquefois dans le cirque et le plus ordinairement sur un endroit du théâtre qui leur était réservé ; 3° les danses scéniques.

JEUX DU CIRQUE.

Sous le nom de *ludi circenses*, on doit comprendre trois sortes d'exercices exécutés à Rome par des artistes de profession : 1° les courses, tant de chevaux que de chars ; 2° les combats de gladiateurs ; 3° les chasses, ou combats d'animaux. Mais comme, d'une part, les combats de gladiateurs ont pris naissance dans les jeux funèbres et dans les repas, et que, d'une autre part, les chasses et les combats d'animaux n'ont rien présenté de dramatique avan tles émpereurs , je remets à parler plus loin de ces tragédies horribles, dans lesquelles les lions, les tigres et les panthères jouaient les premiers rôles.

BATELEURS. — FAISEURS DE TOURS. — CHARLATANS. — JOUEURS DE MARIONNETTES.

Quant aux bateleurs et faiseurs de tours, on pense bien qu'ils n'ont pas plus manqué dans Rome que dans aucune autre ville du monde. Seulement la gravité romaine voulut que le métier de saltimbanque ne fût exercé que par des étrangers , des affranchis ou des esclaves (1).

Comme il arrive toujours , les plus anciens bateleurs s'appliquaient principalement à imiter les mouvements et les allures des animaux. On cite surtout en ce genre les *grallatores*, ainsi nommés des *grallæ* , échasses couvertes de peaux , sur lesquelles ils montaient pour imiter le saut des chèvres (2). Varron mentionne les *grallatores* et leurs grandes enjambées (3). Avant lui Plaute avait dit :

Vinceris cervum cursu vel grallatorem gradu (4).

J'ai déjà signalé le jeu de l'outre et les gambades des

(1) On vit quelquefois des citoyens romains faire le métier de chanteurs ambulants ; mais c'étaient des naufragés qui portaient au cou un tableau représentant leur désastre , et qui chantaient une complainte propre à attendrir les passants. Voy. Horat., *Ad Pison.*, v. 20 , seq.— Juven., *Sat.* XIV , v. 301 , seq.—Pers., *Sat.* I, v. 89 , seqq. — Mart. , lib. XII, *Epigr.* 57 , v. 12.

(2) Fest. , *voc.* Grallatores.

(3) Varro , *De ling. Latin.* , lib. VII , § 69 , p. 350.

(4) Plant. , *Pœnul.* , act. III , sc. 1 , v. 27. — On trouve encore une allusion aux *grallatores* dans une scène supposée de l'*Amphitryon* : « Sive grallatorius , sive testudineus gradus fuerit. » Non-seulement cette scène ne se trouve dans aucun manuscrit , mais la mesure des vers et la prosodie ne sont pas du temps de Plaute.

Cernualia. Il sortit de ces exercices d'habiles danseurs équilibristes. On conserve à Portici de jolis bronzes qui représentent des saltimbanques dansant d'un seul pied sur une sphère (1). Il y eut encore les pétauristes, espèce de voltigeurs qui, par leur agileté, et aidés sans doute par des moyens mécaniques, ressemblaient à des oiseaux (2). Ils étaient connus dès le temps de Lucilius qui les admire :

> *Sicuti mechanici, cùm alto exiluere petauro* (3).

Il y eut les Funambules, dont Térence déplore amèrement la concurrence dans le premier prologue de l'*Hécyre* (4). Il y eut les joueurs de gobelets, *ventilatores*, (5) et les prestigiateurs, qui faisaient disparaître et reparaître de petits cailloux (6) ou des olives (7). Je lis dans Plaute :

> *Præstigiator hic quidem Pœnus probu' est......* (8).

Il y eut des charlatans de place, *circulatores* (9), ou

(1) *Antiq. d'Herculanum*, t. VIII, p. 28, éd. roy.

(2) AElius Stilo, ap. Fest., *voc.* Petauristas.

(3) Lucil., ap. Fest., *ibid.*— *Petaurum* sigifiait proprement un perchoir.

(4) Terent., *Hecyr.*, prolog. 1, v. 4.

(5) Quintil., lib. X, cap. 7, § 11.

(6) Senec., *Epist.* 45, *circ. med.*

(7) Front., *De orat.*, epist. 1, ed. iterum Maio. — Manilius (*Astron.*, lib. V, v. 168, seqq.) a décrit plusieurs exercices que l'on prenait avec la balle (*pila*). Les faiseurs de tours qui se livraient à ces jeux s'appelaient *pilarii* (Quintil., lib. X, cap. 7, § 11. — Fabretti, *Inscript.*, p. 250, n° 2).

(8) Plaut., *Pœnul.*, act. V, sc. 3, v. 6. — Le même poëte s'est servi de ce mot au féminin. Voy. *Amphitr.*, act. II, sc. 2, v. 150. — Ces escamoteurs finirent par abuser de leur adresse. Agrippa, édile sous Auguste, les bannit de Rome, ainsi que les astrologues. Dio, lib. XLIX, cap. 43.

(9) Cels., v. 27, n. 3.

aretalogi (1) , qui vendaient leurs secrets et leurs drogues dans le cirque, jouaient avec des serpents ou avalaient des épées (2). Enfin, il y eut à Rome, comme en Grèce, des marionnettes. Horace parle de ce spectacle comme d'une chose qui de son temps était commune :

Duceris ut nervis alienis mobile lignum (3).

Caylus a fait graver dans ses *Recueils d'antiquités* (4), plusieurs marionnettes romaines, les unes d'ivoire, les autres de bronze : plusieurs de ces pièces fort singulières ont passé de son cabinet dans celui des Antiques de la Bibliothèque royale.

DANSES SCÉNIQUES.

Lorsqu'en l'année 389 , on introduisit à Rome les jeux scéniques, on fit venir d'Étrurie des danseurs appelés *ludii* ou *ludiones*, à cause de leur origine lydienne (5). Ces *ludiones*, admis à figurer dans les jeux du cirque, dansaient au son des flûtes , et faisaient, à la manière étrusque, divers mouvements (6) auxquels ils ne mêlaient ni chants ni paroles (*sine carmine ullo*). Nous verrons plus tard ces *ludii* remplacés sur la scène par les mimes et les pantomimes ; mais le *ludius* primitif n'en continua pas moins ses gambades muettes dans le cirque, les rues et les carre-

(1) « Mendax aretalogus. » Juven., *Sat.* XV , v. 16.

(2) Apul. , *Metam.*, lib. 1 , p. 20.

(3) Horat. , lib. II , *Sat.* 7 , v. 82.

(4) Caylus, *Antiquit.*, t. IV , pl. 80 , n° 1 , p. 260 ; t. VI , pl. 90 , n° 3 , p. 287 ; t. VII , p. 164.

(5) Strab. , lib. V , p. 220. — Virgil. , *Æneid.*, lib. VIII , v. 480. — S. Isidore signale dans les *ludii* , l'origine du mot *ludus.* Voy. *Orig.* , lib. XVIII , cap. 16 , § 2. — On trouve dès l'an 352 les *ludorum artifices* en usage en Étrurie. Tit. Liv. , lib. V , cap. 1.

(6) Tit. Liv. , lib. VII , cap. 20.

fours. Auguste donnait quelquefois à ses convives le spectacle de ces sauteurs des rues, « *triviales ex circo ludios interponebat* » (1). Les comiques, peut-être par jalousie de métier, se moquaient volontiers de ces danseurs rasés. Plaute fait dire à un des personnages de l'*Aululaire* : « Si tu n'es pas un sot, tu me plumeras ce poulet plus net qu'un ludius épilé (2). » Ovide a rappelé ces danses d'origine étrangère dans les vers suivants :

Dumque rudem præbente modum tibicine Tusco
Ludius æquato ter pede pulsat humum (3).

Les Romains faisaient, toutefois, tant de cas des *ludii*, qu'un de ces acteurs ayant été frappé de la foudre dans le cirque, on lui éleva une statue en ce lieu, théâtre de ses jeux et de sa mort (4).

SPECTACLES ACCOMPAGNÉS DE PAROLES.

C'est de l'an 389, époque de l'introduction à Rome des jeux scéniques, que datent les commencements du théâtre proprement dit. Ce théâtre, formé par un travail beaucoup moins intime et d'une manière beaucoup moins nationale que le théâtre grec, a été visiblement soumis à trois influences très-inégales : 1° l'influence indigène ou romaine ; 2° l'influence étrusque ou demi-grecque ; 3° l'influence purement grecque. Nous allons examiner, l'une après l'autre, ces trois sources qui ont alimenté le théâtre public à Rome.

(1) Sueton., *August.*, cap. 74.
(2) Plaut., *Aulul.*, act. II, sc. 8, v. 358 ; 359. — Livius Andronicus a composé une comédie intitulée *Ludius*. Voy. Fest., *vec.* Scena.
(3) Ovid., *Art. amātor*, lib. I, v. 111, 112.
(4) Fest., *voc.* Statuam.

SOURCE INDIGÈNE. — SATURÆ. — COMŒDIA PLANIPEDIA.

Aucun art, chez les Romains, n'est tout à fait exempt de l'influence étrusque. Ce furent des ouvriers appelés de l'Étrurie qui, sous Tarquin l'Ancien, construisirent plusieurs monuments, et, entre autres, le grand cirque (1). Un des plus anciens vers dont les poëtes romains aient fait usage, le vers fescennin, porte dans son nom même l'indice de son origine étrusque. Nous venons de voir le premier exemple des danses scéniques donné à Rome par les *ludii* ou *ludiones* venus d'Étrurie. Toutefois, dans cet essai d'art théâtral, on peut, à travers l'emprunt étranger, reconnaître aisément la part du travail indigène et national. Tite-Live nous apprend que la jeunesse romaine imita l'art de régler plus habilement ses pas et de mieux accommoder ses gestes aux sons des flûtes (2). De l'introduction de la danse étrusque dans les anciens dialogues amœbées, il résulta donc une nouvelle sorte de petits drames joués d'abord par de jeunes Romains de tous rangs, puis, l'art se perfectionnant, par des acteurs nommés *histrions* à cause de leur patrie ou de celle de leurs modèles. Ces pièces, toujours accompagnées du jeu des flûtes, différaient des anciennes improvisations fescenniennes par un peu plus d'art dans leur contexture et aussi par une plus grande étendue. On les appela *saturæ*, à cause du mélange de musique, de paroles et de danse qu'elles offraient, à peu près comme on a appelé au moyen âge *farces*, *farcitures*, *proses farcies* des compositions ecclésiastiques qui offraient un mélange de plusieurs langues. En effet, *lanx satura* était une expression sabine qui

(1) Tit. Liv., lib. I, cap. 35 et 56.
(2) Id., lib. VII, cap. 2.

signifiait proprement le plateau chargé de divers fruits qu'on
présentait tous les ans aux dieux et , en particulier, à Cérès
et à Bacchus (1). Ces pièces farcies (*saturæ*) qui pendant environ cent vingt ans , composèrent seules à Rome les jeux
scéniques (2) , sont donc véritablement le drame romain, le
drame indigène. Il n'y eut qu'une ressemblance de nom
purement fortuite entre la *satura* romaine et le drame satyrique grec , tel que le *Cyclope* d'Euripide. Un ancien
vers conservé par Marius Victorinus ,

Agite , fugite , quatite , Satyri (3),

prouve seulement que les Romains ont connu fort anciennement le nom des Satyres , mais non pas que les *saturæ*
eussent aucun rapport avec le drame satyrique. Si l'on voulait , à toute force, trouver en Grèce l'analogue de la *satura*
romaine ; il faudrait le chercher , comme l'a très-bien fait
remarquer M. Stieve (4) , dans les plus anciens mimes populaires, entre autres , dans les petites pièces des dicélistes
doriens.

Plusieurs causes , que j'exposerai bientôt , arrêtèrent
dans son développement ce premier germe du drame italique. Toutefois la *satura* ne périt pas entièrement (5). Le
nom resta dans la langue latine , non plus, il est vrai, pour
désigner un ouvrage dramatique , mais un poëme di-

(1) Acro et Porphyr. , *In Horat.* lib. I , *Sat.* 1. — Varro ,
Plautin. quæst , lib. II , ap. Diomed. , lib. III, p. 483.

(2) Tit. Liv. , lib. VII, cap. 2.

(3) Marius Victorin. , p. 2591.

(4) Frid. Stieve , *De rei scenicæ ap. Roman. origine* , p. 45.

(5) Il nous reste sous le titre de *Satura* quelques vers d'une pièce
de Pomponius cités par Priscien (p. 679). C'était probablement,
une atellane.

dactique, mordant et railleur. Tel fut, en effet, le caractère des satires d'Ennius, de Lucilius et, plus tard, d'Horace, de Perse et de Juvénal (1). Il faut remarquer que ce
poëme se plut souvent à reprendre son ancienne forme
dialoguée. J'essaierai bientôt de dire pourquoi.

Quant au genre lui-même, il était trop conforme à la
nature italienne pour disparaître jamais. Ces dialogues,
pleins de facéties et de gaieté railleuse, changèrent seulement de nom, de théâtre et d'interprètes. Tandis que les
histrions, disciples de Livius Andronicus, s'exerçaient à
jouer sur la *scène* des tragédies et des comédies, imitées du
grec, d'autres comédiens représentaient sur le plein-pied de
l'orchestre (2) de petites pièces dans le goût des *saturæ*. Les
acteurs de ces parades s'appelaient *planipedes*, soit à cause
du lieu où ils jouaient, soit parce qu'ils ne chaussaient ni
le cothurne ni le socque (3), comme faisaient les histrions.
On les appelait aussi *sanniones* (4). Du jeu de ces baladins il
sortit une sorte de comédie romaine, qui continuait la *satura* et s'efforçait de contre-balancer le succès de la comédie
sous forme grecque. On la nomma *comœdia planipedia* ou
riciniata, à cause du *ricinium*, vêtement indigène (5) très-an-

(1) Quant à la satire de Varron, mêlée de vers et de prose,
qu'imitèrent Pétrone, Sénèque, Julien et Marcianus Capella, son
nom est romain; mais elle reçut sa forme de Ménippe, d'où lui
est venu le surnom de *Ménippée*, que les modernes lui ont conservé.

(2) « In plano orchestræ actitabant. » Diomed., lib. III, p 487.
— Cf. Fest., *voc.* Orchestra et *voc.* Salutaris porta.

(3) Diomed., *ibid.* — Donat., *Prolog. in Terent.*

(4) Nævius avait composé une comédie intitulée *Sanniones.* — Le
nom de *Sannio* s'est perpétué en Italie dans celui des *Zanni* de
Venise.

(5) Varro, *De ling. Latin.*, lib. V, § 132, p. 135.

cien en Italie , que portaient les acteurs de ces petits drames (1). On lit dans une comédie du vieux poëte Atta ,
intitulée *Ædilitia* :

> *Daturin', estis aurum ? exultat planipes* (2).

Ce vers prouve non-seulement que les *planipedes* étaient
des acteurs salariés ; mais il peut faire conjecturer qu'ils
étaient assez chèrement payés par les édiles, et , par conséquent , qu'ils firent partie des jeux publics , au moins
pendant le temps de leur vogue , c'est-à-dire depuis le déclin de la *satura* , déclin qui date de Livius Andronicus ,
jusqu'à l'invasion de toutes les sortes de mimes sous Sylla.

SOURCE ÉTRUSQUE. — ATELLANES. — ÉPOQUE DE LEUR INTRODUCTION A ROME.

Non-seulement l'élément étrusque (3) se trouve légèrement mêlé à la *satura* romaine , mais on représenta bientôt
à Rome des pièces entièrement étrusques : je veux parler des

(1) Fest. , *voc.* Recinium. — Pour terminer ce qui regarde le
costume de ces acteurs , je dois ajouter qu'ils jouaient sans masques
et qu'ils se coloraient seulement le visage avec de la craie, de la
céruse et du vermillon. Voy. Nævius, *Sanniones* , ap. Non. Marc. ,
p. 218, 31.—Ficoroni (*Maschere sceniche* , pl. XXIX) a publié une
figurine qui paraît représenter un *Sannio.* Cet acteur porte une coiffure en bateau et une batte toutes semblables à celles de notre arlequin.

(2) Atta , ap. Diomed. , lib. III, p. 487. .

(3) Si je me sers du mot *Étrusques* pour désigner les Campaniens
et les Osques , aussi bien que les Toscans , ce n'est pas que je ne
sache qu'autrefois ces peuples réunis dans une grande confédéra-
tion étaient depuis la fondation de Rome , divisés d'intérêts , de
territoire et aussi de langage ; mais comme ces distinctions n'im-
portent pas au sujet que je traite , j'emploie indifféremment le mot
Étrusques pour désigner les colonies fondées par les Toscans chez
les Osques et les Volsques.

atellanes (*fabulæ Atellanæ*) (1) , ainsi nommées d'Atella , ville des Osques en Campanie (2) , aujourd'hui Averse ou Santo Arpino , dans la Terre de Labour. Il ne faut pas s'étonner que les Étrusques aient été pour le théâtre , comme pour tant d'autres choses , les instituteurs de Rome. Ces peuples , qui étaient depuis longtemps en communication avec les Grecs , avaient des acteurs (3) et possédaient des théâtres de pierre , avant que les Romains eussent seulement élevé dans le cirque des tréteaux de bois. Les ruines du théâtre de Fésoles , sans parler de celles de Tusculum et de Bovilles , indiquent , selon Niebuhr (4) , un monument d'une extrême magnificence (5) , et certainement antérieur à la colonie de Sylla qui bâtit Florence.

Aucun écrivain de l'antiquité ne nous apprend d'une manière précise , l'époque de l'introduction à Rome des *atellanes.* Je crois , néanmoins , pouvoir la fixer d'une manière à peu près certaine.

D'abord , il est évident qu'il ne faut pas chercher des

(1) Tit. Liv. , lib. VII , cap. 2. — On disait aussi *ludi Atellani* Val. Maxim. , lib. II , cap. 4 , § 4) , *ludi Osci* (Cicer. , *Ad famil.* , lib. VII , *Ep.* 1) , et *Oscum ludicrum* (Tacit. , *Annal.* , lib. IV , cap. 14).

(2) Diomed. , lib. III , p. 487.—Atella est citée par Cicéron (*De leg. agr.* , II , cap. 31) et par Silius Italicus (lib. XI , v. 14).

(3) Tit. Liv. , lib. V , cap. 1.

(4) Niebuhr , *Hist. Rom.* , trad. par M. de Golbery , t. I , p. 96.

(5) Les pièces que l'on jouait sur ces théâtres étaient-elles grecques ou étrusques ? On ne sait. Varron (*De ling. Lat.* , lib. V , § 55 , p. 61) cite un poète nommé Volnius comme auteur de tragédies étrusques ; mais il n'indique pas l'époque où il vivait. — Ovide mentionne un autre poète étrusque , *De Ponto* , lib. IV , Eleg. ult. , v. 20.

atellanes à Rome avant l'institution des jeux scéniques,
l'an 389, ni même avant l'alliance de la Campanie et de la
République romaine (1). Quoique la guerre continuât entre
Rome et quelques populations étrusques, le traité de l'an
442 ne laissa pas de populariser à Rome les arts, la langue
et la littérature de ces nouveaux alliés. « Je pourrais, dit
Tite-Live, prouver par des autorités, qu'alors (en l'année
442) il était aussi commun de voir les jeunes Romains
étudier la littérature étrusque, que de les voir aujourd'hui
se livrer à l'étude des lettres grecques (2). »

Trois causes ont surtout contribué à répandre dans
Rome le goût des atellanes et peuvent servir à déterminer
la date de leur introduction.

La première de ces causes est la concurrence trop iné-
gale qui s'établit entre les farces romaines et les pièces importées du théâtre grec vers l'an 512. La jeunesse de
Rome sentant l'infériorité des *saturæ* et même de la *comœdia planipedia*, recourut pour balancer le succès des
pièces imitées du grec, aux atellanes, petits drames de
Campanie, d'un travail infiniment plus fin et plus délicat
que les *saturæ* romaines, et qui, d'ailleurs, répondaient
mieux que les tragédies et les comédies d'Athènes et d'A-
lexandrie aux habitudes nationales. Le recours aux pièces
osques fut, comme on voit, une réaction de l'esprit italique contre les premières importations à Rome des chefs-
d'œuvre de la scène grecque.

La seconde cause de l'introduction des atellanes à Rome,
fut le désir qu'eut la jeunesse romaine de s'assurer dans

(1) Tit. Liv., lib. VII, cap. 31-38.
(2) Id., lib. IX, cap. 36.

les jeux scéniques une place que ne pussent lui disputer
les histrions. En effet, quand le jeu du théâtre fut devenu
peu à peu un art véritable, les jeunes Romains durent,
quoique à regret, l'abandonner à des artistes que ne pré-
occupaient aucuns devoirs civiques, à des étrangers, à des
esclaves, à des hommes exclus du droit de suffrage et du service militaire. L'art scénique tombé en de telles mains devint infâme, et aucun citoyen ne put l'exercer; mais comme
le génie mimique était une passion indestructible dans
la race italienne, la jeunesse de Rome imagina de s'attribuer
exclusivement la représentation des atellanes. « Les jeunes
gens, dit Tite-Live, ne permirent pas que les histrions
souillassent ce nouveau genre; de sorte qu'il fut établi
qu'on pouvait jouer des atellanes sans être rayé de sa tribu
ni exclu du service des légions (1). »

Enfin, une troisième cause me paraît avoir contribué à
l'adoption des atellanes par la jeunesse romaine. Ce fut
l'application sévère que firent les magistrats des lois destinées à réprimer les personnalités de la scène. Chassée de
la réalité, la gaieté romaine chercha à se dédommager dans
le champ de la fantaisie et de l'idéal. Les poëtes comiques
s'estimèrent heureux de pouvoir substituer des personnages fictifs et des types de convention aux portraits qu'il
eût été trop dangereux de tracer. Nous avons vu la dure pénalité de la loi des Douze Tables mettre un frein à la verve
moqueuse des farces fesceennienes et des *saturæ*. Vers l'an

---

(1). Tit. Liv., lib. VII, cap. 2. — Val. Maxim., lib. II, cap. 4,
§ 4. — Les acteurs d'atellanes avaient encore d'autres privilége qui
les distinguaient des histrions, entre autres, le droit de ne pouvoir
être contraints de se démasquer sur la scène. Voy. Fest., *voc.* Personata.

540 , la condamnation de Nævius (1), qui paya de la prison et de l'exil quelques hardiesses presque tribunitiennes
qu'il avait cru pouvoir risquer sur le théâtre (2) à l'imitation des poëtes de l'ancienne comédie grecque, démon-
tra que la scène à Rome était absolument fermée aux
personnalités directes. Dès lors, la raillerie populaire qui
s'exerce sur les hommes et sur les événements publics, cet
esprit éminemment romain, qui ne périt même pas entièrement sous l'Empire et qui de nos jours jette encore une
lueur dans les dialogues de Pasquin et de Marforio, cette
verve satirique et mordante dût prendre une voie détour-
née pour se produire ; elle se réfugia sous les masques grotesques des Maccus, des Bucco, des Casnar, et s'enveloppa
du dialecte osque, à peu près comme Agrippa d'Aubigné
enveloppa du patois gascon les saillies trop mordantes de
son *Baron de Fœneste.*

. Les trois diverses causes que je viens d'exposer con-
courent à placer vers l'an 540 l'introduction des atellanes à Rome. J'ajouterai que Nævius, le poëte malheureux dont j'ai parlé, pourrait bien avoir été l'un
des introducteurs de ce nouveau genre. Ce n'est là
qu'une conjecture, mais qui s'appuie pourtant sur trois
indices remarquables : 1° Nævius était originaire de la

(1) On ne peut indiquer qu'approximativement la date de la condamnation de Nævius. Ce poëte commença à écrire, suivant Aulu-
Gelle (lib. XVII, cap. 21), l'an 519. Eusèbe place sa mort à Utique
l'an de Rome 550 (*Chron.*), et Varron un peu plus tard (Cicer.,
Brut., cap. 15). On croit qu'il était en prison quand Plaute fit
jouer son *Miles gloriosus*, et que les vers *Os columnatum* etc.,
font allusion à sa captivité.

(2) Il avait diffamé les Scipions et les deux Metellus.

Campanie , berceau des atellanes ; 2ᵈ ce poëte composa d'autres pièces tirées soit des événements contemporains, soit des annales de Rome (1) ; 3° enfin, on cite de
lui une comédie masquée (*personata*), à une époque où il
est douteux que les comédiens et les tragédiens eussent
adopté à Rome l'usage des masques. Aussi Festus n'hé-
site-t-il pas à croire que cette pièce fut jouée par des Atellanes (2).

LANGUE DANS LAQUELLE ÉTAIENT COMPOSÉES LES ATELLANES.

Si l'on demande aux plus habiles critiques en quelle
langue étaient composées les atellanes, on s'étonne de
ne recevoir que des réponses contradictoires. Quant à moi,
je pense qu'il faut pour résoudre cette question , distinguer deux époques dans l'histoire des atellanes : la première, qui commence avec ce genre de pièce, vers l'an
540 , et s'étend jusqu'à Pomponius Bononiensis, contemporain de Sylla, auteur lui-même, à ce que l'on prétend,
de plusieurs pièces dans le genre des *saturæ* ou des atellanes (3) ; la seconde, et la plus brillante, qui commence
à Sylla et finit à Jules-César , dont la faveur s'attacha aux
mimographes, à l'exclusion des atellanes (4) , qu'il trouvait apparemment trop satyriques.

Cela posé, il est probable que pendant la première épo-

(1) Nævius a fait, entre autres, un drame historique intitulé :
Alimoniæ Remi et Romuli.

(2) Il est vrai qu'il ajoute : « à défaut de comédiens. » Fest. ,
voc. Personata.

(3) Nicol. Damasc. ap. Athen. , lib. VI, p. 261 , C.

(4) Il y eut une reprise ou troisième époque d'atellanes sous les
empereurs , bien différente des deux premières. J'en parlerai en
son lieu.

que les atellanes furent écrites ou improvisées dans
la langue osque. Le principal agrément de ces parades consistait précisément dans l'étrangeté du costume et du dialecte campanien. Plus tard , Plaute ne dédaigna pas de
puiser à cette source comique, et jeta dans son *Truculentus*
un ou deux mots pris dans le patois des Prénestins (1).
« L'osque, dit Niebuhr, n'est pas pour nous , comme
l'étrusque, un mystère impénétrable ; et si nous pouvons nous faire une idée de cette langue, il ne faut pas
nous étonner que les Romains aient compris avec fa-
cilité des comédies composées dans cet idiome (2). »
Non - seulement, avec un peu d'attention, les Romains
comprenaient la langue osque, mais plusieurs d'entre eux
la parlaient. Nous voyons dans Tive-Live les avant-postes
romains et les sentinelles étrusques échanger des railleries
sous les murs de Veïes (3). Ennius se vantait d'avoir trois
cœurs, parce qu'il parlait trois langues , l'osque, le grec
et le latin (4). Enfin, j'ajouterai que, suivant Varron, la
langue sabine avait ses racines dans la langue osque (5).
On trouve dans un poëte, contemporain d'Ennius, le
vers suivant, qui semble avoir appartenu au prologue
d'une atellane :

Osce et Volsce fabulantur , nam Latine nesciunt (6).

La seconde époque est celle des atellanes non plus im-

(1) Plaut., *Trucul.*, act. III, sc. 2, v. 21-23.
(2) Niebuhr , *Hist. rom.* , t. 1, p. 96 , trad.
(3) Tit. Liv. , lib. V , cap. 15.
(4) Aul. Gell. , lib. XVII , cap. 17.
(5) Varro , *De ling. Lat.* , lib. VII , § 28 , p. 315.
(6) Titinius, dans la *comœdia togata* ou l'atellane intitulée
Quintus, ap. Fest., voc. Oscum.

provisées ou à demi-improvisées, mais des atellanes écrites. Pomponius (1), et, un peu après, Novius (2), sont les premiers auteurs qui aient donné aux atellanes cette nouvelle forme. Velleius Paterculus qualifie même d'invention nouvelle (3) les atellanes de Pomponius. Les pièces de cette seconde époque étaient-elles écrites en langue osque? Strabon l'affirme. « Après la destruction des Osques, dit-il, leur langue subsista dans Rome, à tel point qu'on l'employa sur la scène dans de certaines pièces dramatiques semblables à celles que les Campaniens représentaient dans leurs jeux (4). »

Cicéron confirme cette assertion dans le passage suivant de sa lettre à Marius. « Je ne pense pas que vous ayez regretté les jeux grecs ni les jeux osques, surtout quand vous pouvez assister à ces derniers dans le sénat (5). » Ce qui est à la fois une mention des jeux en langue osque, et une raillerie du jargon que parlaient les sénateurs campaniens. Mais ces deux témoignages, qui semblent si formels, sont infirmés par des fragments assez

---

(1) Ed. Munk (*De L. Pomponio Bononiensi Atellanarum poëtâ*, Glogaviæ, 1826, 8°) a réuni les titres et les fragments de soixante-quatre atellanes de Pomponius.

(2) M. Schober (*über die atellanischen Schauspiele der Römer*, Leipzick, 1825, 8°) croit Novius antérieur à Pomponius, et cite pour garant Macrobe (*Saturn.*, lib. 1, cap. 10, p. 240, et lib. II, cap. 1, p. 332). — Cette dissertation de M. Schober a été traduite et accompagnée de notes par M. F. Génin. Voy. *Mém. de la Société des Sciences*, etc., *du département du Bas-Rhin*. Nouvelle série, t. 1, part. 2, p. 193 et suiv.

(3) Vell. Patercul., lib. II, cap. 9.

(4) Strab., lib. V, p. 233, ed. Casaub.

(5) Cicer., *Ad famil.*, lib. VII; *Epist.* 1.

nombreux des atellanes de Pomponius , de Novius, d'Afranius (1) ; de Titinius ; dans lesquels il n'y a pas la moindre trace de langue osque. On explique cette contradiction
en supposant que les atellanes de la seconde époque n'offraient que quelques parties écrites en dialecte provincial ,
le rôle du Maccus et du Bucco, par exemple ; et comme
les fragments de Pomponius , de Novius , etc., ne nous
ont été conservés que par des grammairiens qui cherchaient des exemples de locutions latines , il est tout simple que ces collecteurs aient négligé la partie osque. On voit,
par un passage de Quintilien , que les équivoques pro-
duites par le mélange des deux langues, pouvaient être
un des principaux agréments des atellanes (2). Cette bi-
garrure ou , comme on disait au moyen âge, cette *farci-
ture*, n'a rien qui doive nous surprendre ; nous en trouverons de nombreux exemples. Le plus ancien mystère en
langue moderne , le mystère des *Vierges sages et des vierges
folles* (3) , est écrit en latin, en provençal et en français (4).
Ruzzante et plusieurs autres poëtes italiens ont mêlé dans
leurs comédies tous les dialectes de l'Italie ; enfin, plus ré-

(1) Nonius Marcellus cite (p. 126 , 10) quelques mots d'une atellane d'Afranius, *Bucco adoptatus.*

(2) Quintil. , *Institut. orator.*, lib. VI , cap. 3.

(3) *Manuscr. Reg. lat.* , n° 1139 (fonds de S. Martial de Li-
moges , n° 100). M. Raynouard en a publié un fragment (*Choix des
poés. des Troub.* , t. II , p. 139—143).

(4) Jésus-Christ parle en latin , les vierges en provençal et les
marchands étrangers en français. Ce précieux monument est du
xıᵉ siècle. — Il est très-commun de voir les poëtes portugais et
espagnols employer à la fois les deux langues dans une même pièce.
Camoëns termine par un vers espagnol plusieurs de ses sonnets.
Dans les anciens mystères écrits en portugais le diable parle toujours espagnol.

cemment le recueil de Gherardi, et même plusieurs intermèdes de Molière, offrent un fréquent mélange de l'italien
et du français.

L'introduction du latin dans les pièces osques n'est pas
le seul changement que subirent les atellanes de la seconde
époque. Elles éprouvèrent d'autres modifications qui portèrent sur les sujets et sur les personnages.

SUJETS DES ATELLANES.

C'était presque uniquement les mœurs de la Campanie, et plus particulièrement les mœurs des villageois
campaniens, que peignaient les premières atellanes. Ce
qui nous reste de quelques-unes de celles de Pomponius,
de Novius, d'Afranius, de Titinius, nous prouve que
dans la seconde période les sujets des atellanes sortirent de ce cercle restreint. Aux ridicules des campagnards
on joignit les travers des habitants des petites villes.
Dans son *Pappus præteritus* (1), qu'on pourrait traduire
par *Cassandre éconduit*, Novius a représenté un vieillard
qui échoue dans une élection de municipe, sujet déjà
traité par Pomponius sous le titre de *Cretula* ou *Petitor*,
Le candidat (2). Il semble, à en juger par leurs titres, que
l'action de quelques-unes des atellanes de Pomponius ait dû
se passer à la ville et peindre les ridicules des professions
urbaines. On trouve, en effet, parmi ses pièces : *La joueuse
de lyre*, *Les peintres*, *Maccus soldat*, *Maccus dépositaire
ou garde des scellés*, *Le marchand d'esclaves*, *Le boulan-*

(1) Non. Marcell., p. 4, 9.
(2) Id., p. 206, 17 ; 474, 19.

·*ger* (1) , *Le gardien d'un temple*, *Les pêcheurs* , *Les fou-*
lons (2), *L'augure* , *Le médecin* , *La prostituée* ou *Un cer-*
tain lieu (3) , etc. , titres dont quelques-uns promettaient
tout autre chose que des scènes d'une innocence champêtre, et qui tenaient bien toutes leurs promesses (4). En
effet, le cynisme et l'obscénité sont un des caractères du
genre osque (5). Les fragments d'atellanes que les grammairiens nous ont conservés sont pleins de vers non moins
grossiers que les suivants :

> *Sciunt hoc omnes , quantùm est, qui cossim cacant* (6).
>
> ....
>
> *Quod editis, nihil est , si vultis quod cacetis , copia est* (7).
>
> ....
>
> *Decedo cacatum. Vide prope est veprecula* (8).

Si ce sont là des vers bucoliques, on conviendra qu'ils
ne sont pas dans le goût des *Bergeries* de Racan.

Pomponius dans quelques-unes de ses pièces semble
avoir peint non-seulement des mœurs provinciales , mais

(1) Non. Marcell. , p. 81 ; 21 ; 146, 25 ; 483 , 23 ; 517 , 29.

(2) De ces atellanes destinées à peindre les diverses classes d'artisans est sortie plus tard la *fabula tabernaria* , qui prenait ses personnages dans les derniers rangs de la société romaine.

(3) *Prostibulum.* J'ajouterai encore *Le leno.*

(4) Voy. les fragments de *La prostituée* cités par Nonius Marcellus , *passim.*

(5) Festus (*voc.* Oscum) tire de ce mot l'étymologie du mot
obscenum. —Cependant la licence des atellanes passa plus tard pour
une réserve pleine de goût , *venusta elegantia* , comme dit Donat
(*Fragm de comœd.*) , comparée à l'obscénité des mimes.

(6) Pompon., *Porcaria*., ap. Non. Marcell. , p. 40 , 28.

(7) Novius , *Bucculo*, ap. eumdem , p. 507 , 7.

(8) Pompon., *Portus* , vel *Portitor* , ap. eumdem , p. 231 , 13.

des mœurs étrangères à l'Italie. Tels durent être, par
exemple, ses *Gaulois transalpins* (1). Deux autres titres des
pièces qu'on lui attribue, *l'Atrée* (2) et *l'Agamemnon supposé* (5), semblent indiquer que les atellanes de la seconde
période puisaient aussi aux sources grecques et en tiraient
des parodies dans le genre des hilarotragédies de Rhinthon
et de l'*Amphitryon* de Plaute. Mais il ne faut pas conclure
de ces titres que les atellanes admissent les héros autrement que pour s'en moquer. C'est ainsi que souvent chez
nous Arlequin s'est fait parodiste.

Quelques grammairiens, et notamment Diomède (4),
ont comparé les atellanes aux drames satyriques des Grecs.
Il existe, en effet, plusieurs analogies entre ces deux genres
et des dissemblances non moins prononcées. Les atellanes
sont, il est vrai, pour l'Italie l'équivalent de ce que le
drame satyrique fut pour la Grèce ; mais ces pièces n'en
sont pas moins d'origine bien véritablement italique, et
les ressemblances qu'on remarque entre ces deux sortes
de drames n'impliquent en rien l'imitation (5).

(1) Aul. Gell., lib. XVI., cap. 6. — Macrob., *Saturn.*, lib. VI,
cap. 9, p. 197. — Non. Marcell., p. 53, 23.

(2) Pompon., ap. Non. Marcell., p. 144, 22.

(3) Id., ap. eumdem, p. 473, 4. — Il est possible que les courts
fragments qui nous restent de ces deux pièces soient de Pomponius
Secundus, le poëte tragique, contemporain de Pline, et non de
Pomponius Bononiensis, l'auteur d'atellanes.

(4) Diomed., lib. III, p. 487.

(5) S'il est vrai que les auteurs d'atellanes aient fait quelques
emprunts aux Grecs, ce n'est certainement qu'à la fin de la seconde époque. Alors seulement ces poëtes, comme peut-être Novius
dans son *Andromaque* et ses *Phéniciennes*, ont imité quelque
chose du genre de Rhinthon. Voy. Non. Marcell., p. 473, 3 et
144, 22.

La première ressemblance qu'on a signalée entre les atellanes et le drame satyrique, est celle du mètre. Marius Victorinus dit en deux endroits (1) que les auteurs d'atellanes ont emprunté le vers trimètre du drame satyrique grec. Mais le vers du drame satyrique, tel qu'il nous est connu par le *Cyclope* d'Euripide, diffère extrêmement peu du vers tragique et comique. Ces rapprochements forcés ne sont qu'une suite de la manie qu'avaient les anciens grammairiens de tout expliquer en Italie par l'imitation grecque.

Une seconde ressemblance beaucoup plus réelle est l'aspect presque toujours agreste que présentait la scène dans l'un et l'autre genres. L'introduction des Satyres, divinités des champs, avait nécessité dans les drames satyriques une décoration toute champêtre. C'était invariablement des bocages, des grottes, une montagne et tout ce qui compose un paysage (2). Cette décoration fut aussi celle des atellanes de la première époque, qui peignaient exclusivement les mœurs des paysans de la Campanie. Ce caractère de simplicité rurale se prolongea même et se retrouve dans quelques atellanes de la seconde époque. Du moins est-on porté à le croire en voyant parmi les pièces de Novius les titres suivants : *Agricola* (3); *Bubulcus cerdo* (4), *Lignaria* (5), *Vindemiatores* (6), *Galli-*

(1) Mar. Victorin., *De metris*, lib. II, p. 2527, et lib. III, p. 2574. — Terentian. Maur., p. 2436.

(2) Vitruv., lib. V, cap. 6, § 9, ed. Schneid.

(3) Non. Marcell., p. 81, 24 et alibi.

(4) Id., p. 89, 31.

(5) Priscian., lib. V, p. 657

(6) Non. Marcell., p. 156, 11, et 473, 25.

naria (1) ; et parmi celles de Pomponius : *Porcaria* (2), *Vacca seu Marsupium* (3), *Pappus Agricola* (4), *Rusticus* (5), *Capella* (6), *Sarcularia* (7), *Placenta* (8), *Verres ægrotus* (9), titres qui tous semblent annoncer des sujets pris plus ou moins dans les mœurs rustiques.

Une autre ressemblance digne de remarque, c'est que l'on jouait les atellanes, comme le drame satyrique, à la fin des jeux et après les pièces sérieuses, pour effacer par leur gaieté l'impression des douleurs tragiques (10). Cette circonstance fit donner aux atellanes le nom d'*exodia*, qu'on appliqua, dans la suite, aux mimes et à toutes les pièces qui terminaient le spectacle (11). Quelques critiques ont même avancé que les atellanes étaient, comme les drames satyriques, une parodie de la pièce sérieuse qui précédait. Enfin, les atellanes n'avaient, comme les drames satyriques, qu'assez peu d'étendue. Fronton (12) appelle les pièces de Novius *atellanettes* (*Novianæ Atellaniolæ*).

Mais la grande, la véritable ressemblance, celle qui éta-

(1) Non. Marcell., p. 2, 19 et alibi.
(2) Id., p. 40, 28.
(3) Priscian., lib. X, p. 885.
(4) Non. Marcell., p. 498, 5, et 503, 8.
(5) Id., p. 513, 26
(6) Charisius, lib. I, p. 59.
(7) Non. Marcell., p. 13, 1.
(8) Id., p. 209, 5 : « *Rustici edunt*, etc.
(9) Id., p. 112, 5, p. 178, 24, et p. 515, 6.
(10) Cicer., *Ad famil.*, lib. IX, *Ep.* 16.—Schol. *Ad Juven.*, *Sat.* III, v. 175.
(11) Cicer., *ibid.*
(12) Front., *Epist. ad Marc. Anton.*, lib. II, 13.

blit une parenté réelle entre les atellanes et le drame satyrique, c'est l'identité du procédé poétique. En effet, les poëtes de l'un et de l'autre genres employaient des personnages de convention, des types grotesques, immuables, qu'ils plaçaient dans toutes sortes d'états, et faisaient passer par toute espèce de situations. Les Satyres, les Pans, les Silènes étaient en Grèce les acteurs invariables du drame satyrique. En Italie, des types plus variés furent empruntés d'abord aux paysans, puis aux bourgeois de la Campanie : c'était *Maccus* (1), aujourd'hui le *Pulcinella* de Naples; c'était le *Manducus*; notre *Croquemitaine* (2); c'était le *Bucco*, bouffon demi-balourd et demi-railleur (3); c'était le vieux *Pappus* (4); qui ressemblait à notre docteur bolonais ou au Vénitien *Pantalon* (5); c'était cet autre

_____

(1) Appul., *Apolog.*, p. 325. — Diomedes, lib. III, p. 488. — Non. Marcell., *passim*.

(2) Le *Manducus* avec sa grande bouche et ses grandes dents (Plaut., *Rud.*, act. II, sc. 6, v. 51), soit qu'il parût, comme nos papoires et nos gargouilles, dans les pompes et les processions, soit qu'il jouât son rôle dans les atellanes (Varro, *De ling. Lat.*, lib. VII, § 95, p. 372), effrayait surtout les enfants; c'est de lui que Juvénal a dit : *Personæ pallentis hiatum in gremio matris formidat rusticus infans. Satir.* III, v. 175. — Cf. Festus, *voc.* Manduci.

(3) Plaut., *Bacch.*, act. V, sc. 1, v. 2. — Appul.; *Apolog.*, p. 325. — Non. Marcell., *passim.* — Isidor., *Orig.*, lib. X, p. 1070, ed. Putsch. — Ficoroni a publié un masque qu'il croit être celui du Bucco. Voy. *Le maschere sceniche*, tav. 18 et tav. 44.

(4) Non. Marcell., *passim.* — M. Schober croit avec raison que le nom de *Pappus* vient du surnom de Πάππος donné dans le drame satyrique au vieux Silène.

(5) Ficoroni croit retrouver le type de Pantalon dans les masques qu'il publie tav. XVI, et tav. VIII, fig. 3.

vieillard que les Osques nommaient *Casnar* (1) et que nous appelons *Cassandre*. Les types osques et les types grecs différaient beaucoup, sans doute, de forme et d'intention comique ; mais le procédé d'idéalisation poétique était tout à fait semblable.

Pour augmenter l'analogie, l'illustre critique Hermann a supposé, d'après un passage de Suétone (2), qu'il y avait toujours dans les atellanes un chœur de paysans, comme il y avait un chœur de Satyres et de Silènes dans le drame satyrique grec (3). Cette conjecture ingénieuse n'est peut-être pas suffisamment prouvée. Il est plus vraisemblable que les atellanes n'ont été accompagnées de chœurs que sous l'Empire, quand arrivèrent le mélange et la confusion de tous les genres.

SOURCE GRECQUE. — TRAGÉDIES. — COMÉDIES. — CAUSES DE L'INFÉRIORITÉ DU THÉATRE LATIN.

Je n'entends pas traiter ici de l'influence grecque dans l'acception de ce mot la plus générale. Je n'ignore pas que la civilisation italique doit être considérée dans son ensemble comme découlant de la civilisation grecque. Ce n'est pas cette antique et générale influence que je veux étudier, mais seulement l'influence plus récente et plus directe qui résulta du contact immédiat de Rome et des arts de la Grèce.

---

(1) Festus, *voc.* Casnar. — Suivant Varron (*De ling. Lat.*, lib. VII, § 29, p. 318), le mot *Pappus* serait la traduction latine du mot osque *Casnar*.

(2) Suéton., *Ner.*, cap. 39.

(3) Hermann, *De cantic. Rom.*, *Opuscul.*, t. I, p. 301, seqq.

Depuis l'arrivée des colonies arcadiennes et ioniennes jusqu'au v⁰ siècle de Rome, il se forma une civilisation vraiment italique, dans laquelle le caractère des aborigènes reprit le dessus et se développa avec liberté. On pense généralement, et Horace a consacré cette opinion, que ce fut à l'époque des victoires des Romains en Grèce, après la prise de Corinthe, l'an 607 de Rome, que la Grèce vaincue reprit son ancien ascendant sur le peuple vainqueur :

Græcia capta ferum victorem cepit, et artes
Intulit agresti Latio.... .. (1).

Mais plus d'un siècle auparavant, Rome sans sortir de l'Italie avait rencontré la Grèce ; les deux nations s'étaient déjà trouvées face à face dans l'enceinte du grand théâtre de Tarente (2). Il faut donc distinguer deux époques dans l'étude de l'influence des arts de la Grèce sur les arts de Rome. La première, assez peu remarquée, date de la première (3) et surtout de la seconde prise de Tarente (4), et aussi du sac à peu près contemporain de Syracuse (5). La seconde suivit la soumission de l'Achaïe et la destruction de Corinthe (6).

Pendant la première époque (de l'an 481 à l'an 607), les arts, les mœurs et la poésie de la Grèce commencèrent

(1) Horat., lib. II, *Epist.* I, v. 156.
(2) Florus, lib. I, cap. 18.
(3) L'an de Rome 481, dans la guerre contre Pyrrhus.
(4) L'an 544, pendant le cours de la seconde guerre punique.
(5) L'an 541.
(6) L'an 607.

à être connus et goûtés dans Rome. Il faut lire dans Tite-
Live et dans Plutarque, le détail du triomphe de Marcellus; qui promena, le premier, les merveilles de l'art
grec devant les cabanes des descendants de Romulus (1).
Ce fut l'an 513 (2), qu'un affranchi, Grec d'origine,
Livius Andronicus, fit représenter pour la célébration des
jeux romains (3) la première pièce traduite du grec en
langue latine, 160 ans environ après la mort de Sophocle et d'Euripide, 52 ans après celle de Ménandre (4).
Les historiens et les critiques ne s'accordent pas exactement sur la date de cette révolution dans le drame romain; mais leurs dissidences à cet égard sont, au fond,
peu importantes, puisqu'il est certain que cette date doit
se trouver placée entre l'an 512 et 522 (5).

On n'est pas d'accord, non plus, sur le titre et le genre
du premier drame de Livius Andronicus. Osann (6) prétend que cette première pièce était une comédie (7). M. Jacobs est de l'avis contraire (8). Ce qui me fait surtout douter de la vérité de l'opinion d'Osann, c'est que Livius Andronicus semble avoir imité du grec plus de tragédies que

(1) Tit. Liv., lib. XLV, cap. 39, seq. — Plutarch., *Marcell.*,
cap. 21, seqq.

(2) Cicer., *Brut.*, cap. 18.

(3) Cassiod., *Chron.*, t. I, p. 383.

(4) Aul. Gell., lib. XVII, cap. 21.

(5) Frid. Stieve, *De rei scenicæ ap. Rom. orig.*, p. 76 et suiv.,
et 82-84.

(6) Osann, *Analecta crit. poesis Rom. scenicæ reliq. illustran-
tia*, p. 50, seqq.

(7) L'ancien grammairien Diomède le dit formellement (lib. III,
p. 486).

(8) Jacobs, *Nachträge zu Sulzer*, t. I, p. 6.

de comédies. Il nous reste les titres de dix-huit de ses pièces, dont quinze sont des tragédies et trois seulement des comédies (1). Quelques mots fort douteux de Servius (2) donneraient à penser que Livius Andronicus essaya de fonder la tragédie nationale et composa peut-être un *Régulus* (3).

Presque à la même époque, Nævius de Campanie (4), et Ennius, né dans les environs de Tarente, ayant reçu tous deux une éducation grecque, suivirent la route ouverte par Livius et traduisirent pour la scène romaine un assez grand nombre de pièces grecques.

Le châtiment sévère infligé à Nævius pour avoir essayé d'introduire dans ses compositions les personnalités de la vieille comédie d'Athènes, arrêta tout essor d'originalité scénique. Le Gaulois Cecilius, Plaute l'Ombrien, le Carthaginois Térence, ne firent que traduire dans un langage, d'ailleurs admirable, des pièces toutes grecques (5) et tirées, la plupart, du répertoire de la *Comédie nouvelle*.

(1) Bothe (*Fragm. scenicor.*, I, 3) avance que L. Andronicus mourut l'an 533. Il est évident que ce poëte vécut au moins jusqu'à l'an 545, puisque nous l'avons vu (p. 271) composer cette année là un poëme cyclique qui fut exécuté par la jeunesse de Rome. Voy. Tit. Liv., lib. XXVII, cap. 37. — Cf. Fest., *voc.* Scribas.

(2) Serv., *Ad Virgil. Æneid.*, lib. IV, v. 37. Ce passage n'est pas dans les manuscrits subsistants de Servius; il ne se trouve que dans la rédaction italienne, dont on a des raisons de suspecter l'exactitude.

(3) H. Duntzer, *Livii Andronic. Fragm. collecta et illustrata.* Berol., 1835, in-8°.

(4) Voy. plus haut, p. 311-312.

(5) Quoique le fonds de ces pièces fût grec, beaucoup d'accessoires étaient latins. Voy. Grauert, *Historische und philologische Analec-*

La seconde époque de l'influence grecque , celle qui suivit la prise de Corinthe, est surtout remarquable par les nouveaux emprunts que les écrivains de Rome firent à la Grèce , moins cependant sous le rapport poétique et littéraire , que sous celui de la mise en scène.

Les deux grands poëtes tragiques de cette seconde période sont M. Pacuvius, neveu d'Ennius, né à Brindes (1) et mort à Tarente (2) , et L. Accius (3) qui, plus qu'aucun autre , travailla à fonder à Rome la tragédie nationale, non point calquée et traduite , mais originale et romaine. Parmi les cinquante-trois titres de tragédies qui nous restent de ce poëte, on remarque deux *tragœdiæ togatæ* ou *trabeatæ*, savoir *Decius* et *Brutus* (4). Plusieurs poëtes comiques , entre autres Nævius , Titinius et Atta., s'essayèrent, de leur côté , dans la *comœdia togata* , c'est-à-dire , dans celle qui peignait les mœurs romaines (5).

Mais ces efforts pour fonder à Rome un théâtre vraiment latin ne produisirent que d'assez faibles résultats. La scène romaine conserva la profonde empreinte de la forme grecque. D'où vint ce défaut d'originalité dramatique ? Ce n'est pas assurément que le génie comique et satyrique ait

ten , p. 116, seqq.— Rien n'est plus singulier que de rencontrer des noms de magistrats romains, tels que *Ædilis* , *Dictator* , *Prætor*, au milieu d'une action et de personnages supposés grecs; par exemple : *Si dictator fiat nunc Athenis Atticis* (Plaut., *Pseudol.*, act. I , sc. 5 , v. 2) , et tant d'autres.

(1) L'an 584.

(2) L'an 667.

(3) Né à Rome l'an 584 , mort l'an 671.

(4) Il nous reste un beau fragment de cette pièce cité par Cicéron De divin., lib. I , cap. 22) : c'est le songe de Tarquin.

(5) Voy. Neukirch, *De fabulâ togatâ* , 1833.

manqué aux jeunes Romains. Nous les avons vus satisfaire leur penchant à la raillerie et à la gaieté dans les *saturæ* et les *atellanes*. Ce n'est pas non plus qu'ils fussent privés de l'inspiration tragique. Horace qui, en fait d'art, flatte médiocrement ses compatriotes, reconnaît qu'ils possédaient à un haut degré, l'audace et l'inspiration tragiques :

> .... *Spirat tragicum satis et feliciter audet* (1).

A quoi donc attribuer l'infériorité relative du théâtre romain ? Le voici.

Nous avons vu en Grèce la tragédie et la comédie se former naturellement de la réunion de l'élément religieux et de l'élément populaire. Ce double principe existait dans le théâtre de Rome. Les jeux scéniques, comme tous les jeux romains, eurent des dieux pour patrons. Bacchus, Apollon, Vénus, présidaient aux théâtres. Autant et plus qu'en Grèce les jeux furent précédés à Rome de pompes (2) et de sacrifices (3) ; l'institution même des *ludi scenici* eut pour but d'apaiser le ciel et de désarmer sa colère (4). Varron, qui écrivait sous Auguste, range les choses du théâtre non parmi les choses humaines, mais parmi les divines (5). L'instinct mimique ne manquait pas non plus au peuple, comme le prouvent une foule de fêtes commémoratives et dramatiques, où nous avons vu intervenir tous les ordres de citoyens ; mais la fusion de ces deux éléments

(1) Horat., lib. II, *Epist.* I, v. 166.
(2) Senec., *Præfat. controvers.*, lib. I.
(3) Suet., *Claud.*, cap. 21.
(4) Tit. Liv., lib. VII, cap. 2. — Cicer., *Catilin.* III, cap. 8. — Censorinus, *De die natali*, cap. 12.
(5) Varro, ap. August., *De civ. Dei*, lib. IV, cap. 1.

ne s'opéra pas en Italie comme en Grèce. Cent ans avant
Thespis, la poésie dithyrambique était florissante en Grèce.
Depuis plusieurs siècles, d'admirables épopées avaient jeté
dans toutes les mémoires une foule de noms et de caractères déjà tout tracés pour le drame (1) ; les mystères, enfin,
avaient donné aux initiés l'idée de représentations commémoratives sur une échelle grandiose. Cette préparation poétique ne se retrouva pas au même degré en Italie. A peine
dans les quatre premiers siècles de Rome, aperçoit-on quelques hymnes grossiers, à peine quelques *nénies* épiques
ou lyriques (2). Cependant de ces éléments, quelque faibles qu'ils fussent, serait sorti indubitablement un théâtre
original et national. Le germe déposé dans les *saturæ* aurait grandi et ne serait pas venu avorter misérablement et
mourir dans la *planipedia*, si l'Italie au lieu d'opérer elle-
même la fusion de l'élément hiératique et de l'élément
populaire, n'avait pas reçu de la Grèce ce mélange tout accompli. En effet, l'Italie crut pouvoir accepter la tragédie
et la comédie telles qu'Athènes les avait faites, et ne s'in-
génia pas pour tirer de son culte national et de ses farces
indigènes un genre de tragédie et de comédie qui lui fût
propre et qu'on pût justement nommer le drame italique.
Nous verrons arriver quelque chose d'analogue chez plusieurs nations modernes.

SÉPARATION DE LA DANSE ET DU CHANT.

Non-seulement Livius Andronicus introduisit à Rome la

(1) Voy. Torkillus Baden, *De causis neglectæ tragœdiæ a Ro-
manis.*

(2) Dans l'Inde le théâtre fut aussi précédé et préparé par de
vastes et magnifiques épopées.

tragédie et la comédie sous la forme grecque, mais il paraît encore avoir fait, le premier, goûter à Rome la séparation de la danse et du chant, qui commençait à s'établir en Grèce. Je ne puis m'empêcher de dire un mot de cette innovation, d'où sortiront bientôt un art et un spectacle nouveaux, le spectacle et l'art des pantomimes.

Nous avons vu qu'en Grèce, après le temps d'Alexandre, les chœurs tragiques furent chantés si grossièrement par des choreutes mercenaires, qu'on finit par ne plus charger ces pauvres gens que de la danse : ils faisaient les gestes pendant qu'un coryphée plus habile chantait les paroles (1). Livius Andronicus introduisit à Rome un usage à peu près semblable. Il fit même un pas de plus ; il pratiqua sur la scène romaine ; ce qui ne se faisait en Grèce que sur l'orchestre. Voici les paroles de Tite-Live à ce sujet :

« Andronicus, comme tous les poëtes de son temps, représentait lui-même ses ouvrages. Souvent redemandé par le peuple (*revocatus*), il fatigua sa voix. Il sollicita donc et obtint, dit-on, la grâce de placer devant le joueur de flûte un jeune esclave qui chantait pour lui. Il pouvait ainsi jouer le *canticum* avec plus de vigueur et d'expression, n'ayant plus à s'occuper de ménager sa voix. » Tite-Live termine ce passage par une réflexion qui a donné lieu à de nombreux commentaires : « C'est là, ajoute-t-il, l'origine de l'habitude que prirent les histrions d'avoir pour les airs un chanteur qui suivait leurs gestes (*ad manus*), afin de réserver leur voix pour le dialogue (2) ».

---

(1) Lucian., *De saltat* ; § 30. — Cf. Bœttig., *De quat. rei scen. aetat.*, p. 339, ed. J. Sillig.

(2) Tit. Liv., lib. VII, cap. 2. — Cf. Val. Maxim., lib. II, cap. 4, § 4.

. On se demande ce que c'était que les *cantica* abandonnés ainsi par les histrions. Ces *cantica* étaient non-seulement, comme l'a dit l'abbé Dubos (1), des monologues, mais des monologues chantés, ce que nous appelons des *airs*. Le drame romain se composait de trois parties : 1° des *cantica* ou airs à une voix (2) ; 2° des *diverbia* ou du dialogue que prononçaient les histrions (3) ; 3° des chœurs (4) ou chants exécutés par des voix nombreuses, *grex* ou *caterva* (5).

Malgré l'autorité de Tite-Live, on a quelque peine à admettre le dédoublement de l'action scénique et du chant. Rien, cependant, n'est mieux prouvé et, qui mieux est, plus naturel. Le système dramatique d'Eschyle était extrêmement complexe. Il contenait les éléments de plusieurs arts qui se développèrent peu à peu séparément. Le drame tel que le fonda ce poëte réunissait non-seulement les principes de la tragédie et de la comédie proprement dites, mais encore les germes de la comédie et de la tragédie

(1) Dubos, *Réflex. crit. sur la poésie et la peinture*, t. III, sect. 2, p. 191 et suiv.

(2) Donat les appelle des *monodies* (*Ad Terent. Hecyr.*, act. V, sc. 3, v. 18). Il y a aussi des exemples de *cantica* chantés par le chœur.

(3) « Diverbia histriones pronunciabant » Donat., *Fragm. de comœd. et tragœd.* — Cf. Diomed., lib. III, p. 489.

(4) Diomède (*ibid.*) et Evanthius (*Prolog. ad Terent.*) vient que les comédies latines eussent des chœurs. Cette opinion est trop absolue ; Cicéron cite un chœur comique. (Voy. *Pro Sextio*, cap. 55).

(5) On lit dans plusieurs manuscrits de Plaute *recitator*, au lieu de *grex* ou *caterva*. — Horace place la formule finale *plaudite* dans la bouche du *cantor* (*Ad Pison.*, v. 155).

lyriques, c'est-à-dire, de nos *opéras*, et ceux même de la danse expressive ou de la pantomime, c'est-à-dire de nos *ballets*. A l'époque où Livius Andronicus introduisit l'imitation du drame grec à Rome, la séparation de ces divers éléments commençait à s'opérer en Grèce, au moins pour les chœurs. (1) On conçoit qu'il ait paru nécessaire à Livius Andronicus d'appliquer cette séparation au jeu des acteurs. Les forces et les talents d'un seul artiste ne pouvaient plus suffire à des tâches si diverses et que les progrès des arts rendaient chaque jour plus difficiles à remplir. Il aurait fallu qu'un tragédien antique réunît les talents d'un Talma, d'un Vestris et d'un Crescentini. Force fut donc de répartir entre plusieurs des fonctions si disparates. Le théâtre moderne emploie tous les jours, sous nos yeux, des expédients analogues. Quand une actrice est obligée par son rôle de jouer d'un instrument de musique qu'elle ignore, de la harpe, par exemple, comme Desdemona dans *Othello*; elle feint de promener ses doigts sur les cordes pendant qu'un musicien, placé dans l'orchestre ou dans la coulisse, lui rend le même service que le jeune chanteur rendait à Livius Andronicus.

Au reste, ces morceaux lyriques ou *cantica* étaient peu nombreux, si nous en jugeons par ce qui nous reste du théâtre latin. M. Hermann pense avec raison, qu'on peut

---

(1) On lit dans l'*Histoire de l'Acad. des Inscriptions* (t. XXIII, p. 152) : « Lors du sacre du roi presque tous les acteurs de l'Opéra étant employés aux fêtes de Villers-Cotterets et de Chantilly, les chœurs qui paraissaient sur le théâtre à Paris n'étaient composés que d'acteurs postiches, qui figuraient sans chanter, pendant que des musiciens qui ne pouvaient ou ne voulaient pas paraître en public, chantaient dans les coulisses. »

reconnaître un plus grand nombre de *cantica*, ou morceaux destinés au chant, dans les comédies de Plaute
que dans celles de Térence (1). Il y en avait, toutefois,
dans les unes et dans les autres. Donat ne manque jamais de mentionner dans ses préfaces le succès qu'ont
obtenu les *cantica*, qu'il distingue avec soin des *diverbia* (2). Il fait plus, il désigne positivement un passage
de l'*Hécyre* comme étant une *monodie* (3), c'est-à-dire, un
canticum, ou un air à une voix. Dans une excellente dissertation, M. God. Aug. Ben. Wolff (4) est parvenu à reconnaître les *cantica* répandus dans les comédies de Plaute et de
Térence. Outre les morceaux lyriques assez nombreux que
contiennent les pièces de ces deux auteurs (5), il nous reste
des fragments de plusieurs *cantica* tragiques et comiques;
entre autres, quelques mots d'un *canticum* placé dans la comédie intitulée le *Démiurgue*, que jouait Roscius (6). Le passage de Cicéron, qui nous a transmis ce court fragment,
a fait croire à quelques critiques que Roscius chantait
les *cantica*. M. Bœttiger a même soutenu qu'Ésopus et
Roscius abandonnaient aux acteurs secondaires les *diver-*

(1) Herm., *De cantic. Rom.*, *Opuscul.*, t. I, p. 296.

(2) Donat., *Præf. in Andriam.* — *Præf. in Eunuch.* — *Præf.
in Adelph.* — *Præf. in Hecyr.* — *Præf. in Phorm.*

(3) Id., *In Hecyr.*, act. V, sc. 2, v. 18, seqq.

(4) *De canticis in Romanor. fabulis scenicis.* Halæ, 1825, 4°.

(5) M. God. Aug. Ben. Wolff compte dans Plaute quarante-deux
cantica certains et quatre-vingt-quinze douteux. Il en signale quinze
certains dans Térence et trois douteux. Il est à remarquer que le
Curculio, le *Miles gloriosus* et le *Pœnulus* n'ont point de *cantica*;
l'*Epidicus* n'en offre qu'un fort douteux.

(6) Cicer., *Ad famil.*, lib. IX, *Epist.* 22.

bia ou dialogues (1). Cette erreur a été solidement réfutée par M. Hermann (2). Nous examinerons ailleurs à quelle époque l'usage introduit par Livius Andronicus fut abandonné ou modifié.

Il y eut des acteurs, et quelquefois des actrices, pour chanter les monodies dans l'orchestre. Nous possédons même l'inscription tumulaire d'une de ces chanteuses (3).

Il est bizarre, assurément, que l'art du geste et celui du chant s'étant perfectionnés au point de ne pouvoir plus être pratiqués avec une habileté suffisante par un seul artiste, on ait mieux aimé employer deux comédiens dans un même rôle, que de composer des pièces où la danse et le chant se fussent produits séparément. Ce ne fut que sous Auguste que les deux sortes d'artistes, le chanteur et l'histrion, qui unissaient leurs efforts dans les représentations tragiques et comiques, se séparèrent définitivement pour fonder, comme nous le verrons, deux nouveaux genres distincts l'un de l'autre, la *pantomime* et le *drame lyrique* ou *musical*.

MIMES GRECS EN ITALIE.

Les Romains n'ont pas seulement imité d'Athènes et d'Alexandrie les comédies et les tragédies ; ils ont encore emprunté de la Grèce une foule de petites pièces qui, outre

---

(1) Bœttig, *De quatuor rei scenicæ ætatibus.*, p. 341, ed. J. Sillig.

(2) Herm.; *De cant.*, *Opusc.*, t. 1, p. 300.

(3) Voy. Tob. Gutberleth, *Conjectanea in monumentum Heria Thisbes monodiariæ.* — Il s'agit peut-être dans cette inscription d'une danseuse qui exécutait le *Canticum* dans une pantomime. V. le chapitre suivant.

le nom particulier qu'elles portaient (1) , reçurent le nom générique de mimes. Tarente , le chef-lieu de la Grande Grèce, était, comme je l'ai dit, célèbre par le nombre et la variété de ses acteurs. Le genre de Rhinthon et de Sopater, auteurs qu'Athénée et Suidas appellent des *phlyacographes* (2) , devint, sous le nom de *fabula Rhinthonica*, une des sous-divisions du drame romain (3). Les écrivains de l'antiquité nous ont conservé de curieuses particularités sur quelques-uns de ces mimes græco-italiques (4). On lit dans Athénée que Cléon , surnommé le *mimaule*, parce qu'il représentait ses mimes au son de la flûte, était le meilleur comédien de l'Italie et qu'il jouait sans masque. Il vainquit Nymphodore au mimaule (5), d'où l'on peut inférer que ce genre de pièce faisait, au moins dans la Grande Grèce , partie des concours publics. Le charlatan Ischomachus se proposa Cléon pour modèle. Cet Ischomachus jouait d'abord ses farces mimiques au milieu des cercles qui se formaient dans les carrefours ; mais , lorsqu'il eut acquis une certaine renommée , il représenta ses parades sur les théâtres. Nous voyons par plusieurs fragments conservés dans

(1) Voy. le chapitre précédent, p. 151-160.

(2) Evanth. , *De tragœd. et comœd.* — Donat. , *Fragm. de comœd. et tragœd.* — Lydus, *De Magistratibus*, lib. I, cap. 40, p. 68 ; ed. Hase.

(3) Athen. , lib. III , p. 86 , A, et lib. XIV , p. 644 , C. — Stephan. Byzant. , *voc.* Τάρας.— Suid. , *voc.* Ρίνθων. — On appelait *phlyaques* dans la Grande Grèce les acteurs et les pièces qu'on nommait mimes à Athènes et à Rome.

(4) Stephan. Byzant. , *voce.* Τάρας.

(5) Athen. , lib. X , p. 452 , F.

Athénée, que les personnages habituels de ces pièces étaient des paysans et des médecins (1). Casaubon croit que les mimaules étaient des acteurs pantomimes (2). Il est vrai, comme nous le dirons bientôt, que les pantomimes réglaient leur jeu sur le son de la flûte (3); mais ceux qu'on appelait proprement mimaules, étaient des [acteurs parlants, puisque Athénée cite un assez bon nombre de jeux de mots tirés de leurs pièces. Si Casaubon avait dit seulement que dans les petits drames appelés mimaules les gestes dominaient, il eût exprimé une vérité applicable, d'ailleurs, à toute la famille des mimes.

Après la prise de Tarente on vit peu à peu pénétrer dans Rome quelque chose de ces divertissements. On peut même conjecturer que dès lors quelques-uns de ces mimes donnaient dans le cirque des représentations en grec. La langue grecque était une des trois qu'Ennius se vantait de savoir (4). La preuve qu'elle commençait à devenir familière à Rome, c'est que Plaute insère assez souvent dans ses comédies des mots, des vers ou, du moins, des parties de vers grecs (5); mais, ce qui n'est pas douteux, c'est qu'après la prise de Corinthe, et surtout depuis les victoires de Sylla en Grèce, les mimes de ce pays furent

---

(1) Athen., lib. X, p. 452, F, et 453, A.

(2) Casaub., *In Athen.*, vol. V, p. 561, ed. Schweigh.

(3) Macrob., *Saturn.*, lib. II, cap. 7, p. 353.

(4) Aul, Gell., lib. XVII, cap. 17.

(5) Plaut., *Pseudol.*, act. I, sc. 5, v. 69, 73; *Captivi*, act. IV, sc. 2, v. 100-103; *Casina*, act. III, sc. 6, v. 9, seq.; *Stichus*, act. V, sc. 4, v. 25; *Truculent.*, act. V, v. 36; *Persa*, act. I, sc. 3, v. 79.

très-nombreux à Rome. Nicolas Damascène (1) et Plutarque nous apprennent que des acteurs grecs de toutes sortes vivaient dans l'intimité du dictateur : « Sylla entretenait chez lui, dit Plutarque, des femmes mimes, des citharèdes, des thymélistes; et buvait avec eux bien avant la nuit. Ceux de ces gens qui avaient le plus de pouvoir sur son esprit, étaient le comédien Roscius, Sorix l'archimime, et Metrobius le lysiode (2). » Cicéron cite particulièrement les mimes éthologues (3), dont il censure l'obscénité.

Même un peu avant cette époque on faisait quelquefois venir de la Grèce à Rome les meilleurs artistes, danseurs et musiciens, pour figurer dans les jeux publics. Fulvius donna des jeux grecs après la conclusion heureuse de la guerre d'Étolie (4). Polybe raconte que Lucius Anicius ayant vaincu les Illyriens et fait prisonnier leur roi Genthius avec ses enfants (5), appela de Grèce les architectes les plus experts pour élever un vaste théâtre dans le cirque. Anicius manda, de plus, les joueurs de flûte les plus habiles, quoique les Romains ne fussent encore guère dignes d'apprécier les arts de la Grèce. On voit, en effet, par le récit de Polybe, que ce qui charma le plus la foule, ce ne furent pas les talents de Théopompe, de Théodore et d'Hermippe, mais un horrible charivari causé par une rixe qui eut lieu entre les chœurs et les musiciens à l'instigation

(1) Athen., lib. VI, p. 261, C.
(2) Plutarch., *Syll.*, cap. 36.
(3) Cicer., *De orat.*, lib. II, cap. 59 et 60.
(4) Tit. Liv., lib. XXXIX, cap. 22.
(5) L'an 585 de Rome.

du facétieux général (1). Cicéron, dans une lettre à M. Marius, nous a transmis de curieux détails sur des jeux donnés par Pompée en grec, en osque et en latin, lors de la dédicace de son théâtre, l'an 658 (2). Dans une autre lettre adressée à Atticus, Cicéron mentionne de nouveau les jeux grecs (3).

MIMES ROMAINS.

Non-seulement il y eut à Rome des mimes grecs de nation et de langage, mais il arriva que les *planipèdes* romains imitèrent quelque chose du jeu des acteurs étrangers. Après Sylla, les *planipèdes*, comme les atellanes, furent à peu près remplacés à Rome par les mimes, ou plutôt le nom grec de *mime* fut substitué au nom latin de *planipes*. «Quarta species est planipedis qui Græcè dicitur mimus (4).» La différence de nom finit même par s'effacer. Sous les empereurs le mot *mime* devint l'appellation générique de tous les acteurs qui n'étaient ni comédiens, ni tragédiens, ni pantomimes (5).

Il y a deux époques à étudier dans l'histoire des mimes

---

(1) Polyb., lib. XXX, ap. Athen., lib. XIV, p. 615.

(2) Cicer., *Ad famil.*, lib. VII, *Epist.* 1.

(3) Id., *Ad Attic.*, lib. XVI, *Epist.* 5.

(4) Diomed., lib. III, cap. 4, p. 487. Cependant, comme rien ne disparaît entièrement, la *planipedia* resta dans les provinces romaines ce que les mimes étaient en Grèce, le nom de la dernière classe des jeux scéniques.

(5) Une des plus anciennes mentions du mot *mimus* se trouve dans une curieuse inscription recueillie par Muratori, p. 658, 1. Le nom du personnage, Protogenes, fait voir qu'il s'agissait d'un mime grec. Voy. encore Murat., *Inscript.*, p. 658, 2.

latins avant l'ère vulgaire. La première comprend les mimes qui parurent entre Sylla et Jules César ; la seconde comprend les mimes ou les mimographes qui fleurirent sous Jules César et ses premiers successeurs.

MIMES DE LA PREMIÈRE ÉPOQUE.

Les mimes latins de cette époque n'étaient, comme les *planipèdes*, leurs émules, que de simples improvisateurs. La gesticulation ou, comme on a dit plus tard, la pantomime, était la partie principale de leurs représentations. Les femmes qui ne jouaient ni dans la comédie ni dans la tragédie, paraissaient dans les mimes (1). Aulu-Gelle raconte que, devant les juges assemblés pour la cause de Sylla, l'adversaire d'Hortensius, homme violent et brutal, ne traita pas seulement cet orateur d'histrion, à cause de la recherche trop étudiée de ses gestes, mais se laissa emporter jusqu'à l'appeler une *gesticularia* et une *Dionysia* ; par allusion à une actrice-mime ou danseuse (*saltatricula*) alors célèbre (2). Les femmes-mimes que le peuple avait l'habitude de faire déshabiller (3) aux jeux Floraux, étaient probablement comme Dionysia, des *mimæ gesticulariæ*, dont le mérite résidait moins dans la diction que dans les attitudes et les gestes.

Les exercices mimiques consistaient les uns dans des danses proprement dites, exécutées au son des crotales ou de la flûte ; les autres dans des espèces de parades qui

(1) Le mot *mima* se rencontre aussi dans les inscriptions. Voy. Murator., *Inscript.*, p. 1000, 7.

(2) Aul. Gell., lib. I, cap. 5.

(3) Voy. plus haut, p. 285.

n'exigeaient pas qu'on changeât de place. Pour désigner cette dernière sorte de danse, on disait *staticulos dare*,
staticulum saltare. M. Caton reprochant au sénateur M. Cœlius d'agir comme un bateleur ambulant (*spatiatorem*)
et comme un bouffon (*fescenninum*), ajoute : « Il descend
de cheval, donne une parade (*staticulos dat*) et jette aux
passants des quolibets (1). » Puis, dans un autre endroit,
à propos du même homme : « Il chante, dit-il, partout où
l'envie lui en prend ; quelquefois il déclame des vers grecs,
débite des gaudrioles, fait des jeux de mots et exécute des
danses sur place (*staticulos*). » Cette expression se trouve

(1) M. Cato, ap. Macrob., *Saturn.*, lib. II, cap. 10, p. 363. —
Les Romains avaient un grand mépris pour les exercices mimiques.
Les jeunes gens de condition libre, les matrones, et les vierges
devaient, il est vrai, savoir exécuter de certaines danses pour remplir convenablement leurs fonctions dans les cérémonies religieuses
(Horat., *Ad Pison.*, v. 232) ; mais on abandonnait les saltations
étrangères aux esclaves. Scipion Émilien dans la harangue qu'il
prononça contre une loi de Tib. Gracchus (Macrob., *Saturn.*,
loc. cit.), blâme avec force le relâchement des mœurs à cet
égard : « On enseigne, dit-il, à la jeunesse des arts prestigieux
et déshonnêtes. Au milieu de petits baladins, de joueurs de
guimbarde et de flûte, les jeunes Romains vont dans une école
d'histrions apprendre à chanter, chose que nos ancêtres voulaient que l'on regardât comme honteuse pour les personnes de
condition libre. Je le répète, les jeunes vierges et les jeunes Romains
vont dans une académie de danse parmi les baladins. Quelqu'un
m'ayant rapporté ce fait, je ne pouvais me persuader que des patriciens donnassent une semblable instruction à leurs enfants ; mais
m'étant fait conduire dans ce lieu, j'ai vu plus de cinq cents
jeunes garçons et jeunes filles, et dans ce nombre (ce qui me
fit pitié pour la République), un enfant portant la bulle, le fils
d'un candidat, qui n'avait pas moins de douze ans, et qui dansait
au son des crotales, exercice auquel un esclave libertin ne pourrait se livrer sans déshonneur. »

aussi dans Plaute, jointe au nom d'une ancienne danseuse
qui avait excellé dans ce genre :

> *Nequeo, Leno, quin tibi saltem staticulum dem,*
> *Olim quem Hegœa faciebat* (1).

Ce n'est pas que ces mimes (*mimi* et *mimæ*) fissent seulement des gestes et s'abstinssent de toutes paroles. Le plus ordinairement, leur pantomime était mêlée d'allocutions et
de dialogues. « La mime Lucceia, dit Pline (2), à l'âge de
cent ans déclama sur la scène (*pronuntiavit*). » Le même
écrivain cite une autre mime, Galeria Copiola, qui avait
débuté l'an 671 de Rome, et qui reparut du temps d'Auguste âgée de cent quatre ans (3). Il est probable que ce
fut plutôt pour réciter quelques vers, que pour danser,
même des danses posées (4).

Les pièces jouées par les mimes de la première époque
n'étaient que des farces improvisées où le caprice de l'acteur dominait. « Ce n'est pas ici, dit Cicéron (5) en ré-
futant un récit invraisemblable, ce n'est pas ici le dénoû-

---

(1) Plaut., *Persa*, act. V, sc. 2, v. 43. — A ces deux sortes de
danses, l'une agitée, l'autre tranquille, correspondirent plus tard
deux sortes de comédie, la *comœdia stataria* et la *comœdia mo-
toria*. Voy. Terent., *Heaut.*, prol., v. 36; et Cicer., *Brut.*, cap.
30, *sub fin.*

(2) Plin., *Hist. nat.*, lib. VII, cap. 48.

(3) Id., *ibid.*

(4) Nous voyons cependant, aux noces de Caranus, un bouffon
danser avec une vieille de plus de quatre-vingts ans. Athen.,
lib. IV, p. 130, C.

(5) Cicer., *Pro Cœlio*, cap. 27.

ment d'une comédie régulière, mais la fin d'un mime (1), où, quand on ne sait comment finir, l'acteur s'échappe des mains qui le tiennent, le chef de l'orchestre donne le signal en frappant les pédales, (2) et la toile se lève (3). »

Quelque imparfaites que fussent ces sortes de pièces, elles étaient admises dans tous les jeux solennels, dans les jeux floraux, mégalésiens, romains, funèbres, plébéiens, votifs, apollinaires. Elles entraînaient même l'État ou les magistrats dans d'assez grandes dépenses. Outre Galeria Copiola, dont je viens de parler, et qui parut pour la première fois sur la scène aux frais de l'édile plébéien Marcus Pomponius, Cicéron (4) dans un plaidoyer prononcé l'an 677, nous apprend que Dionysia, cette *gesticularia* célèbre, à laquelle on comparait méchamment Hortensius, fut engagée cette même année où la précédente, au prix de deux cent mille sesterces (5).

Les mimes latins reçurent, comme ceux de la Grèce, des noms fort variés et tirés, dans certains cas, des particularités de leur costume. Il y eut des *mimi riciniati* (6),

(1) Les Romains, comme les Grecs, appelaient mimes les pièces jouées par les acteurs de ce nom. Macrobe (*Saturn.*, lib. II, cap. 7, p. 352) a dit dans ce sens : « Mimio novo interjecit hos versus. »

(2) « *Scabilla.* » Le musicien qui dirigeait l'orchestre était chaussé d'une sandale de fer ou de bois, dans laquelle était placée une paire de crotales à ressorts. La grande étendue des théâtres obligeait de marquer la mesure avec cet instrument.

(3) A la fin du spectacle les anciens levaient la toile, au lieu que nous la baissons. Voy. Virgil., *Georg.*, lib. III, v. 25.

(4) Cicer., *Pro Rosc. comœd.*, cap. 8.

(5) Environ 50,000 francs.

(6) C'était les *planipedes.* Voy. Fest., voc. Recinium.

des *mimi centunculo amicti* (1), etc. ; toutefois les acteurs
mimes différaient surtout des atellanes en ce qu'ils chan-
geaient de costume suivant les pièces qu'ils représentaient, et jouaient, selon l'occurrence, avec ou sans
masque.

Quelquefois on appelait les mimes d'un nom qui indiquait le rang et la place que leurs exercices occupaient
dans les jeux publics. Cette place était tantôt avant,
tantôt au milieu et tantôt à l'issue du spectacle.

MIMES QUI PRÉCÉDAIENT LES JEUX.

Cicéron faisant à M. Marius le récit des jeux donnés
par Pompée lors de la dédicace de son théâtre, l'an de
Rome 698, lui dit : « Je ne doute pas que dans ce cabinet
d'où vous vous êtes ouvert une perspective sur la campagne de Stabies (2), et d'où vous découvrez la *Villa Sejana*,
vous n'ayez employé vos matinées à quelques lectures
agréables ; tandis que ceux que vous avez laissés ici regardaient dans un demi-sommeil les *mimi communes* (3). »
Ce passage nous apprend, entre autres choses, que, du
temps de Cicéron, certains mimes commençaient le spectacle et donnaient dès le matin des représentations assez peu
propres à réveiller des gens à moitié endormis. Ces parades
étaient le préambule des jeux. Nous possédons un bel exemple, quoique d'une autre époque, de ces sortes de pré-
ludes. Dans le récit que nous a fait Apulée d'une grande

(1) Appul. *Apolog.*, p. 15.
(2) Ville de la Campanie ruinée dans la guerre sociale et où
l'on avait bâti ensuite plusieurs maisons de campagne.
(3) Cicer., *Ad famil.*, lib. VII, *Epist.* 1.

représentation scénique, cet écrivain n'a pas oublié de décrire les diverses danses préliminaires que les mimes ou les pantomimes donnèrent au peuple avant qu'on *baissât la toile* pour jouer la grande pièce (1). Un passage de Varron me fait croire que les *ludii* exécutaient ordinairement ces premières danses, ce qui leur faisait donner le nom de *præsules* (2).

MIMES QUI JOUAIENT AU MILIEU DU SPECTACLE.

D'autres mimes entremêlaient leurs jeux aux représentations: On les appelait *emboliarii* (3), du mot grec Ἐμϐόλιον (4), *épisode, intermède*. Nous trouvons surtout des femmes dans cette classe de mimes. C'était une *mima emboliaria* que Galeria Copiola dont nous avons parlé (5). Une inscription antique donne le même titre à une actrice nommée Phœbe Vocontia (6). Donat dans la préface de son commentaire sur Térence, nous apprend que les théâtres romains étaient pourvus d'un voile appelé mimique, parce qu'il cachait la scène aux spectateurs pendant les changements de décoration : « *Velum mimicum quod populo obsistit, dum fabularum actus commutantur* (7). » On-

(1) Appul., *Métam.*, lib. X, p. 734, seq.
(2) Varro, *De vit. pop. Rom.* ap. Non. Marcell., p. 530, 24.
(3) Pline (*Hist. nat.*, lib. VII, cap. 48) a employé ce mot, mais seulement au féminin.
(4) Les Italiens en ont fait leur mot *imbroglio*. Cicéron (*Ad Quint.*, lib. III, *Epist.* 1, *sub fin.*, et *Pro Sexto*, cap. 54) emploie dans ce sens le mot *Embolia*.
(5) Voy. plus haut, p. 339.
(6) Murat., *Inscript.*, p. 660, n. 4.
(7) Donat., *Prolog. ad Terent.* — Au lieu de *mimicum*, les anciennes éditions portent *minuium*.

a conclu de ce passage, que les *mimi emboliarii* jouaient leurs parades pendant la partie des représentations que nous appelons *entr'actes* (1). Et comme à l'époque où la tragédie et la comédie grecques s'introduisirent à Rome, les chants des chœurs (χορικα μελη) avaient été remplacés par de simples gestes exécutés par les choreutes, tandis que le coryphée chantait seul ou qu'un musicien faisait entendre un air de flûte, on pensa que ces intermèdes donnèrent aux Romains l'idée de leurs *actes* et l'on supposa que des mimes, accompagnés d'un tibicène, remplissaient dans les entr'actes le même rôle que sur la scène grecque les choreutes dégénérés. On ajouta, comme conséquence de cette hypothèse, que les gestes des mimes devaient, comme ceux des choreutes, se rapporter d'une manière plus ou moins directe à l'action de la pièce et la reproduire par son côté comique. On a cité à l'appui de cette opinion les vers suivants d'Horace :

> *Sic iterat voces et verba cadentia tollit,*
> *Ut puerum credas sævo dictata magistro*
> *Reddere, vel partes mimum tractare secundas.*

« Le flatteur répète les paroles de son patron et relève les mots qui tombent de sa bouche, comme l'enfant répète la leçon d'un maître sévère, où comme un mime secondaire reproduit le jeu de l'acteur principal (2). »

(1) C'est l'opinion de Calliaque (*De ludis scenicis*, p. 449), de Dempster (*Etruria regalis*; t. I, p. 436-438), de M. Frid. Stieve (*De rei scen. ap. Rom. origine*, p. 52), de Ziegler qui s'exprime cependant avec doute et réserve (*De mim. Rom.*, p. 27).

(2) Horat. lib. I, *Epist.* 18, v. 12, seq. — Plusieurs interprètes ont appliqué ce vers au double acteur introduit dans l'orchestre par Livius Andronicus, sans songer au sens tout spécial du mot *mimum*.

Dans cette hypothèse, la tragédie romaine, mêlée de scènes bouffonnes, aurait offert quelque chose du mélange du tragique et du comique que présentent les *clowns* anglais et les *graciosos* du théâtre espagnol. Quant aux mimes admis dans les entr'actes des comédies, ils auraient exécuté des jeux relatifs au sujet de la pièce, à peu près comme faisaient les matassins (1) que Molière avait introduits dans plusieurs de ses pièces et qu'on a supprimés depuis.

Quelque accréditées que soient ces conjectures, je suis forcé de les combattre.

Il est très-vrai que les changements arrivés dans les chœurs grecs et l'agréable diversion qui résulta de l'introduction de quelques airs de flûte avec peu ou point de paroles, donnèrent aux Romains l'idée de leurs *actes*, dont le nombre se trouva fixé à cinq (2) en raison des repos (3) ou épisodes qui partageaient les tragédies et les comédies grecques. Il est très-vrai qu'il y eut quelquefois de la musique placée dans les entr'actes des comédies latines: Plaute nous l'apprend d'une manière formelle. Le principal ac-

(1) Ficoroni croit reconnaître ce personnage comique dans une figure de danseur qu'il a fait graver pl. IX, fig. 1.

(2) Horat., *Ad Pison.*, v. 189. — Marc. Anton., lib. XII, 36. — On remarque, surtout dans Plaute, une grande liberté quant au nombre des actes. Plusieurs de ses pièces paraissent en avoir eu trois, d'autres quatre.

(3) Le mot *repos* n'est pas bien exact, car les Grecs ne connaissaient pas les entr'actes. Seulement je vois dans un fragment de Philochore cité par Athénée (lib. XI, p. 464, E), que lorsque les chœurs entraient en scène, on versait à boire aux spectateurs.

teur du *Pseudolus* termine comme il suit le premier acte
de cette pièce :

« Je vais rentrer un moment au logis, et pendant que je ferai à
part moi la revue des expédients dont je dois me servir, le joueur
de flûte que voici vous charmera par ses airs. » *Tibicen interea
vos hic delectaverit* (1).

Il y avait donc de la musique dans les entr'actes des
comédies latines ; mais il ne s'ensuit pas qu'il y eût des
mimes. Et, d'abord, dans la tragédie la présence d'acteurs qui auraient pendant les entr'actes parodié les scènes
tragiques n'est fondée sur aucun texte (2). Il y eut bien
quelquefois peut-être des mimes parodistes à la suite des
pièces sérieuses, mais non pas au milieu même des pièces.
D'ailleurs, un assez grand nombre de fragments nous
prouvent que la tragédie latine n'était pas dépourvue de
chœurs (3). Il n'y aurait donc pas eu place pour des gesti-
culations burlesques.

Quant à la comédie romaine, elle n'eut, il est vrai, que

(1) Plaut., *Pseudol.*, act. I, sc. 5, v. 160.

(2) Les critiques qui, pour prouver l'existence de ces parodies
dans les entr'actes, s'appuient du vers d'Horace, *vel partes mimum tractare secundas*, en ont forcé le sens. Horace a voulu,
je crois, parler seulement de l'usage où étaient les valets dans les
mimes et les comédies de contrefaire leurs maîtres, comme chez
nous Gros-René dans le *Dépit amoureux*.

(3) Il nous reste quelques vers des chœurs de l'*Iphigénie* et du
Thyeste d'Ennius (Aul. Gell. lib. XIX, cap. 10. — Terent.
Maur., p. 2426, 2430) et d'une *Proserpine* (Varro, *De ling. Lat.*,
lib. VI, § 94, p. 273) attribuée par quelques-uns à L. Andronicus.
Lange a réuni dans ses *Vindiciæ tragœd. Rom.* (p. 22, seq.) l'indication de plusieurs autres fragments de chœurs tragiques romains.

peu ou point de chœurs (1). Le père Bougeant (2) et quelques
autres critiques (3) qui ont cru que les chœurs de Térence
étaient perdus, arguaient d'un passage de Donat mal interprété (4). Ce n'est donc pas la présence des chœurs qui
eût empêché les mimes de se produire dans les entr'actes
comiques ; mais l'intrigue des pièces de Plaute et de
Térence est si serrée, qu'il eût été presque impossible
de glisser des intermèdes au milieu de l'action (5). Donat
avoue qu'il est difficile de déterminer où commençaient et
où finissaient les actes des comédies latines : « *Divisionem
actuum in Latinis fabulis internoscere difficile est* (6). » On
reconnaît, ajoute-t-il, que l'acte est fini, quand il y a
place pour entendre soit un chœur, soit un joueur de
flûte. » Le chœur figurait dans les tragédies, le tibicène

---

(1) « Latinæ comœdiæ chorum non habent. » Diomed., lib. III,
p. 489. — Cependant, malgré cette assertion formelle, il y eut
quelquefois des chœurs dans les comédies latines. Cicéron (*Pro
Sexto*, cap. 55) rapporte quelques mots d'un morceau chanté
en chœur dans une *comœdia togata* intitulée *Le dissimulé* (*Si-
mulans*).

(2) Le père Bougeant, *Mém. de Trévoux*, février 1735 ; t. 68,
p. 248 et suiv.

(3) M. de la Salette, *Musique anc. et mod.*, t. I, p. 400.

(4) Donat, *Præfat. in Andr.*

(5) Bœttiger (*De quat. rei scenic. ætat.*, p. 340, ed. Silligg) a
supposé que dans les drames romains l'intervalle des actes était
rempli par des *cantica* que chantait l'acteur principal. Hermann
a réfuté cette erreur (*De cantico*, *Opuscula*, t. I, p. 291,
seq.). Bœttiger avait indiqué le vers 81 de la 1re scène du ve
acte de l'*Heautontimorumenos* comme la place probable d'un de
ces *cantica*. Ce prétendu point de repos est précisément le milieu
d'un vers.

(6) Donat, *Præfat. in Andr.*

dans les comédies. On voit que ni dans l'un ni dans l'autre cas il n'est question de mimes.

Les seuls textes qu'on puisse alléguer pour prouver l'introduction des mimes dans les entr'actes sont : 1° le passage de Donat que j'ai cité : *Est autem mimicum* (ou *minutum*) *velum*, etc. 2° Cet autre passage de Donat : « *In Italia compitalitiis ludicris, admisto pronuntiationis modulo, quo dum actus commutantur, populus detinebatur* (1) ». 3° La phrase suivante de Festus dont le texte d'ailleurs est fort douteux : « *Mimi prodibant dum intus fabulæ actus componerentur* (2). » Il ne me paraît pas du tout démontré que dans ces passages il soit question d'entr'actes. Le voile mimique avait pour but de cacher le théâtre aux spectateurs pendant qu'on changeait la scène. Or dans la plupart des pièces qui nous restent du théâtre romain, la scène ne change pas à l'issue des actes. Donat cherchant à déterminer comment on peut reconnaître la fin des actes, ne dit pas que l'acte est terminé quand la décoration change, mais quand la scène reste vide et qu'il est permis de faire entendre soit un chœur, soit un tibicène. Je crois donc que par ces mots : *dum fabularum actus commutantur*, il faut entendre non pas des changements de scène qui n'avaient jamais lieu dans le cours d'un drame, mais ceux qui s'exécutaient nécessairement entre deux pièces. Selon moi, la toile n'était jamais remontée pendant une même pièce (3) et les

---

(1) Donat., *Fragm. de comœd. et tragœd.*

(2) Fest., *voc. Salutaris porta.*

(3) Les Romains avaient deux mots, *siparium* et *aulæum*, pour désigner ce que nous appelons *la toile.* Calliaque par suite de son système sur les entr'actes, a cru que le *siparium* était la toile.

mimi emboliarii ne plaçaient par conséquent pas leurs parades entre les actes d'un même drame, mais entre le jeu des divers ouvrages qui composaient le spectacle (*inter fabularum actus*), explication qui ne répugne nullement, ce me semble, au génie de la langue latine.

MIMES QUI TERMINAIENT LE SPECTALE.

Et non-seulement il y eut des *mimi communes* qui préludaient aux jeux scéniques ; non-seulement il y eut des *emboliarii* qui jouaient sur l'orchestre ou sur le thymélé pour remplir l'intervalle des diverses pièces ; mais il y eût, de plus, des mimes chargés de clore gaiement le spectacle, et qui furent, à cause de ces fonctions, appelés *exodiaires* (1). « Chez les anciens », dit le scholiaste de Ju-

qu'on levait dans les comédies et l'*aulæum* celle qu'on levait dans les tragédies (*De ludis scenicis*, cap. III, p. 4). Cette distinction est fondée sur un passage de Sénèque (*De tranquillit. animi*, cap. XI), qui oppose le mot *siparium* au mot *cothurnum*, et sur un passage de Paulus, voc. Siparium. — Donat (*Fragm. de comœd. et tragœd.*) croit que l'*aulæum* est plus ancien que le *siparium* ; mais je soupçonne qu'il prend en cet endroit ces mots dans une autre acception que celle qui nous occupe, et qu'il entend parler des voiles qui couvraient la *cavea* des théâtres anciens. Deux passages d'Apulée prouvent que dans le sens de *toile* les mots *siparium* et *aulæum* n'étaient pas, au moins de son temps, absolument synonymes, puisqu'il les emploie tous les deux dans la même phrase pour désigner des objets distincts (*Metam.*, lib. I, p. 38, et X, p. 735).

(1) Grut., *Corp. inscript.*, p. 637, n. 1. — Cassiodor., lib. IV, *Epist. ult.* — Il est évident que les *emboliarii* étaient *exodiarii* par rapport à la pièce qui précédait. Cette remarque n'est pas sans application ; elle montre pourquoi de grands critiques, Dempster, Calliaque et autres ont appliqué aux *exodiarii* des passages qui se rapportent aux *emboliarii*.

vénal, l'exodiaire venait faire rire à la fin des jeux, pour
que la tristesse et les pleurs causés par les passions que la
tragédie soulève, fussent effacés par les ris et la joie qu'ins-
pirait cette sorte de spectacle (1). »

Au reste, les *exodiarii* n'avaient pas toujours été des
mimes. Nous avons vu la jeunesse romaine, forcée de renoncer aux *saturæ*, se réserver le jeu des *exodia* ou petites pièces finales (2). Un peu après, les atellanes, jouées
aussi par les citoyens libres, furent représentées à l'issue
des jeux et à la suite des pièces tragiques (3). Ce n'est
guère qu'au commencement du VIIIe siècle de Rome que
les mimes furent chargés de rendre la gaieté aux spectateurs. Cicéron, dans l'une de ses lettres, datée de l'an
707, fait allusion à ce changement. Son correspondant,
Papirius Pætus, lui avait cité à titre de conseil quelques vers d'une tragédie d'Accius, et avait fait suivre
cette citation de réflexions plaisantes. « A présent, dit
Cicéron, je viens à vos plaisanteries, puisqu'après votre
citation de l'*Enomaüs* (4), vous n'avez pas introduit une
atellane, comme c'était autrefois la coutume, mais un
mime, selon l'usage d'aujourd'hui… (5). »

(1) Schol. Ad Juven. *Sat.* III, v. 175.
(2) Tit. Liv., lib. VII, cap. 2.
(3) Ce qui les fit appeler *exodia*. Lyd., *De magistr.*, lib. I,
cap. 40, p. 70, ed. Hase.
(4) Une des tragédies d'Accius (Bothe, *Fragm. trag. Rom.*,
p. 226, seqq.)
(5) Cicer., *Ad famil.*, lib. IX, epist. 16. — Cicéron dans ce
passage semble attribuer aux atellanes plus de gravité qu'aux
mimes. Valère-Maxime (lib. II, cap. 4, §.4) parle de la *sévérité*
et Donat (*Fragm. de comœd. et tragœd.*) loue la gracieuse élégance

J'ai dit que dans certains cas l'*exodium* (atellane ou mime) était une parodie de la pièce tragique qui précédait, comme il arrivait aussi quelquefois dans le drame satyrique grec (1).; mais plusieurs critiques ont eu le tort de donner pour un usage constant ce qui n'était qu'une assez rare exception (2).

MIMES DE LA SECONDE ÉPOQUE.

Les mimes de la seconde époque, c'est-à-dire, ceux qui furent surtout en vogue sous Jules César et ses premiers successeurs, différaient notablement des mimes qui précèdent. D'abord ils n'improvisaient pas pour l'ordinaire; ils préparaient, ils écrivaient même à l'avance et en vers tout ou partie de leurs petits drames (3). Ils ne les jouaient

des atellanes. La vérité est que les fragments qui nous restent des uns et des autres ne nous laissent apercevoir entre eux que bien peu de différence. Peut-être même, si cette différence était réelle, se trouvait-elle plus dans les gestes que dans les paroles.

(1) Cette opinion, adoptée par un grand nombre de critiques, est surtout fondée sur les vers 226 et suivants de l'*Epître aux Pisons* : « Conveniet Satyros ita vertere seria ludo, Ne quicumque deus, etc. ...... » Mais les arguments avancés à ce sujet sont très-contestables.

(2) Les drames satyriques, à en juger par les titres, étaient presque toujours tirés d'un autre cycle mythique que les pièces qui les précédaient; il était même assez rare que les tragédies qui composaient une trilogie fussent tirées d'un même cycle. Voy. Hermann, *De composit. tetralogiarum tragicarum*. Opuscul., t. 2, p. 306, seqq.

(3) Les parties les plus travaillées de ces sortes de pièces étaient le prologue et les *cantica* ; l'improvisation portait surtout sur le dialogue : « Dans les mimes, dit S. Isidore (*Orig*., lib. XVIII,

pas non plus toujours eux-mêmes ; leur soin principal était
la composition ; aussi sont-ils nommés *mimographi* (1),
et leurs pièces *mimofabulæ* (2), *mimiambi* (3), parce
qu'elles étaient écrites en iambes. Quelquefois, cependant,
les mimographes latins employaient un langage qui tenait
le milieu entre les vers et la prose, probablement dans
les parties de leurs pièces qui étaient improvisées. En effet,
Laberius dit en parlant de lui-même dans son mimiambe
intitulé *Le lac Averne* : « *Versorum numerum non numero
studuimus* (4). »

Comme la belle époque des atellanes est comprise entre
Sylla et Jules César, espace durant lequel on vit fleurir Pomponius, Novius et Afranius ; de même la belle époque des
mimographes se trouve entre Jules César et Auguste, jusqu'au moment où commença la vogue des pantomimes (5).
Dans cette courte période parurent trois mimographes célèbres et dont il nous reste de précieux fragments, Decimus
Laberius (6), Publius Syrus et Cn. Mattius.

---

cap. 49°) ; on voyait toujours l'auteur ou l'acteur principal
(*actor*) venir, avant qu'on jouât la pièce, expliquer le sujet aux
assistants (*qui antequam mimum agerent, fabulam pronunciaret*) ;
car ces petits drames consistaient surtout en gestes et en mouvements du corps. » Peut-être S. Isidore confond-il ici les mimes
avec les pantomimes. — Cf. Macrob. (*Saturn.*, lib. II, cap. 7.

(1) Suet., *De illustr. Gramm.*, cap. 18.

(2) Jul. Vales., *De art. rhet.*, cap. 26, *ad fin.*, ed. Maio.

(3) Plin., lib. VI, *epist.* 21.

(4) Priscian, lib. VI, p. 712.

(5) Il ne faut pas oublier, d'ailleurs, que les mimographes du
temps de César n'abolirent en aucune façon les parades improvisées.

(6) Né l'an 645 de Rome.

Personne n'ignore l'histoire de D. Laberius (1). Ce chevalier romain avait composé des mimes pleins de sel et d'esprit. Ces petites pièces lui avaient acquis une grande renommée, quoiqu'il ne les eût représentées que dans des réunions privées. Il avait vécu sans tache jusqu'à l'âge de 60 ans. César étant devenu dictateur, et voulant faire oublier au peuple romain les discordes civiles en lui procurant les plaisirs dont il était si passionné, offrit à Laberius cinq cent mille sesterces, avec prière de paraître sur la scène et de jouer lui-même quelques-uns des mimes qu'il excellait à composer. La prière du dictateur était un ordre : Laberius obéit ; mais il protesta éloquemment contre cette violence dans le beau prologue que tout le monde connait : « *Necessitas cujus cursus...* etc. (2). Dans plusieurs passages de la pièce, il se vengeait de César autant qu'il était en lui. Faisant le rôle d'un esclave qui recevait les étrivières et s'échappait des mains de ses bourreaux, il s'écriait : « C'en est fait, Romains, nous avons perdu la liberté ! » Un peu après il ajoutait avec une audace toute républicaine : « Il est nécessaire que celui que tout le monde craint, craigne tout le monde (3). »

Non-seulement les mimes de la seconde époque faisaient partie des jeux publics ; mais les pièces de ce genre étaient, comme les tragédies et les comédies, l'objet de concours et de prix. Une fois enrôlé parmi les mimes, comme il le dit avec tant d'amertume (4), Laberius parut plusieurs fois sur

(1) Voy. Senec., lib. III, *Controvers.* 18, p. 227, seq. ed. Bipont.
(2) Macrob., *Saturn.*, lib. II, cap. 7.
(3) Id., *ibid.*, p. 350.
(4) Laber., *prolog.*, v. 14.

la scène et y disputa le prix. Il ne me semble pas démontré, pour ma part, que la pièce dont nous possédons le prologue et qu'il joua à la demande de César, soit la même qu'il improvisa en réponse au défi que lui porta Publius Syrus. « Ce poëte, dit Macrobe, provoqua tous ceux qui travaillaient alors pour la scène à concourir contre lui par un mime improvisé. Plusieurs acceptèrent et furent vaincus, y compris Laberius (1). » Mais ce qui n'est pas douteux, c'est que dans un concours suivant (*sequenti commissione*), Laberius fit allusion à sa première défaite et adressa à son heureux rival ces vers qui ricochaient contre César :

« Tous en tout temps ne peuvent pas être les premiers. Lorsque tu seras parvenu au comble de l'illustration, tu t'y maintiendras malaisément; tu descendras plus vite que tu n'as monté. Je suis tombé; mon successeur tombera; la gloire fait partie du domaine public (2). »

Il nous reste les titres et quelques fragments de quarante-cinq mimes de Laberius (3). Cet écrivain a été loué par tous les critiques latins, à l'exception d'Horace (4). Outre les raisons de goût amplement déduites par Wieland (5), on comprend très-bien, en lisant les vers que je viens de citer, pourquoi l'ami d'Auguste apprécia peu le talent de Laberius (6). Cicéron s'est exprimé sur ce poëte d'une

---

(1) Macrob., *Saturn.*, lib. II, cap. 7, p. 351.
(2) Laber., ap. Macrob., *ibid.*, p. 352.
(3) Ziegler, *De mim. Rom.*, p. 53-65.
(4) Horat., lib. I, *Sat.* 10, v. 6, seqq.
(5) Wieland, *Horazens satyren*, loc. laud.
(6) Horat., lib. I, *Sat.* 10, v. 6.

manière assez ambiguë pour qu'il soit difficile de savoir
si sa phrase contient un blâme ou un éloge (1).

La hardiesse et la transparence des allusions qu'on
remarque dans les mimes de Laberius, prouvent que ce
genre de pièces n'était soumis à Rome à aucune censure
ou examen préalable. Je rechercherai ailleurs s'il n'en était
pas autrement des tragédies et des comédies. Je me borne
à remarquer pour le moment, que si les mimes échap-
paient à l'examen des magistrats, c'est qu'ils étaient improvisés, ou du moins qu'ils passaient pour l'être (2).

Nous ne possédons du rival de Laberius, de l'affranchi
Publius, d'origine syrienne, qu'un recueil de sentences
morales, extraites de ses mimiambes. Chacune de ces
maximes est renfermée en un seul vers, suivant la coutume des mimographes (3). Publius Syrus avait, chose remarquable, commencé sa réputation dramatique dans les

(1) Cicer., *Ad famil.*, lib. XII, *Epist.* 18. — Cicéron par l'am-
biguïté de la phrase dont il s'agit, semble justifier le spirituel reproche que lui adressa un jour publiquement Laberius, *de s'asseoir sur deux siéges.* Senec., lib. III, *Controv.* 18.—Suet., *Cæs.*,
cap. 39. —Macrob., *Saturn.*, lib. II, cap. 3, p. 338.

(2) Les mimes latins de la première époque étaient certainement
improvisés ; mais on a peine à croire que les fragments qui nous
restent de Laberius et de Publius Syrus n'aient pas été fort tra-
vaillés. Cependant nous avons vu ces deux auteurs se disputer le prix
de l'improvisation. Je crois qu'il faut, pour concilier cette contradiction, supposer que les mimographes intercalaient çà et là dans
leurs pièces des vers et même des morceaux préparés. Cette supposition expliquerait pourquoi il ne nous est parvenu de Publius que
des *sentences*, et de Laberius que son fameux prologue et de
courts fragments.

(3) On appelait ces sentences renfermées en un seul vers *mo-
nosticha*. Auson., *De Cæsar.*, v. 3.

provinces : « *Cum...... mimos ingenti assensu in Italiæ oppidis agere cœpisset... .* (1). » Les pensées fines et nerveuses de cet écrivain donnent la meilleure opinion de son esprit et justifient l'éloge de Sénèque qui les déclare dignes du cothurne (2). La Bruyère les a traduites et insérées presque toutes dans ses *Caractères.*

Cn. Mattius, le dernier membre de ce triumvirat mimique, fut le protégé et l'ami constant de Jules César. Il ne nous est parvenu de ses mimiambes qu'un petit nombre de vers (3); mais nous avons de lui mieux que des mimes. Il nous reste une lettre adressée à Cicéron après le meurtre du dictateur, lettre politique, pleine de sens et d'élévation, et où l'écrivain se montre digne de son correspondant et de son sujet (4).

(1) Macrob.; *Saturn.*, lib. II, cap. 7, p. 351.

(2) « Multa Publii non excalceatis sed cothurnatis dicenda sunt. » Senec., *Epist.* VIII. — Cf. Id., *De tranq. anim.*, cap. 11, et *Controv.*, lib. III, 18.

(3) Burmann., *Antholog. Lat.*, t. I, p. 630.

(4) Cicer., *Ad famil.*, lib. XI, *Epist.* 28. — Je n'ignore pas que d'habiles critiques distinguent Caïus Mattius, le correspondant de Cicéron, de Cnæus Mattius le mimographe (Torrent., *Not. ad Sueton. Cæs.*, cap. 52, p. 68 — Ziegler, *De mim. Rom.*, p. 66). Mais je suis médiocrement frappé des raisons sur lesquelles ces critiques appuyent leur opinion. Dans le peu que nous savons de C. Mattius, je ne vois rien qui ne puisse se rapporter fort bien à un même homme. Ce qui m'affermit dans la pensée que l'ami de Jules César pourrait bien être le célèbre mimographe, c'est, 1° la protection que César accorda notoirement aux mimes; 2° le peu d'éclat du rôle politique que joua Caïus Mattius, favori du dictateur, qui ne fut revêtu d'aucune magistrature, et qu'on voit seulement chargé, en une occasion unique, du soin de certains jeux (*Ad famil.*, lib. XI, *Epist.* 27). — Ce que Suétone rapporte du témoignage demandé à C. Mattius au sujet du fils naturel de Jules

Malgré la beauté des fragments de Mattius, de Publius Syrus et de Laberius, la bouffonnerie et la gaieté libertine faisaient le fond de ces petits drames, composés surtout pour divertir la multitude « *Ad summam caveam spectantia* (1). » On peut voir, par quelques-uns des fragments qu'on a recueillis, à quel point les mimographes bravaient les bienséances. Voici, par exemple, un vers des *Panilici* ou des *Panifici* (2) de Laberius. On croit lire les bouffonneries les plus impures du *Don Japhet* de Scarron :

Foriolus esse videris ; in coleos cacas (3).

Les mimes, comme les pièces atellanes, n'avaient quelquefois pour titre qu'un nom propre. C'est qu'alors le poëte voulait personnifier, pour ainsi dire, un vice ou un ridicule, et lui donner des traits, une voix, un costume qui pussent en faire un type. Les rôles de ce genre étaient presque toujours remplis par le chef de la troupe, par celui qu'on appelait l'*acteur* (4), et qui, pour l'ordinaire, était l'auteur même de la pièce. Dans l'origine, on appelait le mime principal *archimime* (5); mais ce nom ayant été donné, comme nous le verrons, à l'acteur qui jouait le personnage du mort dans les funérailles (6), on

César et de Cléopâtre (Sueton., *Cæs.*, cap. 52), paraît encore favorable à l'opinion que je hasarde.

(1) Senec., *De tranq. anim.*, cap. 11.

(2) *Les boulangers.* On propose encore de lire *Pannifici*, *Les drapiers.*

(3) Non. Marcell., p. 114, 12.

(4) Suet., *Calig.*, cap. 57.

(5) La plus ancienne mention de l'archimime est celle que Plutarque fait de Sorix, l'un des commensaux de Sylla (Plutarch., *Syll.*, cap. 36).

(6) Sueton., *Vespas.*, cap. 19.

cessa d'appliquer ce titre devenu sinistre aux fonctions théâtrales, et on employa de préférence celui d'*actor* ou de *mimorum magister* (1). On revint, cependant, plus tard au mot *archimimus* (2). Plusieurs inscriptions prouvent même que, sous l'Empire, certaines femmes attachées à la scène reçurent le nom d'*archimimæ* (3).

Il arrivait quelquefois que l'*actor* était le seul personnage parlant de la pièce; mais il faut bien se garder d'ériger cette circonstance accidentelle en loi constitutive du genre mimique. Nous possédons, en effet, des preuves formelles du contraire : il existe dans les écrivains de l'antiquité divers fragments de mimes dialogués (4). S'il était besoin d'autres preuves, nous dirions que certains titres des pièces de Laberius supposent plus d'un interlocuteur : *Gemini, Sorores, Galli, Creontes*, etc. Enfin, Pétrone nous fournit la liste des principaux acteurs qui concouraient d'ordinaire à la représentation des mimes :

> *Grex agit in scenâ mimum; Pater ille vocatur,*
> *Filius hic, nomen Divitis ille tenet* (5).

(1) *Inscript.*, ap. Orell., n. 263t.

(2) On trouve cette qualification dans plusieurs inscriptions des IIe et IIIe siècles, avec les noms des acteurs qui en étaient revêtus. Voy. Gudius, p. 108, 4.—Murat., *Inscript.*, p. 658, 4; 876, 3, et 877, 1. —Grut., *Inscript.*, p. 1089, 6, et 330, 2.—Il est probable que dans l'inscription recueillie par Muratori (p. 886, 5) l'abréviation *arc*, désigne l'*archimimus*, et non l'*arcarius*, *le trésorier*, comme il l'a cru. On voit des exemples de cette abréviation dans le fameux marbre de Florence, ap. Murat., p. 876, 3.

(3) Murat., *Inscript.*, p. 330, 4, et 872. — Fabrett., *Inscript.*, p. 707, 285.

(4) Voy. Cicer., *De orat.*, lib. II, cap. 67.— Capitolin., *Marc Anton.*, cap. 29.

(5) Petron., *Satyric.*, cap. 80.

Voilà toute une troupe comique : le *père noble*, l'*amou-reux*, le *financier*. Nous voyons ailleurs mentionné le rôle du niais (*stupidus persona*) (1), et ce que nous appelons *le premier Comique*, connu chez les anciens sous le nom de *ridiculus* (2) ou de *derisor* (3). Si donc il arrivait quelque-fois qu'il n'y eût dans une pièce qu'un seul rôle parlant, ce n'était qu'une exception. L'opinion contraire est venue de ce que l'*actor*, ou l'auteur, était particulièrement chargé dans les mimes de prononcer le prologue, morceau tra-vaillé, ordinairement écrit en vers, et préambule indis-pensable pour donner aux spectateurs l'intelligence de ces pièces où la gesticulation avait toujours la plus grande part (4).

Rien n'était, d'ailleurs, plus varié que les sujets traités dans les mimes. Ce genre admettait tous les tons, depuis le langage tragique jusqu'au jargon des rues. Quel-quefois même les mimes n'étaient que des parades arrangées pour mettre en scène des animaux savants, témoin le chien-mime que Plutarque vit jouer devant l'empereur Vespa-sien (5). Quelquefois, comme dans le *Nereus* (6), dans *Le lac Averne*, et dans *La nécyomantie*, les mimes pouvaient

(1) Capitolin., *M. Anton.*, cap. 29.—Arnob., *Advers. Gent.*, lib. VII, p. 239. — On a recueilli plusieurs inscriptions qui nous font connaître les noms de divers acteurs célèbres dans ce rôle : voy. Murat., p. 654, 3 ; p. 876, 3, et p. 877, 1.

(2) Martial., lib. II, *Epigr.* 41, v. 15.

(3) Id., lib. I, *Epig.* 5, v. 5.—*Inscript.* ap. Donat., p. 316, 7,—ap. Fabrett., p. 148, n. 189. Cette inscription est suspecte.

(4) Isid., *Orig.*, lib. XVII, cap. 46. Voy. plus haut, p. 350, note 2.

(5) Plutarch., *De solert. animal.*, p. 973, seq.

(6) Ce titre a été ainsi restitué par Böthe (*Frag. comic. Latin.*, p. 203).

se rapprocher du genre de Rhinthon. Les uns peignaient les mœurs bourgeoises, comme dans *L'aululaire*, *Le flatteur*, *Le coffre*, etc. ; d'autres mettaient en scène des artisans, comme dans *Le foulon*, *Le pêcheur*, *L'écrivain*, *Le peintre en bâtiments* (*Colorator*), etc. , et se rapprochaient ainsi de la *comœdia tabernaria*. Quelques-unes même de ces pièces réveillent par leurs titres l'idée de nos plus jolis proverbes. C'est ainsi que *Le jour des noces*, imité peut-être des *Anacalyptéries* ou le *Nouveau marié* de Philémon (1) , fait involontairement penser au *Plus beau jour de la vie* de M. Théodore Leclercq. Mais mythologiques ou sentencieux, champêtres ou bourgeois, les mimes étaient toujours obscènes. L'obscénité était la loi du genre (2). Ovide nous en est garant :

« Quel aurait donc été mon sort, s'écrie t-il , si j'avais composé des mimes, farces obscènes, qui contiennent toujours une intrigue d'amour , qui mettent constamment en scène un séducteur élégant et une épouse adroite à tromper un mari stupide ? C'est là pourtant le spectacle où courent les filles déjà grandes, les hommes, les femmes , les enfants ! La plus grande partie du sénat même y assiste. Ce n'est pas assez que des paroles incestueuses souillent les oreilles ; les yeux s'habituent aux tableaux les plus lascifs. Une infidèle a-t-elle inventé un nouveau tour pour tromper son mari , on applaudit ; on lui décerne la palme (3). »

(1) Ou peut-être imitées de l'atellane de Pomponius qui portait le même titre. Non. Marcell. , p. 39. 12. — Il nous reste un fragment du *Nouveau marié* de Philémon (*Fragm.* , ap. Stob. , *Serm.* XCIX, p. 538 , et ap. Meinek. , *Fragm. Menandri et Philem.* , p. 359). Ce morceau, qui est empreint d'une singulière tristesse , semble justifier ma conjecture.

(2) « Mimus est sermonis cujuslibet motus sine reverentiâ , vel factorum et dictorum turpium cum lasciviâ imitatio. » Diomed., lib. III, p. 488.

(3) Ovid., *Trist*, lib. II, v. 497, seqq. — Plus tard on retourna

Tel était le fond des pièces qui, vers la fin de la République, jouissaient de la faveur populaire. De grandeur, de poésie, d'idéal, il n'en restait plus la moindre trace. Le grand art, l'art des Sophocle et des Ménandre, un instant montré aux Romains par Accius, Plaute et Térence, disparaissait chaque jour pour faire place aux ignobles réalités de la débauche. Cette décadence vint en Italie, comme en Grèce, de la corruption des classes élevées. Nous allons voir, en étudiant le drame aristocratique à Rome, comment la barbarie et la licence des plaisirs privés finirent par altérer peu à peu la décente gravité des divertissements publics.

III.

DRAME ARISTOCRATIQUE A ROME.

REPAS.

FRUGALITÉ ROMAINE.

Quand on repasse dans sa mémoire tout ce que les historiens et les poëtes ont écrit sur la frugalité des anciens Romains, il semble qu'autour de ces tables austères, où l'usage de la bouillie était plus habituel que celui du pain (1), sous le toit des Fabius et des Curius, qui man-

---

pour les rajeunir ces canevas trop usés : on s'amusa des terreurs de l'amant adultère caché dans un coffre et tremblant d'être découvert par le mari. Juven., *Sat.* VI, v. 43.

(1) Valer. Max., lib. II, cap. 5, § 5.—Juven., *Sat.* XI, v. 109, et *Sat.* XIV, v. 171. — Plin., *Hist. nat.*, lib. XVIII, cap. 8, § 19.

geaient leurs pois chiches dans des assiettes de terre (1),
nous n'ayons rien à recueillir qui puisse intéresser le développement du génie dramatique. Toutefois, ces repas
où la loi Fannia (2) ne permettait de servir qu'une seule
poule maigre (3), et où l'on recevait avec applaudissement
un morceau de sanglier rance (4), n'étaient pas entièrement dépourvus des plaisirs de la musique et de la poésie :
« Caton le censeur, dit Cicéron, rapporte dans ses *Origines*
que chez les anciens Romains les convives avaient l'usage
de chanter à la ronde, au son de la flûte, la gloire et les
vertus des hommes célèbres (5). » Valère-Maxime et Varron
confirment ce fait et ne diffèrent qu'en un point : le premier
met ces légendes héroïques dans la bouche des vieillards
qu'accompagnaient des tibicènes (6) ; et le second fait chanter ces cantiques par les jeunes gens, quelquefois au son
de la flûte, et quelquefois soutenus par la voix seule (7).
Un passage d'Horace me porte à croire que dans les premiers temps les femmes chantaient aussi à table les légendes.

(1) Val. Max., lib. IV, cap. 3, § 5.

(2) L'an 591 de Rome, la loi Fannia, pour rétablir l'ancienne
frugalité dont on s'écartait, fixa à un as ce qu'un citoyen pouvait
dépenser pour le repas d'un jour de fête.

(3) Aul. Gell., lib. II, cap. 24. — Macrob., *Saturn.*, lib. II,
cap. 13.

(4) Horat., lib. II, *Satir.* 2, v. 89. — Juven., *Sat.* XI, v. 84.

(5) Cicer., *Tuscul.*, lib. IV, cap. 2. — Id., *Brut.*, cap. 19.
Cicéron croit voir dans cet usage un reste des institutions de Pythagore.

(6) Val. Maxim., lib. II, cap. 1, § 10.

(7) « Assâ voce. » Varro, *De vit. pop. Rom.*, lib. II, p. 224,
ed. Bip.

héroïques (1). Le même poëte nous a conservé quelques
mots d'une nénie ou chansonnette que répétaient les enfants
dans leurs jeux (2) et qui semble tirée d'une vieille chanson,
peut-être contemporaine des Curius et des Camilles (3).

CHARISTIES. — SATURNALES. — REPAS MASQUÉS.

« Nos ancêtres, dit Valère-Maxime, instituèrent un
repas annuel, nommé *charistie*, où l'on n'invitait que
des parents, afin que s'il existait quelques démêlés dans
la famille, des esprits conciliants pussent à la faveur des
libations religieuses et de la gaieté convivale, rétablir la
concorde entre les proches (4). »

Les vieux habitants du Latium célébraient encore une
autre fête domestique, dont les rites étaient particulièrement dramatiques, et que nous avons déjà rencontrée en
Grèce sous le nom de *Pélories* et de *Cronies* (5). Je veux
parler des *Saturnales* qui subsistèrent jusqu'à l'extinction
du paganisme. Cette fête, comme le culte de Saturne,
se perd en Italie dans la nuit des siècles. Macrobe en
fait remonter l'institution aux temps fabuleux de Janus (6) ou d'Hercule (7). Le même écrivain rapporte que

---

(1) Horat., lib. IV, *Od.* 15, *sub fin.* — Cf. Varro, ap. Non.
Marcell., *voc.* Nænia, p. 145, 27, et ed. Bip., p. 247.

(2) Horat., lib. I, *Epist.* I, v. 59-64.

(3) Les mots *Curiis et decantata Camillis* peuvent signifier simplement que cette chanson d'enfant contenait une maxime prise
autrefois au sérieux et souvent *répétée* par les Curius et les Camilles.

(4) Val. Maxim., lib. II, cap. 1, § 8. — Cf. Ovid., *Fast.*,
lib. II, v. 617.

(5) Voy. plus haut, p. 203-205.

(6) Macrob., *Saturn.*, lib. I, cap. 7, p. 230. Il n'est question
dans ce passage que de la consécration d'un autel et de l'établissement d'un sacrifice.

(7) Id., *ibid.*, p. 231.

Tullus Hostilius ayant voué un temple à Saturne, introduisit le premier les Saturnales à Rome (1). Varron attribue
la construction de ce temple à Tarquin, et sa dédicace au
dictateur Titus Largius (2), ce qui a induit Tite-Live à
placer sous le consulat d'Aulus Sempronius et de M. Mi-
nucius, l'an 257 de Rome, l'établissement des Saturnales (3). Cette fête, précédée de sacrifices, comme toutes
les féries romaines (4), était suivie dans chaque famille
d'un repas joyeux, où l'on servait, suivant l'usage, les
restes des victimes (5). Les Saturnales ne duraient d'abord
qu'un jour (6). Quand, par des additions successives, on les

(1) Macrob., *Saturn.*, lib. 1, cap. 8, p. 233, seq.

(2) Varro, *De antiquit. rerum divin.*, lib. VI, ap. Macrob.,
ibid., p. 234.

(3) Tit. Liv., lib. II, cap. 21.

(4) « Feria à feriendis victimis appellata. » Fest., *voc.* Feria.

(5) Quand un particulier offrait un sacrifice, ce qui restait des
offrandes, la part des prêtres prélevée, servait à donner un grand
repas. Si le sacrifice était offert par l'État, ou en son nom par un
magistrat, les débris des victimes étaient employés à un festin public
auquel présidaient les *triumviri epulones* (Tit. Liv., lib. XXXIII,
cap. 44), et plus tard, sous Sylla, les *septemviri epulonum* (Aul.
Gell., lib. 1, cap. 12). Quelquefois aussi on les distribuait au peuple.
Cette distribution de chairs crues s'appelait *visceratio*. Nous en
trouverons des exemples dans toutes les féries romaines (Fabrett.,
Inscript., p. 242. n. 656). Cependant aux fêtes de Vulcain il était
d'usage de laisser brûler entièrement les victimes. On appelait *protervia* ce genre de sacrifice complet. Macrobe raconte que Caton
voulant se moquer d'un certain Albidius qui avait perdu toute sa
fortune à l'exception d'une maison à laquelle il avait mis le feu,
dit plaisamment qu'il avait fait le sacrifice *protervia*, où l'on brûle
ce qu'on n'a pu manger. Macrob., *Saturn.*, lib. II, cap. 2, p. 333.

(6) Macrob., *ibid*, lib. 1, cap. 10, p. 240 et 242.

eut fait durer trois (1), cinq (2) et sept jours (3), la fête principale et vraiment saturnale continua d'avoir lieu le 14 des calendes de janvier (4).

Après un banquet solennel donné devant le temple de Saturne, on proclamait la fête (5). Les enfants couraient dans la ville en criant *io Saturnalia* (6). Le sénat et les tribunaux vaquaient (7). La statue de Saturne, attachée pendant toute l'année avec des cordons de laine, était délivrée de ses liens (8). Pendant ces jours de fête la punition même d'un coupable exigeait un sacrifice expiatoire (9). Aussi les esclaves, grâce à cette suspension de l'autorité, se trouvaient-ils libres de parler et d'agir à leur fantaisie. Cette liberté d'un jour a été, comme on sait, le sujet et l'occasion d'une des plus piquantes satires d'Horace :

>............ *Libertate decembri,*
> *Quando ita majores voluerunt , utere; narra* (10).

Et non-seulement pendant cette fête de l'égalité primitive, dont Saturne était le symbole, les esclaves

(1) Tit. Liv., lib. XXII, cap. 1. — Mallius, ap. Macrob., *Saturn.*, lib. II, cap. 10, p. 240.

(2) Suet., *Calig.*, cap. 17. — Dio, lib. LIX, cap. 6, et lib. LX, cap. 25.

(3) Nov. ap. Macrob., *ibid.*

(4) Martial., lib. XIV, *Epigr.* 72. — Masurius et Fenestella, ap. Macrob., *ibid.*

(5) Macrob., *ibid.*, p. 242.

(6) Martial., lib. XI, *Epigr.* 2, v. 5. — Dio, lib. LX, cap. 19. — Il existe des médailles qui portent les mots *io Saturnalia.*

(7) Macrob., *ibid.*, cap. 2, p. 204.

(8) Id., *ibid.*, cap. 8, p. 234.

(9) Id., *ibid.*, cap. 10, p. 239, seqq.

(10) Horat., lib. II, *Sat.* 7, v. 4, seq.

s'asseyaient à la même table que leurs maîtres (1); mais pour que rien ne manquât à cette comédie annuelle, les maîtres se chargeaient des travaux du ménage et servaient à table les esclaves (2). Auguste enchérit encore sur cette sorte d'amende honorable que s'imposaient la richesse et la puissance. A la suite d'une vision qui l'avait troublé, il crut devoir échanger, une fois chaque année, son rôle d'empereur et de maître du monde contre celui de mendiant. Tous les ans, à un jour marqué, il tendait la main au peuple et recevait les aumônes qu'on voulait bien lui donner (5).

Pour revenir aux repas modestes des premiers siècles de Rome, je dois faire remarquer que les membres du collége des tibicènes ne figuraient dans les réunions convivales que comme ministres nécessaires des cérémonies religieuses qui sanctifiaient les festins. Ils ne prirent de plus grandes licences qu'après leur retour de Tivoli (4), quand il leur fut permis d'assister aux fêtes publiques et particulières avec un masque sur le visage et revêtus d'habits de plusieurs couleurs (5).

Je dois enfin citer l'exemple le plus mémorable du luxe innocent de cette époque : Duilius, qui avait obtenu l'honneur du premier triomphe naval (6), ne rentrait jamais le

---

(1) Macrob., *Saturn.*, lib. 1, cap. 10, p. 243.

(2) Id., *ibid.*, cap. 12, p. 256. — Les dames romaines servaient aussi les esclaves à table une fois l'année aux calendes de mars. Voy. Macrob., *ibid.*

(3) Sueton., *August.*, cap. 91. — Dio, lib. LIV, cap. 35.

(4) Voyez plus haut, p. 281 et suiv.

(5) Val. Maxim., lib. II, cap. 5, § 4.

(6) Pour sa victoire sur les Carthaginois, l'an de Rome 493.

soir, quand il avait soupé chez ses amis, sans se faire précéder d'un homme qui portait une torche, d'un joueur de lyre et d'un tibicène, renouvelant par cette pompe nocturne la mémoire de son triomphe (1).

Ces repas du soir qui se prolongeaient parfois jusqu'au matin, s'appelaient *comissationes* (2). C'est au sortir d'une de ces débauches que Caton fut un matin rencontré ivre dans les rues de Rome (3). Souvent en Italie comme en Grèce on assistait à ces parties de plaisir le visage couvert d'un masque (4).

ORIGINE DU LUXE A ROME.

C'est à l'an 566 que l'on s'accorde à fixer la première apparition à Rome du luxe oriental. Cn. Manlius rapporta de la Grèce, et Scipion de Carthage, l'usage des lits de table (5), sur lesquels se couchaient ordinairement trois convives (6). Jusque-là les Romains avaient suivi l'usage des anciens Grecs et prenaient leurs repas assis (7). Les lits carthaginois étaient fort simples et quelquefois seulement

---

(1) Val. Maxim., lib. III, cap. 6, § 4.

(2) Plaut., *Mostell.*, act. I, scen. 4, v. 5.

(3) Plin., lib. III, *Epist.* 12, — Cf Horat., lib. III, *Od.* 21, v. 11, seq.

(4) Ce masque, comme celui des tibicènes, et probablement comme celui des mimes, n'était pas le masque scénique (*persona*); c'était un masque plus léger et à peu près semblable à celui que portaient les femmes sous Louis XIII; on l'appelait *galerus*.

(5) Plin., *Hist. nat.*, lib. XXXIV, cap. 3.

(6) Un lit à trois places servait quelquefois à quatre convives. Horat., lib. I, *Sat.* 4, v. 86.

(7) Serv., *In Virgil. Æneid.*, lib. VII, v. 176.

couverts de peaux de chèvre ou de mouton (1). Les lits
grecs étaient plus somptueux ; ils avaient des plaques de
bronze (2), et reçurent bientôt des incrustations d'or et
d'ivoire (3). On plaçait trois de ces lits en face des trois côtés d'une table quadrangulaire (4). Le quatrième côté restait libre pour ne gêner ni le service ni la vue. Cette
disposition des lits leur fit donner, ainsi qu'aux salles à
manger, le nom de *triclinia* (5). Du temps de Plaute on était
dans l'usage de n'inviter jamais plus de neuf convives (6)
ni moins de trois, apparemment, comme dit Varron, pour
ne pas excéder le nombre des Muses et ne pas rester au-
dessous de celui des Grâces (7). Les femmes (8) et les enfants (9) conservèrent longtemps par modestie l'usage des
chaises. On n'offrait aussi qu'un escabeau aux convives
sans conséquence (10), non plus qu'aux parasites qui sui-

(1) Cicer., *Pro Muren.*, cap. 36. — Cf. Val. Maxim., lib. VII,
cap. 5, § 1.

(2) Tit. Liv., lib. XXXIX, cap. 6, *ad fin.*

(3) Plaut., *Stich.*, act. II, sc. 2, v. 53.

(4) Cette ancienne table carrée s'appelait *cibilla.* Varro, *De
ling. Lat.*, lib. V, § 118, p. 123.

(5) Quand une salle à manger ne contenait que deux lits, on l'appelait *biclinium.* Plaut., *Bacch.*, act. IV, sc. 4, v. 69 et 102.

(6) Id., *Stich.*, act. III, sc. 2, v. 31, et act. IV, sc. 2,
v. 12.

(7) Varro, ap. Aul. Gell., lib. XIII, cap. 11. — Cf. Macrob.,
Saturn., lib. I, cap. 7, p. 227.

(8) Val. Maxim., lib. II, cap. 1, § 2.

(9) Sueton., *August.*, cap. 64. — Id., *Claud.*, cap. 32.

(10) Plaut., *Stich.*, act. III, sc. 2, v. 33. — Ce fut un de ces es-
cabeaux que le vieux poëte Cecilius offrit à Térence qui venait lui
lire son *Andrienne*, mais Cecilius n'eut pas plus tôt entendu la première scène de cette pièce, qu'il pria le jeune poëte de prendre place
sur son *triclinium.* Sueton., *Terent. vita.*

vaient partout leurs patrons et qu'on appelait des *ombres* (1). Les tables rondes, soutenues par un seul pied (*monopodaria*), parurent pour la première fois à Rome au triomphe de Manlius (2). Quelques riches citoyens les adoptèrent (3) ; mais ce ne fut qu'à la fin de la République qu'on remplaça généralement par ce meuble les anciennes tables carrées. Ce changement obligea de substituer aux *triclinia* un lit demi-circulaire qu'on appela *sigma*, parce qu'il avait l'ancienne forme de la lettre ainsi nommée en grec (4). Le nombre des places sur ce nouveau lit variait de sept (5) à treize (6).

La salle où mangeaient les Romains était originairement l'*atrium* ou le vestibule, c'est-à-dire un lieu presque public (7). Mais peu à peu, au mépris des lois qui ordonnaient aux citoyens de prendre leurs repas les portes ouvertes (8), le *cœnaculum* fut reculé dans les pièces intérieures, et enfin établi dans l'étage le plus élevé de la maison (9).

---

(1) Horat., lib. II, *Sat.* 8, v. 22, seqq. — Id., lib. 1, *Epist.* 5, v. 28.

(2) Plin., *Hist. nat.*, lib. XXXIV, cap. 3, § 8.

(3) Tit. Liv., lib. XXXIX, cap. 6, *sub fin.*

(4) Apulée appelle cette sorte de lit *suggestum semirotundum* (*Metam.*, lib. V, p. 324).

(5) Mart., lib. X, *Epigr.* 48, v. 6.

(6) Ce dernier nombre fut celui des convives dans la sainte cène.

(7) Val. Maxim., lib. II, cap. 5, § 5. — Aussi appelait-on *atriensis* l'esclave chargé du soin de la salle à manger. Cicer., *Parad.*, V, cap. 2.

(8) Macrob., *Saturn.*, lib. II, cap. 13, p. 370.

(9) Varro, *De ling. Latin.*, lib. V, § 162, p. 162.

Un jour de naissance (1), le soir d'un retour (2), un heureux anniversaire (3), une noce et son lendemain (4), étaient les occasions les plus ordinaires de ces banquets de plus en plus coûteux. Térence leur donne déjà l'épithète de *dubia* (5), parce que, suivant sa glose, les convives y étaient embarrassés du choix des mets (6). Alors le cuisinier, qui n'était auparavant qu'un esclave du dernier ordre, devint l'officier le plus considéré d'une grande maison, et ce qui n'était jusqu'alors qu'un vil métier, devint un art si difficile, que les gens riches même eurent rarement un serviteur capable de l'exercer (7). Aussi louait-on à Rome, comme en Grèce (8), un ou plusieurs cuisiniers pour les jours de fête (9). Dans ces grandes occasions, le chef de cuisine (*archimagirus*) (10) portait un couteau à la ceinture comme insigne de sa dignité (11). Suivant Athénée, les ar-

(1) Plaut., *Pseudol.*, act. I, sc. 2, v. 32, seqq — Id., *Persa*, act. V, sc. 1, v. 7, seqq. — Horat., lib. II, *Sat.* 2, v. 60.

(2) Plaut, *Bacch.*, act. I, sc. 1, v. 61 et 151; act. II, sc. 2, v. 8, et alibi. — Quand une personne absente et qu'on avait crue morte revenait dans sa patrie, il s'ensuivait une petite fête dramatique. Cette personne ne rentrait pas dans sa maison par la porte, mais par le toit (*quasi cœlitus missus*). Plutarch., *Quæst. Rom.* V.

(3) Horat., lib. III, *Od.* 8, v. 9.

(4) Terent., *Adelph.*, act. V, sc. 7. — Horat., lib. II, *Sat.* 2, v. 60.

(5) Terent., *Phorm.*, act. II, sc. 2, v. 28, seqq.,

(6) Plaute et Lucilius cité par Macrobe (*Saturn.*, lib. II, cap. 12, p. 366, seqq.) nous ont conservé de curieux détails sur plusieurs mets recherchés du temps de la seconde guerre punique.

(7) Tit. Liv., lib. XXXIX, cap. 6, *ad fin.*

(8) Athen., lib. VII, p. 290, F, et *passim*.

(9) Plaut. et Terent., *passim*. — Les cuisiniers siciliens étaient les plus estimés (Athen., lib. XIV, p. 655, F; 661, E, F.), d'où *Siculæ dapes*. Horat., lib. III, *Od.* 1, v. 18.

(10) Juven., *Sat.* IX, v. 109.

(11) Plaut., *Aulular.*, act. III, sc. 2, v. 3.

tistes culinaires·l'emportaient en jactance et en vanité ,
même sur les artisans dionysiaques (1). Ce travers fit qu'ils
ont été souvent joués sur les théâtres grecs et romains. Le
cuisinier fut un des caractères les plus fréquemment mis
en scène dans la comédie nouvelle et dans les mimes (2).

MUSIQUE ET DANSES PENDANT LES REPAS.

Pendant cette première époque du luxe romain, nous
voyons les tibicènes, les lyricènes, les joueurs et les
joueuses de harpe syrienne introduits dans les festins.
Un des personnages du *Stichus* de Plaute ramène avec lui
d'Orient, non-seulement des parfums, des tissus de
pourpre, des tapis de Babylone (3), mais des musiciennes d'une merveilleuse beauté :

> .... *Fidicinas , tibicinas,*
> *Sambucinas advexit secùm formâ eximiâ* (4).

Plaute et Térence sont pleins de pareils détails, qui ne
se rapportent pas seulement à la Grèce, comme on pourrait le croire, mais aussi aux mœurs romaines. On lit dans
Tite-Live : « *Tum psaltriœ, sambucistriœque, et convivalia
ludionum oblectamenta addita epulis* (5). » Par ces mots *ludionum oblectamenta*, il faut entendre les danses des *ludiones*, appelés souvent dès lors pour égayer les repas. Nous
voyons dans une comédie de Plaute un dîner terminé par
des danses ioniennes dont les figures étaient si indécentes,

---

(1) Athen., lib. VII, p. 290, B, seqq.
(2) Id., *ibid.*, et lib. IX, p. 376, E, seqq., et 403, E, seq.
(3) Pliv., *Hist. nat.*, lib. VIII, cap. 48, § 74. — Plutarch:,
M. *Cat.*, cap. 4.
(4) Plaut., *Stich.*, act. II, sc. 2, v. 56, seq.
(5) Tit. Liv., lib. XXXIX, cap. 6, *sub fin.*

que, déjà le mot *cinœdicus* est employé comme synonyme de *saltator* (1).

PARASITES, BOUFFONS, ACTEURS PENDANT LES REPAS.

Alors non-seulement les gens riches s'amusaient à table à jouer aux dés et aux osselets (2); mais ils invitaient des parasites pour exciter la joie parmi leurs convives :

> .... *Advexit secum parasitos*
> *Ridiculosissimos.......* (3).

On appelait ces bouffons de table *urbani scurræ* ou simplement *ridiculi* :

> *Urbani assidui cives, quos scurras vocant,* (4).
> ....
> *Vides, ridiculos nihili fieri.....* (5).

Mais outre les parades que donnaient ces farceurs, les repas étaient, je crois, égayés dès le temps qui nous occupe par de petites pièces dramatiques. Les *saturæ*, presque bannies des représentations publiques par les tragédies et les comédies de Livius Andronicus et de ses successeurs, se réfugièrent dans les festins. Les satires d'Ennius et de Pacuvius, antérieures à celles de Lucilius, le créateur de la satire didactique (6), avaient probablement conservé, au moins en partie, la forme dialoguée des *saturæ* ancien-

(1) Plaut., *Stich.*, act. V., sc. 7., v. 1.

(2) Id., *Curcul.*, act. II, sc. 3, v. 75, et *Captiv.* act. I, sc. 1, v. 5.

(3) Id., *Stich.*, act. II, sc. 2, v. 64.

(4) Id., *Trinum.*, act. I, sc. 2, v. 165. — Cf. Id., *Mostell.*, act. I, sc. 1, v. 14. — Horat., lib. I, *Epist.* 15, v. 27, seq.

(5) Plaut., *Stich.*, act. IV, sc. 2, v. 54.

(6) Horat., lib. II, *Sat.* 1, v. 61, seq.—Acro, *In Horat.*, lib. 1, *Sat.* 1, *init.*

nes.(1). Ces pièces de peu d'étendue et d'une tournure à la fois piquante et morale, pouvaient être convenablement récitées ou jouées dans les repas, à cette époque où les mœurs ne faisaient que commencer à se corrompre. L'opinion que je n'émets d'ailleurs ici que comme conjecture, acquiert une sorte de vraisemblance, quand on voit au nombre des satires d'Ennius la *Dispute entre la Vie et la Mort* (2), espèce de *moralité* qui fut imitée ou rajeunie plus tard par Novius, l'atellanographe ; sous le titre de *Mortis et Vitæ judicium* (3). Peut-être aussi l'hypothèse que je hasarde explique-t-elle pourquoi la satire même didactique affecte souvent chez les Romains la forme du dialogue.

ROI DU FESTIN A ROME.

Dès cette première époque, nous voyons s'introduire en Italie une sorte de petit drame convival que nous avons déjà signalé en Grèce (4). Un des convives recevait ordinairement le titre de roi (5), et exerçait une autorité dictatoriale. Nous lisons dans une pièce de Plaute :

Strategum te facio huic convivio (6)

C'était une politesse que l'on adressait assez souvent au maître et quelquefois à la maîtresse de la maison : « Reçois cette couronne de fleurs, beauté florissante, et sois aujourd'hui notre dictatrice (7). »

(1) Munk, *De Pompon. Bonon.*, p. 39.
(2) Quintil., lib. IX, cap. 2, § 36.
(3) Non. Marcell., p. 479, 8.
(4) Voy. le chapitre précédent, p. 202 et suiv.
(5) Macrob., *Saturn.*, lib. I, cap. VII, p. 227. Id., *ibid.*, lib. II, cap. 1, p. 330. — On disait aussi *dominus convivii* (Varro, p. 298, ed. Bip.) et *magister convivii.* Id., p. 210.
(6) Plaut., *Stich.*, act. V, sc. 4, v. 20.
(7) Id., *Persa*, act. V, sc. 1, v. 18.

Quelquefois cette magistrature (1) se conférait par le
sort : « Dans le royaume de Pluton, dit Horace à Sextius,
tu ne tireras plus au sort la royauté bachique : »

Non regna vini sortiere talis.........(2).

L'acte le plus important de cette souveraineté joyeuse
consistait à fixer le nombre des coupes : « *Potandi modim-
peratores* » dit Varron (3). Cicéron se plaît à reconnaître
que Verrès, le hardi contempteur de toutes les lois divines et humaines, se soumettait exactement aux lois de
table : « *Iis diligenter legibus parebat, quœ in poculis
ponebantur* (4). » Le roi du festin imposait encore d'autres
tâches, celle de chanter, par exemple, comme nous l'apprend une anecdote de la cour de Néron (5).

PROGRÈS DU LUXE. — ORGIES PROCONSULAIRES.

Entre le triomphe de Manlius et les victoires de Sylla,
le grand corrupteur des armées romaines, il existe un
espace de plus d'un siècle, pendant lequel nous venons
de voir se projeter sur Rome un premier rayon du luxe
asiatique. Depuis Sylla jusqu'à la chute de la République,
il s'ouvrit une nouvelle période, période de corruption
effrénée, marquée par les excès et les rapines des Salluste,
des Lucullus, des Verrès, des Marc-Antoine. C'est alors
que le monde vit avec dégoût et avec effroi ces déporte-

---

(1) Cicer., *De Senect.*, cap. 14.
(2) Horat., lib. I, *Od.* IV, v. 18.—Cf., lib. II, *Od.* 7, v. 25, seq.
(3) Varro, *Antiq. rerum hum.*, lib. XX, p. 210, ed. Bip.
(4) Cicer., *Verr.*, V, cap. 11, § 28.
(5) Tacit., *Annal.*, lib. XIII, cap. 15.

ments aristocratiques qui ne purent être surpassés que par les orgies impériales. Alors il plut à Lucullus d'avoir plusieurs salles à manger qui portaient chacune le nom d'une divinité (1). Alors on ne se servit plus que de tables d'ivoire, d'érable, de citronnier ou d'écaille de tortue (2). Alors, en dépit des lois somptuaires de moins en moins restrictives et surtout de moins en moins observées (3), on vit dans les repas une effrayante profusion. Il y eut un Fabius surnommé *Gurges* (4). Varron signala et censura dans des vers spirituels le goût ruineux des mets étrangers (5). Un antiquaire du vᵐᵉ siècle, Macrobe, au milieu d'une foule de curieux détails d'érudition gastronomique (6), nous a transmis le menu officiel (7) d'un dîner donné à Rome vers la fin de la République par Lentulus, le jour de son installation dans le collége des pontifes en qualité de flamine de Mars. Il faut lire dans l'original le récit de ce

(1) Plutarch., *Lucull.*, cap. 41.

(2) Cicer.; *Verr.*, IV, cap. 17. — Martial., lib. XIV, *Epigr.* 89 et 90. — Plin., lib. XIII, cap. 15, § 29 et 30.

(3) Voy. dans Macrobe (*Saturn.*, lib. II, cap. 13, p. 370, seqq.) l'histoire des diverses lois somptuaires, Orchia, Fannia, Didia, Licinia, Cornelia, Antia. — Cf. Aul. Gell., lib. II, cap. 24. — Plin., *Hist. nat.*, lib. VIII, cap. 51.

(4) Macrob., *Saturn.*, lib. II, cap. 9, p. 358.

(5) Aulu-Gelle nous a conservé un fragment de ce précieux document de géographie culinaire (lib. VII, cap. 16).

(6) On trouve aussi beaucoup de détails du même genre dans les satires 2ᵉ et 8ᵉ du second livre d'Horace.

(7) Macrob., *Ibid.*, p. 359, seq. Ce menu est extrait du IVᵐᵉ registre (*indice quarto*) des Annales du grand pontife Metellus.

repas digne de Gargantua, et ne pas manquer d'y joindre le savant commentaire de Bœttiger (1). Ce fut également dans un banquet sacerdotal, et pour sa réception dans le collége des augures, que l'orateur Hortensius fit servir un paon sur sa table (2), chose inouïe jusque-là (3), et qui fut, dit Varron, regardée par les gens de bien comme un luxe blâmable (4). Cependant Hortensius ne faisait que se conformer à la loi des repas pontificaux qui imposait à tous les récipiendaires l'obligation d'offrir à l'illustre assemblée un mets entièrement nouveau (5).

Dans ces orgies des spoliateurs du monde les excès de toús genres se donnaient rendez-vous. Voici le tableau d'une de ces fêtes proconsulaires tracé par Salluste : « Metellus Pius étant retourné dans l'Espagne ultérieure, après un an d'absence, fut reçu aux acclamations de toute la population des deux sexes, qui pour le voir se porta en foule

(1) Bœttiger, *Journal des Luxus und der Moden* von Bertuch und Kraus, t. XII, p. 387 et suiv. Cette spirituelle dissertation a été traduite dans le *Magasin Encyclopédique*, an VI, t. VI, p. 433 et suiv.

(2) Plin., *Hist. nat.*, lib. X, cap. 20, § 23.

(3) Cet exemple eut beaucoup d'imitateurs (Horat., lib. II, *Sat.* 2, v. 23, seqq. — Juven., *Sat.* I, v. 143). Ces oiseaux se vendaient à Rome deux cents sesterces et leurs œufs vingt sesterces (Varro, *De re rust.*, lib. III, cap. 6). Pline nous apprend (*loco laud.*) qu'Aufidius Lurco se fit à engraisser ces volatiles un revenu de soixante mille sesterces. — L'usage de servir des paons se perpétua, comme nous le verrons, jusque dans le moyen âge.

(4) Varro, *De re rust.*, ibid.

(5) « Adjicialis cœna. » Id., *ibid.* Cette leçon, bien que douteuse, est adoptée par plusieurs savants, notamment par Jos. Guther., *De vet. jure pontif.*, lib. I, cap. 26, p. 112, éd. Paris.

dans les rues, et monta sur les toits des maisons. Son
questeur, C. Urbinus, et d'autres amis, certains de son
assentiment, l'invitèrent à un banquet dont la somptuosité
surpassa tout ce qu'on s'était permis jusque-là dans Rome et
dans le reste du monde. Des tentures et des décorations (1)
de toute espèce couvraient les murs de la salle à manger,
dans laquelle était dressé un théâtre où devaient se montrer des comédiens (*scenis ad ostentationem histrionum fabri-
catis*). Des eaux parfumées de safran arrosaient le pavé,
comme celui du temple le plus fameux. Metellus arriva dans
un char. Pendant le trajet (2), une statue de la Victoire,
descendant au bruit de la foudre, déposa une couronne
sur sa tête. A son entrée dans la salle, il fut encensé
comme un dieu. Avant de prendre place il revêtit une
robe de pourpre à fond d'or. La table était couverte des
mets les plus exquis. Non-seulement on avait mis la province à contribution, mais on avait envoyé au delà des
mers. La Mauritanie avait fourni des oiseaux et du gibier
d'espèces jusqu'alors inconnues. Par cette conduite Metellus
perdit quelque peu de sa bonne renommée, dans l'opinion
surtout des gens d'un âge mûr et de mœurs sévères, qui
jugèrent cette manière d'agir pleine d'orgueil, d'un
exemple pernicieux et indigne du nom romain. Ce sont,
ajoute Macrobe, les termes qu'emploie Salluste, censeur
rigide du luxe d'autrui (3). »

(1) Au lieu d'*insignia*, Ursinus lit *signa*, des statues.
(2) Je lis *incedenti* ou *in curru sedenti*.
(3) Sallust., ap. Macrob., *Saturn*., lib. II, cap. 9, p. 359.
—Cf. Val. Maxim., lib. IX, cap. 5.

ACTEURS ET MIMES DANS LES FESTINS.

Vous venez de voir figurer dans le repas offert à Metellus un théâtre préparé exprès pour le jeu des histrions. En effet, dès cette époque on faisait venir non-seulement des danseuses et des musiciennes (1) pour amuser les convives; mais les mimes des deux sexes, à peine admis sur les théâtres publics, firent les délices des fêtes que donnaient les particuliers. Sylla vivait entouré de pareils gens (2), et composa, comme nous l'avons vu, probablement pour des réunions de luxure et de débauche, quelques pièces dans le genre des anciennes *saturæ*, ou peut-être des atellanes (3). Cicéron nous représente Antoine ne voyageant qu'accompagné d'acteurs, et conduisant une femme mime dans sa litière (4). Il lui reproche ses repas de nuit, ses mascarades, ses comédies et les banquets qu'il donnait à l'occasion des noces de ses mimes (5). Plutarque, de qui l'on est en droit d'attendre l'impartialité d'un historien, confirme toutes ces

(1) Corn. Gallus (*Eleg.* IV) a peint des couleurs les plus voluptueuses une de ces danseuses dont il était épris. Ordinairement les femmes de cette condition jouaient des crotales, et on les appelait *crotalistriæ*. Propert., lib. IV, *Eleg.* 8, v. 39.—On peut voir dans le *Museo Borbonico* (t. IV, tav. 34) une mosaïque qui représente une de ces joueuses de crotales et de tambourin. — Il y en avait même dans les auberges. Virgile ou l'auteur de la petite pièce intitulée *Copa*, invite un ami à l'accompagner dans une taverne dont la maîtresse les divertira par ses danses.

(2) Plutarch., *Syll.*, cap. 36.

(3) Nicol. Damasc., ap. Athen., lib. VI, p. 261, C.

(4) Cicer., *Philipp.*, II, cap. 24.

(5) Id., *ibid.*, cap. 27, seqq.

accusations : « On était choqué, dit-il, des lions qu'Antoine faisait atteler à son char ; on souffrait de voir dans toutes les villes où il passait, les maisons des hommes les plus sages et des femmes les plus vertueuses désignées pour recevoir ses courtisanes, ses bateleuses et ses thymélistes (1). » Il n'y eut donc guère à Rome, à l'époque qui nous occupe, de repas un peu délicat où, indépendamment des danseurs et des musiciens, on n'appelât des acteurs ou des actrices, à peu près comme aujourd'hui à la Chine et dans l'Inde (2) on introduit des comédiens à la fin des dîners, et comme à Constantinople tout maître de maison mande Karakousch, le fameux paillasse oriental, pour divertir ses convives (3).

Non-seulement les débauchés romains s'entouraient d'un pareil cortége, comme pour se rapprocher d'Alexandre et parodier Bacchus (4) ; mais ils prenaient part eux-mêmes comme acteurs à ces exercices indécents. En effet,

---

(1) Plutarch., *Anton.*, cap. 9.

(2) Voy. plus haut, p. 16.—De Guignes (*Voyage à Pékin*, p. 57) décrit une petite pièce qu'on joua devant lui après un dîner chinois et dans laquelle il vit plusieurs comédiens déguisés en oiseaux et un en biche.

(3) L'émir Karakousch, le bras droit du sultan Saladin, est devenu, on ne sait trop pourquoi, d'abord une sorte d'Ésope moraliste, et ensuite un amusant et obscène paillasse. Ce personnage, accompagné d'acteurs ordinairement Juifs, est en possession d'égayer de ses bons mots et de ses gaillardises les repas des riches habitants de Constantinople.

(4) Dion raconte qu'Antoine se faisant appeler Bacchus, les Athéniens lui offrirent d'être l'époux de Minerve ; il accepta, mais il exigea quatre millions de sesterces pour dot. Dio, lib. XLVIII, cap. 39. — Cf. Senec. rhet., *Suasor.* I.

ces saltations deshonnêtes ne ressemblaient en rien aux danses graves, demi-militaires et demi-religieuses en usage chez les premiers Romains (1). Les nobles libertins des dernières années de la République pratiquaient des tours de force étrangers, abandonnés jusque-là à des esclaves et dont nous avons vu l'usage se glisser dans Rome vers le temps de Scipion Émilien (2). Cicéron reproche à l'orateur Sextus Titius d'avoir donné son nom à un pas nouveau (3). Ailleurs il flétrit le talent mimique de Clodius (4). Et dans un autre discours : « Parlerai-je, Pison, du banquet que vous donnâtes alors, de votre joie, de vos monstrueuses orgies avec le troupeau de vos vils compagnons ?... La maison du consul, de votre collègue Gabinius, retentissait du bruit des chants et des cymbales ; lui-même dansa presque nu au milieu du festin ; et lorsqu'il faisait en tournant ses rapides évolutions, il ne songeait pas à la roue de la Fortune, qui elle aussi tourne sans cesse (5). »

TRAGÉDIES RÉELLES. — GLADIATEURS PENDANT LES REPAS.

Jusqu'ici nous n'avons vu en Italie dans le drame aristocratique qu'un reflet des usages grecs et une copie plus

---

(1) Scipion l'Africain lui-même prenait part aux anciennes danses. Senec., *De tranquill. animi*, cap. 15, *post medium*.

(2) Macrob., *Saturn.*, lib. II, cap. 10, p. 363. — Voy. plus haut, p. 339.

(3) Cicer., *De clar. orat.*, cap. 62 *sub fin.*

(4) Id., *Pro Sextio*, cap. 54.

(5) Id., *In Pison.*, cap. 10. — Quelques commentateurs entendent par *saltatorium orbem*, non pas une *danse tournante*, mais un cerceau au travers duquel sautaient les danseuses, comme on en voit un exemple dans le *Banquet* de Xénophon.

ou moins fidèle de ce qui se passait à Athènes, à Syracuse, à Alexandrie, dans les royaumes de l'Asie-Mineure.
Il nous reste à présent à signaler une coutume vraiment italique et dont la barbarie établit une différence
bien tranchée entre le génie grec et le génie romain. Les
riches habitants de la Grèce et surtout les rois de
Macédoine, d'Égypte, de Pergame, de Carie, etc., prenaient pendant leurs repas le plaisir des représentations
tragiques (1). Les Étrusques voulurent aussi avoir des tragédies pendant leurs banquets; mais la sombre imagination de ces peuples ne put être satisfaite que par des tragédies
réelles; les Étrusques admirent au milieu de leurs festins
l'horrible spectacle des gladiateurs. « Pendant la guerre
contre les Samnites, dit Tite-Live, les Romains ne se servirent des dépouilles conquises que pour l'ornement des
temples. Les habitants de la Campanie, au contraire, par
orgueil et par ressentiment contre les Samnites, parè-
rent de ces armes leurs gladiateurs. Les combats singuliers, ajoute Tite-Live, étaient un spectacle que ces peuples prenaient pendant leurs repas (2). » Silius Italicus
impute aussi cet usage aux habitants de Capoue :

. . . . *Exhilarare uiris convivia cæde*
Mos olim, et miscere epulis spectacula dira. . . . (3).

De l'Étrurie cette coutume abominable passa chez les
Romains. Voici ce que Nicolas Damascène, poëte, historien
et philosophe, contemporain et ami d'Auguste, nous ap-

(1) Voy. le chapitre précédent, p. 213 et suiv.
(2) Tit. Liv., lib. IX, cap. 40.
(3) Sil. Ital., lib. XI, v. 51, seqq.

prend sur ce sujet dans le 110ᵉ livre de ses *Histoires*. « Non-
seulement, dit-il, les Romains ont emprunté des Toscans la
coutume de donner des combats de gladiateurs dans les
fêtes publiques et sur les théâtres : ils ont encore introduit
ce spectacle au milieu de leurs banquets. Il était d'usage ,
en invitant des amis à dîner , de leur promettre entre autres
plaisirs , deux ou trois paires de gladiateurs. Quand les
convives avaient assez mangé et commençaient à se sentir
échauffés par le vin , on mettait les combattants aux
prises. Des applaudissements éclataient chaque fois que l'un
d'eux était frappé à mort (1). »

On se demande quel pouvait être le sens et l'origine
d'une coutume si révoltante ; que l'on trouve d'ailleurs
chez toutes les nations barbares (2). Les Étrusques se plai-
saient-ils à mêler à leurs fêtes l'idée de la mort, comme
un avertissement de jouir de la vie ? Était-ce quelque
chose d'analogue à la coutume qu'avaient les Égyptiens de

----

(1) Nicol. Damasc., ap. Athen. , lib. IV , p. 153, F. — La manière dont s'expriment Nicolas Damascène et Silius Italicus peut
faire supposer que ces horribles divertissements n'existaient pas
en Italie sous le règne d'Auguste ni sous celui de Trajan. Dans
tous les cas , l'abolition de cette coutume , si elle est réelle , ne fut
pas de longue durée. Nous reverrons ces cruautés convivales usitées
sous plusieurs empereurs.

(2) Chez les Celtes (Posidon., ap. Athen. , *ibid.*, p. 254, A , B).
— Les premiers voyageurs qui ont exploré les îles Banda racontent
que les chefs de ces îles faisaient combattre pendant leurs repas
deux ou plusieurs de leurs sujets. Voy. le *Second livre du Journal
du voyage de l'admiral Jacq. Corneille Necq et du vice admiral
Wibrant de Warwicq.* Amst. , 1601, p. 11. — Nous voyons dans le
voyage de Mendelslo en Perse ; le gouverneur d'Amadabath faire
trancher la tête à huit danseuses pendant son repas et en présence
de ses convives. T. I, p. 99 et suiv.

faire circuler dans leurs grands repas une petite figure (1) de bois peint et sculpté représentant un mort dans un cercueil (2), coutume bizarre que nous retrouverons dans les orgies de la cour de Néron (3)? Je crois, pour ma part, que ce n'est rien de tout cela. Comme les gladiateurs à Rome furent d'abord appelés à jouer un rôle dans les jeux et les repas funèbres, ils devinrent bientôt un accessoire obligé des autres jeux et des autres repas. On voit que ce spectacle odieux rattache par une transition bien imprévue, ce que je viens de dire sur l'emploi du drame dans les fêtes romaines à ce qui me reste à exposer touchant l'emploi du génie mimique dans les cérémonies funèbres.

FUNÉRAILLES A ROME.

GLADIATEURS DANS LES OBSÈQUES.

Nous avons vu qu'une croyance commune aux Grecs et aux Romains attribuait aux morts une soif ardente du sang humain (4). On supposait particulièrement ce goût atroce

---

(1) Cette figure avait une ou deux coudées. Herodot., lib. II, cap. 78.

(2) Plutarch., *Sympos. septem sapient.*, p. 148, B.—Plutarque dit un *squelette*, c'est-à-dire un corps desséché, une *momie* ; et, de plus, au lieu de voir dans cet usage, comme Hérodote, une exhortation à boire et à se réjouir, il y aperçoit une leçon philosophique. Il est possible pourtant de concilier ces deux opinions; car la joie dont parle Hérodote pourrait bien n'être qu'une joie mystique et religieuse fondée sur le bonheur dont était censé jouir tout homme enseveli suivant les rites.

(3) « Larva argentea. » Petron., *Satyric.*, cap. 34.

(4) Voy. plus haut, p. 164 et suiv.

aux guerriers et aux héros. De là les immolations volontaires
qui avaient lieu sur leurs tombes et sur leurs bûchers. Les
exemples de ces immolations sont assez nombreux dans l'histoire de Rome. On cite, entre autres, les jeux funèbres exécutés à Carthagène aux mânes de Scipion, où parurent plusieurs combattants volontaires (1). Cependant pour rendre
les libations de sang humain plus abondantes, nous avons
vu les anciens Grecs égorger sur les tombeaux des rois ou
des héros, un certain nombre de captifs et ceux ou celles
d'entre les esclaves que le mort avait le plus aimés. Les
mœurs des héros de Virgile (2) s'accordent sur ce point
avec les mœurs des héros d'Homère. Cette coutume
existe chez la plupart des peuples sauvages (3). L'hellénisme, entre autre but qu'il s'était proposé, s'efforça de substituer des sacrifices d'animaux à l'immolation
des hommes. L'ancienne coutume, au contraire, se main-
tint en Italie où le culte de Saturne ne disparut jamais entièrement. Ce ne fut que l'an de Rome 489, qu'on avisa
qu'il était trop révoltant d'égorger sur les bûchers des
hommes sans défense. Il sembla moins cruel, comme le

---

(1) Tit. Liv., lib. XXVIII, cap. 21. — J'aurais pu citer dans
le chapitre précédent comme exemple d'immolation volontaire la
mort d'Evadné dans les *Sept chefs* d'Eschyle. — Je dois ajouter
que des actes semblables étaient communs chez les anciens Danois
(Thomas Bartholin, *Antiq. danoises*). — Des immolations volontaires ont encore lieu aujourd'hui à Madagascar et au Japon. Voy.
les *Mémoires de Forbin*, et la *Relation du Japon*, dans le Recueil
des Voyages qui ont servi à l'établiss. de la Compagnie des Indes.

(2) Virgil., *Æneid.*, X, v. 518, et XI, v. 82.

(3) Dans les Gaules on jetait les esclaves dans le bûcher de leurs
maîtres. Voy. Cæs., *De Bell. Gall.*, lib. V, cap. 17.

remarque Servius (1) , de les forcer à combattre et à
s'entretuer. Tandis que les Grecs, peuple vraiment artiste, substituaient des combats fictifs aux immolations humaines, les Campaniens et les Étrusques ne croyaient pouvoir apaiser les mânes que par une effusion de sang réelle.
Les peintures qui ornent les vases et les tombeaux étrusques représentent souvent des scènes tirées évidemment des
combats funéraires (2). Les Romains empruntèrent aux
Campaniens ces jeux barbares , qui furent cependant ,
comme on le voit, au moment de leur introduction une
sorte d'adoucissement à la barbarie existante , *humanior
atrocitas* , suivant l'éloquente expression de Tertullien (3).

Le premier spectacle de gladiateurs ou de *bustuaires* ,
ainsi nommés parce qu'ils combattaient autour des bûchers (4), fut offert aux Romains sur la place aux bœufs ,
l'an 488 (5), par Marcus et Decius Brutus, à l'occasion des funérailles de leur père (6). Cet honneur sanglant fut longtemps réservé aux hommes revêtus des
hautes magistratures. L'histoire a gardé le souvenir de
plusieurs de ces combats funèbres , entre autres de ceux
qui furent donnés aux obsèques d'Æmilius Lepidus (7) ,

(1) Serv., *In Virgil. Æneid.*, X , v. 519.

(2) Voy. les peintures des tombeaux de Tarquinie, publiées par
Micali, pl. LIII , les bas-reliefs du tombeau de Scaurus à Pompéï,
et une foule d'autres monuments.

(3) Tertull., *De spectacul.* , cap. 12.

(4) Serv. , *ibid.* — Cf. Horat. , lib. II , *Sat.* 3 , v. 85. — Flor. ,
lib. III , cap. 20.

(5) Sous le consulat d'Appius Claudius et de M. Fulvius ; ce qui
a fait attribuer à tort ces jeux à ces deux consuls. Voy. Millin, *Dict.
des beaux-arts* , au mot. *Gladiateurs.*

(6) Val. Maxim. , lib. II , cap. 4 , § 7. — Tit. Liv. , *Epitom.* ,
libr. XVI.—Cf. Auson., *Edyllia, griph. ternarii num.* , v. 36, seq.

(7) Tit. Liv. , lib. XXIII , cap. 30.

de Valerius Lavinus (1) , et surtout de Sylla (2). Mais peu
à peu cet hommage (*munus*) finit par appartenir à tous ceux
qui avaient la vaniteuse précaution d'imposer par testament cette dépense à leurs héritiers (3). On perdit même
sous l'Empire le sens de cette institution originairement
militaire, au point d'honorer par des combats de gladiateurs les tombes des femmes et celles des jeunes filles (4).

Toutefois les gladiateurs devenus communs en Italie
n'abolirent pas entièrement l'usage des immolations. Octave au temps des proscriptions préludait à la dissolu-
tion sociale qui devait suivre, par le rétablissement de
cette coutume barbare. On prétend qu'après la prise de
Pérouse il condamna à mort trois cents des principaux
habitants de la ville et les fit égorger , aux ides de mars,
sur un autel consacré à Jules César. Aux supplications
de ces malheureux Octave n'opposa que ce mot impi-
toyable « *moriendum* (5). »

COMÉDIES DES FUNÉRAILLES. — PLEUREUSES.

Si l'on excepte les gladiateurs , qui sont d'origine exclusivement italique , les autres rites dramatiques usités à
Rome dans les enterrements , sont empruntés de la Grèce.

---

(1) Tit. Liv., lib. XXXI, cap. 50.

(2) Cicer., *Pro Syll.*, cap. 19. — Dio, lib. XXXVII, cap. 51.

(3) Horat., lib. 11, *Sat.* 3, v. 85.—Pers., *Sat.* VI, v. 48.—Quelquefois, sous l'Empire, le peuple forçait les riches héritiers à donner des combats de gladiateurs. Sueton., *Tiber.*, cap. 37.

(4) Jules César honora ainsi, le premier, les obsèques de sa fille.
Sueton., *Cæs.*, cap. 26.—Dio, lib. XLIII, cap. 22.—Cf. Spartian.,
Hadrian., cap. 9, *sub fin.*

(5) « *Il faut mourir.* » Sueton., *August.*, cap. 15.

Je dois cependant , avant d'aller plus loin , parler d'une institution que je crois particulière à Rome. La déesse Libitine présidait dans cette ville à tout ce qui concernait les obsèques. On se rendait dans son temple pour y louer les ministres et se procurer les objets nécessaires aux représentations des funérailles : c'était l'entreprise des pompes funèbres à Rome (1).

La loi des Douze Tables, comme la loi de Solon , s'efforça de prescrire des bornes aux douleurs vraies ou fausses des survivants ; elle restreignit les dépenses des funérailles et défendit particulièrement aux femmes de se meurtrir le visage (2) ; mais la loi des Douze Tables fut aussi impuissante que l'avait été celle de Solon. Nous voyons à la suite de tous les convois les fils du mort s'avancer la figure voilée, les filles, au contraire, la tête découverte et échevelées se meurtrir les joues (3). Outre ces signes violents de douleur véritable que donnaient les amis et les parents , on louait à prix d'argent des pleureuses (*præficæ*) , sorte de comédiennes funéraires qui, dit Lucilius, s'arrachaient les cheveux et jetaient des cris perçants (4). « Je crierai plus fort que toutes les pleureuses ensemble , »

Superabo omnes argutando præficas (5),

(1) « Pestilentia in urbe tanta erat, ut Libitina vix sufficeret. » Tit. Liv. lib. XL , cap. 19.— Cf. Eumd. , lib. XLI , cap. 21 , et Suet., *Ner.* , cap. 39.

(2) Cicer. , *De leg.*, lib. II , cap. 23 , *sub fin.*

(3) Plutarch. , *Quæst. Rom.* , XIV. — Varro , *Fragm.* , p. 374 , ed. Bip. — Tibull. , lib. I, *Eleg.* 1, v. 68.

(4) Lucil. , *Satir.* , lib. XXII , p. 373 , ed. Havercamp.

(5) Plaut. , *Fragm. Frivolariæ*, ap. Non. Marcell. , p. 67 , 1.

dit une femme en colère, dans un fragment de Plaute. On louait aussi quelquefois des hommes pour pleurer aux enterrements : « *Conducti plorant in funere* (1). » Au reste, on poussait la fiction jusqu'à enfermer dans les tombeaux de petites fioles dont un grand nombre sont venues jusqu'à nous et qu'on supposait remplies de *larmes* (2).

Les *præficæ* n'étaient pas seulement tenues de pleurer, elles devaient encore célébrer les vertus du mort. « Il faut, dit un personnage d'une comédie de Nævius, que cette femme soit une pleureuse à gages pour faire ainsi l'éloge d'un mort (3). » Les chants laudatifs se faisaient entendre devant la maison mortuaire (4). Lorsque les cendres étaient renfermées dans la tombe, et qu'un prêtre avait fait avec l'eau lustrale les trois aspersions sur l'assemblée, il y avait de nouvelles lamentations, et enfin les derniers adieux (5). Ces louanges chantées avec accompagnement de trompettes (6) ou de flûtes plus longues et d'un son plus plaintif que les flûtes ordinaires (7), étaient indépendantes de l'oraison funèbre que le fils ou

(1) Horat., *Ad Pison.*, v. 431.

(2) Montfauc., *Antiquit. expl.*, t. IX, p. 127.

(3) Varr., *De ling. Lat.*, lib. VII, § 70, p. 351.—Fest., *voc.* Præficæ.

(4) Varr., *ibid.*

(5) Serv., *In Virgil. Æneid.*, III, v. 68, et VI, v. 231.

(6) On appelait *siticines* ces joueurs de trompettes funéraires. Cato., ap. Aul. Gell., lib. XX, cap. 2.

(7) Ovid., *Fast.*, lib. VI, v. 660 ; Id., *Trist.*, lib. V, *Eleg.* 1, v. 48. — Stat., *Theb.*, lib. VI, v. 120, seqq. — C'étaient des flûtes *milvines* faites avec un os de milan et dont le son ressemblait au cri de cet oiseau de proie. Fest.; *voc.* Milvina. — Solin., cap. 11.— A Lisbonne quand on proclamait la mort du roi ou de la reine, on se servait de trompettes qui avaient un son particulièrement funèbre.—Les chants des *præficæ* étaient aussi accompagnés de la lyre. Varr., *De vit. Popul. Rom.*, lib. III, p. 247, ed. Bip.

un ami du mort prononçait à la tribune dans le Forum (1). Les chants funèbres s'appelaient *nénies* (2) ; c'étaient les mêmes légendes héroïques que la jeunesse romaine chantait dans les repas (3). On les gravait aussi sur les sépulcres, et il nous en est ainsi parvenu quelques-unes. M. Niebuhr ne doute pas que les inscriptions placées sur les diverses faces du tombeau des Scipions, tombeau glorieux, où cette grande famille donna asile à la statue d'Ennius (4), ne soient des nénies ou du moins des fragments de nénies (5). Malheureusement il arriva ce qui était inévitable. Un grand nombre de nénies ne furent remplies que de louanges mensongères. Tite-Live (6) et Cicéron (7) se plaignent du trouble que jetait déjà dans le souvenir du passé la fausseté de ces éloges funèbres. Dès le temps de Plaute, les chants des *præficæ* passaient pour des sornettes (8) :

« Je ne fais pas plus de cas, dit Stratophanes dans le *Truculentus*,

---

(1) Polyb., lib. VI, cap. 54, ed. Schweigh.—Plutarch., *Publie.*, cap. 9. — Tit. Liv., lib. II, cap. 47 et 61.

(2) Voy. *Loi des Douze Tables* citée par Cicéron, *De legib.*, lib. II, cap. 24.

(3) Varr., *De vit. pop. Rom.*, lib. II, p. 244. — Les *neniæ* étaient donc, comme le *maneros* des Égyptiens et le *linos* des Grecs, à la fois un chant de table et un chant funèbre. Voy. Herodot., lib. II, cap. 79. — Athen., lib. XIV, p. 619, F. — Plutarch., *Instit. Lac.*, p. 237, B. — Hesych., voc. Μανίρως. Cicéron nous apprend que le mot *nenia* était usité en Grèce : *De legib.*, ibid.

(4) Cicer., *Pro Arch.*, cap. 9. — Cf. Val. Maxim., lib. VIII, cap. 4, § 1 et Plin., *Hist. nat.*, lib. VII, cap. 30, § 31.

(5) Niebuhr, *Hist. rom.*, t. 1, p. 361-362, trad.

(6) Tit. Liv., lib. VIII, cap. 40.

(7) Cicer., *Brut.*, cap. 16.

(8) Plaut., *Asin.*, act. IV, sc. 1, v. 63. — Phèdre dans un de

d'un hâbleur sans bravoure, que d'une pleureuse à gages qui chante
les louanges d'autrui, sans pouvoir en obtenir autant pour elle-
même (1). »

Toutefois, quelques-unes de ces actrices amassèrent
assez de fortune pour avoir elles-mêmes des pleureuses à
leurs obsèques (2).

ses prologues emploie le mot *nenia* dans le sens de conte frivole.
bædr., lib. III, *Prol. ad Eutych.*, v. 10. — Cf. Aul. Gell. ; lib.
VIII, cap. 7.

(1) Plaut., *Trucul.*, act. II, sc. 6, v. 14, seqq.

(2) Murator., *Inscript.*, p. 954, 20.—On trouve l'institution des
pleureuses à gages chez presque tous les peuples, et notamment
chez les Arabes. Niebuhr, dan son *Voyage en Arabie* (t. I,
p. 151), nous apprend que les Mahométans louent des femmes
pour pleurer aux funérailles. MM. Michaud et Poujoulat citent
à ce sujet plusieurs détails intéressants : « .... Comme
nous rentrions dans la ville, nous nous sommes arrêtés pour voir
passer un enterrement; le défunt appartenait à une famille notable du pays. Le convoi était suivi par des femmes qui tour à tour
agitaient en l'air leur mouchoir, ou s'en serraient le cou comme
pour s'étrangler; elles exprimaient leur désespoir par des cris dé-
chirants; parfois elles adressaient quelques mots au cercueil et se levaient sur la pointe des pieds comme pour voir si elles étaient enten-
dues et si le mort leur répondait; toutes ces scènes lugubres, toutes
ces expressions de la douleur sont inconnues parmi les Turcs,
qu'on ne voit jamais ni gémir ni pleurer aux funérailles; une autre différence que j'ai remarquée, c'est qu'en Turquie ceux qui portent les morts marchent à pas précipités, et qu'ici ils ne s'avancent
qu'à pas lents. Le convoi que nous avons vu défiler s'arrêtait devant
certaines maisons ; quelquefois il reculait de quelques pas. On m'a
dit que les morts s'arrêtaient ainsi devant la porte de leurs amis pour
leur adresser les derniers adieux, et devant celle de leurs ennemis
pour faire la paix avec eux avant de quitter le monde. » *Corresp.
d'Orient*, t. V, p. 36 et 37.—Niebuhr nous apprend que les femmes
des *Chrétiens* orientaux pleurent pareillement leurs morts et se

DANSEURS, BOUFFONS ET COMÉDIENS AUX FUNÉRAILLES.

Une pompe funèbre s'annonçait à Rome comme un spectacle. Nous avons encore la formule qui servait à la proclamation des obsèques (1). Rien, en effet, ne ressemblait plus à une représentation scénique. Après les pleureuses et les tibicènes (2) venaient les danseurs, les bouffons et les comédiens. « J'ai vu, dit Denys d'Halicarnasse, aux obsèques des personnes de distinction, surtout de celles qui laissaient de grands biens, un chœur de satyres marcher devant le corps et danser la sicinnis (3). » A l'enterrement de Jules César les comédiens (*scenici artifices*) jetèrent dans le bûcher les habits triomphaux dont ils s'étaient revêtus pour la cérémonie et chantèrent plusieurs morceaux choisis exprès pour exciter la pitié et l'indignation, entre autres, le monologue d'Ajax dans la tragédie de Pacuvius intitulée *Les armes d'Achille* (*Armorum judicium*),

Mene servasses ut essent qui me perderent?

et une tirade de l'*Électre* d'Attius, dont le sens était à peu près le même (4).

procurent aussi quelquefois des pleureuses de louage (*Voyage en Arabie*, t. 1, p. 150.). La même coutume subsiste aujourd'hui en Corse. Voy. *Lettres sur la Corse*, insérées dans le *Globe*; t. IV, p. 309.

(1) Voy. Terent., *Phorm.*, act. V, sc. 7, v. 37, et la note de Mme. Dacier.

(2) Non-seulement la musique tenait chez les anciens une grande place dans les funérailles; on l'employait même pendant l'agonie, comme le prouve un bas-relief publié par Caylus. *Recueil d'antiq.*, t. III, p. 267, pl. LXXIII.

(3) Dionys. Halic., lib. VII, cap. 72, p. 1490, ed. Reisk.

(4) Sueton., *Cæs.*, cap. 84.

Parmi les comédiens des funérailles on distinguait l'acteur chargé du principal rôle, c'est-à-dire du rôle du mort. On l'appelait *archimime*, à cause de la prééminence de ses fonctions. Il devançait le cercueil et tâchait de reproduire la démarche, le costume et le langage du défunt. On ne sait pas exactement à quelle époque commença cet usage. Peut-être ne date-t-il que de l'Empire (1).

Outre cette représentation animée et vivante, les Romains avaient coutume de placer au premier rang de la pompe funèbre l'image de la personne qu'on avait perdue, revêtue des habits qu'elle portait pendant sa vie. Appien raconte qu'on promena ainsi la statue de cire de Jules César, avec les marques des vingt-trois blessures qu'il avait reçues (2). Après les funérailles on reconduisait le simulacre chez l'héritier, et on le plaçait à son rang dans l'*atrium* parmi les statues des ancêtres. Ce fut un honneur tout exceptionnel pour la mémoire de Caton l'Ancien et de Scipion l'Africain, que l'image du premier ait été placée dans le sénat, et celle du second dans le temple de Jupiter. « Le Capitole, dit Valère-Maxime, servait d'*atrium* à ce grand homme; c'était là qu'on l'allait prendre quand il y avait des funérailles dans la famille Cornelia (3). »

En effet, on ne portait pas seulement aux obsèques l'image du mort, mais encore celles de ses ancêtres (4).

(1) Sueton., *Vespas.*, cap. 19.

(2) Appian., *Bell. civ.*, lib. II, cap. 147. — Sévère fit à Pertinax des obsèques où ne figura que son image, et que Capitolin appelle *funus imaginarium.* Voy. Capitol., *Pertin.*, cap. 14. — Cf. Xiphil., lib. LXXIV, cap. 4, seq. Spartian, *Sever.*, cap. 7.

(3) Val. Maxim., lib. VIII, cap. 15, § 1 et 2.

(4) Cicer., *Pro Mil.*, cap. XIII, 33.—Horat., *Epod.* VIII, v. 11. —

Écoutons Polybe : « Quand un illustre Romain vient à mourir, on lui rend de grands honneurs… Après l'avoir enseveli, on place son image dans un coffre de bois qu'on loge dans le principal appartement de la maison… Aux jours de solennité publique on découvre ces images et on les pare avec soin. Quand quelqu'un de la même famille vient à mourir, on les porte au convoi et, pour les rendre plus semblables à ceux qu'elles représentent, on les place sur des hommes qui, par leur taille et leur tournure ressemblent le plus possible au modèle. A celui qui a été consul ou préteur, on donne la prétexte. Celui qui a été censeur est revêtu de la pourpre. Si l'un d'eux a été honoré du triomphe ou de quelque autre semblable distinction, on fait briller l'or sur ses habits. Ces simulacres sont portés sur un char ; les faisceaux, les haches et les autres insignes des magistratures qu'ils ont exercées les précèdent (1). Quand ils sont arrivés aux rostres (tribune où se prononçait l'oraison funèbre), on les assied tous, selon leur rang, sur des siéges d'ivoire. On ne peut rien voir de plus beau que ce spectacle, ni de plus propre à exciter les jeunes gens à l'amour de la gloire (2). »

Quelquefois on réservait au théâtre des places d'honneur pour les images des morts illustres. Cet hommage fut rendu, entre autres, à M. Marcellus (3), et, plus tard

---

Plin., *Hist. nat.*, lib. XXXV, cap. 2. — Cf. Sil. Ital., X, v. 566, seqq.

(1) Les licteurs portaient les faisceaux renversés. Tacit., *Annal.*, lib. III, cap. 2. — Aux funérailles de Sylla on vit plus de deux mille couronnes qu'il avait reçues de différentes villes à l'occasion de ses victoires. Appian., *Bell. civ.*, lib. I, cap. 106.

(2) Polyb., lib. VI, cap. 53.

(3) Dio, lib. LIII, cap. 30.

à Faustine et à Pertinax (1). On vit aussi quelquefois le triomphe décerné aux statues des princes décédés (2).

JEUX FUNÈBRES.

A Rome, comme en Grèce, les funérailles étaient l'occasion de plusieurs sortes de jeux. Nous trouvons sur un assez grand nombre d'inscriptions la mention expresse des *ludi funebres*. Le soin que l'on prend sur d'autres inscriptions de spécifier que tel ou tel jeu a été donné en l'honneur d'une personne vivante (3), prouve qu'on donnait quelquefois ces jeux en l'honneur des morts. Les combats de gladiateurs et les chasses (*venationes*), c'est-à-dire non-seulement les combats des hommes contre des hommes, mais les combats des hommes contre des bêtes, composaient le plus ordinairement, et à titre d'expiation (4), les spectacles funèbres. De plus, les inscriptions et les didascalies nous prouvent que les représentations scéniques, et même les comédies, étaient à Rome, comme en Grèce, au nombre des jeux qui accompagnaient les funérailles (5). Des six pièces qui nous restent de Térence, deux, l'*Hécyre* et les *Adelphes*, ont fait partie de jeux funèbres (6). Une troisième, l'*Heautontimorumenos*, pourrait avoir eu la

(1) Xiphil., lib. LXXI, cap. 3:. — Id., lib. LXXIV, cap. 4.

(2) Spartian., *Hadrian.*, cap. 6.

(3) « Lusus Juvenum vivo fieri curavit. » Grut., *Inscript.*, p. 1028, 1. — Le mot *vivo* est contesté par Orelli.

(4) Les masques d'hommes et d'animaux qu'on remarque sur presque tous les monuments funèbres sont des témoignages plastiques de ces expiations sanglantes.

(5) Donat., p. 80, 3.—Murat., *Inscript.*, p. 575, 1 ; et Bimard, *In Murat. prolegg.*, t. I, 10-11.

(6) *Didasc. Hecyræ et Adelph.*

même destination, suivant une conjecture de Mme Dacier (1). Mais alors de tels honneurs n'étaient rendus qu'à des personnages consulaires et aux hommes publics les plus distingués (2). Dans la *Mostellaria* de Plaute un esclave espiègle qui se joue d'un vieillard, se dit à lui-même (3) :-

« Comme je suis très-certain qu'on ne célébrera pas de jeux pour lui après sa mort, je vais lui en donner de son vivant (4). »

REPAS FUNÈBRES. — ANNIVERSAIRES.

Comme toutes les fêtes accompagnées de sacrifices, les funérailles étaient suivies à Rome d'un festin où l'on servait ce qui restait des victimes. Quelquefois on invitait à ces repas tout le peuple, comme ami du mort. C'est ainsi que Jules César fit dresser vingt-deux mille tables (5), lors des jeux funèbres qu'il donna en l'honneur de sa fille. On appelait ces repas *parentalia* (6) ou *silicernia* (*quod silentes umbræ id cernebant*) (7). D'autres fois, on distribuait au peuple des viandes crues, et l'on appelait *visceratio* (8) cette sorte de curée populaire.

Le neuvième jour après les funérailles, il était d'usage

---

(1) Voy. Térence trad. par Mme Dacier, *Hecyr. didasc.*, note.

(2) L'autorisation du sénat ou des magistrats était nécessaire pour donner des jeux funèbres. Voy. Cicer., *Philipp.*, IX, cap. 7.

(3) Plaut., *Mostell.*, act. II, sc. 1, v. 80, seq.

(4) Jeu de mots ; *huic faciam ludos* signifie à la fois *je donnerai des jeux en son honneur*, et *je le tromperai*.

(5) Plutarch., *Cæs.*, cap. 55.

(6) Cicer., *Philipp.* I, cap. 6.

(7) Donat., *In Terent. Adelph.*, act. IV, sc. 2, v. 48.

(8) Tit. Liv., lib. VIII, cap. 22 ; Id., lib. XXXIX, cap. 46 et lib. XLI, cap. 28. — Cicer., *De offic.*, lib. II, cap. 16. — Ces distributions n'avaient pas lieu seulement aux obsèques et aux

de donner de nouveaux jeux et un nouveau repas (*no-vemdialis cœna*) (1). Les invités étaient couronnés de feuil-les de peupliers (2) et vêtus d'habits de couleur rousse. Enfin on célébrait l'anniversaire de la mort par d'au-tres jeux et un autre repas (*cœna feralis*) (3). Les frais que nécessitaient ces usages étaient supportés le plus or-dinairement par les héritiers et quelquefois par le trésor public (4).

Les repas anniversaires avaient quelque chose de tout à fait dramatique. On se rendait au tombeau ; on dressait des lits et des tables et on laissait vide la place du mort ; on faisait des libations de vin et de lait, et enfin on déposait sur la tombe des fèves (5), de l'ache (6), des laitues, du pain, du sel, des œufs et d'autres mets dont on supposait que les mânes venaient la nuit se repaître ; mais les pau-vres gens, comme aux repas d'Hécate à Athènes (7), jouaient ordinairement le rôle des mânes. De là les expres-sions proverbiales : « *Rapere de rogo cœnam* (8) »... « *Ex flammâ cibum petere* (9), » et l'épithète injurieuse de *busti-rapus* (10), servant à désigner un mendiant ou un avare. L'u-

anniversaires funèbres; elles étaient aussi fréquentes après un triom-phe ou lors d'une entrée en charge. Sueton., *Cæs.*, cap 38.

(1) Tacit., *Annal.*, lib. VI ; cap. 5.

(2) Serv., *In Virgil. Æneid.*, V, v. 134.

(3) Juven., *Sat.* V, v. 85.

(4) « *Funera censoria.* » Spartian., *Sever.*, cap. 7.—Voy. *Acad. des Inscript.*, t. XLII, p. 181 et suiv.

(5) Plin., *Hist. nat.*, lib. XVIII, cap. 12, § 30.

(6) Id., *ibid.*, lib. XX, cap. 11, § 44.

(7) Voy. le chapitre précédent, p. 205.

(8) Catull., 59, 2. — Tibull., lib. I, *Eleg.* 5, v. 53, seq.

(9) Terent., *Eunuch.*, act. III, sc. 2, v. 38.

(10) Plaut., *Pseudol.*, act. I, sc. 3, v. 127.

sage de ces offrandes funèbres m'a paru d'autant plus digne
de remarque, qu'il s'est prolongé dans les mœurs chré-
tiennes, et que nous verrons la peine extrême que l'Église
eut à l'extirper.

Il subsiste sur les monuments antiques plusieurs représentations des repas funèbres, tant chez les Romains que
chez les Étrusques. Je citerai, entre autres, les peintures
de Corneto (1). L'architecture même dut conformer ses
conceptions à cet usage et ménager aux parents les moyens
de pratiquer commodément sur les tombeaux les festins
annuels. L'étude de ces tristes demeures a même fait remarquer dans plusieurs mausolées une salle destinée à servir de *triclinium*. Quelquefois un édifice particulier, élevé
dans le voisinage des hypogées, servait à plusieurs familles.
A Pompéi, dans la rue des Tombeaux, on a cru reconnaître un édifice ayant cette destination (2). On a découvert
aussi dans la même rue, une sorte de banc demi-circulaire
qui devait, suivant quelques antiquaires, servir aux parents quand ils apportaient leurs offrandes aux mânes (3).
De là aux sacrifices, au culte et à l'apothéose il n'y a qu'un
pas.

FÊTES DES MORTS A ROME.

Quelques-uns de ces festins anniversaires, répétés, religieusement d'année en année, finirent par devenir des
fêtes funèbres perpétuelles et nationales. Telles furent les

---

(1) Micali, *L'Italie avant la dom. des Rom.*, t. II, p. 210, n.
2, trad. — Cf. M. Lebas, *Monuments d'antiq. figurée*, deuxième
cahier, Argolide, p. 205.

(2) *Vues de Pompéi* d'après W. Gell et J.-P. Gandy, p. 44.

(3) Même ouvrage, p. 51.

Larentales, qu'on célébrait à Rome au mois de décembre dans le Vélabre, près d'un tombeau qu'on disait être celui d'Acca Larentia (1). Il en fut de même des *Férales* ou *Fébruales*, qui donnèrent leur nom au mois de février. Quelques auteurs rapportent l'institution de cette fête à Numa (2), d'autres la font remonter aux offrandes annuelles qu'Énée déposait sur le tombeau d'Anchise (3). Quoi qu'il en soit, le jour des Férales, le dernier des Fébruales (4), devint à Rome la grande fête des morts, *le jour des trépassés*. On déposait des offrandes sur toutes les tombes (5), on y faisait des sacrifices à la lueur des torches. On s'imaginait que les mânes sortaient des enfers pour venir assister invisibles à leur fête (6).

Tous les ans, au mois d'octobre (le 14 des calendes de novembre), après avoir purifié les armes de guerre, on sacrifiait aux mânes des soldats morts pendant l'année (7). Cette cérémonie, entremêlée de danses armées (8), avait lieu sur le mont Aventin, près de la tombe du vieux roi Tatius (9). On croit avec beaucoup de vraisemblance, que c'était la répétition annuelle des jeux qu'on avait originairement célébrés pour ses funérailles.

---

(1) Varro, *De ling. Latin.*, lib. VI, § 23, p. 205.

(2) Tit. Liv., lib. XXXV, cap. 7. — Macrob., *Saturn.*, lib. I, cap. 10, p. 241. — Auson., *Disticha de mensib.*, v. 3, seq.

(3) Ovid., *Fast.*, lib. II, v. 543, seqq.

(4) Id., *ibid.*, v. 569.

(5) Varro, *De ling. Latin.*, lib. VI, § 17, p. 195. — Fest., *voc.* Feralia.

(6) Ovid., *ibid.*, v. 565.

(7) Kalendar. Maff. Amitern.

(8) Varro, *ibid.*, § 22, p. 204. — Fest., *voc.* Armilustrium.

(9) Plutarch., *Romul.*, cap. 23.

Un autre anniversaire funèbre se transforma aussi en une
férie annuelle ; ce sont les *Lémuries*, c'est-à-dire la fête des
lémures, ou, comme nous dirions, des revenants. Pendant
trois nuits, au mois de mai (1), chaque chef de famille
conjurait les lémures, ou âmes des morts, en jetant
par dessus son épaule des fèves noires (2), et en frappant
sur un vase d'airain (3). Romulus, dit-on, pour apaiser
l'ombre de Rémus son frère, avait institué ces rites. De
plus, il avait fait dresser un second trône auprès du sien,
où étaient posés un sceptre, une couronne et les autres insignes de la royauté (4), hommage posthume, qui rappelle involontairement le couronnement et le baisemain
d'outre tombe, dont fut honoré le squelette de la belle et
malheureuse Inès de Castro (5).

On voit que, dans les représentations aristocratiques,
tant convivales que funèbres, les Romains, tout en exer-
çant la faculté dramatique, n'ont pas déployé beaucoup

(1) Ce mois (Maius) fut ainsi nommé, suivant Ovide (*Fast.*,
lib. V, v. 427), parce que, pendant sa durée on honorait les
mânes des ancêtres (*majorum*).

(2) Ovid., *Fast.*, lib. V, v. 436, seq.—Varro, *De vit. pop. Rom.*,
p. 241, ed. Bip. — Les fèves faisaient dans l'antiquité partie de
toutes les cérémonies funèbres. — Le P. Carmeli (*Hist. des divers usages sacrés et profanes*) atteste qu'en Italie on est encore dans l'usage de manger et de distribuer des fèves le jour des
morts.

(3) Ovid., *ibid.*, v. 441.

(4) Servius, *Ad Virgil. Æneid.*, lib. I, v. 276.

(5) Suétone raconte un fait qui rappelle encore plus vivement le
couronnement tardif d'Inès de Castro : «Auguste, dit-il, voulut qu'on
ouvrît le tombeau d'Alexandre et en fit tirer le corps; il lui mit une
couronne d'or sur la tête, le couvrit de fleurs et lui rendit un pieux
hommage. Et comme on lui demandait s'il ne voulait pas voir aussi

d'invention. L'Italie a reçu et adapté à son usage le drame étrusque et le drame grec : rien de plus. Si donc l'originalité se montre quelque part en Italie dans les trois diverses routes toujours parcourues, suivant moi, par le génie dramatique, ce n'est guère que dans le culte des lares et des larves, dans la gaieté mordante des jeux fescennins, surtout dans cet amour du réel que pouvaient seules satisfaire la nudité des scènes de débauche les plus effrénées et la vue des meurtres les plus sanglants. Quand nous étudierons tout à l'heure les derniers jeux du théâtre romain, nous verrons se développer d'une manière de plus en plus révoltante cette triste passion de la réalité qui est l'opposé du génie grec, l'opposé même de l'art. L'art, en effet, n'est pas la copie servile, encore moins l'exposition grossière des objets eux-mêmes. L'art est la réalisation plastique, harmonieuse ou poétique d'une conception idéale.

Je termine ici le tableau que j'aurais voulu pouvoir tracer plus court, de la marche suivie par l'imagination mimique en Grèce et en Italie avant l'ère chrétienne. J'ai démontré, ce me semble, ce qu'il m'importait surtout d'établir, à savoir, que le théâtre public d'un peuple épuise rarement la totalité de ses facultés dramatiques ;

---

les Ptolémées, il répondit : j'ai voulu voir un roi et non pas des morts. » Sueton., *August.*, cap. 18.—Dion raconte cette anecdote un peu différemment, et prétend que les attouchements indiscrets d'Auguste endommagèrent le nez du héros (Dio; lib. LI, c. 16). D'autres dans la suite eurent la même curiosité qu'Auguste. Mais l'empereur Sévère crut devoir faire murer le tombeau, afin que personne ne vît plus le corps d'Alexandre (Xiphil., lib. LXXV, cap. 13), que renfermait un cercueil de verre (Strab., lib. XVII, p. 794).

qu'antérieurement , et quelquefois parallèlement, au théâtre officiel , d'autres théâtres existent dans les temples ,
s'introduisent dans les maisons des riches , ou se dressent
pour les plaisirs de la foule dans les rues et dans les carrefours. Chez aucune nation et à aucune époque le génie
dramatique ne saurait faire défaut en même temps dans
les trois voies qui lui sont constamment ouvertes , la voie
sacerdotale , la voie aristocratique et la voie populaire.
Cette proposition est à présent pour moi une vérité acquise.
Il ne me reste plus qu'à faire au moyen âge et aux temps
modernes l'application large et complète du mode d'investigation dont je viens de faire l'essai sur l'antiquité.

FIN DE L'INTRODUCTION.

LES ORIGINES

DU

THÉATRE MODERNE,

OU

HISTOIRE DU GÉNIE DRAMATIQUE

DEPUIS LE IER JUSQU'AU XVIME SIÈCLE.

LES ORIGINES

DU

THÉATRE MODERNE,

OU

HISTOIRE DU GÉNIE DRAMATIQUE

DEPUIS LE IER JUSQU'AU XVIME SIÈCLE.

PREMIÈRE PARTIE.

ÉPOQUE ROMAINE, COMPRENANT L'HISTOIRE DU GÉNIE DRAMATIQUE

DEPUIS LE Ier SIÈCLE JUSQU'AU VIIe.

SUJET ET DIVISION DE LA PREMIÈRE PARTIE.

Après avoir étudié dans l'introduction qui précède les transformations diverses du génie dramatique dans l'antiquité, j'arrive enfin à l'objet spécial de cet ouvrage, à l'histoire des origines du théâtre moderne. Ces origines, j'ai promis de les chercher à la source commune d'où jaillirent la philosophie, la politique, l'art et la civilisation modernes ; c'est assez dire que je crois devoir remonter à l'époque qui a renouvelé la face du monde, à l'apparition de l'idée chrétienne.

Le théâtre sous la forme que nous lui voyons, ne date, comme on sait, que du XVIe siècle. Si l'on veut étudier

les origines théâtrales, on a donc pour champ de recherches un espace de quinze siècles. Je partagerai cet intervalle en trois périodes. La première période s'étendra du
1ᵉʳ siècle au viiᵉ, moment suprême, où sous les pas des
Barbares disparurent les dernières traces du théâtre grec
et romain. J'appelle ce laps de six siècles *époque ro-*
maine ou *mixte*. En effet, en même temps que je rassem-
blerai religieusement les débris et, pour ainsi dire, la
poussière du théâtre antique, j'épierai avec la curiosité la
plus attentive les premiers signes d'existence et d'organisation que commencera à donner l'art nouveau ; l'art
chrétien , l'art qui doit produire un jour les Lope de
Vega, les Shakespear, les Calderon, les Molière, les Corneille et les Schiller. Cette première partie de mon travail
sera donc nécessairement complexe. Je devrai exposer à la
fois la marche en sens inverse de deux idées dont l'une se
lève et grandit, tandis que l'autre décline et s'efface.

Je n'ai pas qualité pour refaire les grandes divisions de
l'histoire. Si je l'avais, je ne voudrais appliquer la dénomination si vague de *moyen âge* qu'aux six premiers siècles de
notre ère. Cette époque présente, en effet, le spectacle unique
de la coexistence et de la *mitoyenneté*, pour ainsi dire, de
deux principes opposés. Alors le monde romain offrit en
toutes choses la plus étrange dualité. On vit à la fois dans
la même société deux religions, deux morales, deux ju-
risprudences, deux arts, deux gouvernements.

Cette époque de transition se divise naturellement elle-
même en deux parts. L'une, pendant laquelle l'idée
païenne reste la plus forte ; l'autre, pendant laquelle l'idée
chrétienne arrive à dominer. Je diviserai donc cette première partie en deux sections. Dans la première, qui s'é-

tendra du i^{er} au ive siècle , grâce à la concentration dans Rome de toutes les forces , de tous les arts , de toutes les richesses du monde , le champ de nos recherches sera à peu près circonscrit à la capitale du peuple-roi. Dans la seconde section , au contraire , c'est-à-dire du ive au viie siècle , la translation du siége impérial à Constantinople ouvrira à nos études un double champ. Nous devrons dès lors porter nos regards sur cette seconde patrie des arts , et suivre les destinées du génie dramatique à la fois en Orient et en Occident. Cette seconde section sera tout-à la fois romaine et byzantine.

PREMIÈRE SECTION.

DU Ier AU IVe SIÈCLE.

CHAPITRE PREMIER.

DRAME MUET.

I. **Retour** des **Romains** aux jeux muets. — **Renaissance** des jeux corporels en **Grèce**. — **Échange** des jeux grecs et des jeux romains. — II. JEUX DU CIRQUE ET DE L'AMPHITHÉATRE. Courses de chevaux et de chars. — Attelages de lions, de tigres, de cerfs, d'éléphants. — Courses comiques. — Attelages de chiens, de chameaux, de femmes nues. — Empereurs-cochers. — Cirques privés. — GLADIATEURS. Origine. — Gladiateurs publics, — privés. — Costumes des gladiateurs. — Chant du rétiaire. — Princes-gladiateurs. — Combats comiques. — Nains et femmes gladiateurs. — Petite guerre. — Jeu de Troie. — Guerres fantastiques. — Naumachies. — CHASSES. — Spectacle des chasses venu d'Asie et d'Afrique à Rome. — Chasses immenses. — Combats d'animaux. — Combats d'animaux contre des hommes. — Empereurs-bestiaires. — Machines et merveilles de l'amphithéâtre. — Forêts dans l'arène. — Tragédies réelles. — Orphée déchiré. — Chasses comiques. — Les lions et les lièvres. — L'ours acteur comique de l'amphithéâtre. III. JEUX SCÉNIQUES. — Les pétauristes et les funambules jouaient à la fois dans le cirque et sur le théâtre. — PANTOMIMES. Causes politiques de la vogue des pantomimes. — Chironomie ou langue des gestes. — Torts et répression des pantomimes. — Origine des pantomimes. — Les pièces pantomimes n'étaient pas absolument muettes. —

I.

RETOUR DES ROMAINS AUX JEUX MUETS ET AUX EXERCICES CORPORELS.

Les spectacles qui ne s'adressent qu'aux yeux et qui
n'exigent de ceux qui les regardent ou s'y exercent aucun
travail de l'imagination ou de la pensée, se rencontrent
constamment aux deux points extrêmes, c'est-à-dire au
début et à la chute de toute civilisation. Les Grecs, au sortir de l'état sauvage, commencèrent à se réunir à Olympie, à Delphes, à Corinthe et à Némée, pour jouir en
commun des plaisirs de la lutte, du pugilat, du jet
du disque, de la course à pied et en char. Mais la
Grèce était naturellement trop intelligente et trop artiste
pour ne pas élever promptement les exercices du corps à
la dignité d'arts, et ne pas joindre bientôt aux jeux du
stade, de la palestre et de l'hippodrome, la musique et la
poésie. Ce mélange des jeux de l'esprit et de ceux du corps
eut lieu d'abord à Delphes et à Pise, puis à l'isthme de
Corinthe et à Némée. Nous avons vu ailleurs comment de
la chorodidascalie dorienne et de l'orchestique naquirent
dans l'Attique la tragédie et la comédie (1). L'éclat immense que jetèrent les grandes solennités tragiques et

---

(1) Voy. *Introduct.*, p. 27—57.

comiques, éclipsa et repoussa au second rang pendant plusieurs siècles, les jeux où dominaient les divertissements gymniques (1).

La marche des choses fut la même en Italie. Seulement la race romaine naturellement rude, n'allia qu'assez tard les jeux de l'esprit à ceux du corps, et encore n'opéra-t-elle ce mélange que par imitation. La grande poésie ne fut pas à Rome, comme elle avait été en Grèce, le produit naturel des institutions religieuses et du génie national. Les arts de Corinthe et d'Athènes apportés à Rome par la victoire, y produisirent quelques moissons poétiques admirables sans doute, mais artificielles et peu nombreuses. La tragédie et la comédie, entre autres, ces beaux fruits du climat grec, greffés sur le sauvageon italique, ne fleurirent qu'un moment. Dès le temps des successeurs d'Auguste, l'âpreté du vieux tronc reparut. Alors une nouvelle création de l'architecture couvrit de toutes parts le sol romain, comme pour demeurer dans l'avenir le signe matériel et le symbole de la barbarie renaissante des derniers siècles païens : les amphithéâtres se montrèrent de tous côtés (2) et prirent presque partout la place des théâtres. Alors les rugissements des lions et

(1) La rivalité était naturelle entre le gymnase et le théâtre. Euripide, le plus philosophe des tragiques grecs, a censuré éloquemment dans un fragment de son *Autolycus* (Athen., lib. X, p. 413, C, seqq.), la passion de ses compatriotes pour les jeux des athlètes.

(2) L'amphithéâtre de Sutri semble prouver que cette sorte de monuments étaient fort anciennement connus des Étrusques. Si cela est vrai, le double théâtre élevé du temps d'Auguste par Curion, n'aurait pas été le modèle, comme on l'a cru, mais une ingénieuse

des panthères dominèrent la sublime harmonie de la voix humaine.

RENAISSANCE DES JEUX EN GRÈCE.

Un des premiers soins de la politique romaine en Grèce, fut de continuer l'œuvre des dernières royautés, c'est-à-dire de faire prévaloir le goût des jeux gymniques sur celui des jeux qui s'adressaient à l'imagination et à la pensée.

Avant la conquête, plusieurs villes grecques s'étaient confédérées, et tenaient, à certaines époques, des espèces de diètes qu'on appelait κοινά, *communautés*. Quand le pays passa sous la domination romaine, ces assemblées, qu'on ne voulut pas détruire, furent privées de toute liberté politique et contraintes de se renfermer dans l'administration des jeux et des spectacles. Aussi depuis lors ne rencontre-t-on plus guère sur les médailles frappées par les divers κοινά de la Grèce et de l'Asie, que des types agonistiques (1). Les quatre grands jeux de la Grèce, ceux d'Olympie (2), de Delphes (3), de Corinthe et de Né-

---

copie des amphithéâtres dont on avait pris l'idée aux Toscans. — Dion attribue à Jules César la construction du premier amphithéâtre à Rome. Dio, lib. XLIII, cap. 22.

(1) Eckhel, *Doctr. num. vet.*, t. IV, cap. 21, p. 428, seqq.

(2) Je ne sais sur quelle autorité le savant d'Ansse de Villoison a fixé l'abolition des jeux olympiques à l'an 28 de l'ère chrétienne (*Acad. des inscript.*, t. XXXVIII, p. 50). La table des vainqueurs donnée par Corsini (*Dissert. IV agonisticæ*, p. 121, seqq.) ne s'arrête pas à la 201e; mais à la 247e olympiade. Voy. p. 138, vcc. *Satornilus*. De plus, nous savons par Cedrenus (*Histor. compend.*, p. 326, seq.) que les jeux olympiques ne furent abolis que la 16e et dernière année du règne de Théodose, l'an 395 de J.-C.

(3) La liste des vainqueurs aux jeux pythiques va jusqu'à la 243e

mée (1), reprirent sous l'autorité romaine une partie de
leur premier éclat. L'engouement même fut tel, que plusieurs villes voulurent avoir chez elles des jeux pythiens.
et des jeux olympiques (2).

Un illustre antiquaire remarque qu'après la réduction.
de la Grèce en provinces, et plus particulièrement depuis le règne de Septime - Sévère, on voit apparaître
sur les médailles l'indication d'un grand nombre de
jeux nouveaux (3). Le même écrivain remarque encore,
toujours d'après les données fournies par la numismati-
que, que jamais les fêtes ne furent plus multipliées dans
les diverses parties de l'Empire, que sous les règnes de
Valérien et de Gallien, c'est-à-dire au moment où la situation des provinces était le plus déplorable (4). Cette ré-
crudescence des jeux, si l'on me permet ce terme, n'a
pas échappé aux écrivains du temps. Philon le Juif, entre

olympiade. Voy. Corsini, *Dissert.* IV, p. 144, *voc.* Clemens Byzant. — Cf. Philostr., *Vit. sophist.*, lib. II, cap. 27, § 2.

(1) L'empereur Hadrien rétablit dans les jeux isthmiques et néméens les courses équestres des enfants qui depuis longtemps.
avaient été négligées. Voy. *Acad. des inscript.*, t. XXXVIII, p.
5o. — Cf. Pausan., *Eliac.*, pars. 2ᵃ., cap. 16, § 4.

(2) Eckhel a publié la liste des médailles frappées hors de l'Élide
en mémoire de jeux dits olympiques (*Doctr. num veter.*, t. IV,
p. 445, seqq.), et celle des médailles auxquelles donnèrent lieu
des jeux pythiques célébrés dans d'autres villes que Delphes (Id.,
ibid., p. 451, seq.). — On avait déjà vu en Macédoine des jeux
dits olympiques donnés sous Archelaus, Philippe et Alexandre.

(3) La coutume qui s'établit de décerner l'apothéose aux princes
morts et de déifier les vivants multiplia beaucoup le nombre des.
fêtes.

(4) Eckhel, *ibid.*, p. 422, seq.

autres, s'élève avec une véhémence remarquable contre la passion renaissante des jeux gymniques (1).

MÉLANGE DES JEUX GRECS ET DES JEUX ROMAINS.

Dès la fin de la République, les exercices des athlètes s'étaient introduits à Rome (2). Le pugilat, qu'avaient de tout temps pratiqué les Campaniens, devint sous Auguste, un des plaisirs favoris de la multitude. L'Empereur même se plaisait tellement à ce genre de spectacle, qu'il recherchait les occasions de jouir du pugilat des rues (3), comme en certains pays on recherche aujourd'hui la vue des boxeurs. Néron entretint des lutteurs dans son palais (4) et fit de grandes libéralités aux athlètes (5). Ce prince et Domitien instituèrent des jeux quinquennaux, qui consistaient en un triple concours, musical, équestre et gymnique (6). Néron voulut que les vestales as-

(1) Philo Judæus, *De agricult.*, p. 192.

(2) Le premier concours d'athlètes fut donné à ome par Fulvius après la guerre d'Étolie, l'an 566, suivant Tite-Live (lib. XXXIX, cap. 22). Valère-Maxime prétend, au contraire (lib. II, cap. 4, § 7), que les combats d'athlètes furent introduits à Rome par la magnificence de Scaurus, c'est-à-dire, sans doute, pendant son édilité, l'an 695. — Plusieurs empereurs donnèrent de ces combats. Voy. Suet., *Cæs.* cap. 39, *Caligul.*, cap. 18, et *Ner.*, cap. 12, *in fin.* — Xiphil., lib. LXXIX, cap. 16. — D'autres s'y livrèrent eux-mêmes (Sueton., *Ner.*, cap. 53); Commode périt étranglé par un athlète, nommé Narcisse, avec lequel il avait coutume de s'exercer. Lamprid., *Commod.*, cap. 17. — Cet athlète fut livré aux bêtes par Sévère. Xiphil., lib. LXXIII, cap. 16.

(3) Suet., *August.*, cap. 45.

(4) Id., *Ner.*, cap. 45.

(5) Galba obligea les athlètes à restituer les présents qu'ils avaient reçus de Néron. Sueton., *Galb.*, cap. 15.

(6) Id., *Ner.*, cap. 12, et *Domit.*, cap. 4.

sistassent aux combats des athlètes, par la raison que les
prêtresses de Cérès assistaient aux jeux olympiques (1).
Plus tard on rencontre souvent les *ludi gymnici*, que les
auteurs distinguent toujours des *ludi circenses* et des *ludi
gladiatorii* (2). Enfin Rome, outre ses cirques et ses amphithéâtres, eut un gymnase bâti par Néron (3), et pour
les courses à pied un stade (4), dans lequel Domitien, qui
le construisit, fit courir des vierges (5).

Les plus sages et les plus humains des empereurs s'ap-
pliquèrent à développer chez les Romains le goût des jeux
grecs. C'est ainsi que nous voyons Marc-Aurèle ne permettre aux gladiateurs de combattre en sa présence qu'à
la *manière des athlètes* et sans péril pour leur vie (6). Mais
par une réciprocité funeste, les Romains portèrent en Grèce
leurs jeux sanguinaires. L'usage des grands massacres d'a-
nimaux, inconnus des Hellènes (7), fut introduit à Corinthe,

(1) Sueton., *Ner*, cap. 12.

(2) Trebell. Poll., *Gallieni duo*, cap. 3. — Les exercices des
athlètes faisaient partie, sous Héliogabale, des jeux capitolins. Xiphil, lib LXXIX, cap. 10.

(3) Sueton., *Ner.*, cap. 12.

(4) Id., *Domit.*, cap. 5. — Lamprid., *Heliog.*, cap. 26. —
Jules César avait fait construire un stade temporaire dans le
Champ de Mars. Sueton., *Cæs.*, cap. 39.

(5) Sueton., *ibid.*, cap. 4. — Xiphil., lib. LXVII, cap. 7. —
Cf. Capitol., *Anton. Pius*, cap. 8 et 12.

(6) Xiphil., LXXI, cap. 29. — Cf. Trebell. Poll., *Gallieni duo*,
cap. 8. — Capitolin nous apprend que Marc-Aurèle *aimait le pugilat* (*Marc. Ant.*, cap. 4).

(7) La Thessalie paraît avoir connu les combats de taureaux ; Hé-
liodore (lib. X, cap. 28, seqq.) en décrit un, et plusieurs anciennes
médailles prouvent que cette coutume remonte à une haute antiquité.
Voy. M. Mionnet, *Descript. des méd. grecques*, t. II. p. 14, médailles de Larisse, nos 161-177, et *Supplém.*, t. III, nos 161-177.

à Antioche (1) et dans plusieurs autres villes. A Athènes
même, Hadrien donna dans le stade le spectacle d'une
chasse de mille bêtes (2). Les Grecs avant la conquête romaine n'avaient pas admis dans leurs fêtes les combats de
gladiateurs (3). Le seul exercice sanglant qui leur fût resté
des temps barbares était le combat du ceste (4). Mais à la
suite des légions romaines, vinrent les boucheries de l'amphithéâtre. Antiochus voulant lutter de magnificence avec
Paul-Émile, montra des gladiateurs en Macédoine (5). Plus
tard ces combats furent reçus à Antioche, à Daphné (6),
à Amastris (7), à Corinthe (8), à Syracuse (9). Il est
juste, toutefois, de remarquer que ces passe-temps abo-
minables ne purent jamais s'établir à Athènes. Repoussés une première fois par une éloquente exclamation de Dé-
monax (10), les gladiateurs essayèrent de nouveau de mon-

(1) Capitol., *M. Anton.*, cap. 8.

(2) Spartian., *Hadrian.*, cap. 19.

(3) Il est probable que les Grecs au sortir de l'état sauvage
eurent des *monomachies* ou combats de gladiateurs ; mais on ne
trouve quelques traces de cet usage que sur les vases grecs de la
plus ancienne époque.

(4) Sur presque tous les vases où sont peints des combats du ceste,
l'artiste a eu soin de montrer les combattants le visage ensanglanté.
Voy. Durand, *Catalog.*, n° 708.

(5) Athen., lib. V, p. 194 ; C.

(6) Capitolin., *Marc. Anton.*, cap. 8. — Daphné était un fau-
bourg d'Antioche.

(7) Lucian., *Toxar.*, cap. 59.

(8) Philostr., *Apollon. vit.*, lib. IV, cap. 7 et 22. — Lucian., *Demonax*, cap. 57.

(9) Valer. Maxim., lib. I, cap. 7, § 8.

(10) « Avant de décréter l'admission des gladiateurs, Athéniens,
il vous faut renverser l'autel de la Miséricorde. » Lucian., *Demonax*, *ibid.*

ter sur le théâtre de Bacchus; mais ils furent forcés une
seconde fois de s'éloigner à la voix d'Apollonius de Tyane,
qui donna aux descendants d'Eschyle le courage de re-
pousser cette invasion que la barbarie osait faire dans
l'enceinte même de la poésie et des arts (1).

II.

JEUX DU CIRQUE.

Le drame muet se composait, à Rome, des jeux du
cirque et des jeux scéniques. Je voudrais pouvoir ne m'occuper que de ces derniers; mais ayant à montrer comment périt le théâtre antique, c'est-à-dire comment les
ludi scenici finirent par se perdre dans les *ludi circenses*,
il est nécessaire d'étudier d'abord ceux-ci, dans ce qu'ils
peuvent avoir eu de dramatique.

. Les jeux du cirque étaient de trois sortes; ils comprenaient 1° les courses de chevaux et de chars ; 2° les combats de gladiateurs ; 3° les chasses ou combats d'animaux.
Nous verrons, d'ailleurs, que les *ludi circenses* n'étaient pas
tellement muets, qu'il ne s'y mêlât quelquefois des paroles.

COURSES DE CHEVAUX ET DE CHARS.

Les courses de chevaux, venues de la Grande Grèce à
Rome (2) sont, de tous les jeux du cirque, ceux qui ont le
moins de rapport avec le drame ; et, cependant, nul autre
spectacle n'a excité plus vivement les passions du peuple
romain. Les spectateurs partageaient leurs vœux entre les
diverses factions, et de nombreux paris (3) ajoutaient un

(1) Philostr., *Apollon. vit.*, lib. IV, cap. 22.
(2) Tacit., *Annal.*, lib. XIV, cap. 21.
(3) Ovid., *De Art. am.*, lib. I, v. 167, seqq. —Juven., *Sat.* XI,
v. 199, seq.— Tertull., *De spectac.*, cap. 16.

intérêt aléatoire à l'émotion de la lutte. On appelait *factions* les diverses troupes d'écuyers ou de cochers qui disputaient le prix dans la lice (1). Il y avait quatre factions que distinguait la couleur de leurs vêtements, la faction blanche, la rouge, la bleue et la verte (2). Domitien en créa deux nouvelles, la pourpre et la dorée (3). Plus tard, quand on voulut trouver dans toutes les coutumes païennes un sens mystérieux et symbolique, on ne manqua pas d'attribuer aux couleurs des factions de secrets rapports avec la révolution des saisons et les puissances de la nature (4). On signala aussi de singulières analogies entre les *sept* courses (5) que faisaient les chars et plusieurs autres nombres septenaires (6).

Les passions que soulevait la rivalité des factions furent

(1) On cite un de ces coureurs qui avait remporté 782 couronnes. Xiphil., lib. LXXVII, cap. 1.

(2) Tertull., *De spectac.*, cap. 9.

(3) Sueton., *Domit.*, cap. 7.—Cf. Xiphil., lib. LXVII, cap. 4. — Ces deux nouvelles factions ne subsistèrent pas plus d'un siècle.

(4) Tertull., *ibid.*, cap. 6. — Isidor., *Orig.*, lib. XVIII, cap. 33.

(5) Isidor., *ibid.*, cap. 37. — Domitien, dont le génie tendait en tout au gigantesque, voulut que dans les jeux séculaires qu'il célébra, le nombre des courses fût de cent par jour; mais chaque course ne fut plus que de cinq tours au lieu de sept (Sueton., *Domit.*, cap. 4). Il y avait loin de ces courses à celles qui avaient lieu du temps de la République et qui ne duraient qu'une heure au plus. Voy. Tit. Liv., lib. XLIV, cap. 9.

(6) Burm., *Antholog. vet. Lat.*, lib. III, *Epigr.* 15, t. I, p. 467. — On expliqua les courses elliptiques anciennement en usage dans les jeux funèbres (M. Raoul Rochette, *Achilléide*, p. 96 et suiv., *Orestéide*, p. 196, note 2), par une allusion à la révolution annuelle du soleil et à l'accomplissement du cours de la vie.

entretenues comme moyen de gouvernement (1) par la
politique impériale. Cependant, ces factions que la frivo-
lité de leur objet semblait rendre peu redoutables, exci-
tèrent souvent des rixes meurtrières (2) et quelquefois des
séditions (3).

Souvent aussi les passions du cirque furent partagées
brutalement par ceux des empereurs que la dépravation
de leurs mœurs rapprochait des goûts du peuple. La
passion de Caligula pour les courses fut si désordonnée,
qu'il fit mourir par le fer et par le poison les coureurs des
factions contraires à la sienne (4). Vitellius et Caracalla se
portèrent à des excès semblables (5).

Malgré la honte attachée chez les Romains aux fonctions de conducteurs de chars (6), Caligula (7), Néron (8),

(1) Les plaisirs du cirque étaient à la fois un moyen de détourner
le peuple des brigues politiques et de capter son affection. Voy.
Capitol., *Gordiani tres*, cap. 4.

(2) Val. Maxim., lib. II, cap. 4, § 1.—Tacit., *Annal.*, lib. XIV,
cap. 17.

(3) Ces immenses rassemblements de peuple dans le cirque n'é-
taient pas sans dangers. Souvent la multitude profitait de ces réunions pour faire entendre des plaintes (Xiphil., lib. LXXV, cap. 4,
et lib. LXXII, cap. 13), pour demander des grâces ou des réduc-
tions d'impôts (Joseph., *Antiq.*, lib. XIX, cap. 1), quelquefois
même pour présenter des pétitions sanglantes. Sueton., *Titus*,
cap. 6. — Plusieurs graves séditions commencèrent dans le cirque.
Voy. Spartien, *Did. Jul.*, cap. 4.

(4) Dio, lib. LIX, cap. 14.

(5) Sueton., *Vitell.*, cap. 14.—Xiphil., lib. LXXVII, cap. 10 et 17.

(6) Jusqu'aux premiers temps de l'Empire, les fonctions d'*agi-
tatores* ou d'*aurigæ* furent exclusivement remplies par des esclaves.

(7) Sueton., *Calig.*, cap. 19 et 54. — Dio, lib. LIX, cap. 14.

(8) Tacit., *Annal.*, lib. XIV, cap. 14.—Sueton., *Nero*, cap. 22.
— Xiphil., lib. LXI — LXIII, *pluribus locis*.

Commode (1), Caracalla (2), imbus des idées grecques, conduisirent eux-mêmes des chars dans le cirque (3). Un certain nombre de chevaliers et de sénateurs les imitèrent par flatterie ou par contrainte (4). Dans ces grandes occasions, Caligula faisait parsemer l'arène de vermillon et de poudre d'or (5). Néron et Caracalla, cherchant une brillante excuse à cette honteuse habitude, disaient qu'en conduisant des chars, ils imitaient Apollon (6).

Outre les cirques publics assez nombreux à Rome, plusieurs empereurs eurent des cirques privés. Néron, avant de conduire des chars aux yeux de tous, s'essaya dans ses jardins et dans une enceinte réservée de la vallée du Vatican (7), n'ayant pour témoins que ses esclaves et quelques gens du peuple (8). Caligula se faisait suivre en voyage par ses chevaux, comme par ses gladiateurs et ses comédiens (9). Commode eut aussi un cirque privé (10). Cara-

---

(1) Lamprid., *Commod.*, cap. 2. — Commode, par un reste de pudeur, ne conduisait des chars dans le cirque que le soir. Voy. Xiphil., lib. LXXII, cap. 17.

(2) Xiphil., lib. LXXVII, cap. 10.

(3) Néron courut aux jeux olympiques sur un char attelé de dix chevaux. Il fut renversé, et néanmoins couronné. Sueton., *Nero*, cap. 24.—Cf. Xiphil., lib. LXIII, cap. 14.

(4) Tacit., *Annal.*, lib. XIV, cap. 14. — Quelques sénateurs et quelques chevaliers mettaient par pudeur un masque sur leur visage; mais souvent Néron les força de l'ôter pour complaire au peuple. Xiphil., *ibid.*, cap 17 et 19.

(5) Sueton., *Caligul.*, cap. 18.

(6) Id., *Nero*, cap. 53. — Xiphil., lib. LXXVII, cap. 10.

(7) Tacit., *ibid.*

(8) Sueton., *Nero*, cap. 22.

(9) Dio, lib. LIX, cap. 2, 5 et 21.

(10) Xiphil., lib. LXXII, cap. 17.

calla et Geta, encore enfants, dirigeaient dans une petite
arène des chars traînés par de petits chevaux (1). Héliogabale vêtu, comme Caligula, Commode et Vérus, en co-
cher de la faction verte, faisait courir des chars dans
l'intérieur du palais, devant sa mère, son aïeule et les gens
de sa maison; et pour jouer jusqu'au bout le rôle de coureur
mercenaire, il demandait de l'argent, et saluait à la manière des cochers ceux qui faisaient les fonctions d'agonothètes, et jusqu'aux soldats qui étaient de garde (2). Re-
cherchant l'extraordinaire, ce prince lança dans son cirque
privé un quadrige attelé de chameaux (3). Il eut aussi la
fantaisie de se montrer sur un char traîné par quatre grands
cerfs. Quelquefois il attelait des lions à son char et se
faisait appeler *la mère des dieux*; d'autres fois c'étaient des
tigres et il s'appelait Bacchus (4). Ce jeune insensé conduisait dans le cirque du Vatican, dit un historien, des
quadriges attelés d'éléphants, après avoir détruit les sépulcres qui auraient pu lui faire obstacle (5). Il avait une
telle passion pour les courses, qu'il voulut en avoir le
plaisir pendant ses repas. Il faisait venir des quadriges du
cirque jusque dans la salle et sous les portiques où il dînait, et forçait ses convives, vieillards respectables, à faire
l'office de cochers (6).

---

(1) Xiphil., lib. LXXVI, cap. 7.

(2) Id., lib. LXXIX, cap. 14.

(3) Lamprid., *Heliog.*, cap. 23. — Claude avait déjà fait courir
dans le cirque des chameaux contre des chevaux. Dio, lib. X, cap. 17.

(4) Lamprid., *ibid.*, cap. 28. — Martial (lib. I, *Epigr.* 105)
parle d'ours, de sangliers et de bisons attelés. Une médaille nous
montre Trajan traîné par deux hippopotames.

(5) Lamprid., *ibid.*, cap. 27.

(6) Id., *ibid.*, cap. 23. — On vit pour la première fois à Rome

Comme tous les jeux, les courses eurent aussi quelquefois un côté comique. Du temps de Néron, les conducteurs de chevaux ayant refusé au préteur Aulus Fabricius d'entrer en lice pour un prix raisonnable, celui-ci, au lieu de chevaux, employa des chiens qu'on avait dressés à tirer les chars (1). Héliogabale se servit de ce ridicule attelage dans l'enceinte du palais (2). Quelquefois même, il attela deux, trois ou quatre belles femmes, et se fit traîner par elles. Le plus ordinairement il était nu et ces femmes aussi (3).

Les acteurs principaux de cette sorte de spectacle, les chevaux de course, reçurent chez les anciens des honneurs dont les comédiens de l'espèce humaine auraient eu lieu d'être jaloux. Souvent on leur faisait dorer la corne des pieds (4). L'empereur Lucius Vérus portait sur lui la figure d'or d'un cheval de la faction verte, nommé *Volucris*. Il faisait donner à ce cheval des raisins secs et des pistaches, au lieu d'orge (5). Ce fut à l'occasion de cet animal que vint l'usage de demander pour les chevaux de l'or et des présents. Volucris était si estimé, que souvent la faction verte obtint pour lui un boisseau de pièces d'or (6). Caligula

deux éléphants attelés lors du triomphe de Pompée. Plin., *Hist. nat.*, lib. VIII, cap. 2.—Un quadrige attelé d'éléphants se remarque au revers d'une médaille d'Antoine et de Cléopâtre.—Le sénat ayant appris la victoire remportée par Gordien III sur les Perses, lui décerna un quadrige d'éléphants pour que son triomphe fût vraiment persique. Capitol., *Gordian. tertius*, cap. 27.

(1) Xiphil., lib. LXI, cap. 6.

(2) Lamprid., *Heliog.*, cap. 28.

(3) Id., *ibid.*, cap. 29.

(4) Xiphil., lib. LXXIII, cap. 4.

(5) Héliogabale faisait aussi donner à ses chevaux des raisins d'Apamée. Lamprid., *ibid.*, cap. 21.

(6) Capitol., *Verus*, cap. 6.

aimait si follement un de ses chevaux, nommé *Incitatus*, que la veille des jeux du cirque, il envoyait des soldats pour ordonner le silence dans le voisinage, afin que le cheval dormît plus tranquillement. Il fit faire à cet animal une écurie de marbre, une auge d'ivoire, des harnais de pourpre (1), des colliers de perles. Il lui faisait servir de l'orge dans un vase d'or, et du vin dans une tasse de pareille matière. Il lui donna une maison complète, des esclaves, des meubles; voulut qu'on allât manger chez lui, et l'invitait souvent à sa table. Il jurait par sa vie et par sa fortune. Tout le monde sait qu'il voulait le faire nommer consul, et qu'il eût exécuté ce projet extravagant, s'il eût vécu davantage (2); mais on ne sait pas aussi généralement qu'il fit de ce cheval un prêtre. S'étant créé lui-même pontife de sa propre divinité, il prit Incitatus pour collègue dans ce sacerdoce (3). A l'exemple des Grecs, plusieurs Romains élevèrent des monuments funèbres à leurs chevaux (4). Vérus construisit à Volucris un tombeau dans la vallée du Vatican (5), et Hadrien fit bâtir à son cheval favori, Borysthène, une tombe (6) surmontée d'une inscription, qui nous est parvenue (7). Les

(1) L'empereur Vérus fit mener son cheval favori, couvert d'une housse de pourpre, dans le palais de Tibère. Capitol., *Verus*, cap 6.

(2) Sueton., *Caligul.*, cap. 55. — Dio, lib. LIX, cap. 14.

(3) Dio, *ibid.*, cap. 28.

(4) On décernait en Grèce une tombe aux chevaux qui avaient remporté trois fois le prix aux jeux olympiques. AElian., *De animal.*, lib. XII, cap. 40. — Plutarch., *M. Cat.*, cap. 5.

(5) Capitol., *Verus*, *ibid.*

(6) Xiphil., lib. LXIX, cap. 10. — Cf. Spartian., *Hadrian.*, cap. 20.

(7) Salmas., *Ad Spartian.*, cap. 20. — Les inscriptions en l'honneur des chevaux ne sont pas rares dans l'antiquité. Voy. Grut., *Inscript.*, p. CCCXXXVII et CCCXLII.

anciens avaient donc plus de respect pour la mémoire de leurs chevaux que nous n'en avons pour celle de nos grands acteurs. Qui pourrait dire où se trouve chez nous l'épitaphe de Baron , de Lekain et même de Molière ?

GLADIATEURS.

Les *ludi gladiatorii*, qui avaient des hommes pour acteurs, et des hommes qui couraient risque de la vie, offraient un intérêt beaucoup plus saisissant et plus voisin des émotions tragiques. J'ai eu déjà occasion de faire connaître l'origine des combats de gladiateurs. D'abord, ces espèces de libations sanglantes furent exclusivement expiatoires. Au lieu des immolations volontaires (1) et des meurtres superstitieux qui se commettaient sur les cendres des guerriers morts, on contraignit un certain nombre de prisonniers (2) à combattre à outrance autour des bûchers (3). Peu à peu, l'usage de ces combats passa des funérailles publiques dans presque toutes les autres féries (4). Il y eut

(1) Comme les anciennes coutumes ne s'abolissent jamais entièrement, plusieurs soldats d'Othon s'immolèrent encore volontairement sur son bûcher (Sueton., *Otho*, cap. 12. — Tacit., *Hist.*, lib. II, cap. 49). — On cite même des affranchis qui ne voulurent pas survivre à leurs patrons. Plin., *Hist. nat.*, lib. VII, cap. 36. — Tacit., *Annal.*, lib. XIV, cap. 9. — Nous voyons encore à la même époque pratiquer l'immolation des animaux aimés du mort. Plin., lib. IV, *Epist.* 2.

(2) Le droit public des anciens ne protégeait pas, comme chez nous, les prisonniers de guerre. A Rome, les chefs qui avaient figuré dans les triomphes étaient étranglés dans leur prison. Trebell. Poll., *Trigint. tyran.*, cap. 22.

(3) Voÿ. *Introduct.*, p. 166.

(4) Jusqu'à la chute du paganisme, les combats de gladiateurs ne cessèrent pas de faire partie des rites funéraires. Les empereurs qui, comme Marc-Aurèle, eurent le plus d'aversion pour ces jeux ne

des jeux de gladiateurs avant les Saturnales (1) et pendant les fêtes de Minerve (2). Les magistrats furent tenus de donner ce divertissement aux habitants de Rome ou des provinces, au moment de leur entrée en charge (3). Sous l'Empire, l'usage s'établit de célébrer de pareils spectacles chaque fois que l'on commençait une campagne, afin, dit un auteur contemporain, de rassasier de sang Némésis, et d'habituer les Romains à la vue des blessures (4). Les empereurs donnaient encore souvent ces jeux après des guerres heureuses (5), à l'anniversaire de leur naissance (6) ou de leur avènement (7), et enfin, dans toutes les circonstances où ils croyaient avoir besoin de distraire le peuple.

Les simples particuliers avaient pu, sous la République, rechercher la faveur populaire, en faisant exécuter, avec le consentement du sénat (8), des jeux de gladiateurs,

crurent cependant pas pouvoir priver de cet honneur les funérailles de leurs proches. Capitol., *M. Anton.*, cap. 6 et 8.

(1) Auson., *De feriis Rom.*, v. 33, seq.

(2) Dio., lib. LIV, cap. 28.

(3) Tit. Liv., lib. XLIV, cap. 31. — Tacit., *Annal.*, lib. XI, cap. 22, et la note de Juste Lipse.

(4) Capitol., *Maxim. et Balbin.*, cap. 8.

(5) Xiphil., lib. LXVIII, cap. 10.

(6) Spartian., *Hadrian.*, cap. 7. — Xiphil., lib. LXV, cap. 4. — On donnait plus habituellement des courses et des chasses.

(7) Sueton., *Claud.*, cap. 21, et *Vespas.*, cap. 6. — Les empereurs, à l'exemple d'Auguste, célébraient par des jeux la dixième année de leur règne, quand il leur arrivait d'atteindre ce terme, mais sans demander, comme Auguste, une prolongation de pouvoir au sénat. Voy. Dio, lib. LIII, cap. 16; LIV, cap. 12; LVII, cap. 24. — Sueton., *Caligul.*, cap. 16. — Trebell. Poll., *Gallien. duo*, cap. 7.

(8) *Acad. des Inscript.*, t. XXXV, p. 604.

surtout dans les occasions funèbres. Cette largesse s'appelait *munus*, et le donateur *munerator* (1). Les citoyens qui donnaient ainsi des jeux revêtaient, pendant leur durée, les insignes de la magistrature. Le titre d'*éditeurs* de spectacles leur procurait l'honneur de jouer pendant quelques heures le rôle de préteur ou de consul (2).

Sous l'Empire, des artisans enrichis eurent quelquefois la sotte fantaisie de donner des jeux de gladiateurs. Mais ces saillies de vanité plébéienne furent peu du goût des empereurs, témoin les sénatus-consultes rendus à ce sujet sous Auguste et sous Tibère (3). De son côté, le poëte courtisan Martial a flagellé ce ridicule dans deux jolies épigrammes, adressées, l'une à un savetier de Bologne (4), l'autre à un foulon de Modène (5).

Outre les gladiateurs employés dans les jeux publics, il y en eut d'autres destinés au service privé des gens riches. A l'exemple des Campaniens, Lucius Vérus et Commode faisaient combattre des gladiateurs pendant leurs repas (6). Héliogabale se donnait assez souvent ce spectacle avant de se mettre à table (7). Durant les troubles

---

(1) Flor., lib. III, cap. 20. — Cicer., *Ad Attic.*, lib. II, *Epist.* 19.

(2) Cicer., *De legib.*, lib. II, cap. 24, § 61.

(3) Dio, lib. LIV, cap. 2. — Tacit., *Annal.*, lib. IV, cap. 63.

(4) Martial., lib. III, *Epigr.* 16.

(5) Id, *ibid.*, *Epigr.* 59. — Pétrone (*Satyric.*, cap. 45), se moque d'un chétif combat de gladiateurs *à quatre sols* (*sestertiarios*), vraies poules mouillées, qu'un certain Norbanus avait montrés comme un magnifique spectacle.

(6) Capitol., *Ver.*, cap. 4. — Xiphil., lib. LXXII, cap. 19, *prop. finem.*

(7) Lamprid., *Heliog.*, cap. 25. — Commode, après son dîner, se livrait aux exercices des gladiateurs sous les armes d'un *Secutor* (Xiphil., *ibid.*). Claude appelait *sportula* (*un dîner sans*

.qui précédèrent le renversement de la République, les séditieux qui poussaient au désordre , Catilina, Pison, Clodius,
Milon , Marc-Antoine , César , avaient à leur solde des
gladiateurs dont ils se servaient comme de *bravi* (1).
Dans la suite , plusieurs princes entretinrent auprès de
leur personne des hommes de cette profession (2),
qu'ils conduisaient quelquefois à l'armée (3), et qui, dans
certains cas , remplissaient auprès d'eux les fonctions de
gardes-du-corps (4). Plusieurs dames romaines des plus
grandes familles (5), et même plusieurs impératrices (6)

cérémonie) un combat de gladiateurs plus court que de coutume.
Sueton., *Claud.*, cap. 21. — Les exemples de cruauté convivale
sont fréquents dans l'histoire. Antoine se faisait apporter à table la
tête des proscrits (Dio , lib. XLVII , cap. 8). Caligula pendant
son dîner faisait donner la question sous ses yeux (Sueton., *Caligul.*,
cap. 32). Un soldat habile à couper les têtes (*decollandi artifex*)
exerçait fréquemment son talent en sa présence (Id. , *ibid.*). —
Quelquefois Héliogabale, au moyen de lambris tournants, accablait
tellement de violettes et de fleurs les parasites qu'il admettait à
sa table , que quelques-uns moururent étouffés. Voy. Lamprid. ,
Heliogab., cap. 21.

(1) Cicer., *In Vatin.* , cap. 17.—César avait fait venir à Rome,
pendant son édilité, une si grande multitude de gladiateurs, que
ses ennemis en prirent ombrage et firent restreindre par une loi
le nombre des gladiateurs qui pouvaient entrer dans la ville. Suet.,
Cœs., cap. 10.

(2) Sueton., *Domit.*, cap. 4.

(3) Id., *Vitell.*, cap. 15. — On appelait les gladiateurs qu'on
enrôlait dans l'armée, *obsequentes.* Capitol., *M. Anton.*, cap. 21.
— Les gladiateurs avaient plusieurs fois reçu cette destination sous
la République. Sueton. , *August.*, cap. 14.

(4) Tacit., *Annal.* , lib. XIII , cap. 25.— Géta, redoutant son
frère, se faisait garder nuit et jour par des gladiateurs. Xiphil. ,
lib. LXXVII , cap. 2.

(5) Petron., *Satyric.* , cap. 126.—Juven., *Sat.* VI , v. 110, seqq.

(6) Capitol. , *M. Anton.*, cap. 19.

choisirent leurs amants parmi ces hommes ignobles , qui
se plongeaient dans les voluptés avec d'autant plus de fureur, qu'ils étaient moins sûrs d'un lendemain.

L'application des gladiateurs à tant d'usages divers en-
traîna une perte d'hommes immense. Dès le temps de la
République , les prisonniers de guerre ne pouvaient pas
suffire à une si grande consommation. Ce fut bien pis encore , quand arriva la décadence de l'Empire. Alors les
jeux du cirque devinrent de plus en plus meurtriers,
et les prisonniers de guerre de moins en moins abon-
dants. On trouve cependant encore , çà et là , dans
l'*Histoire Auguste* , quelques mentions de captifs qui
figurent dans les triomphes et dans l'arène. Marc-Aurèle fit conduire en Italie des Marcomans qui s'étaient
rendus (1). Claude II envoya à Rome des prisonniers barbares pour servir dans les jeux publics (2). Aurélien,
vainqueur de Zénobie et de Tétricus , donna des combats
de gladiateurs (3) , probablement avec les nombreux Barbares qui avaient paru dans son triomphe (4). Probus ,
triomphant des Germains et des Blemmyes , fit combattre
trois cents paires de gladiateurs , pris , pour la plupart,
parmi ces derniers. Il montra aussi des Germains , des Sarmates et quelques brigands isauriens (5). Toutefois , malgré
ces exemples et d'autres qui , sans doute , m'échappent, la
présence des prisonniers de guerre ne fut qu'une rare ex-

(1) Capitol. , *M. Anton.* , cap. 22.
(2) Trebell. Poll. , *Div. Claud.* , cap. 11.
(3) Vopisc. , *Aurelian.* , cap. 34.
(4) Id. , *ibid.* , cap. 33.
(5) Id. , *Prob.* , cap. 19 , *in fin.*

ception dans les jeux donnés par les Romains du 1ᵉʳ au
iv° siècle.

Il y eut donc nécessité de recruter dans l'intérieur même
de l'Empire les acteurs de ces drames sanglants. Les troupes
de gladiateurs entretenues par la République ou par le
Prince (1), se composaient surtout de condamnés (2). Les
troupes particulières, formées par les marchands ou *la-
nistæ*(3), qui traitaient ensuite avec les magistrats nouvellement élus, avaient pour principale recrue les esclaves ven-
dus par leurs maîtres (4). Le nombre des malheureux,
voués ainsi à une mort presque certaine, était déjà si considérable du temps de la République, qu'ils purent, dans la
Campanie, se soulever à la voix de Spartacus, attaquer et
vaincre des armées consulaires (5), et forcer à leur tour des

(1) On appelait *fiscales* les gladiateurs entretenus par l'État
ou par les empereurs. Capitol., *Gordian. tert.*, cap. 33. — Antonin le pieux institua un fonds pour subvenir à la dépense des
gladiateurs. Id., *Anton. Pius*, cap. 12. — Cf. Lamprid., *Alex.
Sever.*, cap. 43. — Le nombre des gladiateurs de l'État était de
deux mille (*paria mille*) sous Gordien III. Voy. Capitol., *ibid.*

(2) Il y avait deux classes de condamnés, ceux qui devaient périr dans l'année (*Ad gladium damnati*), et ceux qui pouvaient
recevoir leur congé après un certain temps ou un certain nombre
de victoires (*Ad ludum damnati*). Auguste voulut que les gladiateurs victorieux eussent toujours leur congé. Suet., *August.*, cap. 45.

(3) Il y avait des marchands de gladiateurs ambulants. Sueton.,
Vitell., cap. 12.

(4) Tertull., *De spectac.*, cap. 12.—Pour pouvoir vendre un esclave à un marchand de gladiateurs, il suffisait de déclarer ses motifs au magistrat (Spartian., *Hadrian.*, cap. 18). L'acheteur faisait
visiter nus par le médecin les individus qu'on lui offrait. Senec.,
Epist. 80, *in fin.*—Sous Macrin les esclaves fugitifs étaient condamnés aux combats de gladiateurs. Capitol., *Opil. Macr.*, cap. 12.

(5) Il y eut sous l'Empire plusieurs révoltes d'esclaves et de gla-

prisonniers romains à combattre comme gladiateurs autour des bûchers de leurs généraux (1).

Les troupes ou colléges de gladiateurs se recrutaient encore d'affranchis (2) et de citoyens poussés par un vil amour du lucre (3) ou par une férocité dont des chevaliers (4), des sénateurs (5) et même plusieurs empereurs ne rougirent

diateurs qui jetèrent l'effroi dans l'Italie et dans Rome. Tacit., *Annal.*, lib. IV, cap. 27.

(1) Flor., lib. III, cap. 20. — Cf. August., *De civit. Dei*, lib. IV, cap. 5. — Il y a beaucoup d'autres exemples de semblables représailles : Annibal forçait les prisonniers romains à combattre les uns contre les autres (Plin., *Hist. nat.*, lib. VIII; cap. 7) ; les Juifs s'étant révoltés sous Trajan firent un grand nombre de prisonniers dont partie fut exposée aux bêtes, partie forcée de combattre comme des gladiateurs. Xiphil., lib. LXVIII, cap. 32.

(2) Petron., *Satyric.*, cap. 45.

(3) Ces gladiateurs volontaires s'appelaient *auctorati.* Cicer., *Tuscul. quæst.*, lib. II, cap. 17. — *Ad famil.*, lib. VII, *Epist.* 1. — Acro, *In Horat.*, lib. II, *Sat.* 7, v. 59. — Les gladiateurs volontaires gagnaient beaucoup d'argent, surtout les *postulatilii*, c'est-à-dire ceux que le peuple demandait nommément à cause de leur force et de leur adresse. Tibère fit combattre des gladiateurs vétérans (*rudiarii revocati*) au prix de cent mille sesterces par tête. Sueton., *Tiber.*, cap. 7. — Cf. Juvenal., *Sat.* VIII, v. 192, seq.

(4) Sueton., *Cæs.*, cap. 26. — Dio, lib. XLIII, cap. 23; LVI, cap. 25; LVII, cap. 14. — Sueton., *Aug.*, cap. 43. — Dio, lib. LIX, cap. 10. — Xiphil., lib. LXI, cap. 9. — Suet., *Tiber.*, cap. 57.

(5) Cicéron reproche à Antoine d'avoir combattu en Asie sous le costume d'un mirmillon. *Philipp.* VII, cap. 6 — Du temps des triumvirs un sénateur descendit dans l'arène ; mais un décret du sénat défendit le renouvellement d'un pareil acte (Dio, lib. XLVIII, cap. 43). Cette loi fut vaine. Le fils d'un préteur et un sénateur combattirent dans le cirque par ordre de César (Sueton., *Cæs.*, cap. 39). Cette infamie continua sous Auguste (Dio, lib. LI, cap. 22), et surtout sous ses successeurs. Voy. Tacit., *Annal.*, lib. XV, cap. 22. — Sueton., *Ner.*, cap. 12. — Xiphil., lib. LXI,

pas de donner l'exemple. On vit, en effet, Caligula (1), Hadrien (2), Lucius Vérus (3), Commode (4), Didius Julianus (5), Caracalla (6), disputer la palme de gladiateurs (7), et combattre non-seulement dans l'enceinte du palais (8), mais en public et à prix d'argent : « Commode, dit Xiphilin, ne se distinguait des gladiateurs de profession qu'en ce que ceux-ci combattaient à bas prix, tandis que le *secutor* couronné exigeait qu'on lui comptât chaque jour dix mille sesterces de l'argent destiné aux jeux (9). » Il y avait encore entre eux une autre notable différence, c'est que, tandis que les gladiateurs volontaires s'engageaient par serment à combattre loyalement et jusqu'à la mort (10), les princes-gladiateurs se

---

cap. 17; lib. LXXV, cap. 8. — Juven., *Sat.* II, v. 143-148, et *Sat.* VIII, v. 193-210.

(1) Suéton., *Caligul.*, cap. 32 et 54.

(2) Spartian., *Hadrian.*, cap. 14.

(3) Capitol., *M. Anton.*, cap. 8.

(4) Xiphil., lib. LXXII, cap. 19, 21, *et passim*.

(5) Spartian., *Did. Julian.*, cap. 9.

(6) Xiphil., lib. LXXVII, cap. 17. — Il serait triste d'être obligé d'ajouter Titus à cette liste. Ce prince, qui montra d'ailleurs dans sa jeunesse plusieurs mauvaises inclinations (Sueton., *Tit.*, cap. 7), combattit dans les fêtes juvenales contre Aliénus, mais seulement au fleuret. Xiphil., lib. LXVI, cap. 15., *sub fine.* — Opil. Macrin, qui occupa un moment le trône impérial, avait été, dit-on, gladiateur. Capitol., *Opil. Macrin.*, cap. 4

(7) On donnait des palmes aux gladiateurs victorieux. Lamprid.; *Commod.*, cap. 12.

(8) Xiphil., lib. LXXII, cap. 17 et 19.

(9) Id., *ibid.*, cap. 19 — Cf. cap. 21.

(10) Petron., *Satyric.*, cap. 117. — On appelait ces combats *dimicatio ad certum*, ou *sine fuga.* Id., *ibid.*, cap. 45.

gardaient bien d'exposer leurs jours. Commode qui se vantait d'avoir tué ou vaincu mille gladiateurs de sa main gauche (1), ne combattait que contre des adversaires (2) armés de simples fleurets et rarement à l'épée, si ce n'est dans l'intérieur de son palais (3); c'est-à-dire que ces prétendus combats n'étaient que de lâches comédies, terminées presque toujours par un meurtre (4).

Les gladiateurs mercenaires, qu'on substituait, par une sorte de fiction dramatique, aux anciens prisonniers de guerre, conservaient le costume et les armes des nations qu'ils représentaient. Rome vit ainsi jusqu'à la fin de l'Empire, combattre dans ses cirques et dans ses amphithéâtres des Samnites (5), des Thraces (6), des Gaulois, longtemps après que ces peuples fournissaient des citoyens et non plus des prisonniers à la République. Rome sous l'Empire vit souvent aussi figurer fictivement dans ses spectacles des

(1) Xiphil., lib. LXXII, cap. 22. — Lamprid., *Commod.*, cap. 12.

(2) Lamprid., *ibid.*, cap. 5. — Les fleurets s'appelaient *rudes* ou *plumbei pugiones*. On trouve déjà dans Cicéron cette expression prise figurément : « *O plumbeum pugionem!* » *De finib.*, lib. IV, cap. 18.

(3) Lamprid., *ibid.* — Xiphil., *ibid.*, cap. 17.

(4) Xiphil., *ibid.*, cap. 19. — Un jour Caligula faisant des armes avec un mirmillon, le tua d'un coup de poignard. Sueton., *Caligul.*, cap. 32.

(5) Lucil., ap. Cicer., *Tuscul.*, lib. II, cap. 17. — Cicer., *Pro Sexto*, cap. 64. — Les gladiateurs samnites portaient sur la tête un grand panache semblable à deux ailes. Voy. les mosaïques de la Villa Albani, publiées par Winckelmann.

(6) Les gladiateurs thraces étaient armés d'une dague, d'un poignard et d'un bouclier rond. Cicer., *Philipp.* VII, cap. 6. — Horat., lib. II, *Sat.* 6, v. 44.

peuples qu'elle n'avait pas vaincus. Caligula après une guerre chimérique en Germanie, voulant triompher, et n'ayant qu'un trop petit nombre de prisonniers et de transfuges barbares; prit quelques chefs gaulois de la taille la plus haute et, comme il le disait, la plus *triomphale*, les obligea de se teindre les cheveux en blond, d'étudier la langue germaine et de prendre des noms barbares (1). Pharasmane ayant envoyé à Hadrien, entre autres dons précieux, des habits militaires brodés en or, Hadrien pour se moquer, couvrit de ces habits trois cents criminels, qu'il exposa dans l'arène (2). Enfin, quand les Romains dégénérés commençaient à trembler pour leurs frontières (3), d'imbéciles empereurs s'amusaient à faire combattre de faux Barbares dans le cirque. A la suite d'une pompe triomphale que se décerna Gallien, après la prise de Byzance, « on vit, dit un historien, paraître plusieurs nations sous le costume qui leur est propre, à savoir, les Goths, les Sarmates, les Francs et les Perses (4). »

Il y eut, enfin, des gladiateurs dont l'équipement et la manière de combattre étaient de pure fantaisie. Je ne cite-

---

(1) Sueton., *Caligul.*, cap. 47.

(2) Spartian., *Hadrian.*, cap. 17.

(3) Dès la fin du règne d'Auguste on voit, après la défaite de Varus, les Romains craindre que les Germains n'arrivent jusqu'à Rome. Dio, lib. LVI, cap. 24.—Du temps d'Hadrien les motifs qui firent détruire le pont jeté par Trajan sur le Danube prouvent quelles craintes inspiraient déjà les Barbares. Xiphil., lib. LXVIII, cap. 13.

(4) Trebell. Poll., *Gallieni duo*, cap. 8. — Les Romains firent pour la première fois des prisonniers perses sous Alexandre Sévère; mais les rois de Perse regardaient comme un déshonneur que leurs sujets fussent esclaves des étrangers, et ces captifs furent rachetés. Lamprid., *Alex. Sev.*, cap. 55.

rai que le *dimachère*, qui se servait de deux épées (1), et
le *rétiaire*, qui ne portait ni casque, ni cuirasse, mais seulement une courte tunique (2). Ce gladiateur tenait de la
main gauche un javelot à trois pointes, appelé *tridens* ou
fuscina, et de la droite un filet (3), dont il cherchait à en-
velopper son adversaire, en le lui lançant sur la tête et en
le retirant avec promptitude (4). On opposait souvent le
rétiaire au *secutor*, qui, quand le premier avait manqué son coup, devait le poursuivre vivement. Le rétiaire avait souvent aussi pour antagoniste le *mirmillon*,
armé de l'épée gauloise (5), et dont le casque était surmonté d'un poisson (*mormyr*). Saint Isidore prétend que,
dans le combat du rétiaire et du mirmillon, le premier
jouait le rôle de Neptune, et le second celui de Vulcain (6). Un fonctionnaire de l'amphithéâtre, habillé en
Mercure, touchait les corps des gladiateurs avec un fer
chaud, pour s'assurer s'ils étaient bien morts, et un autre, sous les traits de Pluton (7), traînait les cadavres
dans le spoliaire (8). En s'avançant pour enlacer son ennemi, le rétiaire devait chanter le *canticum* ou refrain

(1) Murator., *Inscript.*, p. 613, 3.
(2) Sueton., *Claud.*, cap. 34., *Caligul.*, cap. 30.
(3) Juvenal., *Sat.* II, v. 143, seqq., et *Sat.* VIII, v. 200-210.
—Gory a donné la figure d'un rétiaire. *Inscr. Etrusc.*, t. III, p. 99.
(4) Val. Maxim., lib. I, cap. 7, § 8.—Il y a beaucoup de ressemblance entre cette manière de combattre et celle des *laqueatores*
qui se servaient d'un nœud coulant pour étrangler leurs adversaires.
Isidor., *Origin.*, lib. XVIII, cap. 56. — Tertullien (*De spectac.*,
cap. 25) appelle *spongia* le filet des rétiaires.
(5) « En forme de faux. » Juvenal., *Sat.* VIII, v. 201.
(6) Isidor., *ibid.*, cap. 54 et 56, seqq.
(7) Tertull., *Apolog.*, cap. 14.
(8) Senec., *Epist.* 93, *sub fine*.

connu : « *Non te peto, piscem peto; quid me fugis, Galle*(1)? »
Ce qui prouve que les représentations du cirque n'étaient
pas absolument dépourvues de paroles. Il y eut aussi des
gladiateurs qui combattaient en char (2) et au son de la
musique (3), d'autres à cheval, et, ce qui est plus extraordinaire, les yeux bandés (4). Cette horrible espèce de colin-
maillard, dont nous trouverons de curieux exemples au
moyen âge, dénote une intention évidente de mêler le
comique aux spectacles sanglants (5). Ce fut dans un but
plaisant que Claude rappela de vieux gladiateurs (6)
et que Domitien fit combattre des nains et des femmes (7). Dès le temps de la République, un homme
riche avait ordonné par son testament de faire descendre
dans l'arène plusieurs couples de femmes, achetées par
lui à cette intention; mais le peuple ne voulut pas rati-
fier cette clause illégale, et cassa le testament (8). Sous

(1) Fest., *voc.* Retiario.

(2) *Essedarii*, du nom des chars gaulois. Sueton., *Caligul.*, cap.
35. — Cf. Cæs., *Bell. Gall.*, lib. IV, cap. 33.

(3) « *Hydraule cantante.* » Petron., *Satyric.*, cap. 36.

(4) On les appelait *andabatæ*. Cicer., *Ad famil.*, lib. VII,
Epist. 10. — Hieronym., *Adv. Helvid.*, t. II, p. 8, D, *ed. Paris.*
— Varron a fait sous le titre d'*Andabatæ* une satire dont il nous
reste quelques fragments. Varro, p. 262, ed. Bip.

(5) Cela ne doit pas nous surprendre; nous voyons que Titus
non-seulement applaudissait, mais riait et plaisantait aux combats
de gladiateurs (*cum populo cavillatus est*), ce que Suétone rapporte comme une preuve notable de la popularité de ce prince.
Sueton., *Tit.*, cap. 8.

(6) Sueton., *Claud.*, cap. 26.

(7) Xiphil., lib. LXVII, cap. 8.— Stat., *Sylv.*, lib. I, carm. 6,
v. 51, seqq.

(8) Nicol. Damasc, *Histor.*, lib. CX, ap. Athen., lib. IV, p
153, F.

Néron, qui n'avait pas de tels scrupules, on vit des fem-
mes-gladiateurs combattre dans le cirque (1) ; quelques-
unes même sur des chars gaulois (2). Les combats de
femmes furent enfin défendus sous Sévère, à la suite de
désordres graves qu'un de ces spectacles occasionna (3).

PETITE GUERRE.

Les *ludi gladiatorii* étaient, dans l'origine, des combats
singuliers. Quelquefois on voyait combattre successivement vingt (4), vingt-cinq (5), trente (6) ou quarante paires de gladiateurs. Dans la suite, on les réunit
quelquefois en troupe, et on les fit battre tous ensemble (7). Enfin le nombre des gladiateurs aug-
menta tellement, que le premier Gordien donna à ses
frais, pendant son édilité, douze spectacles (8) dans chacun desquels il fit paraître jusqu'à cinq cents couples de
gladiateurs, et jamais moins de cent cinquante (9).
Dans le triomphe d'Aurélien on vit figurer huit cents
paires de gladiateurs (10). Trajan, après la seconde guerre
contre les Daces, donna des jeux qui durèrent cent vingt-

(1) Tacit., *Annal.*, lib. XV, cap. 32.
(2) Petron., *Satyric.*, cap. 45.
(3) Xiphil., lib. LXXV, cap. 16.
(4) Aux jeux funèbres de M. AEmil. Lepidus, vingt-deux paires
de gladiateurs combattirent pendant trois jours dans le Forum. Tit.
Liv., lib. XXIII, cap. 30.
(5) Tit. Liv., lib. XXXI, cap. 50.
(6) Grut., *Inscript.*, p. 352, 1.—Tit. Liv., Lib. XLI, cap. 33.
(7) « Gregatim. » Sueton., *Caligul.*, cap. 30.
(8) C'est-à-dire un par mois.
(9) Capitol., *Gordiani tres*, cap. 3.
(10) Vopisc., *Aurelian.*, cap. 34.

trois jours. Il y eut dix mille gladiateurs (1). Quand le
nombre de ces malheureux était aussi considérable, au
lieu de les opposer deux à deux, on les lançait les uns
contre les autres par corps d'armée égaux (2). C'est ainsi
qu'Auguste fit combattre des Daces contre des Suèves (3).
Les habitants de Rome jouissaient alors de la vue d'une
bataille et du spectacle de la guerre.

Les gladiateurs n'étaient pas les seuls acteurs qui fi-
gurassent dans ces jeux. Le plus ordinairement les *petites
guerres* étaient exécutées par les troupes. Sous la République ces exercices avaient lieu dans le cirque après
les courses et sans effusion de sang (4). Jules César fit voir
au peuple un combat entre deux armées composées chacune de cinq cents fantassins, trois cents cavaliers et vingt
éléphants (5). Pour que les combattants eussent tout l'espace nécessaire, il fit abattre les bornes du cirque, et
les remplaça par deux camps placés vis-à-vis l'un de l'autre.
Caligula, dit un historien, fit combattre une foule de gens,
tantôt en combat singulier, tantôt plusieurs contre plusieurs, comme dans une bataille rangée. On vit ainsi périr
en un seul jour, jusqu'à vingt-six chevaliers (6). Claude fit
représenter dans le Champ de Mars la prise et le sac d'une
ville, et la soumission des rois bretons (7). Néron se plaisait à donner au peuple le spectacle des évolutions (*decur-*

---

(1) Xiphil., lib. LXVIII, cap. 15.
(2) Dio, lib. XLIII, cap. 23.
(3) Id., lib. LI, cap. 22.
(4) Tit. Liv., lib. XLIV, cap. 9.
(5) Sueton., *Cæs.*, cap. 39. — Dio, lib. XLIII, cap. 23. —
Plin., lib. VIII, cap. 7. — Appian., *Bell. civ.*, lib. II, cap. 102.
(6) Dio, lib. LIX, cap. 10.
(7) Sueton., *Claud.*, cap. 21.

siones) de la cavalerie prétorienne (1). Domitien faisait souvent exécuter des combats d'infanterie et de cavalerie dans le cirque (2). Titus pour la dédicace des thermes, dont il entoura l'amphithéâtre de son père, donna des jeux qui durèrent cent jours. Il les termina par la représentation d'un combat entre les Athéniens et les Syracusains. Les premiers, ayant eu l'avantage, firent une descente dans une petite île, où ils emportèrent d'assaut le mur qui entourait un tombeau (3).

Parmi ces jeux militaires, les jeunes patriciens en avaient quelques-uns qui leur étaient plus particulièrement réservés. C'étaient les danses pyrrhiques (4) et le *jeu de Troie*, dont la tradition reportait l'institution à Énée. Cet exercice auquel Caton enfant prit part sous Sylla (5), était depuis quelque temps négligé, quand Jules César, qui avait la prétention de descendre d'Ascagne, le rétablit. Nous voyons Agrippa donner ce spectacle, une première fois comme préteur et une seconde comme édile volontaire (6). Dans ce jeu deux troupes de jeunes gens (7), les uns montés sur des chars, les autres sur des chevaux (8), s'attaquaient et se poursuivaient tour-à-tour. A la tête de cette espèce de tournois figu-

---

(1) Suetón., *Ner.*, cap. 7. — Voy. Eckhel, *Doctrin. num. vet.*, t. VI, p. 271 et 503.

(2) Sueton., *Domit.*, cap. 4.

(3) Xiphil., lib. LXVI, cap. 25. — C'était un épisode réel de la guerre de Sicile. Diodor., lib. XIII, §9, p. 548, seq.

(4) Plusieurs jeunes princes d'Asie dansèrent à Rome la pyrrhique par ordre de César. Sueton., *Cæs.*, cap. 39.

(5) Plutarch., *Cat. Utic.*, cap. 3.

(6) Dio, lib. XLVIII, cap. 20, et lib. XLIX, cap. 43. — Il est remarquable qu'Agrippa, *paya* les acteurs du *jeu de Troie*. — Les jeunes patriciens recevaient-ils donc une paie?

(7) Sueton., *Cæs.*, cap. 39.

(8) Dio, lib. XLIII, cap. 23.

rait presque toujours un des fils ou un parent de l'empereur (1), sous le nom de *prince de la jeunesse*, comme
on le lit sur les médailles et les inscriptions (2). Ce petit
drame militaire n'était pas sans dangers. Auguste, qui
l'aimait beaucoup, finit par le supprimer sur les vives
remontrances que lui adressa en plein sénat Asinius Pollion, dont un neveu avait eu la cuisse cassée (3). On
rétablit ce jeu peu de temps après; et nous le retrouvons sous Caligula (4), sous Claude (5) et sous les Antonins. Il éprouva peut-être alors quelques modifications ;
les chars, si je ne me trompe, disparurent. Cet exercice,
devenu simplement équestre, fut exécuté sous Marc-Aurèle
par les six escadrons des Sévirs, partagés en deux troupes,
celle des plus jeunes et celle des plus âgés ; le jeu de Troie
se confondit ainsi avec les jeux séviraux (6).

Les plus étranges de ces petites guerres sont assurément les expéditions risibles que fit sérieusement Caligula. Étant sur les bords du Rhin, et voulant se donner l'air
de faire la guerre, il ordonna à quelques Germains de sa
garde de passer le fleuve et de se cacher sur l'autre rive ;
puis, comme il se levait de table, on vient lui annoncer
à grands cris, qu'on venait d'apercevoir l'ennemi. Aussitôt
il s'élance dans la forêt voisine avec quelques détachements

(1) Tibère sous Auguste prit part au *jeu de Troie*.
(2) Grut., *Inscript.*, p. 422.
(3) Sueton. *August.*, cap. 43.
(4) Id., *Caligul.*, cap. 18. — Caligula fit exécuter le jeu de
Troie autour du tombeau de Drusilla. Dio, lib. LIX, cap. 11.
. (5) Sueton, *Claud.*, cap. 21.—Néron et Britannicus enfants parurent dans le jeu de Troie. Id., *Ner.*, cap. 7.—Tacit., *Annal.*,
lib. XI, cap. 11.
(6) Capitol., *M. Anton.*, cap. 6.

de cavalerie prétorienne. Revenu aisément vainqueur, il distribua des couronnes, qu'il appela *exploratoires*, à ceux qui l'avaient accompagné dans ce simulacre d'expédition (1). Caligula répéta plusieurs fois, et avec le même sérieux, ces étranges comédies militaires, qu'il eût été fort dangereux de ne pas admirer comme des hauts faits réels (2).

NAUMACHIES.

Il semble, en lisant Virgile, que les Grecs du temps d'Énée (3), et, en général, tous les peuples adonnés à la marine, aient mis au nombre de leurs jeux publics les combats nautiques. Les courses de trirèmes, comme tous les jeux grecs, auraient eu un but utile, celui de former de bons rameurs et d'habiles marins. Mais à cette conjecture qui paraît vraisemblable, les preuves manquent (4). A Rome les courses navales ne commencèrent qu'à la fin de la République et n'eurent d'autre objet que de varier les plaisirs du peuple romain. César donna le premier ce divertissement. Dans les grands jeux qu'il célébra, après avoir terminé la guerre civile, il fit représenter un combat naval, non sur la mer ou dans un lac, comme le remarque Dion, mais, en quelque sorte, sur la terre ; car ce fut dans un bassin creusé au milieu du Champ de Mars (5). Les combattants

---

(1) Sueton., *Caligul.*, cap. 45-47.

(2) Dio, lib. LIX, cap. 17. — Suétone donne le nom de *mimes* à ces expéditions chimériques. Suéton., *Caligul.*, cap. 45.

(3) Virgil., *Æneid.*, V, v. 114, seqq. Serv., *ibid.*

(4) On cite quelque fois, comme témoignage des luttes navales en Grèce, Lysias (*Defens Muner.*, p. 699, seq.); mais il n'est question dans ce passage que de la triérarchie ordinaire.

(5) Dio, lib. XLIII, cap. 23. — Suéton., *Cæs.*, cap. 44. — Suétone dit ailleurs (*Cæs.*, cap. 39) que César donna ce combat naval *in minore codeta*. Voy. Casaub., *loc. cit.*

étaient des prisonniers et des condamnés à mort (1). On vit se heurter des galères à deux, à trois et à quatre rangs de rames. Ces galères représentaient les flottes tyrienne et égyptienne (2). Auguste, ayant établi un bassin au delà du Tibre (3), donna un combat naval (4), où l'on vit combattre la flotte des Athéniens contre celle des Perses (5). De plus, il entoura ce lieu d'un bois (6) que Suétone appelle les *jardins de la naumachie, voisins du Tibre* (7), ou le *bois des Césars* (8). On voit qu'on appliquait dès lors le nom de *naumachie*, non-seulement aux combats nautiques, mais encore aux lieux où se donnaient ces spectacles.

Caligula fit creuser, le premier, la partie du Champ de Mars qu'on appelait les *septa*, et la remplit d'eau, de manière qu'un navire y pût entrer (9). Claude fit du lac Fucin une naumachie, l'entoura d'un mur et de siéges de bois (10). Il y fit combattre douze galères de Rhodes et autant de Sicile (11), chacune à trois rangs de rames (12).

(1) Dio, lib. XLIII, cap 23.

(2) Sueton., *Cæs.*, cap. 39.

(3) « *Structo cis Tiberim stagno.* » Tacit., *Annal.*, lib. XII, cap. 56.—Cf. Sueton., *August.*, cap. 43.

(4) Xiphil., lib. LXI, cap. 20.

(5) Ovid., *Art. amator.*, lib. I, v. 171, seqq.

(6) Tacit., *Annal.*, lib. XIV, cap. 15.

(7) Sueton., *Tiber.*, cap. 72.

(8) Id., *August.*, cap. 43. — Xiphilin (lib. LXVI, cap. 25) appelle ce bois *la forêt de Caius et de Lucius.*

(9) Dio, lib. LIX, cap. 10. — Cf. Sueton., *Caligul.*, cap. 18.

(10) Dio, lib. LX, cap. 33.

(11) Suéton., *Claud.*, cap. 21.— Dion (*loc. cit.*) dit *cinquante navires de chaque côté.*— Le nombre de ces galères dût être considérable, puisqu'on y plaça dix-neuf mille hommes.

(12) Tacite parle aussi de galères à quatre rangs de rames. *Annal.*, lib. XII, cap. 56.

Les combattants, au nombre de dix-neuf mille, étaient des criminels (1). Pour prévenir toute tentative d'évasion, ils étaient cernés par des radeaux que montaient des détachements des cohortes prétoriennes. Cette précaution ne fut pas inutile; ces malheureux ayant interprété comme une parole de grâce le salut que leur rendit l'Empereur, refusèrent de se battre. Forcés cependant d'en venir aux mains, ils se comportèrent en gens de cœur. Après bien des blessures, on leur accorda la vie. Le signal du combat avait été donné par le son d'une trompette qu'embouchait un triton d'argent, sorti du milieu du lac au moyen d'une machine (2).

Un jour que Néron donnait un spectacle, il fit remplir l'amphithéâtre d'eau de mer, et y montra des poissons et des monstres marins (3); puis il fit représenter le combat naval des Perses et des Athéniens. L'eau s'écoula, et le sol ayant été remis à sec, des gens de pied combattirent non-seulement deux à deux, mais par troupe et à nombre égal (4). On vit souvent dans la suite succéder ainsi les uns aux autres les jeux nautiques et les *ludi circenses* (5).

(1) Dio, lib. LX, cap. 33.—Tacit., *Annal.*, lib. XII, cap. 56.

(2) Tacit., *ibid.* — Sueton., *Claud.*, cap. 21.

(3) Sueton., *Ner.*, cap. 12.

(4) Xiphil., lib. LXI, cap. 9.

(5) Id., lib. LXII, cap. 15.—Cf. Calpurn., *Eclog.* VII, v. 33, seqq. — C'est à propos de ce spectacle renouvelé par Titus, que Martial a dit : « Habitant des régions lointaines, qui viens un peu tard et vois pour la première fois ces jeux aimés du dieu des mers, ne te laisse pas tromper par ces vaisseaux que tu vois combattre et par cette onde qui te semble une mer. Naguère c'était la terre. Tu ne m'en crois pas ? Attends qu'en s'écoulant les eaux fassent cesser la bataille. Dans peu tu diras : naguère c'était la mer. » *De spectac.*, Epigr. 14, ed. Bip.

Quelquefois aussi Néron fit clore la naumachie (1) , et , sur d'immenses tréteaux qui formaient comme une île, donna de somptueux banquets , toujours terminés par de scandaleuses orgies. La plus célèbre, comme la plus infâme de ces bacchanales , fut celle qu'ordonna Tigellin et qui eut lieu sur l'étang d'Agrippa (2).

Les naumachies de Titus et de Domitien surpassèrent toutes celles de leurs devanciers. Titus pour la dédicace du grand amphithéâtre commencé par son père (3) , couvrit d'eau l'arène, et au lieu d'animaux aquatiques, montra des chevaux , des taureaux , et d'autres quadrupèdes dressés à exécuter au milieu des ondes tous les exercices du cirque. Ce spectacle inspira à Martial les vers suivants :

« . . . . Thétis et Galatée ont admiré dans leur Empire des monstres inconnus ; Triton a vu des chars aux roues brûlantes sillonner le champ poudreux des mers. Il a pris leurs chevaux pour les coursiers de Neptune. Nérée , préparant dans ses vaisseaux de farouches combats , refusa de marcher à pied sur la plaine liquide. Votre superbe naumachie , César , a réuni toutes les merveilles du cirque et de l'amphithéâtre. Qu'on ne parle plus du lac Fucin, ni des étangs du voluptueux Néron ; les siècles futurs ne connaîtront que votre seule naumachie (4). »

Après ces courses exécutées au sein des eaux , on vit paraître des navires et s'entrechoquer deux flottes , l'une de Corinthiens , l'autre de Corcyréens. Outre ce combat naval, livré dans l'amphithéâtre, Titus en donna deux au-

(1) Sueton., *Ner.*, cap. 27.
(2) Tacit. , *Annal.*, lib. XV, cap. 37.—Xiphilin, (lib. LXII, cap. 15) place la scène de cette orgie dans l'amphithéâtre.
(3) Sueton., *Vespas.*, cap. 9 , et *Tit.* , cap. 7.
(4) Martial. , *De spectac.*, Epigr. 28.

tres dans la vieille naumachie d'Auguste, près des jardins de Caius et Lucius (1) : il n'y eut pas moins de trois mille combattants (2).

Quelquefois, dans ces fêtes nautiques, des jeunes gens déguisés en dieux marins ou en Néréides imitaient, à la surface de l'eau, la forme d'un trident, d'une ancre, d'une rame, d'une barque, l'astre de Castor et Pollux, l'ondulation d'une voile enflée par le vent. Ces spectacles étonnaient et charmaient la foule. « Ou l'inventeur de ces jeux, s'écrie Martial, fut inspiré par Thétis, ou il les enseigna lui-même à la déesse (3). »

Quelquefois même les eaux qui couvraient l'arène servirent de théâtre à des drames plus poétiques et plus touchants. Ainsi on représenta dans cette mer artificielle la tragique aventure de Héro et Léandre. Une épigramme de Martial nous révèle ce fait curieux :

« Cesse de t'étonner, Léandre, d'avoir été épargné par cette onde, à laquelle tu te confiais pendant la nuit : cette onde appartenait à César (4). »

Ce drame nautique dût être exécuté sous Domitien, qui affectionnait, comme on sait, les spectacles de nuit (5).

Domitien fut le premier qui construisit en pierre une

---

(1) Sueton., *Tit.*, cap. 7.
(2) Xiphil., lib. LXVI, cap. 25.
(3) Martial., *De spectac.*, Epigr. 26.
(4) Id., *ibid.*, Epigr. 25.
(5) Sueton., *Domit.*, cap. 4.—Xiphil., lib. LXVII, cap. 8, *sub. fin.* — Caligula avait aussi un goût très-vif pour les fêtes nocturnes, Sueton., *Caligul.*, cap. 18.

naumachie près du Tibre ; mais cet édifice ne subsista pas longtemps : on en prit les matériaux pour réparer le grand cirque (1). Domitien donna dans ce lieu un immense combat naval ; ce furent presque des flottes qui se heurtèrent (2). Non-seulement dans cette fête la plupart des combattants périrent ; mais beaucoup de spectateurs moururent par suite d'une pluie violente, mêlée de vent et de tonnerre, qui éclata tout-à-coup, et pendant laquelle l'Empereur ne permit à personne de se retirer, ni même de changer d'habit, quoiqu'il eût pris une autre robe (3). Martial lui adressa sur ce bel exploit des vers de la plus basse flatterie (4).

Quelques médailles frappées à Gadara dans la Décapole, sous Marc-Aurèle, se rapportent à une naumachie qui se célébrait tous les ans dans cette ville, en mémoire de la victoire remportée par Vespasien sur les Juifs. Héliogabale, par un de ces excès de luxe qui lui étaient familiers, fit remplir de vin certains fossés pratiqués dans le cirque, et y donna un combat naval (5). Enfin, Aurélien ajouta une naumachie aux jeux nombreux qui suivirent son triomphe sur Tétricus et Zénobie (6).

(1) Sueton., *Domit.*, cap. 5. — Avant l'érection de ce monument, Domitien avait donné un combat naval dans un lac creusé au bord du Tibre. Id., *ibid.*, cap. 4.

(2) Id., *ibid.*

(3) Xiphil., lib. LXVII, cap. 8.

(4) Martial., lib. IV, *Epigr.* 3.

(5) Lampride (*Héliogab.*, cap. 23) appelle ces bassins des *euripes* ; mais Casaubon pense avec raison qu'il ne s'agit pas de l'euripe du cirque et de l'amphithéâtre, qui n'était qu'un ruisseau trop étroit et trop voisin des spectateurs pour qu'on pût y donner un combat naval.

(6) Vopisc., *Aurelian.*, cap. 34.

CHASSES OU COMBATS D'ANIMAUX.

On se tromperait, si l'on rangeait parmi les jeux venus de la Grèce les grandes chasses dont il nous reste à
parler. La Grèce, qui ne renferme que peu d'espèces d'a-
nimaux féroces, n'a guère connu que les combats de
taureaux (1) et le passe-temps aristocratique des combats de coqs et de cailles, dont la mode passa en Italie (2).
Alexandre, à la vérité, donna parmi beaucoup d'autres
spectacles, des combats d'animaux (3); mais il prit
cette coutume en Asie. C'était un ancien usage en Orient
de livrer les condamnés aux bêtes. On se rappelle Daniel jeté dans la fosse aux lions (4). Les Carthaginois
livraient aussi aux bêtes les captifs et les transfuges (5).
Annibal fit combattre un prisonnier romain contre un
éléphant, et, à sa grande mortification, le Romain fut
vainqueur (6). C'est donc de l'Asie et de l'Afrique, où

(1). Voy. plus haut, p. 414, note 7.—Les amphithéâtres qui existaient chez les Étrusques ne servaient qu'aux combats de gladiateurs.

(2) Plutarch., *Anton.*, cap. 33, et *Apophthegm.*, p. 207, B. —
Alexandre-Sévère n'admit point pendant ses repas les plaisirs scéniques ; seulement il s'amusait à faire combattre des perdrix et à faire
jouer de jeunes chiens avec de jeunes cochons. Lamprid., *Alex.
Sever.*, cap. 41. — Pétrone se moque des combats de cailles. *Satyric.*, cap. 52.

(3) Plutarch., *Alex.*, cap. 4.

(4) Daniel, cap. 6. — Alexandre infligea ce supplice à Lysima-
que, un de ses gardes (Pausan., *Attic.*, cap. 9) ; mais Lysima-
que, au rapport de Pline, étrangla le lion. Plin., *Hist. nat.*,
lib. VIII, cap. 15, § 21.

(5) Scipion paraît avoir emprunté cette coutume aux Carthaginois. *Voy.* Val. Maxim., lib. II, cap. 7, § 13.

(6) Plin., *Hist. nat.*, lib. VIII, cap. 7.

abondent toutes sortes de grands animaux, que vinrent
les chasses italiques (1). Un usage indigène favorisa chez
les Romains l'établissement de ce spectacle. Dans les
triomphes on avait coutume d'exposer aux regards du
peuple les animaux remarquables des contrées vaincues (2).
Ainsi l'on vit figurer des éléphants dans le triomphe
qui suivit la défaite de Pyrrhus (3). Plus tard (l'an de
Rome 502), L. Métellus, vainqueur des Carthaginois en
Sicile, fit conduire à Rome environ cent quarante de ces
animaux. Comme il parut trop coûteux de les nourrir (4), on résolut de les tuer, et cette exécution fut un
spectacle. On perça de flèches ces bêtes au milieu du
cirque (5). L'an 568, on vit dans les jeux voués par
M. Fulvius, après la guerre d'Étolie, une chasse où
figurèrent des lions et des panthères (6). On essaya par un
sénatus-consulte d'empêcher l'introduction des animaux
d'Afrique en Italie; mais, vers l'an 581, le tribun du peuple, Cn. Aufidius, fit lever cette défense en faveur des
jeux publics (*circensium gratiâ*) (7). La passion des

(1) Les combats d'animaux féroces ont continué d'être en usage
dans presque toutes les cours de l'Asie. Voy. Mendelslo, *Voyages
en Perse*, t. I, p. 135-138.

(2) Cet usage persista aussi longtemps que celui des triomphes.
Vospisc., *Aurelian.*, cap. 33.

(3) Plin., *Hist. nat.*, cap. 6.

(4) Caligula trouva plus tard un moyen économique d'entretenir les animaux que l'on conservait pour les jeux; il les nourrit, pendant une disette, de la chair des condamnés. Sueton.,
Caligul., cap. 27.

(5) Verrius, ap. Plin., *Hist. nat.*, lib. VIII, cap. 6, § 6. —
L. Pison (*ibid.*) rapporte ce fait un peu différemment.

(6) Tit. Liv., lib. XXXIX, cap. 22.

(7) Plin., *ibid.*, cap. 17, § 24.

chasses fit des progrès si rapides, que, dès l'an 585, P. Corn. Scipion Nasica et P. Lentulus firent paraître dans les jeux de leur édilité soixante-trois panthères et quarante ours ét éléphants (1).

Sylla , Scaurus et Pompée enchérirent encore sur ce luxe. Sylla pendant sa préture fit, le premier, combattre des lions sans liens (2). Scaurus, édile, fit venir pour la première fois à Rome cent cinquante panthères mouchetées (3) ; il exposa aussi , le premier , dans un euripe ou bassin disposé exprès, un hippopotame et cinq crocodiles (4). Pompée donna pour la dédicace du théâtre de Vénus Victrix , des jeux pendant cinq jours. Rome vit alors pour la première fois un rhinocéros (5). Vingt éléphants , ou dix-sept, selon d'autres (6), combattirent contre des prisonniers gétules armés de javelots (7). Enfin , il ne parut pas dans l'arène moins de quatre cent dix

(1) Tit. Liv., lib. XLIV, cap. 18. — Fenestella , cité par Pline (Hist. nat. , lib. VIII , cap. 6), se trompe donc quand il dit que les éléphants combattirent pour la première fois dans les jeux , l'an 655. Asconius Pedianus commet une inexactitude encore plus grave, en plaçant la date du premier combat d'éléphants à la dédicace du théâtre de Pompée (Ad Cicer. orat. in Pison., p. 166, ed. Hotoman. , Lugd. , Bat. , 1675). — Pline paraît être aussi dans l'erreur, quand il rapporte la première léontomachie à l'édilité de Q. Scævola, l'an 652. Voy. Plin. , ibid., cap. 16 , § 20.

(2) Senec., De brevit. vit. , cap. 13.—Cf. Solin. , cap. 29.

(3) Plin. , ibid. , cap. 17, § 24.

(4) Id., ibid., cap. 26 , § 40.

(5) Id. , ibid. , cap. 20 , § 29. — Solin., cap. 32.

(6) Dix-huit suivant Dion (lib. XXXIX, cap 38) et Sénèque (De brevit. vit. , cap. 13).

(7) Plin. , ibid. , cap. 7, § 7.

panthères (1) et six cents lions (2), dont trois cent quinze à crinière (3).

Jules César fut encore plus magnifique et surtout plus ingénieux. Non-seulement il gratifia Rome de plusieurs chasses (4), mais son génie inventif perfectionna ce genre de spectacle. Frappé des inconvénients qu'offrait la forme du cirque, spécialement destiné aux courses, et dont l'arène oblongue était partagée par une *spina* (5) et embarrassée par les *metæ* (6), il fit bâtir pour les *venationes* un édifice de forme ronde et libre de toutes constructions dans son arène (7). Il éleva ainsi le premier amphithéâtre qu'on ait vu à Rome, soit à l'imitation des monuments de ce genre que possédait l'Étrurie, soit sur le modèle du double théâtre de Curion (8). De plus, pour mettre les spectateurs à l'abri de toute crainte, il fit creuser entre l'arène et les

---

(1) Plin., *Hist. nat.*, lib. VIII, cap. 17, § 24.

(2) Dion dit cinq cents. Lib. XXXIX, cap. 38. — Plutarch., *Pomp.*, cap. 52.

(3) Plin., *ibid.*, cap. 16, § 20. — Cf. Cicer., *Ad famil.*, lib. VII, *Epist.* 1. — « On dit que les lions des bords de l'Euphrate n'ont pas de crinière. » Olivier, *Voyage*, t. IV, p. 392 et suiv.

(4) Plin., *ibid.*, et lib. XXXIII, cap. 4, § 16. — Suet., *Cæs.*, cap. 10 et 39. — Dio, lib. XXXIX, cap. 7 et 38.

(5) Schol. *in Juven. Sat.* VI, v. 587.

(6) Les *metæ* ou bornes du cirque étaient au nombre de sept, surmontées les unes par des figures ovales (ova), en mémoire de Castor et de Pollux, les autres par des figures de dauphins, en l'honneur de Neptune. Tertull., *De spectac.*, cap. 8.

(7) Ce premier amphithéâtre n'était que temporaire et construit en bois. Dic, lib. XLIII, cap. 22.

(8) Plin., *Hist. nat.*, lib. XXXVI, cap. 15, § 24, sect. 8. — Cassiodor., *Var.*, lib. V, *Epist.*, 42.

gradins, un *euripe* ou fossé rempli d'eau (1). Enfin, pour comble de magnificence, il garantit le peuple des ardeurs du soleil, en couvrant cet amphithéâtre d'un voile (2). Comme ses devanciers, il se piqua de faire venir des animaux inconnus. Le premier, il montra la giraffe ou le caméléopard (3). Il donna aussi un combat de taureaux à la manière thessalienne. Dans cette sorte de combat; le *toreador* à cheval s'approchait au galop, saisissait l'animal par les cornes et le terrassait (4).

Auguste aussi se piqua de montrer au peuple romain les animaux les plus rares. Il exposa entreautres dans; le Champ de Mars, un hippopotame et un rhinocéros (5). Il amena de l'eau dans le cirque flaminien et fit tuer dans ce *nouveau lac* (6) trente-six crocodiles (7). Il fit venir d'Afrique quatre cent vingt panthères (8). Lors de la dédicace du théâtre de Marcellus, il montra pour la première fois à Rome un tigre apprivoisé (9). Dans une autre occasion, il fit paraître un serpent long de cinquante coudées devant la place des

---

(1) Sueton., *Cæs.*, cap. 39. — Plin., *Hist. nat.*, lib. VIII, cap. 7, § 7. — On prit plus tard d'autres précautions contre les attaques des bêtes féroces. Voy. Calpurn., *Eclog.* VII, v. 53, seq.

(2) Dio, lib. XLIII, cap. 23.

(3) Plin., *ibid.*, lib. VIII, cap. 18, § 27.

(4) Id., *ibid.*, cap. 45, § 70.

(5) Sueton., *August.*, cap. 43. — Dion dit à tort (lib. LI, cap. 22) qu'Auguste montra le premier ces animaux à Rome.

(6) On lit dans Manilius : « Littoribusque novis per luxum illudere ponto Etvarios fabricarelacus et flumina ficta...... » Astron., lib. IV, v. 263, seq.

(7) Dio, lib. LV, cap. 20.

(8) Plin., *ibid.*, cap. 17, § 24.

(9) Id., *ibid.*, § 25.

comices (1). Il engagea Statilius Taurus à bâtir son magnifique amphithéâtre de pierre. (2).

Caligula (3) fit tuer dans le cirque, le jour de sa naissance, quatre cents ours et autant de bêtes d'Afrique. Il
donna le même spectacle le jour de la naissance de Drusilla (4). Claude fit paraître dans une seule chasse trois cents
ours et autant d'animaux d'Afrique (5). Comme César, il appela des Thessaliens pour combattre contre des taureaux (6).
Il fit tuer dans le cirque du Vatican un serpent boa ;
dans le ventre duquel on trouva le corps entier d'un enfant (7). Enfin, il produisit quatre tigres apprivoisés (8).
Néron, comme son prédécesseur, donna des combats
de taureaux (9) et d'éléphants. Il fit tuer par des cavaliers de sa garde quatre cents ours et trois cents lions (10).

Sous Titus et sous Domitien, la passion des chasses ne
fit que croître. Titus acheva l'immense amphithéâtre de
pierre qu'avait commencé Vespasien et dont nous admirons
encore aujourd'hui les ruines sous le nom de Colysée (11).
Il fallut proportionner les combats et les jeux à l'étendue

---

(1) Sueton., *August.*, cap. 43.

(2) Dio, lib. LI., cap. 23.

(3) Tibère qui fit peu de frais pour les jeux du cirque, donna
cependant des chasses. Dio, lib. LVII, cap. 14.

(4) Id., lib. LIX, cap. 24.

(5) Id., lib. LX, cap. 7.

(6) Sueton., *Claud.*, cap. 21.

(7) Plin., *Hist. nat.*, lib. VIII, cap. 14, § 14.

(8) Id., *ibid.*, cap. 17, § 25.

(9) Id., *ibid.*, cap. 7, § 7.

(10) Dio, lib. LXI, cap. 9.

(11) Martial a célébré la magnificence de cet édifice dans plusieurs
pièces. Voy. *De spectac.*, Epigr. 1 et 2.

de cette nouvelle arène. Titus fit tuer en un seul jour cinq mille bêtes (1). Les rhinocéros, les taureaux, les éléphants, les tigres, furent les acteurs ordinaires de cet amphithéâtre colossal. Martial put dire à Domitien :

« Le chasseur du Gange, qui fuit plein d'effroi sur un coursier d'Hyrcanie, n'a pas à craindre dans les contrées d'Orient la rencontre d'autant de tigres que Rome en a vus. Déjà cette ville ne peut plus compter ses jouissances. César, ton arène l'emporte sur les triomphes, les richesses et les dépouilles de Bacchus. Car ce dieu, lorsqu'il conduisait attachés à son char les Indiens captifs, se contentait d'un attelage de deux tigres (2). »

Trajan, après ses victoires contre les Daces, donna des spectacles pendant cent vingt-trois jours. Il fit tuer souvent mille, et quelquefois dix mille bêtes, tant sauvages que domestiques (3). Hadrien, pour l'anniversaire de sa naissance, donna des combats de gladiateurs pendant six jours. Mille bêtes parurent dans l'arène (4). On abattit cent lions et autant de lionnes (5).

Les Antonins donnèrent des chasses non moins nombreuses. Antonin le Pieux fit paraître des éléphants, des loups-cerviers (6), des chevreuils (7), des crocodiles, des hippopotames, et même des tigres. Il fit combattre cent

---

(1) Sueton., *Tit.*, cap. 7. — Eutrop., lib. VII, cap. 14, 8. — Xiphilin (lib. LXVI, cap. 25) dit neuf mille.

(2) Martial., lib. VIII, *Epigr.* 26.

(3) Xiphil., lib. LXVIII, cap. 15.

(4) Spartian., *Hadrian.*, cap. 7.

(5) Xiphil., lib. LXIX, cap. 8.

(6) « Crocutas. » Capitolin., *Anton. pius*, cap. 10. — Ou corocottas, animaux issus de l'hyène et de la lionne. Plin., *Hist. nat.*, lib. VIII, cap. 30, § 45. — Cf. Dio, lib. LXXVI, cap. 1.

(7) « Strepsicerotas. » Capitol., *Anton. pius*, cap. 10. — Cf. Plin. *ibid.*, cap. 53, § 79.

lions dans une seule chasse (1). Marc-Aurèle qui s'efforça
de modérer, sinon d'abolir, les combats de gladiateurs (2),
fut obligé lui-même de donner au peuple des combats d'a-
nimaux : il fit voir en un jour cent lions qu'on perça de
flèches (3).

Sévère, pour célébrer ses victoires, donna des jeux qui
durèrent sept jours et où périrent sept cents bêtes, tant sauvages que privées (4). Une autre fois, il fit tuer dix tigres (5). Héliogabale (6) le surpassa dans ce luxe, ayant fait
tuer jusqu'à cent cinquante et un tigres (7). Il existait
encore du temps de Capitolin un tableau qui représentait
une chasse donnée par Gordien Ier (8). On y voyait deux
cents cerfs à large bois, trente chevaux sauvages, cent brebis
sauvages, dix élans, cent taureaux de Chypre, trois cents
autruches de Mauritanie, trente onagres, cent cinquante
sangliers, deux cents chèvres sauvages, et deux cents

(1) Capitol., *Anton. pius*, cap. 10.

(2) Id., *ibid.*, cap. 11 et 27. — Eutrop., lib. VIII, cap. 6,
prop. fin.

(3) Capitol., *ibid.*, cap. 17.

(4) Xiphil., lib. LXXVI, cap. 1. — Cf. Herodian., lib. III,
cap. 8.

(5) Xiphil., *ibid.*, cap. 7.

(6) J'ai adopté pour le nom de cet empereur l'orthographe consacrée par l'usage, quoique l'étymologie veuille qu'on écrive *Elaga-
bale*. En effet, ce nom est composé des deux mots hébreux *El*, *Dieu*,
et *guebul*, *terme*, *limite*. Héliogabale, altération grecque d'Elaga-
bale, prouve que le dieu ainsi appelé était le Soleil et non Jupiter,
comme le pensaient quelques personnes, au rapport de Lampride.

(7) Xiphil., Lib. LXXIX, cap. 9.

(8) Capitol., *Gordiani tres*, cap. 3. — Le même auteur (*Gordian. tert.*, cap. 33) fait le dénombrement des animaux que Gordien III réservait pour son triomphe sur les Perses. L'empereur
Philippe les employa à la célébration des jeux séculaires.

daims. Enfin, Probus est, avec Trajan, celui de tous les empereurs qui rassembla sous les yeux du peuple romain le plus grand nombre d'animaux divers. En un seul jour, il fit paraître dans l'amphithéâtre mille autruches, mille cerfs, mille sangliers et, de plus, beaucoup de chamois, de brebis sauvages et d'animaux herbivores. Ce spectacle se renouvela pendant plusieurs jours et toujours avec la même prodigalité (1).

CHASSEURS OU BESTIAIRES.

On faisait souvent combattre les animaux entre eux. On lançait les lions contre les tigres (2), les éléphants contre les taureaux (3) ; on opposait le rhinocéros à l'ours (4), au taureau (5), à l'éléphant (6). On faisait combattre des sangliers contre des sangliers (7), des grues contre des grues (8), des veaux marins contre des ours (9). Mais il était de la nature même des jeux de l'amphithéâtre de mettre les animaux aux prises avec les hommes. Les bestiaires proprement dits étaient une variété des gladiateurs et se recrutaient, comme ces derniers, parmi les prisonniers, les esclaves et les malfaiteurs (10). On pense bien que sous des princes tels que Caligula, Néron, Domitien, Commode, Caracalla, une foule de citoyens innocents furent condamnés aux

(1) Vopisc., *Prob.*, cap. 19.
(2) Martial., *De spectac.*, Epigr. 18.
(3) Id., *ibid.*, Epigr. 19.—Plin., *Hist. nat.*, lib. VIII, cap. 17.
(4) Martial., *ibid.*, Epigr. 22.
(5) Id., *ibid.*, Epigr. 9.
(6) Dio, lib. LV, cap. 27.
(7) Xiphil., lib. LXXVI, cap. 1.
(8) Id, lib. LXVI, cap. 25.
(9) Calpurn., *Eclog.* VII, v. 65, seqq.
(10) Xiphil., lib. LXXVI, cap. 10.

bêtes. Ce fut particulièrement le supplice des juifs et
des chrétiens (1). Caligula, manquant un jour de criminels,
fit prendre et jeter dans l'arène quelques-uns des spectateurs (2). Claude forçait à combattre ceux des employés
des jeux qui se trouvaient là, pour peu qu'une toile ou
une machine eût manqué son effet (3). Outre les malheureux que l'on obligeait ainsi à combattre, il y avait des
bestiaires soldés et volontaires (4). César (5), Auguste (6)
et surtout Néron, engagèrent ou forcèrent un grand nombre de chevaliers et de sénateurs à descendre dans l'a-
rène (7). D'autres le firent par amour du sang (8), quelques-uns même par un instinct dépravé de gloire. On peut
voir quels éloges Martial donne à un des jeunes vainqueurs
de l'amphithéâtre, nommé Carpophore (9). Des femmes
même ambitionnèrent cette palme sanglante, particulière-

(1) Lactant., *De mort. persecut.*, passim.—*Passio SS. Perpetuæ
et Felicitatis*, *inter Acta prim. martyr.*, éd. D. Ruinart, p. 81, seqq.

(2) Dio, lib. LIX, cap. 10. — Sueton., *Caligul.*, cap. 27.

(3) Sueton., *Claud.*, cap. 34.

(4) « Auctorati. » Voy. p. 429.—Cf. Tertull., *De patient.*, cap. 7.
—On pouvait se procurer beaucoup de bestiaires pour peu d'argent.
« Superbe édilité! s'écrie Cicéron ; un seul lion et deux cents bes-
tiaires! » *Pro Sext.*, cap. 64.

(5) Dio, lib. XLIII, cap. 23.

(6) Id., lib. XLVIII, cap. 33. — Sueton., *August.*, cap. 45.

(7) Sueton., *Ner.*, cap. 11.— Xiphil., lib. LXI, cap. 17.

(8) Xiphil., lib. LXVII, cap. 14 et lib. LXXV, cap. 8. — Cf.
Capitol., *M. Anton.*, cap. 12.

(9) Martial., *De spectac.*, Epigr. 15, 23 et 27. — On décernait
quelquefois des couronnes aux bestiaires. « Un chasseur, dit Trébel-
lius Pollion, n'ayant pu tuer un taureau qu'on ramena dix fois dans
l'arène, Gallien lui envoya une couronne; et comme on murmurait de
voir récompenser ce maladroit : c'est, fit-il proclamer par le curion,
qu'il est fort difficile de manquer tant de fois un taureau. » *Gallieni duo*, cap. 12.

ment sous Néron (1) , sous Titus (2) et sous Domitien (3).

« La renommée , dit Martial, comptait au nombre des travaux d'Hercule le lion de Némée terrassé par son bras. Qu'on ne parle plus de ces exploits surannés. César , grâce à ta libéralité , nous avons vu la même tâche accomplie par une femme (4). »

Plusieurs empereurs ne rougirent pas de se donner en spectacle dans l'amphithéâtre. Rival d'Apollon pour le chant , et du Soleil dans l'art de conduire un char , Néron voulut être aussi l'émule d'Hercule. Il avait fait dresser un lion qu'il se proposait de combattre nu dans le cirque ; et qu'il devait assommer de sa massue ou étouffer dans ses bras (5). Commode ne combattait pas seulement les animaux dans l'intérieur de son palais (6) ; il fit souvent en public le métier de bestiaire , soit à Rome , soit dans les provinces. Un jour , du haut de l'amphithéâtre , il perça cent ours de flèches. Quand il se sentait fatigué , il buvait du vin que lui présentait une de ses maîtresses. Il descendit ensuite dans l'arène ; mais il n'attaqua que des animaux apprivoisés ou qu'on lui amenait emprisonnés dans des filets (7). Lampride cite néanmoins une foule de traits qui prouvent que si Commode avait peu de cou-

---

(1) Xiphil. , lib. LXIII, cap. 3.

(2) Id., lib. LXVI, cap. 25. —Juven. , *Satir.* VI. , v. 254, seqq.

(3) Sueton. , *Domit.* , cap. 4.

(4) Martial. , *De spectac.* , Epigr. 6.

(5) Sueton. , *Ner.*, cap. 53.—Suétone raconte une autre comédie bien plus infâme ; à laquelle Néron se livrait dans le cirque. « Il imagina , dit-il , de se couvrir d'une peau de bête et de s'élancer d'une loge sur des hommes et des femmes liés à des poteaux et livrés en proie à ses désirs...... » Sueton., *Ner.*, cap. 29. — Cf. Xiphil. , lib. LXIII, cap. 13.

(6) Lamprid. , *Commod.* , cap. 8.—Xiphil.; lib. LXXII, cap. 17.

(7) Xiphil. , *ibid.* ; et cap. 18.

rage, il ne manquait pas d'adresse (1). Il affectionnait le rôle d'Hercule, et prit le nom d'*Hercule romain* après avoir tué des bêtes féroces dans l'amphithéâtre de Lanuvium (2). Il aimait surtout à jouer la dernière scène de la gigantomachie. Pour représenter l'armée des géants, il prenait des gens infirmes et impotents; il leur donnait une apparence gigantesque, en les enveloppant de linges et d'étoffes qui allaient en diminuant par le bas, en forme de dragon; puis il achevait cette horrible mascarade en les tuant à coups de flèche ou de massue (3).

Caracalla fit aussi le métier de bestiaire; il tua de sa main des lions et une centaine de sangliers (4). Firmicus, qui fut un moment empereur, nageait au milieu des crocodiles, après s'être frotté d'huile tirée de ces animaux; il conduisait un éléphant, montait sur de grandes autruches et volait presque, assis sur elles (5).

Héliogabale, trop efféminé pour prendre part à ces jeux fatigants, se faisait dresser un *triclinium* dans le lieu le plus élevé de l'amphithéâtre, et, de là, s'amusait, en prenant son repas, à voir les malheureux qu'on livrait aux bêtes (6). Le féroce Galère faisait dévorer des hommes par d'énormes ours qu'il entretenait pour cet usage. Il

---

(1) Lamprid., *Commod.*, cap. 12 et 13.

(2) Id., *ibid.*, cap. 8.

(3) Xiphil., lib. LXXII, cap. 20.—Lamprid., *ibid.*, cap. 9.—Un jour les spectateurs abandonnèrent l'amphithéâtre, parce que le bruit courait que Commode avait le dessein de tirer des flèches sur le peuple, comme autrefois Hercule contre les Stymphalides. Xiphil., lib. LXXVII, cap. 10.

(4) Spartian., *Ant. Caracall.*, cap. 5. — Xiphil., *ibid.*

(5) Vopisc., *Firm.*, cap. 6.

(6) Lamprid., *Heliogab.*, cap. 25. — On introduisait souvent des

prenait chaque jour ce plaisir pendant qu'il était à table :
numquam sine humano cruore cœnabat (1).

MACHINES ET MERVEILLES DU CIRQUE ET DE L'AMPHI-THÉÂTRE.

Nous avons vu déjà les eaux amenées dans le cirque et
dans l'amphithéâtre au moyen de canaux secrets. Nous
avons vu un triton d'airain sortir des flots et donner, à
son de trompe, le signal d'une naumachie. Les jeux du
cirque, devenus presque scéniques, étaient pleins de pareilles merveilles. Dans les grands jeux donnés par Sévère
on vit avec étonnement une loge construite en forme de
navire, et pouvant contenir quatre cents bêtes, les jeter
toutes à la fois sur l'arène (2). Cette invention n'était pas
nouvelle : Néron ayant remarqué dans un spectacle un
vaisseau qui s'ouvrait pour donner passage à quelques animaux, et se refermait ensuite de soi-même, conçut l'idée
d'employer un pareil navire à l'exécution du parricide qu'il
méditait (3). Quelquefois cette loge représentait un animal.
Ainsi, sous le règne de Sévère, une baleine immense ayant
échoué dans le port d'Auguste, on construisit pour les
jeux, sur le modèle de ce cétacé, une baleine de bois qui
contenait dans ses flancs cinquante ours (4).

---

animaux, et notamment des éléphants, dans les salles à manger.
Plin., *Hist. nat.*, lib. VIII, cap. 2.

(1) Lactant., *De mort. persecut.*, cap. 21. — Ces affreux usages se
sont conservés dans plusieurs des cours de l'Asie. Voy. Mendelslo,
Voyage en Perse, t. 1, p. 134-138.

(2) Xiphil., lib. LXXVI, cap. 1. — On voit l'image d'une pareille machine sur plusieurs médailles. Lieb., *Goth. num.*, p. 443,
et Vaillant, *Num. imper.*, t. II, p. 230.

(3) Xiphil., lib. LXI, cap. 12.

(4) Id., lib. LXXV, cap. 16.

. Il y avait encore des machines assez semblables à celles de notre Opéra. Ainsi l'on vit du temps de Titus, Hercule monter au ciel, assis sur un taureau (1). Quelquefois, pour augmenter l'illusion que pouvaient produire les chasses, on plantait ou l'on figurait des arbres au milieu de l'arène. Les animaux sortaient de ce parc artificiel pour venir combattre. On vit une de ces forêts improvisées parmi les merveilles qui signalèrent les jeux donnés par Probus (2). Souvent à ces décorations on joignait une fable, et alors les spectateurs avaient sous les yeux un drame dont le dénoûment était toujours sanglant. Martial a décrit une de ces tragédies de l'ampithéâtre dans les vers suivants sur le *spectacle d'Orphée* :

« Toutes les scènes dont on raconte que le mont Rhodope fut témoin à la mort d'Orphée, l'arène, César, vient de les offrir à tes yeux. Des rochers se sont avancés; une forêt merveilleuse, semblable au bois des Hespérides, est accourue. On a vu mêlées à des troupeaux, des bêtes farouches de toute espèce. Une foule d'oiseaux restèrent suspendus aux accents du chantre célèbre (3). Cependant le poëte périt déchiré par un ours ingrat, et la mort de l'acteur fut aussi réelle que tout ce qu'on raconte d'Orphée est fabuleux (4). »

Martial a dit encore à propos d'un spectacle du même genre :

« Dédale, quand tu te sens ainsi dévoré par un ours de la Lucanie, combien tu désirerais d'avoir encore tes ailes (5)! »

(1) Martial., *De spectac.*, Epigr. 16.
(2) Vopisc., *Prob.*, cap. 19.
(3) Ces chants d'Orphée sont un nouvel exemple de l'emploi des paroles dans l'amphithéâtre. Ailleurs, le même poëte a dit des jeux donnés de son temps dans l'arène, qu'ils charmaient encore plus les oreilles que les yeux. Martial., lib. IX, *Epigr.* 84.
(4) Martial., *De spectac.*, Epigr. 21.
(5) Id., *ibid.*, Epigr. 8.

COMÉDIES DE L'AMPHITHÉATRE.

Quelquefois les chasses étaient comiques (1). Les jeux des lièvres et des lions, que l'on voyait fréquemment dans l'arène, ne pouvaient avoir d'autre but que d'exciter la gaieté par un immense contraste (2). Je ne sais si ce fut simplement par caprice, ou dans l'intention de préparer un spectacle grotesque, qu'Héliogabale fit rassembler par ses esclaves dix mille rats, mille belettes et mille souris (3). Quand on voulait joindre l'insulte à la punition, on faisait combattre les condamnés dans l'arène contre des chiens (4). Gallien ménagea un jour aux spectateurs de l'amphithéâtre une surprise comique, à laquelle l'humanité ne put qu'applaudir. Un lapidaire avait vendu à sa femme des pierreries qu'on reconnut pour fausses ; il fit arrêter ce marchand malhonnête et le condamna aux lions ; mais il ne fit lâcher contre lui qu'un chapon. Et comme chacun s'étonnait et cherchait le sens de cet énigme, il fit dire par le curion (5) : « Cet homme a voulu tromper ; il est attrapé à son tour (6). »

(1) Trebell. Poll., *Gallieni duo*, cap. 3.

(2) Martial ne tarit pas sur ce spectacle. Voy. lib. I, *Epigr.* 7, 23, 45, 49, 105. — Les lions ne faisaient que jouer avec les lièvres, sans jamais leur faire mal.

(3) Lamprid., *Héliogab.*, cap. 27. — Cet empereur fit pendant son règne un grand nombre de folies pareilles. Il enjoignit à ses esclaves de ramasser jusqu'à dix milliers pesant de toile d'araignée, prétendant qu'on pourrait juger par là de la grandeur de Rome. Singulier procédé de statistique ! Id., *ibid.*, cap. 26.

(4) Sueton., *Domit.*, cap. 10.

(5) Les *curions* étaient des hérauts chargés de proclamer pendant les spectacles la volonté du prince ou des magistrats. Trebell. Poll., *ibid.*, cap. 12. — Cf. Martial., *Præfat. ad lib.* II. — Plin., lib. IV, *Epist.* 7. — On lit dans quelques éditions *decurionibus*.

(6) Trebell. Poll., *ibid.*, cap. 12. — Héliogabale, sans y être provo-

Le cirque et l'amphithéâtre offraient, d'ailleurs, aux regards du peuple une foule de singularités divertissantes. Tantôt on voyait un cheval dressé à adorer un homme, fléchir les genoux et mettre sa tête contre terre (1). Tantôt on voyait des éléphants obéir à leurs noirs conducteurs (2), lancer des épées en l'air, les recevoir sans que le vent pût tromper leur adresse, combattre entre eux comme des gladiateurs, et même exécuter en mesure des danses pyrrhiques (3) et des saltations lascives (4). Quelquefois même un de ces animaux se prosternait comme un suppliant devant l'Empereur (5).

' Mais, dans toutes les occasions où l'on voulait exciter le rire, l'ours avait de droit le principal rôle. C'est, je crois, ce qu'il faut entendre par ces mots de Vopiscus : *Ursos mimum agentes* (6). Dans une de ces comédies de l'amphithéâtre, on vit un ours poursuivre un *tichobate* sur la crête

qué, fit souvent de semblables plaisanteries. Il aimait passionnément les lions et les léopards apprivoisés. Souvent à dîner il faisait paraître, au second ou au troisième service, plusieurs de ces animaux à qui on avait coupé les dents et les griffes, et il s'amusait de la frayeur de ses convives (Lamprid., *Heliogab.*, cap. 21). Quelquefois après avoir enivré ses amis, il les renfermait dans une salle où il lâchait pendant la nuit des lions, des léopards et des ours apprivoisés, afin qu'au retour de la lumière, ils vissent ces animaux, ou, ce qui était plus cruel encore, qu'ils se sentissent pendant la nuit renfermés avec eux. Plusieurs en moururent d'effroi, Lamprid., *ibid.*, cap. 25.

(1) Xiphil., lib. LXVIII, cap. 18.
(2) Senec., *Epist.* 85, *sub fine*.
(3) Plin., *Hist. nat.*, lib. VIII, cap. 2, § 2. — Ælian., *Hist. animal.*, lib. II, cap. 11.
(4) Martial., lib. I., *Epigr.* 105, v. 9, seq.
(5) Id., *De spectac.*, Epigr. 17.
(6) Vopisc., *Carin.*, cap. 19.

d'une muraille (1). Mais la plus originale, peut-être, de ces parades, était celle de l'ours empêtré dans la glu. Martial, témoin de cette scène bouffonne, en prit occasion des vers suivants :

« Un ours se roulant sur l'arène ensanglantée, s'empêtra tellement dans la glu, que la fuite lui devint impossible. Qu'on renonce désormais aux épieux étincelants et armés de fer; que le javelot ne vole plus lancé par une main vigoureuse. Il faut que le chasseur aille saisir sa proie dans les airs, puisque pour surprendre les habitants des forêts on emploie les ruses de l'oiseleur (2). »

Enfin, le cirque offrait souvent des spectacles obscènes. On ne peut conserver le moindre doute à cet égard, quand on voit Juvénal, après avoir parlé des *ludi circenses*, ajouter :

« Les nouvelles épouses, penchées sur leurs époux, contemplent ce qu'on rougirait de raconter devant elles (3). »

On peut se faire une idée de la licence des spectacles du cirque, en lisant les vers de Martial, *De Pasiphaes spectaculo* :

« Croyez à l'union de Pasiphaé avec le taureau crétois. Nos yeux viennent de voir s'accomplir cette fable ancienne. César, que l'antiquité dépose son orgueil ; tout ce que la renommée publie de la fille de Minos, l'arène l'a réalisé à tes yeux (4). »

(1) Vopisc., *Carin.*, cap. 19. — Les tichobates étaient une branche de la famille des funambules. Ils faisaient des tours d'équilibriste sur des murailles.

(2) Martial., *De spectac.*, Epigr. 11.

(3) Juvenal., *Satir.* XI, v. 201, seq.

(4) Martial., *De spectac.*, Epigr. 5. —Ce spectacle monstrueux avait déjà été donné dans un ballet à la cour de Néron. Sueton., *Ner.*, cap. 12.

Il faut ajouter à ces monstruosités la scène indécente qu'indique le fameux vers de Prudence :

Cygnus stuprator peccat inter pulpita (1).

Le mot *pulpita*, qui ne peut s'appliquer qu'à un théâtre (2), me conduit à faire remarquer que la plupart des drames joués dans le cirque étaient représentés sur un échafaud en forme de théâtre. Il résulte de là une sorte de confusion dans les auteurs anciens, entre les jeux scéniques et les jeux du cirque (3), confusion qui devint extrême et presque totale dans les bas siècles et dont il est nécessaire d'exposer dès à présent l'origine, et d'indiquer les conséquences.

III.

LUDI SCENICI.

JEUX SCÉNIQUES EXÉCUTÉS DANS LE CIRQUE.

Les premiers jeux qu'on ait appelés scéniques furent, en Italie comme en Grèce, de simples danses et des vers grossiers que des villageois improvisaient à l'ombre et sur la lisière des bois (4). Plus tard, on appela de ce nom les danses étrusques importées à Rome, l'an 390, comme un

(1) Prudent, *Peristeph.* X, v. 221.

(2) Le *pulpitum* était la partie du *proscenium* la plus voisine de l'orchestre.

(3) C'est faute d'avoir tenu compte de cette confusion que Guil. Canterus (*Novar. Lection.*, III, cap. 6) propose de reporter les vers 202 et 203 de la XIe satire de Juvénal après le vers 164, parce que, suivant lui, les jeux du cirque n'étaient pas obscènes. Il est vrai que plusieurs manuscrits ne donnent pas ces deux vers et que d'autres les déplacent.

(4) Voy. *Introduct.*, p. 294, seq.

moyen nouyeau d'apaiser les dieux (1). Ces danses, jointes
aux plaisanteries fescenniennes, devinrent les *saturæ*, les
atellanes, les comédies, les mimes, etc. Tous ces jeux, qui
demandaient une scène ou du moins des échafauds (*pegmata*),
furent, à proprement parler, les jeux scéniques. A peine
introduits à Rome, ces spectacles firent partie de toutes les
fêtes. Ils entrèrent dans les jeux romains, apollinaires, mégalésiens, floraux, et même dans les jeux funèbres (2);
mais pendant environ deux cents ans, ces nouveaux
divertissements furent représentés dans le lieu même où
avaient paru d'abord les *ludiones* ou danseurs venus
d'Étrurie (3), c'est-à-dire sur une scène mobile élevée
temporairement dans le cirque (4). Ce fut seulement l'an
599, que Rome vit le premier essai d'un théâtre perma-
nent, construit en pierre, et dont l'hémicycle, ou la *cavea*,
devait être pourvu de siéges, contrairement à l'ancien usage (5). Cet emprunt aux mœurs étrangères (6) souleva une
si vive opposition (7), que ce ne fut que plusieurs années

(1) Voy. *Introduct.*, p. 298 et 302, seqq.

(2) Tit. Liv., lib. XXIX, cap. 11, 14; lib. XXXIV, cap. 54;
lib. XXXVI, cap. 36.

(3) Une crue subite du Tibre inonda le cirque et troubla les
premières représentations données par les *ludii* à Rome. Tit. Liv.,
lib. VII, cap. 3.

(4) Tacit., *Annal.*, lib. XIV, cap. 20. — Auson., *Prolog. ad
lud. VII Sapient.*, v. 14, seq.

(5) Val. Maxim., lib. II, cap. 4, § 2.

(6) Les Grecs dans les premiers temps se tenaient debout pendant les jeux. Je lis dans Homère : « Les jeunes gens debout applaudissaient tournés vers la lice. » *Odyss.*, VIII, v. 380.

(7) Tit. Liv., *Epitome* libr. XLVIII.—Plin., *Hist. nat.*, lib. XVII
cap. 25. — Appian., *Bell. civ.*, lib. I, cap. 28. — Vellejus Paterc.,
b. I, cap. 15. — Augustin., *De civ. Dei*, lib. I, cap. 31.

plus tard, l'an 607, lors du triomphe de Mummius, que Rome eut un théâtre hors du cirque et de forme grecque (1).

. Il résulte de là que les danses des *ludii*, les *saturæ* et même les tragédies et les comédies imitées du grec par Livius, Ennius et Pacuvius, furent représentées dans le cirque sur des échafauds (2), en présence de spectateurs debout (3) ou peut-être assis sur de petits matelas remplis de roseaux (4). En comparant les dates, on voit qu'il en fut probablement de même des pièces de Cécilius et d'Accius. Toutefois les pièces de Plaute furent jouées devant des spectateurs assis et même assis sur des siéges, comme le prouvent plusieurs passages de ce poëte (5).

(1) Tacit., *Annal.*, lib. XIV, cap. 21.

(2) Les Romains empruntèrent probablement des Tarentins la forme des échafauds scéniques. La preuve que ces *pegmata* furent construits à peu près sur le modèle des théâtres grecs, c'est que les plus anciens mimes latins, les *planipedes*, qui jouèrent certainement dans le cirque, ne reçurent leur nom de *planipedes* que parce qu'ils représentaient leurs parades sur le plein-pied de l'orchestre. Fest., *voc.* Orchestra et Salutaris porta.

(3) « Stantes spectabant in re fictâ », dit Cicéron, à propos d'une tragédie de Pacuvius, intitulée *Oreste et Pylade.* Cicer., *De Amicit.*, cap. 7. — Jusqu'à la fin du dernier siècle, les spectateurs à Paris se tenaient debout au parterre. Ils s'y tiennent encore à Rouen et dans beaucoup d'autres villes. M. de S.-Marc, dans le 13ᵉ chapitre de *ses Réflexions sur l'Opéra* publiées en 1777, s'éleva contre le projet de garnir de banquettes le parterre de l'Opéra.

(4) Martial., lib. XIV, *Epigr.* 160. — Senec., *De vit. beata*, cap. 25.

(5) Plaut., *Amphitr.*, prolog., v. 65. — *Pænul.*, prolog., v. 5, 19 et 23. — *Epidic.*, grex. — *Mil. Glorios.*, act. II, sc. 1, v. 3, seqq. — *Truculent.*, v. ultim. — *Captiv.*, prolog., v. 12.

Enfin, lorsqu'il y eut à Rome et dans les provinces des théâtres permanents (1) et bâtis en pierre, on n'en donna pas moins très-souvent les jeux scéniques dans les cirques et dans les amphithéâtres (2). Ainsi, tandis qu'en Grèce les théâtres, construits originairement pour les tragédies et les comédies, servaient à une foule d'autres usages religieux et politiques (3), à Rome, au contraire, on transportait fréquemment les jeux scéniques dans d'autres édifices, dans les cirques, dans les amphithéâtres, dans le *Diribitorium* (4); souvent même dans le Champ de Mars ou au milieu du Forum (5). Dans tous ces lieux, les représentations étaient données sur des tréteaux, qui se dressaient au moyen d'un mécanisme assez semblable à celui de nos échelles à incendie :

Crescunt media pegmata celsa via (6).

Sur ces *pegmata* se montraient les pyrrhiquistes (7), les

---

(1) Beaucoup de villes dans les provinces n'ayant jamais eu de théâtres, continuèrent, par nécessité, de représenter les jeux scéniques dans les cirques et dans les amphithéâtres.

(2) On trouve la trace encore visible de cette coutume dans le passage suivant de saint Isidore : « Theatri forma primum rotundum erat sicut et amphitheatri; postea ex medio amphitheatro theatrum factum est. » Isidor., *Origin.*, lib. XVIII, cap. 42.

(3) On verra les preuves de cette assertion dans le chapitre où je traiterai de l'architecture théâtrale.

(4) La destination de cet édifice n'est pas bien connue. Dion raconte que Caligula le fit servir à la célébration des jeux scéniques, pendant les chaleurs de l'été. Dio, lib. LIX, cap. 7.

(5) Ascon. Pedian., *In Orat. III, contr. Varr.*, p. 86 et 109.

(6) Martial., *De spectac.*, Epigr. 2, v. 2. — Nous voyons dans une fable de Phèdre (Lib. V, *Fab.* 8, v. 78, ed. Orell.) un pauvre joueur de flûte blessé par le jeu d'un échafaud.

(7) Joseph., *Antiq. jud.*, lib. XIX, cap. 1, § 14.

pétauristes (1), les faiseurs de tours de force (2), les funambules (3), en un mot, tous les acteurs du cirque dont les
jeux se rapprochaient du drame (4). Les exercices des divers acteurs que je viens de nommer, exécutés tantôt sur
les théâtres et tantôt dans les cirques, participaient des
ludi circenses, en tant qu'ils étaient corporels, et des
ludi scenici, en ce qu'ils offraient assez souvent une
action dramatique (5). Aussi les funambules qu'on remarque en grand nombre dans les peintures d'Herculanum, sont-ils vêtus la plupart en faunes, en bacchants,
en silènes, et paraissent-ils exécuter sur la corde de petites
scènes en rapport avec leur costume (6). Il y eut même des
animaux funambules (7), et surtout des éléphants (8),

(1) Martial., lib. IX, *Epigr.* 39.

(2) Pline dit avoir vu Athanate, dont la corpulence tenait du pro-
dige, se promener sur la *scène*, vêtu d'une cuirasse qui pesait cinq
cents livres et chaussé de cothurnes du même poids. Plin., *Hist. nat.*,
lib. VII, cap. 20, § 19. — Je ne sais s'il ne faut pas ranger parmi
les faiseurs de tours les *apinarii* qui, dans les jeux de Gallien, re-
présentèrent la fable des Cyclopes avec force merveilles (*ita ut
miranda quædam et stupenda monstrarent*). Trebell. Poll., *Gallien. duo*, cap. 8.

(3) Prudence a dit : « Indé per aerium pendens audacia funem,
Ardua securis scandit proscenia plantis. » Hamartig. 367, seq.

(4) Certains gladiateurs reçurent le nom de *pegmares*, parce qu'ils
combattaient sur les tréteaux du cirque et de l'amphithéâtre. Sueton., *Caligul.*, cap. 26, *sub fin*

(5) Entre autres jeux scéniques donnés dans l'amphithéâtre par
Carinus, on vit un schœnobate chaussé de cothurnes, qui semblait
marcher dans les airs. Vopisc., *Carin.*, cap. 19.

(6) *Pittur. Antich. d'Ercolano*, t. III, pl. XXXII et XXXIII.

(7) Tel que l'ours tichobate que nous venons de voir dans les
jeux de Carinus. Les charlatans montraient aussi des porcs acrobates
et pétauristes. Petron., *Satyric.*, cap. 47.

(8) Les premiers éléphants funambules parurent sous Tibère dans

qui ne se bornaient pas à danser, mais qui jouaient encore sur la corde de petites parades. Pline raconte que quatre éléphants funambules portaient dans une litière un de leurs compagnons qui contrefaisait la nouvelle accouchée (1).

Enfin, si l'on accorde quelque autorité à une peinture conservée dans le musée secret de Naples, il y eut des danseuses de corde (2) qui, nues et mêlées aux hommes, exécutaient des postures dignes du génie de l'Arétin. Je sais que des critiques d'une grande autorité attribuent, en général, ces figures obscènes aux fantaisies du libertinage individuel (3); mais quand on rapproche de ces monuments les vers de Juvénal sur l'indécence des jeux du cirque, ou la pièce de Martial sur le spectacle de Pasiphaé, et surtout lorsqu'on songe au rôle que l'âne des *Métamorphoses* d'Apulée était destiné à remplir sur le théâtre de Corinthe (4), on est quelque peu tenté de croire que les infamies de ces *funambulæ* n'étaient pas seulement des caprices érotiques destinés au *venereum* de quelque riche libertin, mais la représentation impudente de monstruosités réelles. Pour moi, je me demande s'il ne faut pas voir dans ces peintures une partie des exercices obscènes auxquels les courtisanes se livraient dans les fêtes particulières et peut-être même dans les jeux floraux.

les jeux floraux que présidait Galba, alors préteur. Sueton., *Galb.*, cap. 6. — Plus tard, on vit sous Néron un éléphant, que montait un chevalier, descendre du faîte de l'amphithéâtre sur une corde tendue. Id., *Ner.*, cap. 11. — Xiphil., lib. LXI, cap. 17.

(1) Plin., *Hist. nat.*, lib. VIII, cap. 2, § 2.

(2) Famin, *Musée secret de Naples*, pl. LX.

(3) M. Letronne, *Appendice aux lettres d'un antiquaire.*

(4) Appul., *Métamorph.*, lib. X, p. 521, seqq. 2.

PANTOMIMES.

Quant aux spectacles véritablement scéniques, il est à
peu près reconnu que celui des pantomimes occupa pres-
que exclusivement le théâtre grec et romain, à partir du 1er
siècle. Sans admettre entièrement cette opinion, je reconnais avec tout le monde qu'une vogue immense accueillit
ces nouveaux artistes. A peine se furent-ils montrés à Rome,
qu'ils enthousiasmèrent toutes les classes de citoyens. Le
peuple se divisa en factions qui adoptèrent tel ou tel acteur (1), telle ou telle école ; car, au grand scandale de Sénèque, tandis qu'on laissait s'éteindre les écoles de Pythagore et de Pyrrhon, des disciples nombreux perpétuaient
le nom et, pour ainsi dire, la dynastie de Pylade et de Bathylle (2). Nous voyons les pantomimes aimés, recherchés, adulés par la jeunesse romaine (3), vivant dans
l'intimité des chevaliers et des sénateurs (4); nous voyons
quelques-uns d'entre eux admis au plus haut degré de la
faveur impériale (5), tremper dans les plus sombres in-
trigues du palais (6), ou s'emparer des premières charges (7). Nous voyons leurs statues élevées non-seulement

(1) Tacit., *Annal.*, lib. I, cap. 54 ; et lib. XIII, cap. 25. —
Id., *De Orat.*, cap. 29.

(2) Senec., *Quœst. nat.*, lib. VII, cap. 32.

(3) « Nobilissimos juvenes mancipia pantomimorum. » Senec.,
Epist. 47.

(4) Tacit., *ibid.*, lib. I, cap. 77.

(5) Sueton., *Caligul.*, cap. 36. — Xiphil., lib. LXVIII, cap. 10,
et lib. LXXIII, cap. 13. — Capitol., *Ver.*, cap. 8.

(6) Tacit., *ibid.*, lib. XIII, cap. 19 et 22.

(7) Lamprid., *Heliogab.*, cap. 12.

dans les théâtres, mais sous les portiques et dans les lieux
où l'on plaçait celles des empereurs (1). Les premiers poëtes
de Rome chantent leurs succès et composent leurs épita-
phes (2); les femmes du plus haut rang ne restent pas in-
sensibles à leur mérite tout extérieur. On sait l'aventure
de la matrone amoureuse, consignée dans les observations
médicales de Gallien (3). Je ne veux pas me constituer
après Juvénal (4) le chroniqueur des bonnes fortunes des
pantomimes. J'avertis seulement les Brantômes futurs,
qui seraient tentés d'écrire cette histoire, qu'ils trouveront
sur leur chemin plus d'un nom d'impératrice (5).

Hors de Rome, leurs succès ne furent pas moins écla-
tants. L'histoire et les monuments nous les montrent établis
dans la Campanie (6), dans le Samnium (7), à Præneste (8),
à Lanuvium (9), à Pompéi (10), à Naples (11), dans l'Ita-

(1) Théodose fit enlever de ces lieux les statues des pantomimes;
mais il les laissa dans les théâtres. Voy. *Cod. Theod.*, lib. XV,
tit. 7, lex 12, ad ann. 394.

(2) Martial., lib. XI, *Epigr.* 13.—Paul. Silentiar., *Epigr.* 76.
Jacobs, t. IV, p. 71. — Plusieurs inscriptions témoignent de la
considération dont jouissaient les pantomimes. Grut., *Inscript.*,
p. 1024, 5. — Orell., *Inscript.*, n. 2530.

(3) Gallen., *De præcognit. ad Posthum.*, cap. 6.

(4) Juvenal., *Sat.* VI, v. 64, seqq.

(5) Dio, lib. LX, cap. 28. — Tacit., *Annal.*, lib. XI, cap. 28.
—Sueton., *Domit.*, cap. 3 et 10.— Xiphilin., lib. LXVII, cap. 3.
— Capitol., *M. Anton.*, cap. 23.

(6) Grut., *Inscript.*, p. 313.

(7) Orell., *Inscript.*, 2626.

(8) Id., *ibid.*, 2627.

(9) Grut., *ibid.*, p. 330, 3.

(10) Orell., *ibid.*, 2530.

(11) Lucian., *De saltat.*, cap. 32.

lie entière. Nous les trouvons même en possession de la scène, dans les provinces les plus reculées, en Illyrie (1), en Syrie (2), particulièrement à Antioche (3), à Carthage (4), à Corinthe (5), à Smyrne (6), à Byzance (7), à Athènes (8).

FAUSSES RAISONS DE LA VOGUE DES PANTOMIMES.

On a donné de la vogue des pantomimes plusieurs raisons qui me paraissent fausses et puériles. M. Schœll, entre autres, pense que la grande étendue des théâtres romains, dont quelques-uns contenaient jusqu'à quatre-vingt mille spectateurs (9), dut, malgré les artifices employés pour renforcer la voix, rendre presque impossible l'audition des paroles, et que cette circonstance causa la chute du théâtre tragique et comique (10).

(1) Grut., *Inscript.*, p. 332, 4.

(2) Capitol., *M. Anton.*, cap. 25.

(3) Lucian., *De saltat.*, cap. 76.

(4) Augustin., *Doctr. Christ.*, II, § 38.

(5) Appul., *Metamorph.*, lib. X, p. 734.

(6) Jacobs, *Anthol.*, Epigr. inc. 353, t. IV, p. 192, et *Animadv.*, t. III, pars 2ª, p. 72.

(7) Leont. schol., *Epigr.* 6, Jacobs., *Anthol.*, t. III, p. 164.

(8) Philostr., *Vit. Apollon.*, lib. IV, cap. 21.

(9) L'amphithéâtre de Vespasien, aujourd'hui le Colysée, contenait, à la vérité, 80,000 spectateurs; mais les théâtres proprement dits, ne paraissent pas avoir contenu au delà de 40,000 personnes; encore ne cite-t-on guère que le théâtre de Pompée qui fût d'une aussi grande étendue.

(10) Schœll, *Hist. de la litter. rom.*, t. I, p. 202 et suiv.

Cet argument n'est pas sérieux. Le choix des matériaux et la disposition demi-circulaire des théâtres anciens étaient très-favorables à la propagation du son. Un grand nombre de voyageurs ont fait l'essai de la sonorité des ruines théâtrales, et ont éprouvé qu'il est facile de se faire entendre du *proscenium* jusqu'aux degrés les plus élevés de la *cavea* (1). Si, en effet, l'audition des paroles n'avait pas été possible, la conséquence n'eût pas été seulement l'abandon graduel sous l'Empire, mais l'extinction totale du drame parlé; ce qui n'est pas. Si, d'ailleurs, il avait été possible d'entendre les paroles dans le théâtre de Pompée lors de son inauguration, comment cette possibilité aurait-elle cessé un demi-siècle ou un siècle après?

De plus, en admettant que la pantomime, qui dispensait en partie du secours de l'oreille, convînt mieux qu'aucun autre spectacle, sous le rapport de l'acoustique, à la grande étendue des théâtres romains, elle avait, sous le rapport de l'optique, des inconvénients que la comédie et la tragédie ne présentaient pas au même degré. Dans la tragédie, les acteurs, comme je le montrerai plus tard, étaient grandis par des échasses. L'acteur tragique était un véritable colosse haut de six à sept pieds. Il n'en fut pas de même des pantomimes. Ces comédiens, qui mêlaient la danse aux gestes, ne pouvaient s'accommoder de l'accoutrement tragique. Leur costume se rapprochait de

(1). Cette expérience a été faite, entre autres, par D. Manuel Marti et répétée par M. de Laborde sur le théâtre de Sagonte, par M. Brönstedt sur plusieurs théâtres grecs, et par M. de Golberry sur celui de Mandeure.

celui des choreutes grecs (1), et laissait voir leurs beautés ou leurs défauts naturels (2). Aussi ne jouaient-ils pas sur le *proscenium* (3), mais sur le *pulpitum* (4) ou sur le *thymélé*, c'est-à-dire sur la partie du théâtre la plus rapprochée des spectateurs (5). Plusieurs anecdotes prouvent que les pantomimes n'exagéraient ni ne déguisaient leur taille. Un d'eux, de très-petite stature, représentait Hector sur le théâtre d'Antioche. En le voyant, les spectateurs s'écrièrent tout d'une voix : « C'est Astyanax ; où donc est Hector ? »... Un autre, au contraire, de très-haute taille, jouait dans la même ville le rôle de Capanée. Au moment où il menaçait d'escalader les murs de Thèbes, on lui cria de toutes parts : « Saute par dessus ; tu n'as que faire d'é-

_____

(1) Le costume des pantomimes était la *pella*, ou manteau court, et la *tunica talaris*. Suéton., *Caligul.*, cap. 54. — Les pantomimes prenaient d'ailleurs le costume que demandait leur rôle. Appul., *Metamorph.*, lib. X, p. 736.

(2) Lucien paraît bien exigeant quand il veut que la taille et les proportions des pantomimes soient celles du modèle de Polyclète. *De saltat.*, cap. 75. — Libanius n'est guère moins difficile (*Pro saltator.*, t. III, p. 388, éd. Reisk.). Il est remarquable qu'il insiste principalement sur la beauté des mains.

(3) On voit souvent le mot *scena* employé pour désigner le lieu où jouaient les pantomimes (Cassiodor., *Var.*, lib. IV, *Epist.* 51. — Burman., *Anthol. veter. Rom.*, t. I, p. 622) ; mais dans ces passages le mot *scena* est pris d'une manière générale pour désigner le théâtre.

(4) Isidor., *Origin.*, lib. XVIII, cap. 44.

(5) Le thymélé était, comme on le verra, une des parties de l'orchestre. De là vient que le mot *orchesta* ou *horcista* fut pris comme synonyme de *pantomimus* (Cassiodor., *ibid.*). Xiphilin dit que les pantomimes jouaient sur l'orchestre (lib. LXI, cap. 17), parce qu'il était plus préoccupé des usages grecs que des usages romains.

chelle. » Un pantomime maigre et débile s'étant présenté sur le même théâtre, un murmure s'éleva aussitôt; on le supplia de se ménager; et l'on fit des vœux ironiques pour sa convalescence (1). Ces anecdotes prouvent que les pantomimes n'avaient rien de l'attirail des acteurs tragiques (2). Or, si l'étendue des théâtres romains ne mettait pas d'obstacle aux plaisirs de la vue, on ne voit pas pourquoi cette étendue aurait nui davantage à ceux de l'oreille. Il faut donc chercher ailleurs la cause de la vogue des pantomimes.

Cette vogue se lie, suivant moi, à deux grands événements d'un tout autre ordre : à l'établissement du régime monarchique à Rome et à l'extension de la domination romaine sur la plus grande partie du globe. Ces deux faits sont dignes d'examen.

PREMIÈRE CAUSE DE LA VOGUE DES PANTOMIMES.

Auguste voyant de combien de peuples divers se composait l'Empire, se trouva heureux de rencontrer dans l'art des pantomimes une sorte de langue universelle, qui pût servir de lien entre tant de nations, et donner, sinon des idées communes, au moins des sensations et des plaisirs communs à tant de peuples différents de mœurs et d'i-

(1) Lucian., De saltat., cap. 76.

(2) Les pantomimes, à la vérité, portaient des masques, mais de grandeur naturelle et appropriés à la fable qu'ils représentaient. Ces masques n'avaient pas la bouche béante comme ceux des acteurs tragiques et comiques ; on les appelait pour cette raison *masques muets*. Voy. Lucian., *ibid.*, cap. 63, 70 et alibi.

diome. (1). Il y parvint : Rome et ses spectacles furent sous les empereurs le rendez-vous de l'univers : Martial nous en est garant. Voici les vers qu'il adresse à Domitien :

« César, quelle nation si lointaine et si barbare n'a pas dans ta ville quelques-uns des siens assis comme spectateurs? Pour contempler Rome, l'habitant de la Thrace vient du sommet de l'Hémus, demeure d'Orphée. On y voit accourir le Sarmate qui se nourrit des chairs sanglantes de ses coursiers, et celui qui boit à leur source les eaux du Nil, et celui dont le rivage est battu du dernier flot de Téthys; l'Arabe et le Sabéen y accourent. Le Cilicien, dans ton amphithéâtre, se croit mouillé des brouillards de sa patrie. On voit se réunir en ce lieu le Sicambre à la chevelure bouclée, l'Éthiopien aux cheveux crépus. Tous parlent des langues diverses; mais ils n'ont tous qu'un langage pour te nommer le père de la patrie (2). »

Jules César, après les guerres civiles, voulant convier à ses fêtes toutes les nations qui composaient l'Empire, fut obligé d'appeler des comédiens de tous les pays, et de donner des spectacles dans toutes les langues (3). Auguste, au commencement de son règne, dut faire de même (4). Mais c'était perpétuer les distinctions de nationalité, au lieu de travailler à établir la grande unité romaine.

(1) La part politique qu'Auguste prit à l'établissement des pantomimes, accrédita dans les bas siècles une opinion fort bizarre. Suidas, dans un temps où l'on exagérait les idées de l'antiquité, parce qu'on en avait perdu les vraies traditions, a écrit qu'Auguste inventa (ἐφεῦρε) la pantomime (Suid., voc. ὄρχησις παντόμιμος). Cette assertion n'a pas besoin d'être réfutée.

(2) Martial., De spectac., Epigr. 3.

(3) Suéton., Cæs., cap. 39.

(4) Id., August., cap. 43.

Aussitôt qu'Auguste eût vu les pantomimes, il comprit de quel secours ces artistes pouvaient être à sa politique. Il les protégea pour servir, en quelque sorte, de truchements entre Rome et les nations conquises (1).

Dans les provinces, cet art servit également au grand travail de l'unité romaine. La substitution des ballets pantomimes aux comédies et aux tragédies eut pour résultat de faire négliger les anciens chefs-d'œuvre, d'affaiblir ainsi le culte des idiomes nationaux et de seconder la propagation, sinon de la langue, au moins des mœurs et des idées romaines (2).

---

(1) On raconte qu'un prince du royaume de Pont ayant vu à Rome, du temps de Néron, un pantomime célèbre, voulut l'emmener dans son pays pour l'employer comme interprète auprès des nations barbares. Voy. Lucian., *De saltat.*, cap. 64.

(2) La politique de Rome quant à l'emploi de la langue latine fut sous l'Empire tout opposée à ce qu'elle avait été dans les premiers temps. Rome républicaine se montra jalouse de l'emploi de sa langue, autant que du droit de bourgeoisie. C'était un privilége qu'elle n'accordait qu'avec réserve (Tit. Liv., lib. XL, cap. 42). Sous le régime impérial, au contraire, les Romains imposèrent leur langue non-seulement à l'Italie, mais à toutes les provinces où ils envoyaient des colonies. Claude donnant un jour audience à des ambassadeurs lyciens, s'aperçut que l'un d'eux avait peine à le comprendre, il le priva du droit de bourgeoisie, disant qu'il n'était pas raisonnable qu'un homme qui n'entendait pas la langue des Romains, fût citoyen de Rome (Sueton., *Claud.*, cap. 16. — Dio, lib. LX, cap. 17). Cependant Claude répondit plusieurs fois en grec aux ambassadeurs. Sueton., *ibid.*, cap. 42. — Il n'y eut qu'un très-petit nombre de villes qui gardèrent le droit d'employer leur propre langue sur les monnaies et dans les actes publics. L'universalité officielle de la langue latine ne s'affaiblit en Orient que vers le règne de Gallien, quand vint la décadence de l'Empire.

DU LANGAGE MANUEL.

On ferait un livre, et même un livre fort gros, si on réunissait les louanges qu'on a faites de l'habileté des pantomimes depuis le premier jusqu'au septième siècle. Lesbonax de Mitylène, contemporain d'Auguste, les appelle χειρόσοφοι, *hommes aux mains savantes* (1). Une épigramme de l'Anthologie attribue à Pylade des *mains qui savent tout dire*, πάμφωνος (2). On pouvait, suivant Plutarque, appliquer à la pantomime ce que Simonide a dit de la peinture, et appeler « la danse une poésie muette, et la poésie une danse éloquente (3). » Cette antithèse est le fond de tous les éloges donnés aux pantomimes (4). Les plus hyperboliques de ces louanges sont, je crois, les antithèses accumulées dans le passage suivant de Cassiodore, que je désespère de pouvoir traduire : « His sunt additæ orchestarum loquacissimæ manus, lingosi digiti, silentium clamosum, expositio tacita, etc... (5). »

Tous ces éloges de la chironomie ou du langage manuel, ont induit quelques critiques modernes à exagérer outre mesure l'art des pantomimes. L'abbé Vincent Requeno, entre autres, dans un opuscule plus ingénieux que so-

---

(1) Lucian., *De saltat.*, cap. 69.

(2) Antipat. Thessal., *Epigr.* 27, ap. Jacobs, *Anthol.*, t. II, p. 102 ; *Animadv.*, t. II, pars 1ª, p. 308.

(3) Plutarch., *Sympos.*, lib. IX, *Quæst.* 15, p. 748, A.

(4) « Tot linguæ, quot membra, viro. » — « Ore silente loqui. » Burmann, *Anthol. veter. Lat.*, t. I, p. 622. — « Ore clauso, manibus loquitur. » Cassiodor., *Variar.*, lib. I, *Epist.* 20. — « Clausis faucibus et loquente gestu. » Sidon. Apoll., *carmen* XXIII, v. 269. — « Manu puer loquaci. » Petron., ap. Terentian., *De metris*, p. 2438.

(5) Cassiodor., *ibid.*, lib. IV, *Epist.* 51.

lide, soutient que les pantomimes avaient créé une langue visible et exécutaient avec leurs doigts des figures qui composaient un alphabet (1). Un érudit allemand dans une excellente dissertation sur les pantomimes (2), cite à l'appui de cette conjecture un passage de Cassiodore, où les figures manuelles des pantomimes sont comparées à des lettres : « Tunc illa sensuum manus oculis canorum carmen exponit, et per signa composita, quasi quibusdam litteris edocet intuentis aspectum, in illaque leguntur apices rerum, et non scribendo facit quod scriptura declaravit (3). » Si l'on en croyait Vincent Requeno, la langue des pantomimes n'eût été ni plus ni moins que l'invention de l'abbé de l'Épée. Cette opinion est inadmissible. Je ne nie pas que les anciens n'aient été fort près de découvrir la langue dont se servent nos sourds-muets. En effet, Jamblique rapporte que les disciples de Pythagore se communi-

(1) *Scoperta delle chiromania.* Parma, 1797, in-8°.

(2) Grysar, *Ueber die Pantomimen der Römer.* Rhein. Museum, Bonn, 1833.

(3) Cassiodor., *Variar.* lib. IV, *Epist.* 51. — Tertullien appelle *histrionicas litteras* les pièces des pantomimes. *Ad nation.*, cap. 11. — On peut encore citer un passage de saint Cyprien, où cet auteur parle des pantomimes non-seulement comme exprimant des passions et des idées, mais des *mots* avec les mains, « Cui ars sit verba manibus expedire. » Cyprian., *De spectac.*, t. II, p. 4, Amstel.— On lit dans une ancienne épigramme : « Prodere verba manu. » Burm., *Anthol. vet. Rom.*, p. 622.—L'admiration des anciens pour le langage des pantomimes était si grande, qu'ils regardaient cette portion muette de l'art de la musique (*partem musicæ disciplinæ mutam*) comme plus expressive même que la parole et l'écriture : « Quibusdam gesticulationibus facit intelligi quod vix narrante lingua aut scripturæ textu possit agnosci. » Cassiodor., *ibid.*, lib. I, *Epist.* 20.

quaient leurs pensées au moyen de symboles, de signes, de caractères mystiques (1); et Lucien, dans son
dialogue *sur la danse*, compare là règle pythagori-
cienne à l'art des Bathylle et des Pylade (2). Je n'ignore
pas que la chironomie appliquée à la numération et
aux affaires contentieuses fut, dans le forum et dans les
tribunaux romains, une science qui s'est perdue au vi°
siècle, avec tant d'autres arts connus dès anciens (3);
mais je crois, avec M. Millin (4), que ce procédé n'a jamais été employé sur la scène, ou du moins n'y a été
employé que comme une allusion aux usages du com-
merce ou du barreau. Remarquez, d'ailleurs, que cette langue de convention aurait dû être aussi familière aux spectateurs qu'aux acteurs, et qu'à raison de l'étendue des
théâtres, il eût été fort difficile de saisir et d'apprécier des
signes aussi fugitifs. De plus, le procédé de l'abbé de l'É-
pée, si utile comme ressource et si admirable comme invention, n'a rien dans l'exécution de propre à exciter l'enthousiasme et la sympathie des spectateurs. La langue de
nos sourds-muets s'adresse à l'intelligence de quelques-uns,
celle des pantomimes devait parler aux sens et à l'imagination de tous.

Athénée (5) et Libanius (6) nous donnent de ces artistes

<hr>

(1) Jamblic., *Vit. Pythagor.*

(2) Lucian., *De saltat.*, cap. 70. — Athen.; lib. I; p. 20, D.

(3) Bède le Vénérable a écrit un traité curieux sur cet art déjà
perdu de son temps, sous le titre de *Tractatus de loquela digitorum.*
Oper., ed. Colon., 1618, t. I, p. 127, seqq.

(4) Millin, *Magas. encyclop.*, III° année, t. III, p. 330-339.

(5) Athen., lib. XIV, p. 629.

(6) Liban., *Pro saltatorib.*, t. III, p. 392, seq.

üne idée beaucoup plus juste que les premiers auteurs que j'ai cités. Ils nous montrent les pantomimes cherchant à égaler les plus belles poses de la statuaire antique, et méritant ainsi de servir de modèles aux sculpteurs de leur temps (1). Plutarque nous fournit encore plus de détails sur cet art. Suivant lui, la danse pantomime était composée de trois parties : le pas ou la marche (φορὰ); la figure (σχῆμα); la démonstration (δεῖξις). Il soutient que la danse est un enchaînement de mouvements et de pauses, comme l'harmonie est un composé de tons et d'intervalles. La *marche* représente vivement une passion ou une action ; la *figure* est la disposition du corps qui termine la marche ; lorsque les danseurs s'arrêtent et demeurent immobiles en prenant l'attitude et la figure d'Apollon, de Pan ou d'une bacchante. Enfin, la *démonstration* n'est pas seulement une imitation, mais une désignation des objets mêmes, comme lorsqu'on montre le ciel, la terre, les assistants, etc... (2). Cette explication, sans doute, est vague et un peu obscure ; mais, en vérité, ce que les modernes écrivent tous les jours sur le geste, est-il beaucoup plus clair ?

SECONDE CAUSE DE LA VOGUE DES PANTOMIMES.

Le premier motif qu'Auguste paraît avoir eu pour favoriser les pantomimes, fut donc d'unir par la communauté des plaisirs scéniques les peuples divers qui composaient l'empire romain. Ce premier motif portait le caractère

---

(1) Tertullien appelle *allegorici* les gestes des pantomimes. *De pudicit.*, cap. 7. — Cf. Augustin., *In Psalm.* CIII.

(2) Plutarch., *Sympos.*, lib. IX, quæst. 15, p. 747. — L'acteur qui se trompait dans ses gestes faisait, suivant l'expression de Lucien, un solécisme avec la main. Lucian., *De saltat.*, cap. 80.

d'une politique vraiment grande et nationale. La seconde cause de la faveur des pantomimes fut inspirée par une intention beaucoup moins louable, par un intérêt tout personnel aux Césars.

Quand Auguste voulut substituer l'esprit monarchique à l'esprit républicain, il trouva un grand obstacle dans les habitudes du théâtre romain. Comment laisser le peuple applaudir aux magnifiques sentences des tragédies imitées du grec, qui toutes respiraient l'indépendance et la liberté ? Aussi Auguste semble-t-il avoir eu un éloignement instinctif pour la tragédie. Il avait dans sa jeunesse commencé un Ajax qu'il se garda bien d'achever. Il effaça même tout ce qu'il en avait écrit. Un de ses familiers lui ayant demandé un jour où cet ouvrage en était, il répondit spirituellement : il a péri sur la pointe d'une éponge (1). Il ne permit même pas de publier une tragédie d'Œdipe que Jules César avait composée (2). Il n'eut pas plus de goût pour la comédie : non qu'il redoutât les attaques directes et violentes des poëtes comiques contre ses proscriptions ou contre les débauches de sa jeunesse. Rome n'avait jamais admis, comme Athènes, le droit d'attaquer les personnes sur la scène. Mais Auguste sentait l'impossibilité de prévenir les allusions malignes que pouvaient se permettre les spectateurs. Il se rappelait qu'on lui avait fait en plein théâtre l'application d'un vers équivoque adressé sur la scène à un prêtre de Cybèle qui parcourait du doigt l'orbe de son tambourin :

(1) « Respondit Ajacem suum in spongiam incubuisse (Sueton., *August.*, cap. 85). » Allusion à la mort d'Ajax qui s'était jeté sur la pointe de son épée.

(2) Id.; *Cæs.*, cap. 56.

Videsne ut cinædus orbem digito temperet (1) ?

Mieux valait donc encourager des spectacles muets ou presque muets, comme l'était celui des pantomimes.

RÉPRESSION DES PANTOMIMES.

Les prévisions d'Auguste sur le peu de danger qu'offraient les pantomimes ne se réalisèrent cependant qu'en partie. La monarchie naissante fut, sans doute, infiniment plus ménagée par ce spectacle des yeux, qu'elle ne l'eût été par des drames accompagnés de paroles. Néanmoins, on est en droit de conclure des nombreuses punitions infligées aux pantomimes, que ce peu de liberté qu'il fallut bien leur laisser, la liberté du geste et d'un certain nombre de mots explicatifs, était encore plus étendue que ne le pouvait supporter la susceptibilité du gouvernement impérial. Les allusions se glissèrent dans ces pièces muettes (2), aussi vives et aussi mordantes que dans les tragédies et les comédies (3). Aussi fallut-il réprimer à Rome les histrions de plusieurs manières. Auguste lui-même donna l'exemple de ces châtiments. Il fit fouetter Hylas et bannit Pylade en

---

(1) Sueton., *August.*, cap. 68.

(2) Séjan pour se moquer de Tibère, qui était chauve, donna, aux fêtes de Flore, un spectacle où ne parurent que des acteurs chauves. Cinq mille jeunes esclaves rasés éclairèrent les spectateurs à la sortie du théâtre. Dio, lib. LVIII, cap. 19.

(3) La pénétration d'Auguste aurait pu lui faire prévoir l'emploi séditieux qu'on fit de la raillerie muette ; il lui suffisait de se rappeler la danse grotesque du spartiate Antalcidas, réfugié à la cour d'Artaxerce, qui ne rougit pas de tourner en ridicule Léonidas et Callicratidas. Plutarch., *Artax.*, cap. 22.

punition d'une personnalité que ce pantomime s'était per=
mise (1). Tibère (2), Caligula (3), Néron (4), Trajan (5),
exilèrent tous les histrions (6). Domitien leur interdit la
scène (7). Ces sévérités ne furent jamais appuyées que sur
deux chefs d'accusation : 1° les désordres que soulevaient
leurs brigues (8); 2° la dépravation profonde qu'ils répan=
daient dans les mœurs publiques et privées (9). Or, quand
on fait réflexion, d'une part, que les jeux du cirque, qui ne

(1) Sueton., *August.*, cap. 45. — Pylade avait répondu au
sifflet d'un spectateur par un de ces signes plaisants de la main et
des lèvres d'où les *Sanniones* ont tiré leur nom et que Perse décrit si plaisamment (*Sat.* I, v. 58, seqq., et vetus interpres).

(2) Tacit., *Annal.*, lib. IV, cap. 14. —Dio, lib. LVII, cap. 21.

(3) Caligula au commencement de son règne rappela les histrions
bannis par Tibère (Dio, lib. LIX, cap. 2); mais il les chassa de
nouveau dans la suite.

(4) Sueton., *Ner.*, cap. 16. — Tacite (*Annal.*, lib. XIV, cap.
21) dit seulement que sous Néron les pantomimes rendus à la scène
demeurèrent exclus des jeux sacrés.

(5) Plin., *Panegyr.*, cap. 46. —Ce fut, dit Pline, à la demande
du peuple, que Trajan expulsa de Rome les histrions.

(6) Marc-Aurèle ne supprima pas les pantomimes ; seulement pour
moins gêner le négoce et les affaires, il fit commencer plus tard ce
spectacle et défendit de le donner tous les jours. Capitol., *M. An-*
ton., cap. 33. —La leçon *totis diebus* est douteuse ; l'édition d'Oh-
recht donne *non votis diebus.*

(7) Sueton., *Domit.*, cap. 7.

(8) Il y aurait une longue et sanglante histoire à faire des troubles
excités par les brigues et les rivalités des pantomimes, et des mesures
prises pour y remédier. Voy. Tacit., *Annal.*, lib. I, cap. 54 et 77 ;
lib. XIII, cap. 24, 25 et 28. — Sueton., *Ner.*, cap. 26. — Cassiod., *Variar.*, lib. I, *Epist.*, 20, et 33.

(9) Tacit., *ibid.*, lib. IV, cap. 14. — Senec., *Quæst. nat.*, lib.
VII, cap. 32. — Tertull., *De spectac.*, cap. 10.

causaient pas de moins graves désordres, ne furent jamais interrompus (1); et, d'une autre part, que la répression des histrions eut lieu sous des princes tels que Tibère, Néron, Domitien, qui n'étaient pas fort soucieux des intérêts de la morale, on ne peut s'empêcher de croire que la cause de ces rigueurs n'ait été surtout politique.

Une dernière remarque prouvera toute l'importance qu'Auguste attachait au spectacle des pantomimes. Ce prince restreignit aux bornes de la scène et à la durée des jeux, l'autorité coërcitive que les préteurs avaient jusque-là exercée en tous lieux et en tous temps sur ces comédiens (2). Il voulut que, hors de la scène, ils fussent exempts du fouet (*immunes verberum*), ou plutôt il se réserva le droit de les faire battre de verges (3). Sous Tibère, les préteurs s'efforcèrent de ressaisir cet étrange privilége de leur charge (*jus virgarum*); l'affaire fut, selon l'usage de ce règne, portée pour la forme devant le sénat; mais Tibère, avec son habileté ordinaire, fit défendre le privilége des histrions et le sien propre par le tribun du peuple, et insinua par l'organe de ses affidés, que les réglements émanés d'Auguste étaient pour lui des lois sacrées. Il n'avait garde, en effet, de laisser sortir de ses mains

---

(1) Les brigues des pantomimes n'étaient pourtant pas dépourvues d'une sorte d'utilité politique. Un jour Auguste reprochant à Pylade les rixes que causait sa rivalité contre Hylas ou contre Bathylle: « Vous êtes un ingrat, prince, répondit en grec le pantomime, vous devriez être content de voir le peuple s'occuper de nous. » Macrob., *Saturn.*, lib. II, cap. 7. — Cf. Dio, lib. LIV, cap. 17.

(2) Sueton., *August.*, cap. 45.

(3) Tacit., *Annal.*, lib. 1, cap. 77.

une si importante juridiction : le droit des verges était un trop puissant moyen de gouvernement ; c'était ce qu'au xviiie siècle furent le Fort-l'Évêque et la censure.

ORIGINE DES PANTOMIMES.

J'ai placé, avec tous les critiques, l'introduction à Rome de la pantomime théâtrale au règne d'Auguste. Ce fut alors, en effet, grâce à Pylade de Cilicie (1) et à Bathylle d'Alexandrie (2), célèbres, le premier dans la danse grave et pathétique, le second dans la danse comique et enjouée (3), que cet art s'établit à Rome (4) et se répandit bientôt dans tout l'Empire. Quelques auteurs, entre autres Aristonicus, ont avancé que Bathylle et Pylade importèrent cet art de la Grèce, et que la *danse italique* n'était que le cordace, la sicinnis et l'emmélie, c'est-à-dire les anciennes danses des chœurs tragiques, comiques et satyriques (5), perfectionnées. Cette opinion, qui n'est exacte qu'en partie, a besoin d'être rectifiée et complétée.

Il est bien vrai que sans remonter, comme Lucien,

---

(1) Grut., *Inscript.*, p. 331, 1. — Euseb., *Chron.*, p. 155. — L'épigrammatiste Antipater de Thessalonique a dit que Pylade importa de Thèbes en Italie certaines danses bachiques. Voy. Jacobs, *Antholog.*, Epigr. 27, t. II, p. 102 ; *Animadv.*, t. II, pars 1ᵃ, p. 308.

(2) Zosim., lib. I, cap. 6.

(3) Pers., *Sat.* V, v. 123. — Ces pantomimes jouaient dans les deux genres ; mais ils n'avaient pas une égale supériorité dans l'un et dans l'autre. Senec., *Excerpt. controv.*, lib. III, præf.

(4) Suidas, *voc.* Ἀθηνόδωρος.

(5) Athen., lib. I, p. 20, D., seqq.

jusqu'à Protée (1), et sans nous arrêter même aux chœurs
dithyrambiques et scéniques, la saltation imitative, avec
ou sans paroles, était cultivée en Grèce et en Italie bien
avant le siècle d'Auguste. On se rappelle le passage de
l'*Anabasis*, dans lequel Xénophon décrit une danse
demi-pastorale et demi-militaire (2). On n'a pas non
plus oublié le ballet de *Bacchus et Ariane* qui termine
si gracieusement le *Symposion* du même auteur (3). Cependant la pantomime romaine différait essentiellement
de toutes les danses helléniques. Lucien, tout attaché
qu'il était à sa patrie, se prononce contre ceux qui re-
portaient l'origine de la saltation théâtrale aux anciennes
danses grecques. Suivant lui, cette invention était toute
romaine et ne datait que du siècle d'Auguste (4). En effet,
jusque-là, les ballets, tels que celui que décrit Xénophon,
ne se composaient que de scènes jouées par des danseuses
étrangères. Ces danses muettes, presque toutes lascives,
étaient réservées aux plaisirs des festins et aux fêtes domestiques. En Grèce, sauf les pyrrhiques (5), aucune de ces
danses n'était exécutée par les citoyens sur des théâtres, et
ne faisait partie des jeux publics (6). En Italie, au con-

(1) Lucian., *De saltat.*, cap. 19.

(2) Xenoph., *Anabas.*, lib. VI, cap. 1.

(3) Id., *Sympos.*, cap. 9.

(4) Lucian., *ibid.*, cap. 34.

(5) Polybe (lib. IV, cap. 20) rapporte que de son temps les
Arcadiens exécutaient chaque année des danses militaires sur leurs
théâtres.

(6) La Grèce, même sous l'Empire, fit longtemps difficulté d'admettre les pantomimes dans ses jeux sacrés ou hiéroniques (Lucian., *ibid.*, cap. 32). La raison de cette répugnance me paraît
avoir été l'usage où étaient les Grecs de ne laisser participer à leurs

traire, la pantomime, introduite sur la scène par Pylade
et par Bathylle, non-seulement fut admise dans les
concours solennels (1), mais fut reçue dans les fêtes
religieuses (2) et parvint peu à peu à se substituer
presque exclusivement à tous les autres genres de spectacles.

Que si l'on veut absolument trouver en Grèce le germe
de la pantomime italique, il faut le chercher, avec Bœttiger, dans la révolution qui, vers le temps d'Alexandre, réduisit au silence les chœurs tragiques et comiques,
et ne leur conserva que le geste. Ce fut là, j'en conviens,
le premier pas vers la pantomime théâtrale. Le second
se fit à Rome. Livius Andronicus opéra la séparation
de la parole et du geste dans les morceaux d'apparat, ou
monodies, appelées *cantica*. On a vu, dans *l'introduction*
qui précède (3), comment Livius et ses successeurs ren-

jeux sacrés que des hommes libres. Or les danseurs pantomimes,
sauf les exceptions, étaient des affranchis et des esclaves (Dio, lib.
LVII, cap. 11). Au reste, passé le second siècle, les pantomimes
furent reçus dans tous les jeux de la Grèce. Apulée décrit une
grande pantomime donnée à Corinthe aux frais de Thiasus, magistrat quinquennal. *Metam.*, lib. X, p. 734, ed. Oudend.

(1) Orelli, nᵒˢ 2627, 28, 30, 37.

(2) La preuve que les pantomimes ont été admis à Rome dans les
jeux sacrés, c'est qu'ils furent exclus de cet honneur à plusieurs
reprises. Voy. Tacit., *Annal.*, lib. XIV, cap. 21. — Nous voyons
de plus les pantomimes mentionnés par Tacite comme prenant
part aux *ludi Augustales* (Tacit., *ibid.*, lib. I, cap. 54), et
dans une inscription recueillie par Gudius (*Inscript.* 106, 1)
comme figurant dans des spectacles donnés à Pompéi par les décemvirs pour les *jeux apollinaires*. — Cf. Gudius, 108, 5; Murat.,
t. II, p. 629, 2; Grut., *Inscript.*, p. 331, 1.

(3) Voy. *Introduct.*, p. 329 et suiv.

daient sur la scène, par leur jeu muet ; les sentiments
exprimés dans les vers que chantait un artiste appelé
plus tard *comœdus* ou *tragœdus* (1). Toutefois, dans ce
premier essai de pantomime, il restait le dialogue, que
les histrions continuaient de déclamer (2). Aussi, quoique
dès lors le geste se fût fait une large place dans l'art his-
trionique, les paroles cependant continuaient de dominer. La pantomime n'était que l'accessoire. Pylade et
Bathylle en firent le principal (3). L'innovation apportée
par ces artistes consista surtout dans la suppression des
diverbia. L'histrion n'eut dès lors plus à prononcer aucune
parole (4). Quant aux *cantica*, ils continuèrent d'être
exécutés, mais par un coryphée dans l'orchestre, ou par
un chœur sur le *pulpitum* (5). Ces *cantica* étaient des monodies ou des chœurs qui, chantés à de certains intervalles,
indiquaient la marche du drame et en dessinaient les prin-

(1) Ces expressions se rapportaient surtout à la tragédie et à la
comédie lyriques. Je traiterai de ce genre de drame dans le chapitre
suivant.

(2) « Diverbia histriones pronuntiabant. » Donat., *Fragm. de
comœd. et tragœd.* — Cf. Diomed., lib. III, p. 489.

(3) Macrobe rend ce témoignage à Pylade : « Hic ferebatur mu-
tasse rudis illius saltationis ritum, quæ apud majores viguit, et
venustam induxisse novitatem, etc. » *Saturn.*, lib. II, cap. 7,
p. 353.

(4) Fronton a pu dire en parlant des empereurs : « Imperant gestu
ut histriones. » *Epistol.*, ed. Mediol., p. 119.

(5) Les chœurs tragiques et comiques se plaçaient sur le thymélé ; M. Grysar croit, au contraire, que les chœurs qui secon-
daient les pantomimes se rangeaient avec les symphonistes derrière le *pulpitum*. Il cite Sénèque (*Quæst. nat.*, lib. VII, cap.
32) ; mais ce passage n'est pas suffisant.

cipales situations. Ce texte quelquefois épique , quelquefois lyrique, servait de base au jeu des acteurs :

> *Quæ resonat cantor motibus ipse probat* (1)
>
> *Æquabitque choros gestu* (2)

CANTICA DANS LES PANTOMIMES.

Comme on le voit, les pièces jouées par les pantomimes
n'étaient pas entièrement muettes. Trois éléments y entraient comme parties intégrantes : 1° la danse ou le geste,
2° le texte ou le *canticum*, 3° l'accompagnement musical.
Quoique le texte fût assurément la moins importante de
ces parties, il donna pourtant le nom à tout le spectacle. Jouer ou danser un *canticum* (*agere* , *saltare canticum*) avait signifié du temps de Livius Andronicus et
même d'Ésopus et de Roscius, jouer une tragédie ou une
comédie. Du temps de Pylade et de Bathylle, cette expression signifia danser un ballet pantomime (3). Les mots
suivants : «*Cum canticum saltaret Hylas* , » ne peuvent avoir
un autre sens (4).

(1) Burmann., *Antholog. veter. Lat.*, lib. III, Epigr. 178, t. I ,
p. 622.

(2) Manil. , *Astron.* , lib. V , v. 484. — Du temps de Néron ,
saltare canticum signifiait, si je ne me trompe, *chanter une monodie*
dans une *tragédie lyrique.*

(3) Il est douteux que le mot *pantomimus* ait jamais signifié une
pantomime. L'autorité unique alléguée pour établir ce sens « *Duo
in eodem pantomimo obiere* (Plin. , *Hist. nat.*; lib. VII, cap. 54), »
est au moins fort contestable.

(4) Macrob. , *Saturn.*, lib. II, cap. 7. — « *Chironomon Ledam
molli saltante Bathyllo* (Juvén. , *Sat.* VI , v. 63). » — « *Saltabat
Hylas OEdipodem* (Macrob. , *ibid.*); » les exemples abondent. Les
Grecs ont dit, dans le même sens , ὀρχεῖσθαι, ὄρχησις (Lucian. ,

Que ce *canticum* ne fût pas seulement un air exécuté par les symphonistes , mais un texte écrit et chanté ; c'est ce que prouve une foule de passages dont j'ai cité quelques-uns (1). J'ajouterai , pour dernière preuve , l'anecdote suivante rapportée par Lucien. Du temps de Néron , un prince barbare étant venu du royaume de Pont à Rome , pour y régler quelques affaires , eut occasion de voir un pantomime danser si clairement un ballet , que, *quoiqu'il n'entendît pas ce qu'on chantait , étant à demi grec ,* il comprit cependant toute la pièce (2).

Les pantomimes paraissent avoir eu à leurs gages des poëtes qui composaient pour eux des *cantica* (3). Sénèque nous apprend que Silon écrivit des tragédies exprès pour les pantomimes (4). Stace fut obligé de vendre au pantomime Pàris sa tragédie d'*Agavé* (5). Stéphanion, qui vécut entre Auguste et Néron , introduisit le premier les sujets romains dans les pantomimes (6). Bœttiger (7) range dans

Περὶ ὀρχήσεως et Liban., ὑπὲρ ὀρχηστῶν, passim). Toutefois il est remarquable qu'en Grèce , où la pantomime ne régna pas d'une manière aussi exclusive qu'à Rome et se mêla plus ou moins aux anciennes danses , le mot ᾄσματα, qui répond au *cantica* des Romains et qui succéda aux anciens ὑπορχήματα , ne paraît pas avoir été pris pour la pièce entière.

(1) Tertullien appelle les pièces ou canevas des pantomimes, *histrionum litteræ*. Tertull., *Apologet.* , cap. 15. — Cf. Plin., lib. VII, *Epist.* 24. — Augustin., *De symbol.*, 4.

(2) Lucian., *De saltat.*, cap. 64.

(3) Id., *ibid.*, cap. 84.

(4) Senec., *Suasor.* II , t. IV, p. 20, ed. Bip.

(5) Juvenal., *Sat.* VIII, v. 87.

(6) Plin., *Hist. nat.*, lib. VII, cap. 48, § 49.

(7) Bœttig., *De quat. rei scen. ætat.*, p. 17-20.

les *saltationes togatas* le *Laureolus* de Catulle (1) , malgré le titre de mime que lui donnent Suétone (2) et Juvénal (3). Libanius, dans son plaidoyer contre Tisamène, représente cet homme comme composant des *cantica* pour les chœurs (4).

Cependant les ballets pantomimes n'étaient, la plupart du temps, que d'anciennes tragédies grecques ou latines accommodées aux nécessités de ce nouveau genre, c'est-à-dire raccourcies et privées des *diverbia*. C'est ainsi que les *Trachiniennes* de Sophocle furent arrangées pour l'usage des pantomimes (5) ; il en fut de même, suivant Dioscoride (6), de la pièce d'Euripide intitulée *Hyrnetho* et les *Téménides*. Suétone, enfin, raconte que la veille de la mort de Caligula , Mnester dansa devant ce prince la même tragédie que le comédien Néoptolème avait jouée autrefois devant Philippe, le jour où ce monarque fut assassiné (7).

Et non-seulement les pantomimes empruntaient le texte de leurs *cantica* aux anciens poëtes tragiques ; mais ils les

(1) Tertull., *Adv. Valent*, cap. 14. — Il ne faut pas confondre ce Catulle avec le poëte de Vérone.

(2) Sueton., *Caligul.* , cap. 57. — Petr. Erasm. Müller (*Comment. de genio ævi Theodos.*, , pars 2ᵃ, p. 111) pense que le drame intitulé *Laureolus*, dont parle Suétone , était un mime.

(3) Juven., *Sat.* XIII, v. 110, seq. — L'épithète de *velox* donnée par Juvénal (*Sat.* VIII , v. 187) à l'acteur chargé du personnage de Laureolus, me fait pencher pour l'opinion de Bœttiger. Ne peut-il pas, d'ailleurs, y avoir eu à la fois un mime et une pantomime sur le sujet de Laureolus ?

(4) Liban., *Orat. in Tisamen.*, t. II, p. 240 , 17.

(5) Arnob. , *Adv. Gent.* , lib. IV , p. 151 , ed. Maire.

(6) Dioscor. ap. Jacobs. , *Anthol.*, Epigr. 20 , t. I , p. 249. — Cf. Boeth., *Epigr. ibid.*, t. II , p. 114 et *Animadv.*, t. II , pars 1ᵃ, p. 343.

(7) Sueton., *Caligul.*, cap. 57.

tiraient encore des poëtes épiques, Homère, Hésiode, etc.,
comme Lucien le leur conseille (1). Ovide nous apprend
que ses vers étaient une source où puisaient souvent les
pantomimes :

Carmina quod pleno saltari nostra theatro,
Versibus et plaudi scribis, amice, meis.... (2).

Ce qu'il ne faut pas entendre de sa *Médée*, mais de ses *Mé-*
tamorphoses.

Le même poëte dit à Auguste :

Et mea sunt populo saltata poemata sæpe :
Sæpe oculos etiam detinuere tuos (3).

Néron, quelques jours avant sa mort, avait fait vœu,
s'il échappait aux périls qui l'environnaient, d'exécuter
(*saltare*) un drame de *Turnus* (4), composé d'après Virgile ;
ce qui a fait croire à tort à quelques biographes que l'auteur de l'*Enéide* avait écrit une tragédie de *Turnus.*

Nous ne possédons qu'un petit nombre de fragments des
cantica destinés aux pantomimes. Suétone (5), Phèdre (6)
et Macrobe (7), nous ont conservé quelques vers de ces
compositions qui, dénuées de presque toute valeur poétique, n'étaient qu'une partie du mobilier théâtral, à peu

---

(1) Lucian., *De saltat.*, cap. 61.
(2) Ovid., *Trist.*, lib. V, Eleg. 7, v. 25, seq.
(3) Id., *ibid.*, lib. II, v. 519-520.
(4) Sueton., *Ner.*, cap. 54. — En traitant de la tragédie lyrique, dans le chapitre suivant, j'examinerai ce qu'il faut penser
de la saltation de Néron, qui différait, je crois, de celle des pantomimes.
(5) Sueton., *ibid.*, cap. 39.
(6) Phæd., lib. V, *Fab.* 8, v. 27.
(7) Macrob., *Saturn.*, lib. II, cap. 7.

près comme les programmes de nos ballets et les *libretti* de nos opéras. Quelques-uns de ces fragments sont écrits en grec, ce qui n'a rien de surprenant, puisque les *cantica* n'étaient, pour l'ordinaire, que de simples extraits des anciens tragiques.

Cet usage du grec dans les pantomimes rendit nécessaire, sinon à Rome, du moins dans les provinces où cette langue était inconnue, d'introduire dans les théâtres un traducteur officiel, *enuntiator ab scœna Græca*. Dans une inscription recueillie par Orelli il est fait mention de ce fonctionnaire théâtral (1). Cette singulière institution rappelle un usage qui s'établit à Carthage vers la fin du iv° siècle. Saint Augustin raconte que les vieillards de son temps se souvenaient d'avoir vu sur la scène un officier qu'il nomme *crieur public* (*præco*), et qui était chargé d'expliquer aux spectateurs le jeu des histrions qui, sans cela, n'eût pas été compris (2). Le *præco* ne chantait pas les *cantica;* car saint Augustin se sert du mot *pronuntiare*, qui est consacré à la simple parole.

ACCOMPAGNEMENT MUSICAL DES PANTOMIMES.

Auguste ayant demandé un jour à Pylade ce qu'il avait

(1) Orelli (*Inscript.* 2614) croit que l'*enuntiator ab scena Græca* n'expliquait pas seulement les *cantica* des pantomimes, mais le sujet des comédies et des mimes qu'on jouait fort souvent en grec.

(2) August., *De Doctr. Christ.*, lib. II, cap. 25. — Cf. Euseb., t. II, p. 33. — Cette précaution paraîtra moins extraordinaire, si l'on pense que Carthage n'avait vu jusque-là, pour tout spectacle, que des combats de gladiateurs. Voy. *Exposit. totius mundi*, in *Hudson. Geogr. minor.*, t. III, p. 18.

ajouté à la danse ancienne (1), Pylade répondit par ce vers d'Homère : « Le son des flûtes, des syringues et le concert des voix humaines (2). » En effet, les histrions ne s'étaient fait accompagner jusque-là que de la flûte droite ou gauche, simple ou double (3). A l'aulète unique, auprès duquel Livius Andronicus avait placé son chanteur suppléant, Pylade substitua plusieurs joueurs de flûte, capables non-seulement d'accompagner les monodies (4), mais de jouer des solo. On les appela *pythaules*, comme ceux qui concouraient aux jeux pythiques. Ce n'est pas tout : au choraule unique qui, dans les tragédies et les comédies (5), accompagnait autrefois de sa flûte simple et percée de peu de trous le chœur ou la *cäterva*, Pylade substitua une troupe munie de flûtes garnies d'airain et rivales de la trompette (6). C'est à cette innovation qu'Eusèbe fait allusion dans un passage de sa *Chronique*, où il confond d'ailleurs plusieurs faits (7). Qu'il y ait eu plusieurs joueurs de flûte pour accompagner les *cantica*, et soutenir par le pouvoir du rhythme les mouvements des danseurs (8), cela est

(1) Macrob., *Saturn.*, lib. II, cap. 7, p. 353. —Eusèbe (*Chron.*, p. 155) et saint Jérôme confirment l'assertion de Pylade; seulement ils oublient l'innovation antérieure de Livius Andronicus.

(2) Hom., *Il.*, X, v. 13.

(3) Terent., *Didascal.*, passim.

(4) Diomed., lib. III, p. 489, ed. Putsch.

(5) Id., *ibid.* — Saint Isidore (*Glossar.*, p. 8, ed. Gothofrid.) définit le choraule, *princeps chori ludorum*, parce qu'il réglait souverainement le chant et la danse des chœurs. — Ces artistes venaient souvent d'Alexandrie : *Ægyptius choraules*. Petron., *Fragm.*, ap. Terentian. Maur., *De metris*, p. 2438.

(6) Horat., *Ad Pison.*, v. 202, seq. — Senec., *Epist.* 84.

(7) Euseb., *ibid.*

(8) Phædr., lib. V, *Fabul.* 8, v. 4 et 5.

prouvé par une anecdote que Lucien raconte. Un pantomime, jouant le rôle d'*Ajax furieux*, arracha la flûte des
mains *d'un des aulètes* pour en frapper Ulysse, son rival (1).
Le même écrivain mentionne encore les syringes et les
cymbales, parmi les instruments qui servaient d'ordinaire
à accompagner les pantomimes (2). Il paraît que le psaltérion, la harpe syrienne (3) et les crotales, qui étaient l'accompagnement favori des danseurs dans les réunions privées, les suivirent aussi sur la scène (4). Enfin, selon Cassiodore, les pantomimes à leur entrée en scène étaient
assistés par des chœurs nombreux de musiciens (5). Dans
les jeux que donna Carinus, il fit entendre à la fois cent
joueurs de trompette (6), cent *camptaulès* (7), cent *choraules* et cent *pythaules*.

Cependant, dans quelques occasions fort rares, il se
trouva des pantomimes assez habiles pour représenter
des pièces entières par le geste seul, sans employer ni
chœur, ni *cantica*, ni accompagnement musical d'aucune espèce. Voici ce qu'on lit dans Lucien : Démétrius
le cynique méprisait l'art de la pantomime. Suivant lui,
la danse n'était qu'une addition vaine et parasite faite au
son des instruments. Il soutenait que la perfection du

(1) Lucian., *De saltat.*, cap. 83.

(2) Id., *ibid.*, cap. 63.

(3) Macrob., *Saturn.*, lib. II, cap. 10, p. 362, seq.

(4) Ovid., *Remed. amor.*, v. 753. — Le mot *sambucus* finit
même, comme nous le verrons dans saint Isidore (*Glossar.*, p. 29,
éd. Gothofr.), par signifier un danseur pantomime.

(5) Cassiodor., *Var.*, lib. IV, *Epist.* 51. — Cf. Liban.; *Pro
saltatorib.*, t. III, p. 385.

(6) Vopiscus appelle ces trompettes *Salpistas.* Carin., cap. 19.

(7) « Joueurs de cor ou de flûte recourbée. »

drame ne devait rien au talent du danseur, dont les mouvements formés au hasard et sans règle étaient par eux-mêmes incompréhensibles. La foule, suivant lui, était fascinée par les accessoires qui accompagnaient la danse, par la soie des vêtements, l'agrément des masques, la beauté de la voix de l'acteur (1), l'harmonie des chœurs et des instruments. L'art du pantomime devait à cet entourage toute sa puissance. Alors un danseur, célèbre du temps de Néron, fit à Démétrius une proposition fort équitable, c'était de le voir jouer avant de le condamner. Il s'engagea même à représenter une pièce sans accompagnement de flûte et sans *cantica*. Il tint sa promesse ; il fit taire les instruments, imposa silence au chœur, et, sans aucun secours, représenta *l'Adultère de Mars et de Vénus*. Il montra d'abord le dieu du jour révélateur du rendez-vous, puis Vulcain forgeant un piège pour enlacer les deux coupables ; tous les dieux venant l'un après l'autre contempler les prisonniers ; la honte de Vénus, les prières craintives qu'elle adresse à Mars, toutes les circonstances, enfin, de cette histoire. Démétrius charmé s'écria : Homme admirable ! j'entends tout ce que tu me montres ! tu me sembles parler avec les mains (2) !»

PANTOMIMES JOUÉES PAR UN SEUL ACTEUR.

Tout était, comme on le voit, disposé dans ce ballet pour qu'un seul acteur pût remplir les différents rôles, soit d'hommes, soit de femmes. C'était, en effet, la loi de ce genre de composition d'être représenté par un acteur unique.

(1) Cet acteur était le *tragœdus* ou le *comœdus* qui chantait les *cantica* ; Lucien l'appelle ὑποκριτής.

(2) Lucian., *De salt.*, cap. 63. — Voyez pour les ballets exécutés sans accompagnement, Liban., *Pro saltator.*, t. III, p. 391, 22, seq.

Et d'abord, quant aux rôles de femmes joués par des hommes, rien n'était plus conforme aux habitudes théâtrales de l'antiquité. La pantomime romaine, issue de Livius Andronicus, dût conserver la plupart des usages de la tragédie et de la comédie. Il est donc tout simple que les acteurs pantomimes aient joué les rôles de femmes, à l'exemple des acteurs tragiques et comiques (1). De tous les passages qui prouvent que les acteurs pantomimes représentaient des personnages de femmes, je ne citerai que cette jolie épigramme traduite du grec, où le poëte raille un danseur nommé Memphis (2), qui avait joué les rôles de Daphné et de Niobé, l'un comme une pierre, l'autre comme une souche :

Daphnen et Nioben Memphis simunculus egit :
Ligneus in Daphne, saxeus in Niobe (3).

On a plus de peine à comprendre comment un seul acteur pouvait représenter tous les personnages d'un drame. Ce fut là pourtant, sauf les exceptions de lieux et de temps, le caractère distinctif de la pantomime (4). En effet, les

(1) Lucian., *De salt.*, cap. 28.

(2) Il y eut deux pantomimes de ce nom : 1° Agrippus, surnommé Memphis, que Lucius Vérus amena avec lui de Syrie, et dont parlent Capitolin (*Ver.*, cap. 8) et Athénée (lib. I, p. 20, C); 2° celui dont il est ici question, qui fut surnommé *simus* et paraît avoir vécu au ıve siècle.

(3) Pallad. Alexandr., *Epigr.* 57, ap. Jacobs, *Antholog.*, t. III, p. 129; *Animadv.*, t. II, pars 3ª, p. 231. — Ausone (*Epigr.* 84) a aussi traduit ce distique.

(4) On lit dans Cassiodore (*Variar.*, lib. IV, *Epist.* 51) : « Idem corpus Herculem designat et Venerem, feminam præsentat et marem, regem facit et militem, senem reddit et juvenem, ut in uno credas esse multos tam varia imitatione discretos. »

canevas des ballets-pantomimes se composaient d'un certain
nombre de *cantica*, qui répondaient à l'entrée d'un nombre
égal de personnages. On appelait ces ballets ὄρχησις πολυπρόσωπος, *danse à plusieurs masques*. Plutarque donne particulièrement ce nom à la pantomime qu'avait fondée Pylade (1), et il ajoute qu'on doit l'exclure des festins, non,
comme on l'a mal interprété, parce qu'elle exigeait un
trop grand nombre d'acteurs ; mais parce qu'elle demandait
trop de changements de costumes et de masques. « Un seul
pantomime, dit Manilius, suffira pour rendre tous les rôles,
et peut fournir une troupe entière.... Il représentera tantôt
les plus célèbres héros, tantôt de simples citoyens. Il pren-
dra l'air et le ton convenables à tous les états. Par son
geste il rendra les pensées du chœur ; il fera voir Troie en
cendres et Priam expirant sous vos yeux (2). »

Lucien, à propos de ces métamorphoses d'un même acteur dans une seule pièce, raconte une historiette qui ne
laisse aucun doute sur le sens du mot πολυπρόσωπος : « Un
barbare, dit-il, ayant vu cinq masques (3) préparés pour
un acteur pantomime (car la pièce avait cinq parties),
et n'apercevant qu'un danseur, demanda où étaient ceux
qui devaient représenter les autres personnages. Quand
il eut appris que le même acteur les remplirait tous :
Vraiment, s'écria-t-il, je ne savais pas que dans ce seul
corps, vous eussiez plusieurs âmes (4) ! »

(1) Plutarch., *Sympos.*, lib. VII, *quæst.* 8, p. 711, F.

(2) Manil., *Astron.*, libr. V, v. 477, séqq., ed. Bentl.

(3) On voit ici la trace des cinq actes qui partageaient les pièces
romaines. Quelquefois, pourtant, il n'y avait dans un ballet que
quatre masques ou parties. Crinagor., *Epigr.* 47, ap. Jacobs, *Antholog.*, t. II, p. 140.

(4) Lucian., *De saltat.*, cap. 66.

Quelques modernes ont cru qu'on appelait par opposition ὄρχησις μονοπρόσωπος (*danse à un seul masque*), les pièces
qui n'avaient qu'un seul personnage ou que les acteurs
jouaient sans changer de masque; mais les autorités manquent pour établir cette opinion.

Les exemples de pantomimes représentées par plusieurs
acteurs sont très-rares pendant les trois premiers siècles. Lucien cite pourtant un ballet où figuraient deux
pantomimes dans une même scène. L'histoire est curieuse.
Un danseur jouant *Ajax furieux*, tomba dans un accès
de folie véritable. Entre autres actes de fureur, il fendit
presque la tête de l'acteur qui représentait Ulysse (1).
Quelquefois deux pantomimes dansaient le même *canticum*,
mais successivement. Macrobe raconte qu'un jour Hylas
dansait un *canticum* qui finissait par ces mots : *le grand
Agamemnon*. Le jeune artiste s'efforçait d'élever et de grandir sa taille (2). Son maître Pylade, qui était parmi les
spectateurs, ne put s'empêcher de s'écrier en grec : « Tu
le fais long et non pas grand ! » Le peuple obligea aussitôt
l'interrupteur à danser le même *canticum*. Quand Pylade
fut arrivé au passage du *grand Agamemnon*, il prit l'attitude
d'un homme qui réfléchit profondément, pensant qu'une
contenance méditative était ce qui pouvait le mieux carac-
tériser le chef d'un État (3). »

(1) Lucian., *De saltat.*, cap. 83.

(2) Cette anecdote est un argument fort grave contre le système
de Vincent Requeno.

(3) Macrob., *Saturn.*, lib. II, cap. 7. — Ce fut probablement à
propos d'une lutte semblable, qu'Auguste dit le mot rapporté par
Quintilien : « Deux pantomimes luttaient par des gestes alternatifs : l'un, dit Auguste, me semble un homme qui danse, l'autre un
fâcheux qui interrompt (*interpellatorem*). Voy. Quintil., lib. VI

Ce n'est guère qu'en Grèce que l'on trouve, pendant les trois premiers siècles, quelques ballets-pantomimes joués par plusieurs acteurs (1). L'exemple le plus remarquable en ce genre se trouve dans Apulée (2). Cet auteur, qui peint surtout les mœurs grecques, décrit un ballet qu'il suppose représenté à Corinthe. Le sujet de cette pièce était le *Jugement de Pâris*. On voit par le récit d'Apulée qu'il n'y avait pas moins de quatre ou cinq acteurs, dont les trois déesses, qui paraissaient nues (3). Cette dernière circonstance ne prouve pas aussi évidemment qu'on le pourrait croire au premier coup d'œil, que les femmes fussent chargées de certains rôles dans les ballets-pantomimes. Nous verrons tout à l'heure Héliogabale se mon-

cap. 3. — Le vers suivant d'un poëte de la décadence « Larvatosque inter gestu contendere mimos » (Apoll. Collat., *Excid. Hierosolym.*, lib. 1) me paraît faire allusion à de semblables luttes.

(1). Vers la fin du IIIᵉ siècle, quand les règles de la pantomime italique furent bouleversées, comme tout le reste, on vit une foule de pantomimes figurer dans la même pièce. Carinus donna des jeux où il ne montra pas moins de mille pantomimes et acteurs gymniques. Vopisc., *Carin.*, cap. 19. — Dans une inscription publiée par Gudius, 106, 1, et par Orelli, on lit ces mots : ......*Omnibus acroamatis pantomimisque omnibus et Pylade*.....

(2) Artémidore dit dans son livre sur *l'Explication des songes :* « Rêver qu'on joue une pantomime sur le théâtre, est pour un pauvre homme, l'annonce d'une richesse qui sera peu durable. En effet, l'acteur qui remplit les rôles de rois est entouré de beaucoup de serviteurs ; mais quand la pièce est terminée, le roi délaissé reste seul ». *Onirocrit.*, lib. I, cap. 76.—Peut-être Artémidore n'entendait-il par *ces serviteurs* que les figurants qui assistaient le pantomime.

(3) Appul., *Metamorph.*, lib. X, p. 734, seqq., ed. Oudend.— Plusieurs critiques rejettent l'autorité de ce récit, comme étant de pure imagination. Je crois, au contraire, que le charmant épisode d'Apulée nous donne une idée fort juste de ce qu'était alors la pantomime, sinon en Italie, du moins en Grèce.

trer nu dans le rôle de Vénus, sans que la vraisemblance fût trop complétement détruite (1). Il est bien
vrai qu'Auguste défendit aux femmes d'une naissance
distinguée de paraître sur l'orchestre (2); mais on jouait
dès mimes sur cette partie du théâtre, aussi bien que
des pantomimes. Il n'y a rien à conclure non plus de
ce que Néron admit des femmes (3) et même de vieilles
matrones dans les jeux juvenaux (4), ni de ce que rapporte Xiphilin qu'Ælia Catella, très-riche et âgée de quatre-
vingts ans, dansa sur le théâtre pendant ces jeux (5); car
les *ludi juvenales* n'étaient du temps de Néron qu'une fête
de cour (6), que l'on célébrait dans les bosquets plantés
par Auguste autour de la Naumachie (7). On peut donc
dire d'une manière générale que, depuis le $\mathrm{i^{er}}$ jusqu'au
$\mathrm{iv^{me}}$ siècle, les femmes-pantomimes ne parurent point sur
la scène (8) et ne furent, sauf de rares exceptions, que des
danseuses privées, destinées comme les *lydiæ*, à embellir les

(1) A propos de cette sorte d'illusion que produisaient les pantomimes, Juvénal a dit avec sa crudité pittoresque : « Vacua et
plana omnia dicas Infra ventriculum et tenui distantia rima. » *Sat.*
III, v. 96, seq.

(2) Dio, lib. LIV, cap. 2.

(3) Tacit., *Annal.*, XIV, cap. 15.

(4) Sueton., *Ner.*, cap. 11.

(5) Xiphil., lib. LXI, cap. 19.

(6) Tacit., *ibid.*, lib. XV, cap. 33. — Sous Gordien le jeune,
les *Juvenalia* furent une fête publique. Voy. Capitol., *Gordian.*
tres, cap. 4.

(7) Tacit., *ibid.*, lib. XIV, cap. 15.

(8) A partir du IVe siècle, nous verrons les *pantomimæ* jouer sur
les théâtres, surtout à Constantinople, et représenter même tous les
personnages d'une pièce, y compris les rôles d'hommes. Voy. Leont.
Scholast., *Epigr.* VI, ap. Jacobs. *Antholog.*, t. IV, p. 74.

fêtes aristocratiques et les banquets des riches (1). Cela
nous conduit à dire un mot des pantomimes convivales.

PANTOMIMES PENDANT LES REPAS.

La vogue de Pylade et de ses émules fut si grande,
qu'outre les représentations publiques, les riches Romains
voulurent se procurer dans leurs maisons, et surtout pendant leurs repas, le spectacle des pantomimes. C'est par
allusion à ces ballets domestiques, que Sénèque a dit :
privatim in urbe tota sonat pulpitum (2). Tibère essaya de
s'opposer à cette mode, mais vainement (3). Domitien,
qui ferma la scène aux histrions, n'osa pas les empêcher
d'exercer leur art chez les particuliers (4). Pline, dans une
lettre fort curieuse, raconte qu'une riche et vieille matrone,
nommée Quadratilla, avait coutume de se distraire, soit
en jouant aux dés, soit en faisant venir devant elle une
troupe de pantomimes qu'elle entretenait, et dont elle
s'occupait plus qu'il n'était bienséant à une femme de sa
condition. Nous voyons dans la même lettre, que les pantomimes de Quadratilla ne jouaient pas seulement pour
divertir leur maîtresse, mais donnaient à son profit des représentations sur les théâtres publics, et même dans les
jeux sacrés (5).

Les antiquités d'Herculanum nous offrent un grand
nombre de figures de danseuses privées (6). Le cos-

(1) Voy. *Introduct.*, p. 371 et 378.
(2) Senec., *Quæst. nat.*, lib. VII, cap. 32.
(3) Tacit., *Annal.*, lib. I, cap. 77.
(4) Sueton., *Domit.*, cap. 7.
(5) Plin., lib. VII, *Epist.* 24.
(6) *Musco Borbon.*, t. II, tav. 4, 5, 6, 7.

tume de ces artistes se rapporte avec celui qu'Ovide attribue aux *lydiœ* (1). Presque tous les poëtes des deux
premiers siècles, Juvénal (2), Martial (3), Stace (4), van-
tent à l'envi les grâces lascives de ces femmes. Les plus sé-
duisantes venaient de l'Asie Mineure (5), de l'Égypte (6)
ou de Cadix (7). Elles dansaient, comme les acteurs pantomimes, accompagnées par un chœur (8). Sénèque les
appelle même du nom de *pantomimœ*, et nous apprend que
souvent leurs maîtres ne leur assuraient pas moins d'un
million de sesterces pour dot (9).

Les repas des empereurs furent surtout embellis par les
danses pantomimes. On sait que Pylade joua, entre autres
ballets, *Hercule furieux*, dans la salle à manger d'Auguste (10). Hadrien entretint des pantomimes ; mais il leur
permettait de jouer devant le peuple (11). Vérus, frère dis-

(1) Ovid., *Fast.*, lib. V, v. 356.

(2) Juvenal., *Sat.* XI, v. 162, seq.

(3) Martial., lib. V, *Epigr.* 78, v. 26, seq. ; VI, *Ep.* 71 ; XIV,
Ep. 203.

(4) Stat., *Silv.*, lib. I, *Eleg. ult.*, v. 67, seqq.

(5) Comme leur nom l'indique.

(6) « Memphitides puellæ. » Petron., *Frag.*, ap. Terentian.
Maur., p. 2438, et p. 115, ed. Santen.

(7) Martial., lib. III, *Epigr.* 63, v. 5, et *locis citatis*. — Plin.,
lib. I, *Epist.* 15. — Juvenal., *Sat.* XI, v. 162, seqq. et *Vet.
interpr.*

(8) Juvenal., *ibid.*

(9) Senec., *Consolat. ad Helv.*, cap. 12. — Quelquefois Héliogabale substituait aux *lydiœ* et aux *gaditanœ* de vieilles Étbio-
piennes ; et il tenait ses amis enfermés avec elles jusqu'au jour, leur
assurant que ces femmes étaient de rares beautés. Lamprid., *Hé-
liog.*, cap. 32.

(10) Macrob., *Saturn.*, lib. II, cap. 7.

(11) Spartian., *Hadrian.*, cap. 19.

solu du sage Marc-Aurèle , ramena de Syrie une foule de
pantomimes et à leur tête Maximin , qu'il appelait Pâris.
Il eut encore près de lui le pantomime Agrippus, surnommé
Memphis (1). Commode était entouré de baladins et d'histrions dont son successeur, Alexandre-Sévère , fit abandon
au public (2). Après le meurtre de Pertinax, Didius Julianus, ayant acheté l'Empire à l'encan, s'installa dans le palais où gisait encore Pertinax , se moqua du repas frugal
préparé pour ce prince , et s'en fit dresser un somptueux,
pendant lequel il joua aux dés, en compagnie de l'histrion
Pylade (3). Enfin sous Carinus le palais impérial fut
rempli d'acteurs , de courtisanes , de pantomimes et de
chanteurs (4).

Les ballets sérieux ou comiques que l'on jouait dans les
festins n'étaient pas représentés exclusivement par des comédiens de profession. Quand, dans les dernières orgies
du paganisme, des chevaliers , des magistrats (5) , des
sénateurs (6) , des empereurs même (7) , se prosti-
tuaient sur les théâtres publics, il ne faut pas s'étonner
de voir les personnages les plus considérables descendre , dans le particulier , à ces jeux indécents. Plancus ,

(1) Capitol., *Ver.*, cap. 8.

(2) Lamprid., *Sever.*, cap. 34. — Cf. cap. 41.

(3) Xiphil., lib. LXXIII, cap. 13. — Ce fait est nié par Spartien. *Did. Jul.*, cap. 3.

(4) Vopisc., *Carin.*, cap. 16.

(5) Xiphil., lib. LXI, cap. 19.

(6) Auguste s'opposa de tout son pouvoir à ce désordre. Dio ,
lib. LIV, cap. 2. — Domitien chassa du sénat un ancien questeur, à
cause de sa passion incorrigible pour la danse théâtrale. Sueton. ,
Domit., cap. 8.

(7) Néron parut sur les théâtres publics comme chanteur et
comme histrion.

secrétaire de Marc-Antoine et vil courtisan de Cléopâtre,
joua dans un banquet le personnage de Glaucus. Pour
représenter ce dieu marin, il se montra nu, le corps peint
de couleur verdâtre, la tête ceinte de roseaux, traînant une
queue de poisson et dansant appuyé sur ses genoux (1). Titus eut pour amis dans sa jeunesse des danseurs si experts,
que plusieurs brillèrent plus tard sur la scène (2). Caligula
aimait avec passion la pantomime (3), et s'y livrait plus
volontiers pendant la nuit. Il manda une fois, à la seconde
veille (4), trois personnages consulaires, qui arrivèrent
tout tremblants : il les fit placer sur le *pulpitum*, puis, tout
à coup, il parut au bruit des flûtes et des crembales,
vêtu, comme une danseuse, d'un manteau court (5) et
d'une tunique talaire, exécuta un *canticum* et se retira (6).
Héliogabale, qui fut bien plutôt un pantomime qu'un
empereur (7), dansa dans son palais le *Jugement de Pâris*
et se plut à jouer dans cette pièce le rôle de Vénus. Ses
vêtements étaient arrangés de manière à tomber tout à coup,
et à le montrer nu, dans l'attitude demi-voilée de la *Vénus
pudique* ou plutôt de la *Vénus accroupie* (8).

(1) Vell. Patercul.,lib. II, cap. 83.—Cf. Athen., lib. VII, p. 296.—
On a vu à Paris un spectacle à peu près semblable dans la farce de
Cadet-Roussel esturgeon.

(2) Sueton., *Tit.*, cap. 7.

(3) Id., *Caligul.*, cap. 11.

(4) Entre neuf heures du soir et minuit.

(5) Ce costume était celui des danseuses dès le temps de Plaute.
Voy. *Menæchm.*, act. I, sc. 3, v. 14.

(6) Sueton., *ibid.*, cap. 54. — Dio, lib. LIX, cap. 5.

(7) Lamprid., *Heliogab.*, cap. 32. — Xiphil., lib. LXXIX,
cap. 14.

(8) Lamprid., *ibid.*, cap. 5. — Héliogabale peignait, en outre,
son visage, comme on peint celui de la mère des Amours. Id., *ibid.*

Il était naturel que la pantomime, qui recherchait les sujets fabuleux (1), eût un attrait particulier pour les empereurs, dont la folie fut surtout de se faire traiter en dieux. Auguste donna l'exemple des travestissements mythologiques. On parla beaucoup d'un repas secret, parodie des théoxénies et des lectisternes, qu'on appela le *banquet des douze dieux*, et où lui-même représenta Apollon (2). Caligula s'habillait en Mercure, en Neptune, en Jupiter, tenant à la main un foudre, un trident ou un caducée. Et il ne se contentait pas de faire les rôles d'Hercule, de Bacchus ou d'Apollon, il se montrait encore sous les traits de Diane, de Junon ou de Vénus (3). Il n'y a peut-être pas de dieux ou de demi-dieux dont Néron n'ait pris les attributs et le costume. Commode qui, dès son enfance, s'était exercé au métier de baladin et de pantomime (4), ne s'affubla pas seulement, comme nous l'avons vu, de la peau de lion et de la massue d'Hercule, il s'habilla en amazone et en Mercure (5). Caracalla aimait à se vêtir en Bacchus pour imiter Alexandre (6). L'empereur Gallien

(1) Les pantomimes avaient surtout pour domaine la mythologie et l'histoire héroïque. Lucien n'emploie pas moins de vingt-quatre chapitres de son traité de la *Danse*, à énumérer tout ce qu'un compositeur de ballets devait savoir. Cette énumération comprend tous les faits qui se sont passés sur la terre et dans l'Olympe depuis le chaos jusqu'à la mort de Cléopâtre. Lucian., *De saltat.*, cap. 38-61.

(2) Sueton., *August.*, cap. 70.

(3) Id., *Caligul.*, cap. 52. — Dio, lib. LIX, cap. 26.

(4) Lamprid., *Commod.*, cap. 1.

(5) Id., *ibid.*, cap. 11. — Xiphil., lib. LXXII, cap. 17 et 19.

(6) Ce prince avait une telle passion de singer en tout Alexandre, qu'il voulut avoir une phalange macédonienne et se fit faire une

se montrait souvent avec une couronne à rayons semblable à celles que portaient les dieux (1).

Ces histrions couronnés ne se renfermaient pas exclusivement dans les rôles olympiens. Commode aimait à représenter les scènes qui se passent dans les lieux de débauche
et choisissait de préférence le rôle le plus abject (2). Ce
monstre aimait aussi à jouer le personnage de médecin pour
se donner le plaisir de saigner et de mutiler les hommes (3).
Le beau, le jeune, le fastueux Héliogabale se travestissait en
cuisinier, en parfumeur, en marchand d'esclaves (4),
même en cabaretière (5). Il jouait tellement au naturel les
rôles de femmes, qu'il filait de la laine, tenait une que-
nouille (6) et même, ce qui est plus infâme, prenait la sonnette d'or et imitait la voix doucereuse des courtisanes (7)...
Je m'arrête, car je ne puis suivre plus avant ces abo-
minables histrions dans le cloaque de leurs impures mascarades.

REPAS ET METS DÉGUISÉS.

Les repas eux-mêmes, dans ces temps de luxe effréné,
offraient souvent des déguisements et des surprises. Caligula offrait à ses convives de l'or sous la forme de
pains et de mets (8). Les fruits que se faisait servir Hé-

---

armure semblable à celle du vainqueur de l'Asie. Il se persuada et
écrivit au sénat que l'âme d'Alexandre, incarnée de nouveau,
avait passé dans son corps. Xiphil., lib. LXXVII, cap. 7.

(1) Trebell. Poll., *Gallieni duo*, cap. 16.
(2) Lamprid., *Commod.*, cap. 2, *sub. fin.*
(3) Id., *ibid.*, cap. 10 et 11.
(4) Id., *Heliogab.*, cap. 30.
(5) Xiphilin., lib. LXXIX, cap. 13.
(6) Id., *ibid.*, cap. 14.
(7) Id., *ibid.*, cap. 13.
(8) Sueton., *Caligul.*, cap. 37.

liogabale étaient saupoudrés de perles et de fleurs (1).
Ici on voyait des lièvres qui avaient des ailes sur le dos
et qui représentaient Pégase (2) ; là c'était un surtout
de forme ronde sur lequel étaient peints ou gravés les
douze signes du zodiaque. Sur chacun d'eux étaient rangés des mets en rapport avec les constellations : sur le
Taureau une pièce de bœuf, sur le Lion des figues
d'Afrique, sur les Poissons deux surmulets, etc. (3). Ou
bien c'était une corbeille dans laquelle une poule de bois
semblait couver : deux esclaves au son de la musique cherchaient dans la paille et en retiraient des œufs de paon,
qu'ils distribuaient aux convives ; puis quand ceux-ci
brisaient la coque, ils trouvaient dans l'intérieur un becfigue (4). Quelquefois, aux cris d'une meute de Laconie, des esclaves apportaient un plateau chargé d'une
énorme laie. Des marcassins figurés en pâte semblaient
suspendus à ses mamelles. Un veneur, tirant son couteau
de chasse, lui ouvrait les flancs, et il s'en échappait une
volée de grives. En vain les pauvres oiseaux voltigeaient
dans la salle ; des oiseleurs, armés de roseaux enduits de
glu, les rattrapaient à l'instant, et les offraient aux convives (5). Dans ces festins merveilleux, toutes les parties
du service s'exécutaient au son de la symphonie. Des
esclaves égyptiens donnaient à laver aux convives et
servaient à boire en cadence et en chantant. Les plats

(1) Lamprid., *Heliogab.*, cap. 27.
(2) Petron., *Satyric.*, cap. 36. — On voyait souvent au dessert
des statues de Priape faites en pâtisserie. Id., *ibid.*, cap. 60.
(3) Id., *ibid.*, cap. 35.
(4) Id., *ibid.*, cap. 33.
(5) Id., *ibid.*, cap. 40.

extraordinaires étaient introduits au bruit des instruments (1). Des pantomimes de profession (*chironomontes*)
faisaient l'office de découpeurs, ou, comme on a dit plus
tard, d'écuyers tranchants. Ils s'approchaient de la table
en réglant leur entrée sur la musique (2). Chaque mets avait
son pas et son air particuliers. Les gestes étaient différents
pour découper un poulet ou pour dépecer un lièvre (3).

Souvent les convives étaient, bon gré mal gré, les acteurs
ou plutôt les victimes de ces comédies convivales. Héliogabale aimait beaucoup les mascarades naturelles, c'est-
à-dire les difformités. Il invitait quelquefois à souper huit
hommes chauves, huit borgnes, huit goutteux, huit sourds,
huit nègres, huit hommes fort grands et huit fort gros,
que le même lit ne pouvait pas contenir (4). Il riait de
leur surprise et de leur embarras. Il faisait préparer aux
compagnons de ses débauches, qui étaient de basse condition, au lieu de lits ordinaires, des sacs de cuir remplis
d'air et qu'on vidait pendant le repas, de sorte que les pauvres gens se trouvaient tout à coup mangeant sous la table (5). Il faisait servir à ses parasites des repas de verre (6),

(1) Petron., *Satyric.*, cap. 34 et 41. — L'usage, que nous trouverons au moyen âge, d'introduire les mets extraordinaires au son
des fanfares, paraît remonter à la plus haute antiquité. Dans les
anciennes peintures des tombeaux de l'Heptanomide, décorés par
les rois de la xvi⁰ dynastie, 2050 avant notre ère, on voit une femme
qui porte un mets et qu'accompagnent deux joueurs de lyre. Rosel-
lin., *Monum. civ.*, pl. XCII, 2.

(2) Petron., *Satyric.*, cap. 36.

(3) Juvenal., *Sat.* V, v. 121, seqq., et XI, v. 137. — Cf. Senec., *Epist.* 47, et *De brevit. vit.*, cap. 12.

(4) Lamprid., *Heliogab.*, cap. 29.

(5) Id., *ibid.*, cap. 25.

(6) Id., *ibid.*, cap. 27.

ou bien au second service il leur envoyait des mets de
cire, d'ivoire, de terre cuite, quelquefois de marbre ou
de pierre, et dans les entr'actes de ces tristes comédies, il
les obligeait à boire et à se laver les mains, comme s'ils
avaient mangé (1). Je trouve dans la vie de Commode la
plus grotesque liberté qu'on ait jamais prise, je crois, avec
des hommes. Ce prince se fit un jour servir dans un grand
plat d'argent deux bossus rabougris et couverts de mou-
tarde. Il les éleva aussitôt après en dignité et les enri-
chit (2).

Héliogabale employait souvent des parasites à l'exécution d'un spectacle plus poétique, mais aussi plus dangereux. Il les faisait attacher à une roue qui, tournant dans
l'eau, les montrait tantôt dessus, tantôt dessous. Il les appelait ses *chers Ixions* (3). Peut-être donnait-il ce spectacle
dans la villa célèbre de Tivoli où Hadrien s'était plu à représenter plusieurs sites ou lieux célèbres et, entre autres,
les enfers et l'Elysée (4).

Le plus mémorable de ces repas bizarres est celui de Domitien. Ce prince ayant convié un certain nombre de sénateurs et de chevaliers, fit tendre tout son palais de noir. Non-
seulement les lambris et les murailles, mais le pavé même
était noir. On dressa dans la salle à manger des lits de cette
couleur. Les choses étant ainsi disposées et la nuit venue, on

---

(1) Lamprid., *Heliog.*, cap. 25. — Une sotte plaisanterie de
Commode fut de mêler des excréments humains aux mets les plus
recherchés. Il en goûtait même, s'imaginant se moquer par là de
ses convives. Id., *Commod.*, cap. 11.

(2) Id. *ibid.*

(3) Id., *Heliogab.*, cap. 24.

(4) Spartian., *Hadrian.*, cap. 26.

introduisit les convives un à un et l'on congédia leur suite.
Chacun trouva devant sa place une colonne sépulcrale sur
laquelle son nom était inscrit. A cette colonne était ac-
crochée une petite lampe, semblable à celles qu'on suspen-
dait dans les tombeaux. De jeunes esclaves nus et le corps
noirci entrèrent, comme des larves, en nombre égal à celui des invités. Chacun de ces spectres dansa d'une manière
effrayante autour d'un des convives et finit par s'asseoir à
ses pieds. Ensuite les mets furent servis dans des plats
noirs et l'on observa tous les rites en usage dans les banquets funèbres. Les malheureux convives étaient tout tremblants, croyant assister, comme des gladiateurs, à leur dernier repas (1). Ce qui les confirmait encore dans cette appré-
hension, c'est que Domitien ne parlait que de sang et de car-
nage. Enfin il leur permit de se retirer; et, ce qui mit le comble à leur effroi, il les fit reconduire par des esclaves inconnus dans des litières du palais. Lorsque enfin ces pauvres
gens de retour chez eux, commençaient à respirer, on vint
leur dire qu'on les mandait de la part de l'Empereur. Ce
fut alors qu'ils se crurent perdus. Mais c'était la dernière
scène de cette lugubre comédie. Aux uns on apportait une
colonne d'argent, aux autres un des plats ciselés qui avaient
servi au festin; à quelques-uns l'Empereur faisait cadeau

---

(1) Les gladiateurs et les bestiaires, la veille du jour où ils devaient combattre, faisaient un repas public qu'on appelait *ultima*
ou *suprema cœna*, et quelquefois *libera cœna*, parce qu'ils mangeaient autant qu'ils voulaient. Voy. Tertull., *Apologet.*, cap. 42.
— Lactant., *De mortibus persecut.*, cap. 49.— Vetus interpr. *In
Juvenal. Satir.* XI, v. 20. — Passio SS. Perpetuæ et Felicitatis,
inter *Acta prim. martyr.*, ed. D. Ruinart, p. 94.

d'un des jeunes esclaves qui les avaient tant effrayés sous le costume de larve. Ainsi cette aventure commencée d'une manière si menaçante, finit par des présents (1).

DANSES LÉMURIQUES.

Ce banquet lugubre nous conduit à nous poser cette question : Dans les repas funèbres y eut-il, du temps de l'Empire, des danseuses et des pantomimes? On est tenté de répondre par l'affirmative, quand on se rappelle la troupe de danseurs qui précédaient le corps dans les funérailles romaines et surtout les fonctions de l'archimime. Il semble naturel de croire que ces mêmes danseurs accompagnaient la pompe dans le *triclinium* funèbre, et là, probablement montraient le mort sous la forme de lémure, comme ils avaient tâché précédemment de le représenter sous sa forme humaine (2). La danse n'avait rien, d'ailleurs, qui répugnât à la nature des larves. Deux monuments antiques nous montrent des danses de cette espèce; c'est : 1° une intaille en sardoine, représentant une larve qui danse devant un pâtre assis sur une pierre et jouant de la flûte (3) ; 2° une danse lémurique peinte dans un tombeau de Cumes et qui offre trois scènes différentes (4). Je crois que ce dernier monu-

(1) Xiphil., lib. LXVII, cap. 9.

(2) Voy. plus haut, p. 391, 392.

(3) Gerhard et Panofka, *Monum. antiq. de Naples*, t. I, p. 195, n° 11.

(4) Voy., dans le *Magas. encyclop.*, 1813, t. I, p. 200, un article sur les squelettes de Cumes, publié par le chanoine de Jorio ; Naples, 1810. — Cf. F. C. L. Sickler, *Solemnia natilicia Frederici*, etc. Hilperhusæ, 1813, in-4°. — M. Sickler a inséré dans

ment représente l'apparition d'une larve, telle que les pantomimes funèbres l'exécutaient dans les repas anniversaires.

Au milieu même des banquets où l'on ne se proposait que le plaisir, les Romains s'entouraient, comme les Égyptiens (1), de diverses représentations lémuriques (2). Nous voyons dans le fameux festin de Trimalcion un esclave poser sur la table une larve d'argent, faite avec tant d'art, que les vertèbres et les articulations pouvaient être mues avec autant d'agilité que celles d'un danseur. Pendant qu'un esclave faisait prendre à cette statuette diverses attitudes, Trimalcion chantait le couplet ou *canticum* suivant :

« Hélas! hélas! infortunés! Combien ce peu qu'on appelle homme est voisin du néant! Nous serons comme cette larve, quand nous aurons franchi la rive fatale. Vivons donc dans la joie, pendant que la joie nous est permise (3). »

Millin (4) et, après lui, M. Gabr. Peignot (5), ont voulu

ce programme une lettre de Gœthe, déjà publiée dans le *Curiositœten*, 1812, cah. 3, lettre où cet homme illustre cherche à prouver que les danses lémuriques de Cumes ont appartenu au tombeau d'une danseuse. Je suis loin de partager cet avis.

(1) Voy. *Introduct.*, p. 383.

(2) Les cabinets d'antiquités possèdent quelques-uns de ces objets. M. Olfers en a dressé le catalogue raisonné à la suite d'une dissertation sur le tombeau de Cumes, insérée dans les *Mém. de l'Acad. de Berlin de* 1830. Berlin, 1832, in-4°, partie philologique, p. 1 - 45.

(3) Petron., *Satyric.*, cap. 34.

(4) *Magas. encycl.*, loc. laud.

(5) *Recherches sur les danses des morts.*

établir quelques rapprochements entre les danses lémuriques anciennes et la danse des morts ou danse *macabre*, si célèbre au moyen âge. M. Olfers est d'une opinion contraire, et je partage entièrement son avis. Deux différences essentielles séparent profondément les danses lémuriques et la danse macabre : 1° dans les danses lémuriques le principal personnage n'est jamais la Mort personnifiée sous les traits d'un squelette humain, vêtue d'un lambeau de linceul et armée d'une faux, comme on la représente dans la danse macabre (1). C'est une ombre, une momie, un corps amaigri, dont les os sont recouverts de peau; 2° la scène dans les danses lémuriques est précisément l'inverse de celle qu'offrent les danses macabres. Dans les premières, une ou plusieurs larves dansent devant des vivants qui prennent plaisir à ce spectacle; dans les secondes, la Mort saisit de sa main osseuse les gens de tous les états et les fait entrer violemment dans sa lugubre et inévitable danse. On voit que les deux scènes, comme les deux pensées, sont diamétralement différentes.

CARACTÈRE DES PANTOMIMES TANT SCÉNIQUES QUE CONVIVALES.

La pantomime ayant été peut-être la plus haute expression à laquelle ait atteint le génie dramatique à Rome, comme la tragédie a été la plus naturelle et la plus haute expression du drame grec, il s'ensuit que le caractère de l'art romain

(1) Il est même douteux que jamais les anciens aient personnifié la Mort sous une forme hideuse. Voy. Lessing, t. X, p. 103, seqq. — Herder, t. XI, p. 427, seqq. — La personnification la plus

doit se montrer surtout dans ce genre de pièces. Or le trait saillant de l'art italique a été, comme je l'ai dit, et comme s'en plaignaient déjà Cicéron (1) et Horace (2), l'amour brutal de la réalité et la préférence anti-poétique donnée au corps sur l'image. Pylade, le fondateur de la pantomime, tomba tout d'abord dans cette recherche malheureuse du réel. Représentant un jour Hercule furieux, il lança des flèches sur le peuple ; et ayant joué le même rôle dans un festin que donnait Auguste, il tendit son arc et lança des traits dans la salle. Auguste ne lui sut pas mauvais gré d'avoir agi avec lui comme avec le peuple. (3). Le prince eut raison peut-être ; mais l'homme de goût devait sévèrement blâmer l'artiste (4).

Je ne vois que peu d'exemples en Grèce du mélange de la réalité et de la fiction. Voici le seul fait que je me rappelle où l'on aperçoive quelques traces de ce mélange. Le grand tragédien Polus, ayant perdu un fils qu'il chérissait, resta quelque temps éloigné du théâtre. Enfin il

ordinaire de la Mort chez les anciens Grecs, comme chez les anciens Germains, paraît avoir été un cavalier monté sur un cheval pâle, c'est-à-dire blanc, comme on le remarque dans l'*Apocalypse* et sur un certain nombre de monuments antiques. Voy. M. Le Bas, *Monuments d'antiquité figurée*, 2ᵉ cahier.

(1) Cicéron se moque de la longue file de mulets (*sexcenti muli*) qu'on faisait défiler dans la tragédie de *Clytemnestre. Ad famil.*, lib. VII, *Epist.* 1.

(2) Horat., lib. II, *Epist.* 1, v. 185 - 207.

(3) Macrob., *Saturn.*, lib. II, cap. 7, p. 353.

(4) Ésopus jouant le rôle d'Atrée et étant arrivé à la scène où ce prince délibère en lui-même quelle vengeance il tirera de son frère Thyeste, un des acteurs passa inconsidérément devant lui. Ésopus, dit Plutarque, donna à ce malheureux un si grand coup de son sceptre, qu'il l'étendit mort à ses pieds. Plutarch., *Cicer.*, cap. 5.

reparut à Athènes dans le rôle d'Électre de la tragédie
de Sophocle. Mais plus fidèle à sa douleur qu'à son art,
il crut pouvoir, dans la fameuse scène de l'urne, apporter
dans ses bras les cendres de son fils. Il fit retentir toute la
scène non pas de cris et de gémissements simulés, mais
de pleurs et de lamentations véritables (1). Je dois faire
remarquer qu'en cette occasion l'objet réel que Polus tenait dans ses bras était destiné à agir sur sa propre sensibilité, et non sur celle des spectateurs ; ceux-ci dans cette
urne si passionnément étreinte ne voyaient que l'urne
d'Oreste. L'acteur cherchait dans ce monument réel une
inspiration de douleur plus profonde.

La préférence que les Romains donnaient à la réalité
sur la fiction, poussa violemment le drame italique et surtout la pantomime contre deux bien déplorables écueils,
la barbarie et l'obscénité portées à un degré vraiment in-
croyable.

Léda se livrant sur la scène aux caresses du cygne adultère, et Pasiphaé cédant aux étreintes du taureau crétois,
donnent une idée suffisante des réalités lascives que se
permettaient les pantomimes.

Les Romains furent encore plus avides de réalités sanguinaires. Ils se plurent, comme je l'ai montré, à souiller
par des meurtres réels le dénoûment de leurs drames. Juvénal blâmant Lentulus de ce qu'un homme de sa naissance
jouait sur la scène le rôle du brigand Laureolus qui, dans
la pièce de Catulle, périssait sur une potence, s'écrie dans un
transport d'indignation peu raisonnable : « *Judice me, di-
gnus vera cruce*(2).» Cette cruelle hyperbole semble avoir été

_____

(1) Aul. Gell., lib. VII, cap. 5.
(2) Juvenal., *Sat.* VIII, v 188.

entendue de Domitien. Au lieu du mannequin qu'on clouait sur la croix dans cette pièce, il voulut qu'on y attachât un homme vivant et qu'on le fît dévorer par un ours (1). A la même époque on transforma en un horrible spectacle le trait mémorable de Scévola. Un malheureux condamné fut obligé, sous peine de mort, de se brûler la main aux flammes d'un foyer; et il soutint cette épreuve avec une constance héroïque (2). C'est peut-être par une ironie sanglante contre l'abominable réalité de ces dénoû- ments, qu'un poëte grec, adressant une épigramme à un célèbre pantomime, le loue de la manière dont il s'est acquitté de tous ses rôles. « Tu n'as laissé, ajoute-t-il, qu'une petite chose à désirer dans celui de Canace, tu ne t'es pas tué tout de bon au dénoûment (3). »

Il ne faut pas croire, cependant, que ce fussent des ac- teurs de profession et surtout les comédiens chargés des premiers rôles, qu'on mît ainsi à mort dans l'intérêt de la vraisemblance et d'une plus parfaite exactitude histori- que. Des condamnés à mort, «*nocentes erogandi* (4),» étaient chargés de cette triste conclusion des spectacles (5). A la place du pantomime qui venait de jouer *Hercule furieux*, on plaçait sur le bûcher un criminel qu'on revêtait du

(1) Martial., *De Spectac.*, Epigr. 7. — Cf. Tertull., *Advers. Valentin.*, cap. 14.

(2) Martial., lib. VIII, *Epigr.* 30, et lib. X, *Epigr.* 25.

(3) Lucillius, *Epigr.* 82, ap. Jacobs, *Antholog.*, t. III, p. 46, et *Animadv.*, t. II pars 2ª, p. 492.

(4) Tertull., *De Spectac.*, cap. 12.

(5) « Deos vestros sæpe *noxii* induunt », a dit Tertullien. *Apo- loget.*, cap. 15.

même costume, et que la flamme consumait vivant (1):
« *Quæ fuerat fabula, pœna fuit,* » dit froidement Martial (2).
Ainsi ce qu'il y a de plus sérieux et de plus auguste au
monde, la vindicte publique, ne fut plus qu'un jeu de
théâtre; on violait à la fois deux choses saintes, l'art et
la justice.

Au moment de terminer cette esquisse des jeux exécra-
bles où se complaisait le paganisme expirant, on se sent un
peu soulagé, et l'on croit respirer un air meilleur, en songeant que déjà la conscience du genre humain commençait
à se soulever contre ces horreurs. Ce n'était plus seulement
les vaines protestations de quelques philosophes (3), ou les
réformes impuissantes de quelques princes bien intention-
nés (4). Il s'opérait une révolution profonde de mœurs et
de principes. Quelques sublimes paroles prononcées dans
un coin de la Judée et répandues dans l'univers par douze

---

(1) « Vivus cremebatur qui Herculem induerat. » Tertull., *Ad
nationes*, lib. I, cap. 10. — Tertullien nous apprend ailleurs que
quelques personnes se louaient pour remplir, pendant un certain
temps, ces rôles dangereux : « Jam et ad ignes quidam se auctora-
verunt, ut certum spatium in ardente tunica conficerent. » *Ad
martyras*, cap. 5. — C'était d'ailleurs un supplice ordinaire à
cette époque que celui de la chemise soufrée, appelée par Juvénal
tunica molesta. Sat. VIII, v. 235. — Cf. Senec., *Epist.* 14.

(2) Martial., *de Spectac.*, Epigr. 7.

(3) Senec., *Epistol.* 7 et 96.

(4) Plin., lib. IV, *Epist.* 22. — J'ai exposé plus haut quelques-
uns des efforts tentés par Marc-Aurèle pour adoucir la férocité des
jeux romains. J'ajouterai qu'ayant été un jour témoin de la chute
d'un funambule, il voulut qu'à l'avenir un filet fût suspendu sous
la corde de ces bateleurs, usage qui subsistait encore du temps de
Capitolin. Voy. Capitol., *M. Anton.*, cap. 12.

pauvres pêcheurs, allaient bientôt renouveler et purifier la face du monde; en un mot, le christianisme travaillait à faire rentrer l'humanité dans ses voies et se préparait à sortir triomphant des catacombes avec ces deux mots tout-puissants sur sa bannière: *Pureté, Miséricorde.*

TABLE.

INTRODUCTION

OU

ÉTUDES SUR LES ORIGINES DU THÉATRE ANTIQUE.

CHAPITRE PREMIER.

CHAPITRE SECOND.

DU GÉNIE DRAMATIQUE EN GRÈCE AVANT L'ÈRE VULGAIRE.

CHAPITRE TROISIÈME.

DU GÉNIE DRAMATIQUE EN ITALIE AVANT L'ÈRE VULGAIRE.

I. **Drame hiératique.** Première époque sacerdotale, avant la fondation de Rome. — Dieux et prêtres-titans.—Prêtres-devins.—Carmenta.—Faunes.—Sibylles.—Sciences hiératiques.—Prêtres-physiciens. — Livres fulguraux. — Aruspicine. — Culte des lares et des
larves. — Nymphes Camènes. — Oscilla. — Nécyomanthie. — Statues mobiles. — Colléges hiératiques. — Vestales. — Luperques. —

LES ORIGINES DU THÉATRE MODERNE.

PREMIÈRE PARTIE.

CHAPITRE PREMIER.

DRAME MUET.